本書獲廣西民族大學一流學科建設經費資助

爲廣西民族大學引進人才科研啓動項目成果

《五燈會元》文獻語言研究

任連明 著

中國社會科學出版社

圖書在版編目（CIP）數據

《五燈會元》文獻語言研究／任連明著．—北京：中國社會科學出版社，2023.6
ISBN 978 - 7 - 5227 - 1574 - 2

I. ①五…　II. ①任…　III. ①禪宗—研究—中國—北宋　IV. ①B946.5

中國國家版本館 CIP 數據核字 (2023) 第 054498 號

出 版 人　趙劍英
責任編輯　顧世寶
責任校對　朱妍潔
責任印製　戴　寬

出　　　版　中國社會科學出版社
社　　　址　北京鼓樓西大街甲 158 號
郵　　　編　100720
網　　　址　http://www.csspw.cn
發 行 部　010 - 84083685
門 市 部　010 - 84029450
經　　　銷　新華書店及其他書店

印刷裝訂　三河市華駿印務包裝有限公司
版　　　次　2023 年 6 月第 1 版
印　　　次　2023 年 6 月第 1 次印刷

開　　　本　710 × 1000　1/16
印　　　張　24
插　　　頁　2
字　　　數　385 千字
定　　　價　128.00 元

序　言

　　南宋臨濟宗楊岐派普濟編纂的《五燈會元》是我國佛教文化史上一部十分重要的禪宗典籍，同時也是研究漢語近代白話的一部重要文獻，研究此書的版本並在校勘的基礎上考釋其中的俗詞語及行業語，是十分有意義而且也是有一定難度的，不僅需要作者具備佛教文化基礎知識，同時還需要比較扎實的文獻校勘學、訓詁學及詞語考釋的基本功。

　　《五燈會元》一書已引起國內外學者的廣泛關注，出現了很多優秀的研究成果，為我們進一步的研究打下了良好的基礎。但也存在諸多問題：（1）至今還沒出現《五燈會元》的諸多版本放在一起共同比對校勘的做法；（2）對《五燈會元》中所含新詞新語、方俗詞語、禪林行業語等缺乏全面的、多角度的深入分析；（3）通過對《五燈會元》的文獻校勘比對進而開展語言對比研究的成果不多。任連明從 2011 年攻讀博士學位開始接觸禪宗文獻，博士學位論文以《五燈會元》文獻和語言研究為題，《〈五燈會元〉文獻語言研究》就是在作者博士學位論文基礎上修改而成的。

　　該書將文獻研究與語言研究相結合，在對《五燈會元》各版本進行認真校勘整理的基礎上開展語言研究，材料翔實而可靠，結論可信，多有創獲，是近年來禪宗文獻和語言研究方面的一部力作。

　　全書分為上下兩編。上編是文獻研究。作者在校勘部分選用五個不同的歷史版本進行核校，在原來所佔有的文獻資料的基礎上，擴大搜集範圍，改善收集方法，歸納以往對《五燈會元》文獻語言研究的成果，完成文獻綜述部分。分門別類地指出蘇淵雷點校本中存在的底本無誤而誤改、底本有誤但改而不對、未利用好的校本以及標點、句讀、專名線使用一系列校勘問題。

　　下編是語言研究。具體包括：（1）新詞新義研究。對這兩類詞以意義作為分類的標準，利用傳世文獻和活的方言材料，同時充分利用四庫全書、四部叢刊、電子佛典集成、漢籍全文檢索系統等大型電子語料庫，對新詞新義儘量做到溯本求源，旁徵博引，發前人所未發。（2）俗詞俗語研究。對《五燈會元》中所使用的方俗詞、俗成語、俗諺語、歇後語從意義、結構、語義、語用等角度展開論述。（4）禪林行業語研究。對《五燈會元》所使用禪林行業語就其來源、類別、語義多重性等問題展開進一步討論。（5）同素異序詞語研究。對《五燈會元》所使用同素異序詞和同素異序詞語就其語法分佈、詞語結構變化、歷時演化情況進行論述。

因此本書研究就其研究價值而言值得稱道的有兩點：一是可以訂正現行通用《五燈會元》蘇淵雷點校本中存在的亂改底本、未利用好校本以及在標點、斷句、專名線的使用等方面的諸多問題，為出版新的整理本打下基礎。二是對唐宋時期新詞新義、方俗口語詞、同素異序詞的研究有助於推進辭彙斷代史的發展。有關禪林行業語的研究，為禪宗史、禪宗思想史的研究提供參考。

綜上所述，本研究成果是目前關於《五燈會元》文獻和語言研究方面具有諸多創新和發現的學術著作，對於禪宗史的研究和漢語史的研究具有重要參考價值。同時對這樣一部內容極為龐大而豐贍的古籍進行非常深入細緻的校勘和語言研究，指出許多校勘方面存在的問題，且有理有據，令人信服。顯示出作者良好的學術研究能力和潛力。

眾所周知，《五燈會元》版本眾多，雖早有蘇淵雷點校本已整理出版，而且重印多達十餘次，但是錯誤依然很多，這就使得對《五燈會元》重新進行再一次全面的點、校、注十分有必要。上個世紀八九十年代，項楚教授針對中華版整理本《五燈會元》所存在的問題曾指出“有必要再出版一種新的整理本。這個新整理本除了應該掃清現有校點本的許多校點錯誤以外，至少還應做好”“對原文重新分段，以清眉目。”“與五種燈錄對勘”“編織《五燈會元》人名索引”（參見《〈五燈會元〉點校獻疑續補一百例》）。要實現這一目標，還有大量的基礎工作需要我們去做，也是作者今後需要繼續開展的研究工作。

從國際視野來看，中國禪籍的文獻和語言研究一直是被日本學者所主導，日本學者整理的禪籍文本和編纂的禪籍語言詞典就是標誌性成果。我們必須看到，日本學術界對於禪籍俗語言的研究已經開始從上世紀注重俗語的解讀進一步轉向通過語言的研究展開禪宗語錄中有關禪宗思想的研究。如此一來，禪宗文獻解讀的難點就在於如何把俗語詞的意義和思想史的演進脈絡結合起來，充分理解禪宗語錄對話的思想史意義。如果僅僅依據相關工具書對禪籍加以注釋，仍然無法理解文獻所蘊含的奧義。從這個意義上來說，我們對禪籍的研究需要具有更廣闊的國際視野，在研究視角和方法上則更需要百尺竿頭更進一步。

雷漢卿

2019 年 7 月 25 日於四川大學漢語史研究所

目　录

上編　《五燈會元》文獻研究

下編　《五燈會元》詞語研究

緒　論

第一節　《五燈會元》簡介

　　《五燈會元》是我國禪宗史上的一部重要的禪宗語錄典籍。舊題其作者為南宋晚期淳祐年間（1241—1252）僧人普濟。普濟（1179—1253），俗姓張，字大川，四明奉化（今屬浙江）人，十九歲出家，曾主持過杭州淨慈、靈隱等寺院，是臨濟宗楊岐派第八代傳人。清光緒年間，寶祐本得以從日本回歸故國，改變了以往學人對該書作者的認識。該版本前有通庵王楠序，其中說到"今慧明首座萃五燈為一集，名曰五燈會元，便於觀覽，沈居士捐財鳩工，鋟梓於靈隱山，實大川老盧都寺贊成之"①。沈淨明跋文中又言"安吉州武康縣崇仁鄉禹山里正信弟子沈淨明，幸生中國，忝預人倫。涉世多艱，幼失恃怙。本將知命，遂閱華嚴大經、傳燈諸錄，深信此道不從外得。切見禪宗語要，具在五燈。卷帙浩繁，頗難兼閱。謹就景德靈隱禪寺，命諸禪人，集成一書，名曰五燈會元，以便觀覽。爰竭己資，及慕同志，選工刻梓，用廣流通，續如來慧命，闡列祖圓機，燈燈相傳，光明不斷"②。陳垣先生據是說"是書實發起於沈氏，慧明蓋諸禪人之一，普濟其主編也"。此論確然，即編撰刊刻《五燈會元》首先是由沈淨明發起，并作為贊助商，提供經濟物資上的資助，大川則為主編，慧明為主要編撰人員，除此之外，還應有其他僧人參與了該書的編撰工作，只是語焉不詳，而以"諸禪人"一語帶過。可知，《五燈會元》實乃出於眾人之手。

　　五燈者，景德元年（1004）釋道原所撰《景德傳燈錄》，天聖七年（1029）駙馬都尉李尊勗所撰《天聖廣燈錄》，建中靖國元年（1101）釋維白所撰《建中靖國續燈錄》，南宋淳熙十年（1183）釋道明所撰《聯

---

　　① （宋）普濟：《五燈會元》，民國影宋寶祐本，民國十九年。

　　② （宋）普濟：《五燈會元》，民國影宋寶祐本，民國十九年。

燈會要》，嘉泰中（1201—1204）釋正受所撰《嘉泰普燈錄》，每燈各 30
卷，共 150 卷，內容互見重複，卷帙浩繁，不易閱覽。編者刪繁去冗，大
體做法為刪（刪去的是歷史的記錄，增加的是悟道的公案法語）、分（把
原書內容根據需要一分為幾）、揉（將原材料揉合整理）①，合為 20 卷，
極便閱讀，其後不久入藏，風行禪林，流傳極廣，"元明以來士大夫之好
談禪悅者無不家其書"②，遂使五燈寂焉不聞。

第二節　《五燈會元》版本概況
及選用版本的特點

　　關於《五燈會元》的版本淵源，民國十九年（1930 年）童子凉、郭
涵齋等人縮印影宋寶祐本，其後有海遺居士瀏陽劉善澤跋文一則，談到
有南宋寶祐刻本，常熟瞿氏鐵琴銅劍樓藏書記載元刻本，鄞縣范氏天一
閣書目、錢塘丁氏善本書室藏書志載明嘉靖刊本，歸安陸氏皕宋樓藏書
志載明萬曆刻本，雍正十三年龍藏本等 5 種版本。馮國棟《〈五燈會元〉
版本與流傳》進行了更為深入的挖掘，列出了 9 種版本③，除以上所舉各
版本，另外還有寶祐本貴池劉世珩影印本（馮氏把宋寶祐本、民國影宋
寶祐本、劉氏影宋寶祐本視為一箇版本）、貞治戊申和刻本、明崇禎曹雪
銓刻本、日本續藏經本、長沙刻經處刻本。復旦大學 2007 年黃俊銓博士
學位論文《禪宗典籍與〈五燈會元〉研究》第二章第二節《五燈會元》
版本再研究做了更具窮盡性的論述，共列舉出 14 種版本，且對其版式特
點、現館藏地等進行了探討和描述，有宋寶祐本，國家圖書館藏勞健題
款宋刻本，國家圖書館藏五冊宋刻本，山東省博物館藏宋刻本，北京大
學圖書館藏宋刻本十九、二十兩卷，北京大學圖書館藏元至正刻本十九、
二十兩卷，明成化十年刻本，明萬曆釋名顯募刻本，嘉靖四十年徑山本，
國家圖書館藏明本兩種，《四庫全書》本，《清龍藏》本，《續藏經》本，

---

①　黃俊銓：《禪宗典籍與〈五燈會元〉研究》，博士學位論文，復旦大學，2007 年。

②　（宋）普濟：《五燈會元》，蘇淵雷點校，《五燈會元》附錄《燈錄與五燈會元》，中華
書局 2011 年版，第 1412 頁。

③　馮國棟：《〈五燈會元〉版本與流傳》，《宗教學研究》2004 年第 4 期。

中華書局蘇淵雷點校本①。

　　本書選用的版本是其中的五種，即民國影宋寶祐本、明嘉興本、清龍藏本、卍續本、蘇淵雷 2011 版點校本，以影宋寶祐本為底本，明嘉興本、清龍藏本、卍續本為對校本，蘇本為參校本，在蘇本的基礎上整理出更加可信的版本。對所選用的五種版本簡介如下：

　　民國影宋寶祐單刻本，乃民國十九年童子涼、郭涵齋等人縮印宋寶祐本而成，該本共 12 冊，白紙影印，每冊封面標題“五燈會元”下有“葉爾愷署”；扉頁印有“五燈會元二十卷”字樣，下有“淨明茅蓬”朱印；內封 B 面鐫“庚午孟夏月景宋寶祐本”字樣；版前又有宋淳祐壬子〔十二年〕住山普濟自序，宋寶祐改元通庵王楠序，宋寶祐元年沈淨明跋；共 20 卷，每卷前有本卷禪師目錄，目錄分上下兩欄；正文半頁 13 行，行 24 字；後有民國十五年海遺居士瀏陽劉善澤腴深跋文一則。整部書字體方正，圓潤清晰，極易閱讀，不失為一部好的底本。四川大學圖書館有藏。

　　明嘉興藏本，此本刻版發起於明萬曆七年，這部藏經先在各處分刻，最後集中儲藏於徑山化城寺，因此又稱《徑山藏》，後來此藏經由嘉興楞嚴寺經坊印造流通，也稱《嘉興藏》，《五燈會元》位於其續藏六十、六十一函，二十卷，每版二十行，每行二十字，每頁四周有邊框，行屆有界線，每卷之末刻有音釋、題記。此版前有至正版釋延俊序，陸光祖募刻文。我們選用的是台灣新文豐出版的 13 開 40 冊本，《五燈會元》屬於第 24 冊。

　　清龍藏本，乾隆版大藏經為清代官刻漢文大藏經，亦稱《乾隆藏》，又因經頁邊欄飾以龍紋，又稱《龍藏》。它始刻於清雍正十一年（1733），完成於乾隆三年（1738），是我國歷代官刻大藏經中極為重要的一部。全藏共收錄經、律、論、雜著等 1669 部，7838 卷，凡 737 函。依千字文番號編排自“天字號”起，至“機字號”止。《五燈會元》起於“城字號”，止於“鉅字號”，目錄 3 卷，正文 57 卷，共 60 卷。我們選用的是最新豪華典藏版《乾隆大藏經》，中國書店出版社

　　① 黃俊銓：《禪宗典籍與〈五燈會元〉研究》，博士學位論文，復旦大學，2007 年，第 27—36 頁。

2009 年出版，其底本採用珍藏中的清代乾隆原刊本，具有極高的版本價值。《五燈會元》在其第 145、第 146 兩冊，該版卷前有《佛陀說法變相圖》，前有禪師目錄，後有沙門延俊所撰序文。正文也是每頁上下兩欄，欄 15 行，行 17 字。影印清晰，字體圓潤方正，但是在校對中發現，該版本與影宋寶祐本相比，有大段文字脫落的現象。

卍續藏本：日本《卍續藏》，系前田慧雲原編、中野達慧增訂輯梓，自明治三十八年四月動工至大正元年十一月（1905—1912）竣工，京都藏經書院出版。全藏 150 套 750 冊，另目錄 1 冊。輯錄 1750 餘部 7140 餘卷。1925 年我國影印出版了 500 部；1977 年我國台北又影印出版了現代精裝本全 150 冊，另有總目錄 1 冊；1980—1989 年日本國書刊行會印行《卍新纂大日本續藏經》全 88 卷，另有目錄、索引各 1 卷，調整了典籍排序並有增補。我們選用的是台北新文豐出版公司印行的 150 冊精裝本，《五燈會元》屬第 137—138 冊，20 卷，該本上下兩欄，欄 18 行，行 20 字，書首有博山大艤所作《重刻五燈會元敘》和延俊序，馮國棟和黃俊銓在序文及其他文史資料的基礎上考證，得出該版本的底本乃曹學佺刻本①。

蘇淵雷中華書局點校本：此本是目前出版最早的標點本，通書繁體豎排版，24 開，全書分上、中、下三冊，除目錄外，分 20 卷，目錄、卷一至卷五為上冊；卷六至卷十三為中冊；卷十四至卷二十為下冊。目錄后有點校凡例，其後是普濟題詞、通庵王楠序、沈淨明跋文依次各一篇，卷尾有瀏陽劉善澤跋文一則，另有附錄資料：《禪宗史略》和《燈錄與〈五燈會元〉》兩篇文章，最後有蘇氏後記一文。該書以影宋寶祐本為底本，以龍藏本、卍續本為參校本整理而成，是目前學界較為通用的本子，至今已印刷 11 次之多，但是書中錯誤也是時而常見。

第三節　《五燈會元》文獻研究概況

《五燈會元》作為一部重要的佛學典籍，是研究當時的社會文化、風

---

① 馮國棟：《〈五燈會元〉版本與流傳》，《宗教學研究》2004 年第 4 期。黃俊銓：《禪宗典籍與〈五燈會元〉研究》，博士學位論文，復旦大學，2007 年版，第 35 頁。

俗習慣等方面的重要歷史文獻，對其文獻方面的研究也是自學術研究復興以來極受重視的，現從文獻角度對其歷來的研究做一總結。

1. 專著類

進行漢語本體研究，特別是漢語史方面的研究，語料的正確性、可靠性是做進一步研究的基礎，就好比大廈之地基，如地基鏤空或不穩，則上層樓閣建得再好那也只是鏡中花、水中月。同樣，要對《五燈會元》進行各方面的研究，必須首先要整理出一部十分可靠的本子，在這方面最早有所作為的是華東師範大學的蘇淵雷先生，他首先以民國影宋寶祐本为底本，以清龍藏本、卍續本為參校本，對《五燈會元》進行了全面的點校整理，並於 1984 年由中華書局出版，該書發首創之功，但也是草創，書中問題尤多，從 1984 年至 2011 年，期間共出印 11 次，雖然每次都會根據學者們所提意見進行修訂，但問題依然很多。由於其底本可靠，且一直不斷的在修訂當中，所以該本仍然是目前學界較為通用的本子。另外，還有其他一些叢書或點校本也陸續出版發行①。

一些禪學或禪宗史方面的論著也多有涉及，如陳垣《中國佛教史籍概論》列專章進行了討論，其卷四《五燈會元》部分，第一論述了“《會元》之體制及內容”，主要考察了《五燈會元》的內容及普濟派系；第二論述了“《會元》版本及撰人問題”，此部分主要考察了宋寶祐本對於判定《五燈會元》作者的意義，以及普濟是否為慶元五年常照住持的問題②；《中國佛教史籍概論》，其中對《五燈會元》的形成歷史、體例、內容、版本做了簡單的介紹③；《人間天書　宗教典籍舉要》，重點介紹了所錄佛典的內容概要、產生歷史以及作者、版本、注疏，《五燈會元》收錄其中④；《佛典精解》討論了《五燈會元》在各藏經中的收藏情況、編者問題以及另外五部燈錄與《五燈會元》的聯繫與區別⑤。另外還有

---

①　《文津佛典選刊·五燈會元》，文津出版社 1991 年版；（宋）普濟編撰：《五燈會元》，藍吉富整理，台灣文殊出版社 1998 年版；（宋）普濟編撰：《五燈會元》，朱俊紅點校，海南出版社 2011 年版。

②　陳垣：《中國佛教史籍概論》，中華書局 1972 年版。

③　陳新會：《中國佛教史籍概論》，台灣復文出版社 1984 年版。

④　《人間天書 宗教典籍舉要》，知識出版社 1989 年版。

⑤　陳世強編：《佛典精解》，古籍出版社 1992 年版。

《禪宗思想的形成與發展》①《禪宗六變》②《禪淨合一流略》③《中國禪宗通史》④《中國禪宗思想發展史》⑤《中國禪宗史》⑥《唐五代禪宗史》⑦《中國禪思想史——從 6 世紀到 9 世紀》⑧《佛教典籍》⑨ 等書中也涉及了《五燈會元》。

此外，近年來，一些譯介類、通俗性的專著也陸續出版，如：蔣宗福、李海霞主譯《五燈會元 白話全譯》⑩《圖解五燈會元 白話精譯插圖本——禪宗語要，盡在五燈》等。

2. 論文類

較早對《五燈會元》文獻方面給予關注的是胡適先生，他的文集裏有一系列關於這方面的文章，如《與周法高論所謂景宋寶祐本〈五燈會元〉的底本的信》《與黃健論劉世晰翻刻〈五燈會元〉的年代的信》《記中央圖書館藏的宋寶祐本〈五燈會元〉附：後記四則》《論劉世晰翻刻〈五燈會元〉的"貞治馬兒年"》《記宋寶祐刻本〈五燈會元〉的刻工》《記"恭仁山莊善本書影"裏的〈五燈會元〉書影》《記宋槧本榮安書院藏與求古樓藏貞治戊申刊本〈五燈會元〉》《寶祐本的抄補與配補》《楊守敬〈留真譜〉初編裏的〈五燈會元〉書影》，這一系列文章考證了包括寶祐本的底本、年代、刻工和當時刻印的一些細節，以及劉氏翻刻的年代等問題⑪，論證獨到，顯示了作者深湛的文獻功力。

在《五燈會元》文獻方面有所研究的另一位重量級人物是項楚先生，憑藉深厚的語言、文學、文獻學功底，他在閱覽中華書局蘇淵雷點校本

① 洪修平：《禪宗思想的形成與發展》，古籍出版社 1992 年版。
② 顧偉康：《禪宗六變》，三民出版社 1994 年版。
③ 顧偉康：《禪淨合一流略》，三民出版社 1997 年版。
④ 杜繼文、魏道儒：《中國禪宗通史》，江蘇古籍出版社 1995 年版。
⑤ 麻天祥：《中國禪宗思想發展史》，湖南教育出版社 1997 年版。
⑥ 印順：《中國禪宗史》，江西人民出版社 1999 年版。
⑦ 楊曾文：《唐五代禪宗史》，中國社會科學出版社 1999 年版。
⑧ 葛兆光：《中國禪思想史——從 6 世紀到 9 世紀》，北京大學出版社 2000 年版。
⑨ 方廣錩：《佛教典籍》，上海科學普及出版社 2011 年版。
⑩ 蔣宗福、李海霞主譯：《五燈會元 白話全譯》，西南師範大學出版社 1997 年版。
⑪ 胡適著，姜義華主編，章清、吳根梁編：《胡適學術文集》（中國佛學史），中華書局1994 年版。

時發現了大量可商榷的問題，發表了《〈五燈會元〉點校獻疑三百例》①和《〈五燈會元〉點校獻疑續補一百例》②；于谷在《禪宗語言和文獻》第 7 章，舉例性地指出了蘇本 84 版《五燈會元》由於不瞭解口語詞、不瞭解同行詞語、不瞭解口語語法、不瞭解同行詞語法而造成的標點錯誤二十餘條③；馮國棟的兩篇關於《五燈會元》文獻研究的文章也十分重要，一篇是《〈五燈會元〉版本與流傳》，該文考察了《五燈會元》歷代的刊刻情況，對《五燈會元》的 9 種版本做了較為全面的描述，并考察了該書在歷史上的流傳情況④。另一篇為《〈五燈會元〉校點疏失類舉》，該文主要針對 84 版蘇淵雷點校本，總結出“影宋本不誤點校本轉錄致誤例”“未能以續藏本、龍藏本正影宋本之失例”“不明名義點斷致誤例”“專名號使用失誤例”之誤例百餘次⑤。此乃繼項楚之後，再一次對蘇本較為全面的校理；浙江大學 2003 年闞緒良博士學位論文《〈五燈會元〉虛詞研究》附錄中有《〈五燈會元〉校讀札記》一文，該文主要針對 2002 年重印蘇本《五燈會元》，校出各種錯例 110 條⑥；此外，還有《〈五燈會元〉補校》⑦《〈五燈會元〉中的寒山佚詩》⑧《〈五燈會元〉之版本與校勘之諸問題研究》⑨《中華版古籍標點獻疑》⑩《〈五燈會元〉標點正誤二則》⑪《禪籍點校匡補》⑫《〈五燈會元〉點校疑誤舉例》⑬《中華

① 項楚：《〈五燈會元〉點校獻疑三百例》，《古籍整理出版情況簡報》（172 期）1987 年 3 月；載入《柱馬屋存稿》，商務印書館 2003 年版。
② 項楚：《〈五燈會元〉點校獻疑續補一百例》，《季羨林先生八十華誕紀念論文集》（上），江西人民出版社 1991 年版；載入《柱馬屋存稿》，商務印書館 2003 年版。
③ 于穀：《禪宗語言和文獻》，江西人民出版社 1995 年版，第 159—164 頁。
④ 馮國棟：《〈五燈會元〉版本與流傳》，《宗教學研究》2004 年第 4 期。
⑤ 馮國棟：《佛教文獻與佛教文學》，宗教文化出版社 2011 年版。
⑥ 闞緒良，2003 年，《〈五燈會元〉虛詞研究》，博士學位論文，浙江大學，附錄中有《〈五燈會元〉校讀札記》一文。后在吳言生主編的《中國禪學》第四卷全文發表，中華書局 2006 年版。
⑦ 劉凱鳴：《〈五燈會元〉補校》，《文獻》1992 年第 1 期。
⑧ 曹汛：《〈五燈會元〉中的寒山佚詩》，《古籍整理與研究》1991 年第 6 期。
⑨ 紀贇、黃俊銓：《五燈會元之版本與校勘之諸問題研究》，《中國禪學》2007 年第 5 卷。
⑩ 董志翹：《中華本古籍標點獻疑》，《古籍研究整理學刊》1991 年第 1 期。
⑪ 黃靈庚：《〈五燈會元〉標點正誤二則》，《古漢語研究》1998 年第 1 期。
⑫ 鞠彩萍：《禪籍點校匡補》，《語言科學》2005 年第 3 期。
⑬ 喬立智：《〈五燈會元〉點校疑誤舉例》，《宗教學研究》2012 年第 1 期。

本〈五燈會元〉校讀札記》①《中華本〈五燈會元〉點校拾遺》②《中華本〈五燈會元〉句讀疑誤類舉》③《從“校勘四法”角度看〈五燈會元〉的校對疑誤》④ 等一系列論文。

最後需要介紹的是復旦大學 2007 年黃俊銓博士學位論文《禪宗典籍與〈五燈會元〉研究》，該文從版本學、文獻學、史源學的角度出發，共梳理出《五燈會元》的 14 種版本及其特點和館藏地（上文已述），並且詳細考證了《五燈會元》具體繼承、刪減、揉合了《景德傳燈錄》《天聖廣燈錄》《建中靖國續燈錄》《聯燈會要》《嘉泰普燈錄》中的哪些內容，以及在這箇過程中所體現的編者的編撰思想，並且做了“《五燈會元》與其他傳記類資料史源考索”和“《五燈會元》的語錄類資料史源”的考證⑤。

第四節 《五燈會元》語言研究概況

《五燈會元》既是一部重要的禪宗典籍，又由於書中多為對話體語錄，同時也是研究唐宋白話的重要語料，其中的禪語、俗語、口語詞非常有特點，是歷來研究禪宗語言的學者所必須重視的，現就從語言研究的角度來對其做一總結。

1. 辭書、專著類

目前關於禪宗語錄的研究方興未艾，研究成果也十分豐富，但是單就《五燈會元》語言研究方面的專著目前還比較少見，多數是利用《五燈會元》的語料作為材料支撐，比如：《禪宗著作詞語匯釋》開了漢譯佛經和禪宗語錄俗語詞研究的先河，作者旁搜廣攬、精征博考，引證材料涉及漢譯佛經、禪宗語錄、宋儒語錄、筆記小說、通俗白話小說、詩詞

---

① 任連明：《中華本〈五燈會元〉校讀札記》，《暨南學報》2013 年第 8 期。
② 任連明：《中華本〈五燈會元〉點校拾遺》，《漢語史學報》2013 年第 13 輯。
③ 任連明、孫祥愉：《中華本〈五燈會元〉句讀疑誤類舉》，《廣西科技師範學院學報》2016 年第 1 期。
④ 邱震強：《從“校勘四法”角度看〈五燈會元〉的校對疑誤》，《古籍研究》2015 年 5 月。
⑤ 黃俊銓：《禪宗典籍與〈五燈會元〉研究》，博士學位論文，復旦大學，2007 年。

曲、史書、字書、韻書等。對所釋之詞溯源探流、考證詞義。其中除收錄了禪宗俗語詞外還涉及部分俗語①。《禪宗詞典》為國內第一部禪宗專科辭書，其中收釋了中國禪宗文獻裏的重要或常見詞語，包括術語、行業語、典故語、成語、口語詞、俗諺語等；兼收重要的中國禪宗人物、寺院、塔、山和典籍。共有詞目 6400 餘條。作者按照筆劃順序將詞條依次排列，包括一般的詞、成語、俗語，而以釋詞為主②。為廣大讀者研究禪宗、閱讀禪宗文獻提供了幫助。此外，還有《中國禪宗語錄大觀》③《禪語譯注》④《禪宗大詞典》⑤ 等著作。《禪宗語言與文獻》從語言和文獻兩箇角度介紹禪宗，對禪宗 "不立文字" 的語言觀和活潑多樣的語言實踐進行了論述，並在此基礎上分別從辭彙和語法兩方面舉例論證，突出禪籍語言的口語化特點。作者轉換角度，從文獻概貌、文獻介紹和文獻整理三方面進行詳細闡述，將禪宗文獻概括為燈錄、傳記、語錄、拈頌、詩歌等多種體裁，並對選擇的 110 種禪宗文獻做概括介紹，有利於讀者從整理上認識和把握禪宗文獻⑥。另外《禪宗語言概論》⑦ 《禪宗語言》⑧《百僧一案 禪宗入門的玄機》⑨《佛源語詞詞典》⑩《禪籍方俗詞研究》⑪ 等專著中也大量運用《五燈會元》作為論證材料。

2. 論文類

（1）專門針對《五燈會元》展開研究的論文

碩博士學位論文：

以《五燈會元》為語料進行語言研究的碩博士學位論文，我們在知網上搜索到 6 篇，其中博士學位論文 1 篇，碩士學位論文 5 篇；以《五燈

---

① 袁賓：《禪宗著作詞語匯釋》，江蘇古籍出版社 1990 年版。
② 袁賓：《禪宗詞典》，湖北人民出版社 1994 年版。
③ 袁賓：《中國禪宗語錄大觀》，百花洲文藝出版社 1991 年版。
④ 袁賓：《禪語譯注》，語文出版社 1999 年版。
⑤ 袁賓、康健：《禪宗大詞典》，崇文書局 2010 年版。
⑥ 于穀：《禪宗語言與文獻》，江西人民出版社 1995 年版。
⑦ 張美蘭：《禪宗語言概論》，台灣五南圖書出版公司 1998 年版。
⑧ 周裕鍇：《禪宗語言》，浙江人民出版社 1999 年版。
⑨ 周裕鍇：《百僧一案 禪宗入門的玄機》，上海古籍出版社 2007 年版。
⑩ 孫維張：《佛源語詞詞典》，語文出版社 2007 年版。
⑪ 雷漢卿：《禪籍方俗詞研究》，巴蜀書社 2010 年版。

會元》作為語料之一而與其他禪宗典籍進行比較研究的有 5 篇碩士論文；
以《五燈會元》作為部分支撐語料而進行的概論性的碩博士論文搜索到
10 篇，其中博士學位論文 4 篇。下面分別予以介紹：

　　以《五燈會元》為語料進行專書研究的碩博士論文，首先是《〈五燈
會元〉虛詞研究》，對其中的副詞（程度副詞、時間副詞、情態副詞、否定
副詞、疑問副詞、範圍副詞、指代副詞）、介詞（範圍、與同、處置、方
向）、連詞（假設連詞、讓步連詞、縱予連詞、承接連詞、推論連詞、選擇
連詞）等三種詞類進行了窮盡性的研究。該文的做法是"統計、描寫并分
析《五燈會元》裏中古或中古以後產生的副詞、介詞、連詞的用法，對於
先賢時哲已有精彩研究的本文一般不予涉及；對於未被充分討論或注意不
夠的地方則多著筆墨，拾遺補闕；同時也嘗試對某些語言現象提出箇人的
解釋"①。其他 5 篇碩士論文是單以《五燈會元》中某一箇詞類或某一箇
問題為切入點展開論述的，分別是《〈五燈會元〉程度副詞研究》②《〈五
燈會元〉反復問句及選擇問句研究》③《〈五燈會元〉動態助詞研究》④
《〈五燈會元〉量詞研究》⑤《〈五燈會元〉祈使句研究》⑥。

　　對其語言方面進行比較研究的主要是雷漢卿指導的 5 篇碩士學位論
文，分別是《〈建中靖國續燈錄〉〈五燈會元〉語言比較研究》⑦《〈景德
傳燈錄〉〈五燈會元〉語言比較研究》⑧《〈五燈會元〉〈聯燈會要〉語言
比較研究》⑨《〈嘉泰普燈錄〉與〈五燈會元〉語言比較研究》⑩《〈天聖

　　① 闞緒良：《〈五燈會元〉虛詞研究》，博士學位論文，浙江大學，2003 年。
　　② 孟艷紅：《〈五燈會元〉程度副詞研究》，碩士學位論文，武漢大學，2004 年。
　　③ 殷偉：《〈五燈會元〉反復問句及選擇問句研究》，碩士學位論文，南京師範大學，2006
年。
　　④ 鄒仁：《〈五燈會元〉動態助詞研究》，碩士學位論文，福建師範大學，2008 年。
　　⑤ 王遠明：《〈五燈會元〉量詞研究》，碩士學位論文，貴州大學，2006 年。
　　⑥ 龔峰：《〈五燈會元〉祈使句研究》，碩士學位論文，蘇州大學，2010 年。
　　⑦ 李旭：《〈建中靖國續燈錄〉〈五燈會元〉語言比較研究》，碩士學位論文，四川大學，
2010 年。
　　⑧ 江靈玲：《〈景德傳燈錄〉〈五燈會元〉語言比較研究》，碩士學位論文，四川大學，
2010 年。
　　⑨ 林莎：《〈五燈會元〉〈聯燈會要〉語言比較研究》，碩士學位論文，四川大學，2010
年。
　　⑩ 李茂華：《〈嘉泰普燈錄〉與〈五燈會元〉語言比較研究》，碩士學位論文，四川大學，
2010 年。

廣燈錄〉與〈五燈會元〉語言比較研究》①，上述 5 篇論文行文思路大體相同，多數比較兩部燈錄在用字、用詞、表述方面的差異，以及燈錄在辭書編撰上的價值。

單篇論文：

通過知網和"讀秀"搜索，我們共找到專門針對《五燈會元》進行研究的論文有 28 篇，它們角度不一，多數是進行詞語考釋和語法研究，少數為俗諺分析。

詞語考釋類論文：《〈五燈會元〉詞語釋義》②《〈五燈會元〉詞語續釋》③《〈五燈會元〉詞語拾零》④《〈五燈會元〉口語詞探義》⑤《〈五燈會元〉詞語考釋》⑥《〈五燈會元〉詞語考釋》⑦《〈五燈會元〉詞語二則》⑧《〈五燈會元〉詞語札記》⑨《〈五燈會元〉詞語考釋》⑩《〈五燈會元〉釋詞二則》⑪，考釋了《五燈會元》中的方俗詞、特色詞或疑難詞，並且對有些詞的認識是在不斷的改進當中，如："案山"，張美蘭認為"案山"不是專有名詞，與"主山"相對，指較為低矮的山；滕志賢考證"肥邊"為"大腹便便"；而邱震強考釋"案山"為"形如几案的山"，是堪輿學的專業詞；"肥邊"應是一箇詞組，指圍棋實戰中所得的"厚實的邊地"。其中邱氏的論證更加嚴密可信，結論更加可靠。這也同時說明了禪宗語言的特殊性和進行研究的必要性。

語法研究類論文：《〈五燈會元〉里的"是"字選擇問句》⑫，通過對

---

①　郭驥：《〈天聖廣燈錄〉與〈五燈會元〉語言比較研究》，碩士學位論文，四川大學，2010 年。

②　袁賓：《〈五燈會元〉詞語釋義》，《中國語文》1986 年第 5 期。

③　袁賓：《〈五燈會元〉詞語續釋》，《語言研究》1987 年第 2 期。

④　張錫德：《〈五燈會元〉詞語拾零》，《溫州師範學院學報》1987 年第 4 期。

⑤　袁賓：《〈五燈會元〉口語詞探義》，《天津師範大學學報》1987 年第 5 期。

⑥　董志翹：《〈五燈會元〉詞語考釋》，《中國語文》1990 年第 1 期。

⑦　滕志賢：《〈五燈會元〉詞語考釋》，《古漢語研究》1995 年第 4 期。

⑧　張美蘭：《〈五燈會元〉詞語二則》，《古漢語研究》1997 年第 4 期。

⑨　黃靈庚：《〈五燈會元〉詞語札記》，《浙江師範大學學報》1999 年第 3 期。

⑩　李開：《〈五燈會元〉詞語考釋》，載齊裕焜、郝銘鑒主編《藝文述林》4《語言學卷》，上海文藝出版社 1999 年版。

⑪　邱震強：《〈五燈會元〉釋詞二則》，《中國語文》2007 年第 1 期。

⑫　闞緒良：《〈五燈會元〉里的"是"字選擇問句》，《語言研究》1995 年第 2 期。

《五燈會元》中88例"是"字選擇問句加以分類論證,并與《祖堂集》用例相比較,得出《五燈會元》裏"是"字選擇問句已很成熟,其表現一是數量較多,二是動詞后可以帶賓語,三是《祖堂集》中"祖意教義(還)同別"這一說法到了《五燈會元》沒有例外地變成"是同是別",只有"是"字選擇問句成熟,才會出現這種情況。該文在方法論上告訴我們,不同燈錄之間進行比較研究大有可為。《論〈五燈會元〉中的同形動量詞》①,該文以《五燈會元》"為第一手資料,窮盡性地展示同形動量詞在《五燈會元》中的概貌,參照南宋朱熹《朱子語類》和宋元話本",說明《五燈會元》中的同形動量詞"是借用動量詞的一種表現形式,而非簡單的動詞重疊",同時證明了"如果說名量詞在魏晉南北朝已邁入完全成熟期,那麼動量詞的完全成熟期應為宋代,至遲是南宋"。《論宋代禪宗的語言特色:從〈祖堂集〉與〈五燈會元〉語言的風格差異入手》②,該文結合禪宗發展史和漢語語言發展史,在對比《祖堂集》和《五燈會元》的文獻語言風格之後,側重闡述了宋代禪宗的語言學特點,探尋差異出現的原因,並進一步探討其在漢語史上的地位和作用。此文運用不同燈錄之間的比較來進行研究,也是一箇比較好的研究方法,對後人的研究提供了方法論上的指導。

另外還有,《試析〈五燈會元〉中的是非問句與選擇問句》③《〈五燈會元〉中的是非問句與選擇問句初探》④《〈五燈會元〉的句尾語氣詞"也"》⑤《〈五燈會元〉"把"字研究》⑥《〈五燈會元〉"將"字研究》⑦《〈祖堂集〉、〈景德傳燈錄〉、〈五燈會元〉中"動+卻+(賓)"格式中

---

① 張美蘭:《論〈五燈會元〉中的同形動量詞》,《南京師範大學學報》1996年第1期。

② 張美蘭:《論宋代禪宗的語言特色:從〈祖堂集〉與〈五燈會元〉語言的風格差異入手》,《韓國佛教學結集大會》之發言稿,2004年。

③ 武振玉:《試析〈五燈會元〉中的是非問句與選擇問句》,《長春大學學報》1998年第2期。

④ 武振玉:《〈五燈會元〉中的是非問句與選擇問句初探》,《陝西師範大學繼續教育學報》2001年第1期。

⑤ 沈丹蕾:《〈五燈會元〉的句尾語氣詞"也"》,《安徽師大學報》2001年第4期。

⑥ 邱振強:《〈五燈會元〉"把"字研究》,載《漢語語義研究》,中南大學出版社2006年版。

⑦ 邱振強:《〈五燈會元〉"將"字研究》,載《漢語語義研究》,中南大學出版社2006年版。

"卻" 的語法性質》①《〈五燈會元〉帶 "得" 的結果述補結構》②《〈五燈會元〉中副詞 "都" 的用法》③《〈五燈會元〉中的 "Ｔ，是否?" 句式研究》④《〈五燈會元〉中的處置式》⑤《〈五燈會元〉量詞的語義特徵》⑥《〈五燈會元〉名量詞句法功能考察》⑦《〈五燈會元〉中帶語氣副詞的測度問句》⑧《〈五燈會元〉中的 "相似" 比擬句》⑨。

俗諺分析類論文：

對《五燈會元》中的俗諺語進行專門研究的論文我們只搜索到 2 篇，一是《〈五燈會元〉中的諺語》⑩，該文幾百字，介紹了《五燈會元》中的部分諺語在當今還在使用，只是表達方式略有不同，文章最後指出 "長期以來，民俗研究者也未注意到其中豐富的民俗學資料，如果能對《五燈會元》等宋元佛家語錄作廣泛的研究，相信定有重大收穫"。眼光非常具有前瞻性，可惜的是作者沒有接著進行深入廣泛的研究。二是《〈五燈會元〉中的歇後語》⑪，該文說到《五燈會元》中的歇後語繼承了 "瘋人詩" 的特點；句式上都是上句述其語，下句釋其義；還是隱語的進一步發展。

（2）不同程度地利用《五燈會元》為語料支撐，或關於禪籍的概論性文章，但是有的結論同樣適用於《五燈會元》的論文

博士學位論文有：《禪宗語言研究》⑫《禪宗語錄詞語研究》⑬《唐宋

---

① 林新年：《〈祖堂集〉、〈景德傳燈錄〉、〈五燈會元〉中 "動 + 卻 + （賓）" 格式中 "卻" 的語法性質》，載《福建師範大學文學院百年學術大系》，海峽文藝出版社 2007 年版。

② 尹鐘宏、鄒仁：《〈五燈會元〉帶 "得" 的結果述補結構》，《華章》2007 年第 10 期。

③ 周清艷：《〈五燈會元〉中副詞 "都" 的用法》，《周口師範學院學報》2008 年第 4 期。

④ 殷偉：《〈五燈會元〉中的 "Ｔ，是否?" 句式研究》，《常州工學院學報》2009 年第 3 期。

⑤ 惠紅軍：《〈五燈會元〉中的處置式》，《貴州民族學院學報》2009 年第 4 期。

⑥ 王遠明：《〈五燈會元〉量詞的語義特徵》，《現代語文》2010 年第 6 期。

⑦ 王遠明：《〈五燈會元〉名量詞句法功能考察》，《語文學刊》2010 年第 8 期。

⑧ 袁衛華：《〈五燈會元〉中帶語氣副詞的測度問句》，《合肥師範學院學報》2012 年第 2 期。

⑨ 方吉屏：《〈五燈會元〉中的 "相似" 比擬句》，《齊齊哈爾大學學報》2012 年第 2 期。

⑩ 周啟付：《〈五燈會元〉中的諺語》，《讀書雜誌》1988 年第 3 期。

⑪ 黃冬麗：《〈五燈會元〉中的歇後語》，《天水師範學院學報》2012 年第 3 期。

⑫ 張勝珍：《禪宗語言研究》，博士學位論文，南開大學，2005 年。

⑬ 何小宛：《禪宗語錄詞語研究》，博士學位論文，上海師範大學，2009 年。

禪籍俗語研究》[①]《禪宗語言專題研究》[②]。

碩士學位論文有：《禪宗語言中的比喻研究》[③]《唐宋禪籍語錄特指問句研究》[④]《禪宗俗諺初探》[⑤]《禪宗語言的修辭研究》[⑥]《禪宗語錄熟語研究》[⑦]《禪宗語境探析》[⑧]。

詞語考釋類論文：

《禪宗語錄疑難詞考釋》[⑨] 從類似語境和語音出發，考釋"倜儻"與"剔脫"為同詞異形，義為透徹、明了，比黃靈庚所考更加可信；《禪籍俗語詞札記》[⑩]《禪籍詞語考釋》[⑪]《禪籍詞語選釋》[⑫]，此三篇文章皆運用現代方言和文獻材料相結合的方法，解釋"打野榸""打野榸漢""東壁打西壁""老骨村""老搐槌""高茅""骨底骨董""哄哄恫恫""轟轟磕磕""膠膠綴綴""猗猗獠獠""聱頭""傍不甘""勃訴""柴頭""哆哆和和"等詞語，證明了禪籍俗語、疑難詞的考釋與方言相結合進行研究的可行性；類似的論文還有《禪宗語錄詞義札記》[⑬]《近代漢語詞義雜考》[⑭]《"謝三郎"小釋》[⑮]《"碗鳴"釋詁》[⑯] 等。

語法類論文：

語法類論文數量比較多，該類論文所得出的結論同樣適用於《五燈會元》。現列舉幾篇如下：《疑問語氣詞"呢"的來源》[⑰]《疑問語氣詞

---

① 徐琳：《唐宋禪籍俗語研究》，博士學位論文，四川大學，2012 年。

② 李豔琴：《禪宗語言專題研究》，博士學位論文，四川大學，2012 年。

③ 林麗：《禪宗語言中的比喻研究》，碩士學位論文，四川大學，2003 年。

④ 肖蘭萍：《唐宋禪籍語錄特指問句研究》，碩士學位論文，四川大學，2003 年。

⑤ 李濤賢：《禪宗俗諺初探》，碩士學位論文，四川大學，2003 年。

⑥ 何君：《禪宗語言的修辭研究》，碩士學位論文，福建師範大學，2008 年。

⑦ 薛春華：《禪宗語錄熟語研究》，碩士學位論文，上海師範大學，2011 年。

⑧ 孔慶有：《禪宗語境探析》，碩士學位論文，曲阜師範大學，2011 年。

⑨ 段觀宋：《禪宗語錄疑難詞考釋》，《東莞理工學院學報》2001 年第 1 期。

⑩ 雷漢卿：《禪籍俗語詞札記》，《江西社會科學》2004 年第 2 期。

⑪ 雷漢卿、孫艷：《禪籍詞語考釋》，《宗教學研究》2006 年第 1 期。

⑫ 雷漢卿：《禪籍詞語選釋》，《語言科學》2006 年第 4 期。

⑬ 盧烈紅：《禪宗語錄詞義札記》，《典籍與文化》2005 年第 1 期。

⑭ 蔣冀騁：《近代漢語詞義雜考》，《古漢語研究》1989 年第 4 期。

⑮ 趙曉濤：《"謝三郎"小釋》，《古籍研究》2001 年第 3 期。

⑯ 張秀清：《"碗鳴"釋詁》，《齊齊哈爾大學學報》2012 年第 1 期。

⑰ 江藍生：《疑問語氣詞"呢"的來源》，《語文研究》1986 年第 2 期。

"呢"的來源補說》①《唐宋時期的"Ｖ＋得＋時量短語"》②《再談疑問語氣詞"呢"的來源》③《唐宋禪籍語錄特殊選擇疑問句考察》④《禪宗典籍中帶語氣副詞的測度問句》⑤　《禪宗文獻中的同義介詞"擗""驀""攔"》⑥《唐宋禪宗語錄"VP—Neg—VP"式正反疑問句研究》⑦　《禪宗語錄"（××）漢"稱呼語的語用語義分析——兼論"漢"的歷史來源及情感傾向》⑧《談談禪宗語錄中語法研究的幾箇問題》⑨《唐宋禪籍新生疑問詞語考察》⑩。

　　俗諺類論文：

　　《禪籍俗諺管窺》⑪ 雖為單篇論文，但從多方面對禪籍俗語進行了考察，解釋了部分來自民間但又在禪籍中帶有了宗教性特殊含義的俗諺，注意到禪籍俗語形式的多樣性、諺語與歇後語之間的轉換關係、禪籍俗語的世俗化，並從五箇方面總結歸納了禪師喜歡使用俗諺的原因。周文從多角度對禪籍俗語做了嘗試性的探討，為後人繼續深入研究開闢了道路。相關論文還有：《禪籍諺語活用現象探析》⑫《智慧禪語——禪宗典籍諺語語義探析》⑬《禪籍俗語語義研究》⑭《禪籍諺語之妙用》⑮《禪宗

　　①　祖生利：《疑問語氣詞"呢"的來源補說》，《西北師範大學學報》1996 年第 5 期。
　　②　林新年：《唐宋時期的"Ｖ＋得＋時量短語"》，《福建師範大學學報》2005 年第 2 期。
　　③　王樹瑛：《再談疑問語氣詞"呢"的來源》，《福建教育學院學報》2007 年第 7 期。
　　④　張鵬麗：《唐宋禪籍語錄特殊選擇疑問句考察》，《南京師範大學文學院學報》2009 年第 3 期。
　　⑤　盧烈紅：《禪宗典籍中帶語氣副詞的測度問句》，《長江學術》2011 年第 3 期。
　　⑥　詹緒左、崔達送：《禪宗文獻中的同義介詞"擗""驀""攔"》，《古漢語研究》2011 年第 3 期。
　　⑦　張鵬麗：《唐宋禪宗語錄"VP—Neg—VP"式正反疑問句研究》，《泰山學院學報》2012 年第 1 期。
　　⑧　鞠彩萍：《禪宗語錄"（××）漢"稱呼語的語用語義分析——兼論"漢"的歷史來源及情感傾向》，《常州工學院學報》2012 年第 2 期。
　　⑨　盧烈紅：《談談禪宗語錄中語法研究的幾箇問題》，《武漢大學學報》2012 年第 4 期。
　　⑩　張鵬麗：《唐宋禪籍新生疑問詞語考察》，《西華大學學報》2012 年第 2 期。
　　⑪　周裕鍇：《禪籍俗諺管窺》，《江西社會科學》2004 年第 2 期。
　　⑫　劉愛玲：《禪籍諺語活用現象探析》，《佳木斯大學社會科學學報》2005 年第 5 期。
　　⑬　范春媛：《智慧禪語——禪宗典籍諺語語義探析》，《佛教文化》2006 年第 6 期。
　　⑭　范春媛：《禪籍俗語語義研究》，《蘭州學刊》2007 年第 2 期。
　　⑮　范春媛：《禪籍諺語之妙用》，《江西社會科學》2009 年第 4 期。

語錄中的同義成語》①。

綜合類論文：

此類論文數量不少，角度各異，我們略舉數例，如：《試論禪籍方俗詞的甄別——兼論漢語方俗詞的甄別》②，該文歸納出"禪籍文本對勘、參照現代方言、稽考歷代文獻（歷代註釋、字典辭書、經史子集文獻）等確認方俗詞的方法"，對於確定漢語方俗詞具有方法論的指導作用，也正如作者在文中所說，這不僅"有助於考察漢語不同歷史時期口語和書面語的競爭和消長，而且有利於考察漢語史上基本詞彙的特點和流變"。《試論禪宗語言比較研究的價值——以詞彙研究為例》③，該論文"從文字訛誤、詞義解說、新詞新義、用詞雅俗四箇方面論述了禪籍比較研究的價值"，"不僅有助於禪宗文獻的解讀和禪宗文獻的整理，而且對禪宗文獻的比較研究具有一定的示範意義"。此外還有：《禪宗語言的非言語表達手法》④《說禪宗語錄中的"格外"》⑤《淺談禪宗修辭的非語言形式》⑥《禪宗文本的語言學闡釋》⑦《禪宗語言種類》⑧《語文辭書收詞釋義漏略禪籍新義例釋》⑨《禪宗語言觀的現代語言學闡釋》⑩《唐宋禪籍語錄中"何""云何""如何" 發展演變考察》⑪《唐宋禪籍俗語中的民俗文化蘊含》⑫《關於禪宗文獻語言詞典的幾點認識》⑬《唐宋禪籍語錄疑問詞

---

① 鞠彩萍：《禪宗語錄中的同義成語》，《常州工學院學報》2010 年第 4 期。

② 雷漢卿：《試論禪籍方俗詞的甄別——兼論漢語方俗詞的甄別》，《古漢語研究》2011 年第 3 期。

③ 雷漢卿：《試論禪宗語言比較研究的價值—以詞彙研究為例》，《語言科學》2011 年第 5 期。

④ 張美蘭：《禪宗語言的非言語表達手法》，《中國典籍與文化》1997 年第 4 期。

⑤ 雷冬平、胡麗珍：《說禪宗語錄中的"格外"》，《湘潭大學學報》2003 年第 2 期。

⑥ 疏志強：《淺談禪宗修辭的非語言形式》，《湛江師範學院學報》2007 年第 2 期。

⑦ 王景丹：《禪宗文本的語言學闡釋》，《雲南社會科學》2008 年第 4 期。

⑧ 張子開、張琦：《禪宗語言種類》，《宗教學研究》2008 年第 4 期。

⑨ 雷漢卿：《語文辭書收詞釋義漏略禪籍新義例釋》，《合肥師範學院學報》2009 年第 2 期。

⑩ 徐默凡：《禪宗語言觀的現代語言學闡釋》，《華夏文化》1999 年第 2 期。

⑪ 張鵬麗：《唐宋禪籍語錄中"何""云何""如何" 發展演變考察》，《西華師範大學學報》2011 年第 3 期。

⑫ 徐琳：《唐宋禪籍俗語中的民俗文化蘊含》，《文化學刊》2011 年第 6 期。

⑬ 康健：《關於禪宗文獻語言詞典的幾點認識》，《編輯之友》2011 年第 10 期。

"么（摩）"考察》①《淺談禪宗稱謂中的借稱》② 等。

第五節　《五燈會元》的研究價值和意義

（一）《五燈會元》文獻研究價值

《五燈會元》版本眾多，雖早有蘇淵雷點校本已整理出版，而且重印多達十餘次，但是錯誤依然很多，這就使得對《五燈會元》重新進行全面的點、校、注十分有必要，正如項楚所說"我認為有必要再出版一種新的整理本。這箇新整理本除了應該掃清現有校點本的許多校點錯誤以外，至少還應做好""對原文重新分段，以清眉目"，"與五種燈錄對勘"，"編製《五燈會元》人名索引"。③ 如此可為其他各箇學科進行研究工作提供詳實可靠的文獻語料。

《五燈會元》中還保留了一些亡佚的白話詩歌，這些文獻資料無論是對於文學研究還是語言研究都有很高的價值。比如：《〈五燈會元〉中的寒山佚詩》一文，據《五燈會元》卷十一《風穴延沼禪師》、卷十五《洞山曉聰禪師》等所記載寒山詩"《全唐詩》未載，諸家補遺亦皆未收"④。

（二）《五燈會元》語言研究價值

首先，在用字方面，《五燈會元》中存在許多俗字、異體字，如果對各箇版本、其他五部燈錄進行比對，就會發現更多，這是進行漢字研究的重要語料，對於漢字的使用史、發展史有重要的參考價值，同樣也有利於現今漢語更加規範的使用。

其次，在詞語研究方面，關於禪宗語錄的語言特點，周裕鍇說："任何閱讀《大藏經》或《續藏經》的人，都會感覺到禪籍語言不僅迥異於印度撰述的經、律、論三藏，而且不同於支那撰述的其他諸宗的著作，尤其是禪宗語言，更是植根於唐宋時期的俗語言深厚的土壤，代表著一

---

① 張鵬麗：《唐宋禪籍語錄疑問詞"么（摩）"考察》，《漢字文化》2012 年第 1 期。

② 鞠彩萍：《淺談禪宗稱謂中的借稱》，《法音》2012 年第 2 期。

③ 項楚：《〈五燈會元〉點校獻疑續補一百例》，載《季羨林先生八十華誕紀念論文集》（上），江西人民出版社 1991 年版；后載入《柱馬屋存稿》，商務印書館 2003 年。

④ 曹汛：《〈五燈會元〉中的寒山佚詩》，《古籍整理與研究》1991 年第 6 期。

種活生生的存在方式，其至比中國傳統的帶有官方色彩的文言文，更貼近於中國人的實際生活。"① 《五燈會元》作為一部重要燈錄，在對其他五部燈錄刪冗減繁的過程中，各類公案得以保留下來，公案多為機鋒對話，其語言質樸俚俗，反映了當時社會的語言使用狀況，是研究當時白話語言的活化石。口語詞、方俗詞是學者研究的一箇重點，通過上文在詞彙研究現狀的總結中我們可以看到，學者們的重點主要集中在這一方面，這是因為，口語詞、方俗詞大多數也是疑難詞，考釋清楚這類詞的詞義，才能讀懂文本、才能更好地體會禪義。

最后，在語法方面，20 世紀 40 年代，呂叔湘利用《景德傳燈錄》寫成《釋〈景德傳燈錄〉在、著二助詞》② 該文論證了唐宋口語裏 "在"和 "著" 放在句子末尾用來表達語氣的用法，揭示了文獻中存在已久而久不為學者所重視的語言現象，開啟了禪宗語錄語法研究，乃至近代漢語研究的大門，對後來的學者產生了深遠的影響。關於禪宗文獻語法研究的重要性，盧烈紅說到： "對漢語語法史來說，禪宗語錄語法研究具有" "揭示新興語法現象的始見時間或流行時間，印證某些語言現象，顯示禪宗言語社團的特殊語法現象。"③ 這箇結論同樣適用於對《五燈會元》語法的研究。

第六節　《五燈會元》研究思路和方法

1. 版本比對校勘。《五燈會元》版本眾多，選取其中的善本為底本，盡可能多選擇其他一些版本為參校本，充分運用本校、對校、理校等校勘方法，整理出可靠的版本，為接下來的研究工作打下良好的基礎。

2. 總結歸納與演繹分析。一是對校勘成果進行歸類總結，并深入分析出現錯誤的各種原因；二是《五燈會元》有近百萬字，不可能對其進行窮盡性的各箇方面的研究，只能是搜取最具特點、最能反映其特色的

---

① 周裕鍇：《禪宗語言》，杭州人民出版社 1999 年版，第 3 頁。

② 呂叔湘：《釋〈景德傳燈錄〉在、著二助詞》，原載《華西協和大學中國文化研究所集刊》一卷 3 期，1941 年，後收入《呂叔湘全集》卷二《漢語語法論文集》，遼寧教育出版社 2002 年版，第 55—68 頁。

③ 盧烈紅：《談談禪宗語錄研究的幾箇問題》，《武漢大學學報》2012 年第 4 期。

語言問題進行深入分析。

3. 共時描述與歷時比較。"根據專書做語言研究，通常把它作為一箇共時物件進行描寫研究，如果要在專書研究中引入歷時的分析，就要與其他時期的文獻作比較。"① 所以既要對《五燈會元》中的語言事實進行描寫，又要拿它與同時期的其他文獻和歷時的文獻語料相比對，力爭做到在共時的材料中進行歷時的分析。

4. 箇案研究與全面分析。通過對《五燈會元》中的某類詞或某種語言現象開展箇案解讀，進行全面深入細緻的分析，做到以點帶面，由單箇的語言現象反映普遍的語言事實。

5. 在對詞語分類時，我們按照意義分類的方法，按照名物、行為、性狀分為三類②，每一大類下再根據實際情況劃分小類：

名物："是古代人們從顏色、形狀（對於人為之器來說是指形制）、功用、質料（含有等差的因素）等角度對特定具體之物加以辨別認識的結果，是關於具體特定之物的名稱。"③ 本書中，我們說的"名物"所包括的內容要寬泛些，具體可以包括人、鬼神、人体部位、动物植物、食物、天文、地理、建筑、器用、財賄、器物等。

行為：是指表示人、動物或其他事物運動變化或存在的詞語。具體可分為生命過程、面部器官行為、思考、四肢行為、位移、居止、起始、經歷等。

性狀：修飾、限制"行為"或"名物"，表示事物或行為的屬性、狀態、特徵或存在方式等方面的詞語，具體可分為身體狀況、五官感覺、物體狀況、時間、數量、關聯等。

---

① 俞理明：《共時材料中的歷時分析——從〈根本說一切有部毗奈耶破僧事〉看漢語辭彙的發展》，《川大學報》2004 年第 5 期。

② 此分類方法在俞理明、顧滿林《東漢佛道文獻詞彙研究》、田啟濤《早期天師道文獻語言描寫研究》中得到應用。

③ 劉興均：《〈周禮〉名物詞研究》，巴蜀書社 2001 年版，第 22 頁。

上編

《五燈會元》文獻研究

第一章

諸本無誤而誤改

此節"諸本"既指底本影宋寶祐本，也包括對校本明嘉興本、清乾隆本、卍續本，本章分析這四箇本子所有用例情況統一，而校錄者由於各種原因在中華本中出現了不準確或錯誤的情形。

第一節　諸本無誤，校者錄入失準

在我們選取的 4 箇版本中，前後用例完全一樣，而中華本卻對其進行了改動，雖然蘇淵雷先生在凡例中說到"凡改正底本，一般都做校勘記。惟避諱缺筆字、異體字和明顯的版刻誤字據上下文意逕改"，但是對於古書的整理來說，只要底本不誤，還是應以底本爲準，至少應出校記為宜。另外，還有一些情況可能是校者在錄入時不小心所致。

1.1 異體字問題

（1）中華本第 296 頁：諸人幸值色身安健，不值諸難，何妨近前著些工夫，體取佛意好！

按：健，諸本作"徤"。《碑別字新編·十一畫》引《遼馬直溫妻張氏墓誌》作"徤"，《精嚴新集大藏音·彳部》收錄此字。《字學三正·體制上·俗書加畫者》："健，俗作徤。"《正字通·人部》："健，俗作徤。"可見，"徤"為"健"的異體字，中華本不必棄異體而用正體。

（2）中華本第 312 頁：僧問："寶蓋高高掛，其中事若何？請師言下旨，一句不消多。"

按:"掛",諸本作"挂",《干祿字書·去聲》:"掛挂,上俗下正。"《龍龕手鏡·手部》:"掛,俗,通;挂,正,古賣反,懸挂也,止也。"可見,"挂"為正體,"掛"為俗體,但是是通用字,底本本用正體,所以中華本不必改用俗體。

類似的相同之處在中華本中有多處。現一一指出:

第 318 頁:師曰:"道本無名,不存明暗。"曰:"不掛明暗底事,又作麼生?"第 376 頁:師住鄂州巖頭,值沙汰,於湖邊作渡子,兩岸各掛一板,有人過渡,打板一下。第 639 頁:軍持巾缽,悉掛角上,市人爭觀之。第 856 頁:僧問:"如何是玄旨?"師曰:"壁上掛錢財。"第 858 頁:曰:"如何是賓中主?"師曰:"茅戶掛珠簾。"第 906 頁:且道正不立玄、偏不附物一句,如何舉似?機絲不掛梭頭事,文彩縱橫意自殊。諸處"掛"皆應改為"挂"。

(3) 中華本第 656 頁:師曰:"如何是人境俱不奪?"濟曰:"王登寶殿,野老謳歌。"

按:"歌",諸本作"謌"。"謌"為"歌"的異體字,《說文解字·欠部》云:"𣢑,詠也,从欠哥聲。𧦥,謌或从言。"《干祿字書·平聲》曰:"歌、謌:並正,多用上字。"《新加九經字樣·欠部》云:"歌、謌:二同,詠也。"隸定之後,"歌"為正體,而"謌"成其異體字,中華本沒必要棄異體而用正體。

(4) 中華本第 707 頁:剪除狂寇,掃盪攙槍,猶是功勳邊事。

按:"槍",諸本作"搶"。"木"旁寫作"扌",在敦煌寫卷和歷代墓誌中十分多見,皆因形近而不分,周紹良《唐代墓誌彙編》"編輯說明"中已指出"扌與木旁無別等唐代特有的習慣寫法"。曾良《隋唐出土墓誌文字研究及整理》中有"木、扌二旁不別例"一小節,其中說到"木旁與扌旁不別在墓誌中常見"且引用大量例子予以佐證。

就"攙槍"而言,該詞在傳世文獻中早有用例,如:《爾雅·釋天》:"彗星為攙槍。"古人視之為妖星,以為"攙槍"出,戰亂起。《淮南子·俶真訓》:"古之人處混冥之中……攙槍衡杓之氣,莫不彌靡,而不能為害。"在同一時期,"攙搶"也在使用,《說苑·辨物》:"攙搶、彗孛、旬始、枉矢、蚩尤之旗,皆五星盈縮之所生也。"可見早在漢代木旁與扌旁無別就已存在，到了隋唐更加常見。另，該彗星又名天欃或天槍，《史記·司馬相如》："攬欃槍以為旌兮，"正義曰：《天官書》云："天欃長四丈，末銳。天槍長數丈，兩頭銳"，其形類彗也。

就校本而言，"欃槍"或"攙搶"皆說得過去，無論是底本還是參校本都寫作"攙搶"而作者逕改之，還是略有不妥。

（5）中華本第 759 頁：上堂："我宗無語句，徒勞尋露布。現成公案已多端，那堪更涉他門戶。覿面當機直下提，何用波吒受辛苦。咄！"

按："露"，此處諸本作"路"。"露布"即"路布"，義為言句、機語。類似問題在中華本中還有幾處，列舉如下：

第 1074 頁：到這裏，三世諸佛、一大藏教、祖師言句、天下老和尚露布葛藤盡使不著。第 1255 頁：問："古人道：'栭栗橫擔不顧人，直入千峰萬峰去。'未審那裏是佗住處？"師曰："騰蛇纏足，露布繞身。"其中的"露"諸本皆作"路"。

同時，底本作"露布"的情況更常見。

（6）中華本第 874 頁：濠州南禪聰禪師，僧問："如何是西來意？"

按："聰"，諸本作"聰"。《說文解字·耳部》："𦕈，察也。從耳，怱聲。""從耳，怱聲"即字形可作"聰"。《隸辨·平聲·冬韻》引《議郎元賓碑》字作"𦕈"，隸變作"聰"。《宋元以來俗字譜·耳部》："聰，俗聰字。"《字彙·耳部》："聰，俗聰字。"《正字通·耳部》："聰，俗聰字。"中華本沒必要棄"聰"而用"聰"。

（7）中華本第 875 頁：舒州投子義青禪師，青社李氏子。七齡穎異，往妙相寺出家，試經得度。

按："穎"，諸本作"穎"。"穎"乃"穎"的俗字，《俗書刊誤·卷二·十八便韻》："穎，禾穎也……俗作穎。"《字彙·頁部》："穎，俗穎字。"《正字通·頁部》："穎，俗穎字。"中華本沒必要棄"穎"而用"穎"。

（8）中華本第 879 頁：上堂："急走即蹉過，慢行趁不上。沒量大衲僧無計奈何！有多口饒舌底出來？"

按："趁"，諸本作"趂"。"趂"乃"趁"的俗字，《玉篇·走部》："趁，除珍切，履也。丑刃切，從也。趂，同上，俗。"《廣韻·去聲·震韻》："趁，趁逐。俗作趂。"《字鑑·去聲·震韻》："趁，丑刃切，俗作趂。"中華本沒必要棄俗體而用正體。

（9）中華本第 879 頁：問："如何是闃寂之門？"師曰："莫閙！莫閙！"

按："闃"，諸本作"聞"，《碑別字新編·門部·闃字》："闃：聞，《唐孫君夫人宋氏墓誌》。"《干祿字書·入聲》："聞，闃，並，上俗下正。"《龍龕手鏡·門部》："闃俗，聞正。"《六書正譌·入聲·十二錫》："闃……俗作聞。"可見，在不同的字書中，對於二者正俗的看法不同，但是中華本不應改動底本。

（10）中華本第 899 頁：師大笑曰："我卻疑著。"

按："着"，諸本作"著"。"着"為"著"之異體，《碑別字新編·艸部》："引《唐大泉室三門記》作'着'。"《干祿字書·去聲》："着著著，上俗中通下正。"《俗書刊誤·卷四·藥韻》云："著，俗誤作'着'，非。"《字學三正·體製上·時俗杜撰字》亦云："著，俗作'着'。"《正字通·首卷·從古》云："著，俗作'着'。"現代漢字統一用"着"表示，但是中華本不必棄正體而用俗體。

（11）中華本第 953 頁：問："和尚百年後，忽有人問向甚麼處去，如何酬對？"

按："酬"，諸本作"詶"，"詶"是"酬"的異體字，《說文·言部》："詶，譸也。"段注："俗用詶為應酬字。"王筠《說文句讀》："意為酬對字。"朱駿聲《說文通訓定聲》："《倉頡解詁》詶亦酬字。"

（12）中華本第 974 頁：問："金烏東湧，玉兔西沈時如何？"師曰："措大不騎驢。"

按："湧"，諸本作"涌"，"涌"為"湧"的異體字。"湧"字《說文》未收。漢隸開始出現"涌"字，《漢隸字源·上聲·腫韻》："涌，亦作湧。"《金石文字辨異·上聲·腫韻》："涌，或作湧。"可見"湧"為後起字。至《玉篇·水部》始收"湧"字，："涌，水騰波。湧，同上。"《集韻·上聲·腫韻》《類篇·水部》從之。後世以"湧"為正字，"涌"形遂為異體。簡化字又把"涌"作為異體。中華本應尊重底本，以"涌"為宜。

（13）中華本第 1004 頁：宰相韓琦、大參歐陽修皆延見而尊禮之。

按："修"，諸本作"脩"。"脩"乃"修"的異體字。修，《說文解字·彡部》："㣲，飾也，从彡攸聲。"脩，《說文解字·肉部》云："㣲，脯也，从肉攸聲。"二字本是同音字。然而《字彙·人部·修》："修，經史通作'脩'。"《正字通·人部·修》："修，與'脩'別，俗通用'脩'。"《金石文字辨異·平聲·尤韻·脩》："《漢西嶽華山廟碑》：'脩癠起頓。'按此與《易》：'脩辭立其誠。'可證脩、修通用也。"可見，"脩"可以看作"修"的異體字，中華本不必棄異體而用正字。

（14）中華本第 1042 頁：居士何震所獲額骨齒牙舍利，別創浮圖。

按："創"，諸本作"剙"。"剙"是"創"的俗字，《重訂直音篇·刀部》："剙，楚浪切，剙業。剏，并同上。"而"剙"又是"創"的另一箇異體字。《宋體母稿異體字·刀部》"創"下收錄了"剙"。中華本不必棄俗字而用正體字。

（15）中華本第 1094 頁：僧問："不慕諸聖、不重己靈時如何？"師曰："欵出囚口。"

按："欵"，諸本作"欵"。"欵"為"欵"的異體字。欵，《敦煌俗字譜·欠部》《廣韻·上聲·緩韻》記為"欵"的俗字，《四聲篇海·欠部》："苦管切。誠也，叩也，至也，重愛也。"中華本不必棄俗體而用正體。還有第 1332 頁：時妙喜庵於洋嶼，師之友彌光與師書云："庵主手段，與諸方別。可來少欵，如何？"其中的"欵"也本作"欵"。

（16）中華本第 1139 頁：惟孳孳於道，著發願文，痛戒酒色。但朝粥午飯而已。

按："飯"，諸本作"飰"。"飰"是"飯"的異體字。《龍龕手鏡·食部》："飰，通；飰、飯，二正。符萬切，食也。"《玉篇·食部》："飯，扶晚切，餐飯；符萬切，食也。飰、飰，並同上，俗。"《集韻·上聲·阮韻》："飯飰飰，食也。或從弁，從卞。"《字彙·食部》記為"飰"為"飯"的俗字。中華本不必棄異體而用正字。

（17）中華本第 1146 頁：慧圓上座，開封酸棗於氏子。

按："於"，諸本作"干"，即"于"字，估計校者在繁簡轉化時出現了失誤。

（18）中華本第 1362 頁：上堂："仲秋八月旦，庭戶入新涼。不露風骨句，愁人知夜長。"

按："涼"，諸本作"凉"，"凉"為"涼"的異體字，《說文解字·水部》："凉，薄也。從水，京聲。"《隸辨·平聲·陽韻》："凉……《說文》涼從水，今俗作凉。"《廣韻·平聲·陽韻》："涼，薄也……凉，俗。"所以，中華本不必棄異體而用正字。

（19）中華本第 1144 頁：東京褒親旌德寺諭禪師

按：異體字問題。"褒"，諸本作"褒"。《金石文字辨異·平聲·豪韻》引《唐虞書夫子廟堂碑》作"褒"；《五經文字·衣部》："褒，補牢反，或作褒。"《廣韻·平聲·豪韻》："褒，《說文》作襃。褒，俗。"從字書來看，"褒"為正體字，而"褒"成了俗字，現代規範漢字則倒過來。無論如何，應以底本為準。

1.2 採用取部件或加部件成字

此類分兩種情況，一是在底本用字的基礎上，中華本取其成字部件（一般取其聲符）作校本用字；二是在底本用字的基礎上，中華本以其為聲符，再加上形符作校本用字。例如：

（1）中華本第 313 頁：僧問："僧繇為甚麼貌志公真不得？"師曰："非但僧繇，志公也貌不得。"曰："志公為甚麼貌不得？"師曰："彩繪不將來。"曰："和尚還貌得也無？"師曰："我亦貌不得。"曰："和尚為甚麼貌不得？"師曰："渠不以苟我顏色，教我作麼生貌？"

按："貌"，諸本作"邈"。"貌"，描繪義。《洪武正韻·藥韻》："描畫人物類其狀曰貌。"唐杜甫《丹青引贈曹將軍霸》："即今漂泊干戈際，屢貌尋常行路人。"同時，"邈"也作"貌"，用作描繪、描畫義。如：《敦煌變文集·漢將王陵變文》："詔太史官邈其夫人靈在金牌之上。"宋辛棄疾《好事近·西湖》詞："山色雖言如畫，想畫時難邈。"雖然二者語義相同，但是同樣應以底本為準。

（2）中華本第 361 頁：因無為居士楊桀請問"宣律師所講毗尼性體"

按："桀"，諸本作"傑"。其實在本書有專章記載，卷十六，侍郎楊傑居士："禮部楊傑居士，字次公，號無為，歷參諸名宿，晚從天衣游。"另，《宋史》也對楊傑生平有專門記載，在卷四四三，列傳二〇二："楊傑字次公，無為人。少有名於時，舉進士……元祐中，為禮部員外郎，出知潤州，除兩浙提點刑獄，卒，年七十。自號無爲子，有文集二十餘卷，《樂記》五卷。" 無論是標題還是正文，皆作"傑"。

（3）中華本第 369 頁：首悟，渚宫人，姓崔氏，子玉之後胤也。

按："首"，諸本作"道"，此處明顯爲録入錯誤，頂文即寫作"唐正議大夫戶部侍郎平章事荆南節度使丘玄素所撰天皇道悟禪師碑云"，此爲本證。

（4）中華本第 544 頁：杭州無著文喜禪師，嘉禾語溪人也。姓朱氏。七歲，依本邑常樂寺今宗福也。

按："宗"，諸本作"崇"。歷史上，以"崇福"命名的寺院有多所，這裏的崇福寺，位於今浙江省杭州市臨安區。後晉開運三年，明義智後禪師創建寶壽院。宋大中祥符元年，改名崇福禪寺。

（5）中華本第 563 頁：上坐今欲會萬物爲自己去，蓋爲大地無一法可見。

按："上坐"之"坐"，諸本作"座"。"上座"是指參禪僧中的首座，也是對參禪僧人的尊稱。

（6）中華本第 673 頁：師因本郡兵寇作孽，與眾避地於鄆州，謁前請主李使君，留於衙内度夏。

按："使"，諸本作"史"。"史君"同"使君"，是對州郡長官的尊稱。史，通"使"。宋範仲淹《絳州園池》詩："絳臺史君府，亭閣參園圃。"宋王安石《送潘景純》詩："賴有史君能好士，方看一鶚在秋天。"上段有"又八年，李史君與闔城士庶，再請開堂演法矣。"第 154 頁：師曰："人傳使君讀萬卷書籍，還是否？"既然如此，此處以底本作"史"爲佳。

（7）中華本第 1094 頁：衛州王大夫，遺其名。以喪偶厭世相，遂參元豐，於言下知歸。

按："厭"，諸本作"猒"。"猒"是"猒"的省筆字，也可看作取"厭"部件作校本用字。《說文解字·厂部》："厭，笮也。从厂、猒聲。一曰：合也。""笮"義爲壓迫，則"厭"因聲得其本義也爲"壓迫"。而"猒"，《說文解字·甘部》："猒，飽也。从甘、从肰。"後人則借"厭"爲"猒"。《隸辨·去聲·豔韻》："猒與厭古蓋通用。"《金石文字辨異·去聲·豔韻》"猒"條下："猒,猒與厭古蓋通用。"後世"猒"逐漸淡出。可以認為,"猒"和"猒"為"厭"取部件用字,同時也是其異體字,中華本不必強改。

1.3 雙音節詞顛倒錄入

在錄入時,一些詞語本是 AB 式,錄入時改為 BA 式了。該類現象用例不是很多,只核對出兩例。如下:

(1)中華本第 584 頁:法爾無偏正,隨相應現,喚作對現色身。還見麼?若不見,也莫閑坐地。

按:"法爾",諸本作"爾法",從句式上說,前兩句為四字句,"法無偏正,隨相應現","爾"作代詞,意為此、這箇;"法爾"則與句式不合。

(2)中華本第 1384 頁:悟去由來不丈夫。這僧那免受糊塗。有指示,無指示,韶石四楞渾塌地。

按:"糊塗",諸本作"塗糊"。"塗糊"在語錄中較為習見,意義廣泛。"①塗抹,覆蓋。《天目明本禪師雜錄》卷一:'黃金像豈假塗糊,白玉毫不勞斤斧。'②欺瞞,糊弄。《圓悟語錄》卷十七:'昭覺勤云:"者漢擔卻仰山冬瓜印子向人前賣弄。若不是霍山,幾被塗糊。"'③昏暗,模糊。《呆菴莊禪師語錄》卷二:'元旦上堂。老僧未開口已前,一切時一切處,普光心印,文彩全彰。待汝著眼覷來,早是塗糊了也。'④束縛。《愚菴和尚語錄》卷八《成禪人參淨覺》:'第一義諦爭得無。要須超越,莫受塗糊。'⑤污染,玷污,侮辱。《希叟紹曇禪師廣錄》卷四:'眾中莫有純一無雜,不受塗糊底麼。'⑥蒙昧、愚笨。《希叟紹曇禪師廣錄》卷七:'手把豬頭不自嚐,面前背後鬼分贓。重重敗闕無人識,贏得塗糊老定光。'⑦胡亂。《古尊宿語錄》卷四十《雲峰悅禪師初住翠巖語錄》:'此事若向言語上作解會,意根下卜度,天地懸殊。大丈夫,一刀兩段,猶未相應。豈況被人喚去方丈裏塗糊指注。'⑧作弄,愚弄。"①

1.4 缺筆字

是指底本中的用字有的缺一筆的一部分、一筆或兩筆,這些缺筆字有的是因避諱而缺筆,有的是異體字的一種,而中華本直接改用完整的

---

① 該內容為四川大學 2012 級博士研究生王勇提供。

用字。

（1）中華本第 59 頁：唐貞觀中，四祖遙觀氣象，知彼山有奇異之人，乃躬自尋訪。

按："貞"，寶祐本作"貞"，此缺筆是為避北宋仁宗趙禎諱而省。又第 69 頁："於貞元八年十二月示疾，說法而逝。"第 148 頁：唐貞元初，住白沙道場，復居五洩。第 822 頁：處州廣利容禪師，初住貞溪，僧參，師舉拂子曰："貞溪老僧還具眼麼？"其中"貞"也是缺筆；以"貞"作聲符的"偵"也缺筆，如：第 1229 頁：師偵之小徑，既見，遂扭住曰："這老漢，今日須與我說。不說打你去。""偵"，寶祐本作"偵"。但是有的地方又沒有缺筆，如：第 186 頁："唐貞元初謁石頭。"其中"貞"沒有缺筆。

（2）中華本第 60 頁：吾受璨大師頓教法門，今付於汝。汝今諦受吾言，只住此山。向後當有五人達者，紹汝玄化。

按："玄"，寶祐本作"玄"。此缺筆是為避宋太祖始祖趙玄朗諱而省。文中還有類似用例，如：第 91 頁：永嘉真覺禪師，諱玄覺，本郡戴氏子。丱歲出家，徧探三藏。第 388 頁：懷州玄泉彥禪師，僧問："如何是道中人？"第 528 頁：云："祇如玄沙踏倒，意旨如何？"

（3）中華本第 71 頁：杭州鳥窠道林禪師，本郡富陽人也。姓潘氏。母朱氏，夢日光入口，因而有娠。及誕，異香滿室，遂名香光。

按："富"，寶祐本作"冨"，"冨"為"富"的異體字。《隸辨·去聲·宥韻》引《石經論語殘碑》："冨……［按］《說文》'富'從宀，碑變从冖。"《碑別字新編·十二畫》引《魏兗州刺史元彌墓誌》作"冨"。《干祿字書·去聲》："冨富，上俗下正。"《字彙·宀部》："冨，即富字。"《正字通·宀部》："冨，俗富字。""宀"這一構字部件上的"丶"省略寫法常見，比如：第 89 頁："祖曰：'汝今徹也，宜名志徹。'師禮謝而去。"宜，寶祐本作"冝"。

"潘"，寶祐本作"潘"，"潘"為"潘"的異體字，《隸辨·平聲·桓韻》引《校官碑》作"潘"。《龍龕手鏡·水部》曰："潘，普官反，淅米汁也。又姓。"《重訂直音篇·水部》："潘，俗。"其實，從"番"的字，文獻中多出現省筆的異體字，比如：第 511 頁：僧問："如何是伽藍？"師曰："沒幡幀。""幡"，寶祐本作"幡"，"幡"是"幡"的異體字，《隸辨·平聲·元韻》引《司馬季德碑》作"幡"；《金石文字辨異·平聲·元韻》引唐李邕《法華寺碑》作"幡"；《龍龕手鏡·巾部》："幡，幡幟也。"《重訂直音篇·卷七·巾部》："幡，音旛，拭抹布也。又幟也。幡，俗。"

（4）中華本第73頁：是年三月三日，囑門人曰："吾死已，將屍向林中，待野火焚之。"

按：囑，寶祐本作"嘱"，此可補充異體字字典的例證。類似用例還有：第841頁：問："如何是極則為人處？"師曰："殷勤嘱付後來人。"

（5）中華本第99頁：一日喚："侍者。"者應："諾。"如是三召三應。師曰："將謂吾孤負汝，卻是汝孤負吾？"

按：孤，寶祐本作"孤"，"孤"為"孤"的省筆異體字，《隸辨·平聲·模韻》引《魯峻碑》"弱冠而孤。"《四聲篇海·子部》："孤，古乎切，持也，少無父也。"《字學三正·體制上·俗書加畫者》："孤，俗作孤。"《金石文字辨異·平聲·虞韻》《五經文字·子部》《玉篇·子部》《廣韻·平聲·模韻》皆收錄為"孤"。類似用例還有：第531頁：溈曰："寂子説禪如師子吼，驚散狐狼野干之屬。"又，第377頁：師咄曰："瓜州賣瓜漢。""瓜"，寶祐本作"爪"。"瓜"隸定後作"爪"，《隸辨·平聲·麻韻》引《魏上尊號奏》作"同心之爪。"第869頁：問："如何是青峯家風？"師曰："向火喫甜瓜。"亦然。

（6）中華本第108頁：尚恐學者之難明也，又復直示宗源之本末，真妄之和合，空性之隱顯，法義之差殊，頓漸之異同，遮表之回互，權實之深淺，通局之是非。

按：恐，寶祐本作"恐"，"恐"是"恐"的異體字，《隸辨·上聲·腫韻》引《孔龢碑》《復民租碑》皆作"恐"；《碑別字新編·十畫·恐字》引《魏元道墓誌》作"恐"；《俗書刊誤·卷二·上聲·董韻》："恐，俗作恐，非。"《字學三正·體制上·俗書加畫者》："恐，俗作恐。"《龍龕手鑒·心部》《玉篇·心部》皆收錄"恐"。

（7）中華本第148頁：唐貞元初，住白沙道場，復居五洩。僧問："何物大於天地？"師曰："無人識得伊。"

按：場，寶祐本作"場"，"場"是"場"的省筆異體字，《隸辨·平聲·陽韻》引《桐柏廟碑》《華山廟碑》皆作"場"；《干祿字書·平聲》收錄 "塲"。從 "易" 得聲字，文獻中多出現省筆的異體字，"陽" "湯" 也是缺一筆，如：第 432 頁：曰："如何是不受潤者？"師曰："直机撑太陽。"陽，寶祐本作 "塲"；第 548 頁：僧問："某甲頃年有疾，又中毒藥，請師醫。"師曰："二冝湯一椀。"湯，寶祐本作 "湯"。

（8）中華本第 214 頁：法眼代云："此時但掩耳出去。"此乃天王悟事，丘玄素具載碑中。今從傳燈，不復移改。

按：碑，寶祐本作 "碑"，"碑" 是 "碑" 的缺筆異體字，《漢隸字源·平聲·支韻》引《安平相孫根碑》作 "碑"，《隸辨·平聲·支韻》引《武榮碑額》作 "碑"。

（9）中華本第 216 頁：谿曰："這老山鬼，猶見某甲在。"

按：鬼，寶祐本作 "兒"，"兒" 是 "鬼" 的缺筆異體字，《隸辨·上聲·尾韻》引《曹全碑》作 "兒"；《金石文字辨異·上聲·尾韻》《玉篇·鬼部》《廣韻·上聲·尾韻》《集韻·上聲·尾韻》皆收錄 "兒" 字。

又，從 "鬼" 得聲的字多有省筆用例，如："魏" "魁" 等也是缺一筆，如：第 518 頁：昇州奉先寺慧同淨照禪師，魏府張氏子。魏，寶祐本作 "魏"。第 542 頁：蘄州三角山法遇庵主，因荒亂魁帥入山，執刃而問："和尚有甚財寶？""魁"，寶祐本作 "魁"。

（10）中華本第 219 頁：師聆此言，頓忘前解。歸寂，謚弘照大師。

按：弘，寶祐本作 "弘"，"弘" 是為了避北宋太祖父趙弘殷諱而省。類似用例如：第 418 頁："福州安國院弘瑫明真禪師，泉州陳氏子。"

（11）中華本第 239 頁：問："如何是西來意？"師曰："童子莫傜兒。"

按：傜，寶祐本作 "傜"，"傜" 為 "傜" 的省筆異體字，《龍龕手鏡·人部》《玉篇·人部》《類篇·人部》《四聲篇海·人部》皆收錄了 "傜" 字；《重訂直音篇·卷一·人部》："傜，音姚，役也，使也；傜，俗。"。

（12）中華本第 249 頁：師從毬上那伽起，祖膊當胷打一拳。駭散疑團獡狙落，舉頭看見日初圓。

按：狙，寶祐本作 "狙"。此例因字形相近而誤。《重訂直音篇·卷六·犬部》："狚，亶姐，二音，獥狚。"獥狚，古代傳說中的野獸，《山海經·東山經》："（北號之山）有獸焉，其狀如狼，赤首鼠目，其音如豚，名曰獥狚。"郝懿行箋疏："經文獥狚當為獥狚，《玉篇》、《廣韻》並作獥狚。"

（13）中華本第 251 頁：曰："尚書適來喫箇甚麼?"公曰："敲鐘謝響。"

按：響，寶祐本作"響"，"響"是"響"的缺筆異體字。《隸辨·上聲·養韻》引《劉寬碑》作"陰郭闓子響。"《碑別字新編·二十二畫》引"魏山徽墓誌"作"響"；《金石文字辨異·上聲·養韻》《廣韻·上聲·養韻》《集韻·上聲·養韻》都收錄了"響"字。

（14）中華本第 298 頁：問："一切聲是佛聲，是不?"師曰："是。"曰："和尚莫屎沸碗鳴聲。"師便打。

按：屎，寶祐本作"屎"。《集韻·屋韻》："豚，《博雅》：'臀也。'或作屎。""屎"為其缺筆字。

（15）中華本第 336 頁：洪州泐潭匡悟禪師，僧問："如何是直截一路?"師曰："恰好消息。"

按：匡，寶祐本作"匡"，"匡"為"匡"的省筆異體字，《玉篇·匚部》《廣韻·平聲·陽韻》《重訂直音篇·匚部》"匡"下皆收錄了"匡"字。類似用例如：第 590 頁："金陵報恩匡逸禪師，明州人也，江南國主請居上院，署凝密禪師。"除了"匡"外，還有"逸"，寶祐本作"逸"。第 715 頁"歐陽文忠公聞師奇逸，造其室，未有以異之。""逸"，寶祐本也作"逸"。第 1027 頁"東京智海本逸正覺禪師"；第 593 頁："撫州黃山良匡禪師，吉州人也。"第 712 頁："一般秀色湘山裏，汝自匡徒我自眠。"

（16）中華本第 374 頁：師曰："饒汝如是，也只得一半。"僧轉身便喝，師打曰："須是我打你始得。"

按：喝，寶祐本作"喝"。《龍龕手鑒·口部》："嗑，古；喝，正，厄介反。喝，嘶聲也；又乎葛反，喝斥也。"《精嚴新集大藏音·口部》也收錄了"喝"。現代規範漢字以"喝"為正體，"喝"自然成了異體字。

從"曷"得聲的字，在文獻中多有缺筆的用例，比如：歇、葛等。第 377 頁：又行數里歇次，山禮拜問曰："和尚豈不是三十年前在洞山而不肯洞山?"歇，寶祐本作"歇"。第 440 頁：問："文殊與維摩對譚何事?"師曰："葛巾紗帽，已拈向這邊著也。""葛"，寶祐本作"葛"。

（17）中華本第 387 頁：師遂領悟，便禮拜。頭每與語，徵醻對無忒。

按：徵，寶祐本作"徵"。類似用例如：第 392 頁："至與雪峯徵詰，亦當仁不讓。"

（18）中華本第 435 頁：又別著南嶽高僧傳，皆行於世。

按：世，寶祐本作"丗"，"丗"為"世"的省筆異體字，《說文解字·十部》："丗，三十年為一世。從卉而曳長之，亦取其聲也。"《隸辨·去聲·祭韻》引《韓勑碑》《曹全碑》《孔龢碑》皆作"丗"；《碑別字新編·五畫·世字》引《隋張儉墓誌》也作"丗"；《玉篇·卅部》《廣韻·去聲·祭韻》《集韻·去聲·祭韻》《四聲篇海·卅部》《字彙·一部》皆收錄了"丗"。

從"世"的字，文獻中還有省筆的用例，如："葉"，第 566 頁："天台山德韶國師，處州龍泉陳氏子也。母葉氏，夢白光觸體，因而有娠。""葉"，寶祐本作"葉"；

（19）中華本第 484 頁：衢州南禪遇緣禪師，因有俗士謂之鐵脚，忽騎馬至。

按：鐵，寶祐本作"鐵"，"鐵"是"鐵"的缺筆異體字，《隸辨·入聲·屑韻》引《羊寶道碑》作"郡召守蜀鐵官長。"《四聲篇海·金部》："鐵，他結、徒結二切。黑金。"

（20）中華本第 493 頁：吾年八十八，滿頭垂白髮。顒顒鎮雙峯，明明千江月。

按：顒，寶祐本作"顒"，"顒"是"顒"的缺筆異體字，《類篇·頁部》："顒，魚容切。《說文》：'顒，大頭也。'引詩'其大有顒。'一曰顒顒溫皃。"《說文解字注·頁部》："顒，大頭也……詩曰其大有顒。"類似用例：

第 497 頁："鄂州黃龍智顒禪師"；第 614 頁：極樂和尚問曰："大眾顒望，請震法雷。"第 663 頁：汝州南院慧顒禪師，亦曰寶應。

（21）中華本第 504 頁：潞府延慶院傳殷禪師，僧問："見色便見心，燈籠是色，那箇是心？"

　　按：殷，寶祐本作"𣪊"，這是為避宋太祖父親趙弘殷諱而省。

　　（22）中華本第531頁：師後開法王莽山，問僧："近離甚處？"曰："廬山。"

　　按：莽，寶祐本作"莽"，《干祿字書·上聲》："莽莽，上俗下正。"《龍龕手鏡·草部》："莽，俗；莽，今，莫朗反，莽草，又姓。"《字學三正·體制上·俗書加畫者》："莽，俗作莽。"現代漢字以"莽"為正體，"莽"也就自然成異體。

　　（23）中華本第542頁：問僧："一切眾生還有佛性也無？"曰："有。"公指壁上畫狗子曰："這箇還有也無？"

　　按：狗，寶祐本作"狥"，"狥"是"狗"的一種缺筆異體字。

　　（24）中華本第598頁：問："從上宗乘，請師舉唱。"師曰："前言不構，後語難追。"

　　按：構，寶祐本作"構"，《龍龕手鑒·木部》："構，古侯反，構合也，架也，成也，亂也，蓋也。"

　　（25）中華本第615頁：問："險惡道中，以何為津梁？"師曰："以此為津梁。"

　　按：梁，寶祐本作"梁"，"梁"為"梁"的變筆異體字。《隸辨·平聲·陽韻》引《桐柏廟碑》作"梁"，認為"《說文》'梁'從㲛，碑變從刃"。《五經文字·木部》："梁，從水從刃從木作梁者訛。"《字學三正·體製上·俗書簡畫者》："梁，俗作梁。"《佛教難字字典·木部》"梁"下亦載"梁"為其異體。《重訂直音篇·木部》："梁，棟梁，橋梁、冠梁；梁同上。"《玉篇·木部》《廣韻·平聲·陽韻》《集韻·平聲·陽韻》也收錄了"梁"字。中華本不必棄異體而用正體。

　　（26）中華本第672頁：幼不茹葷，習儒典，應進士。一舉不遂，乃出家，依本州開元寺智恭披削受具，習天台止觀。

　　按：習，寶祐本作"習"，"習"是"習"的缺筆異體字，《隸辨·入聲·緝韻》引《婁壽碑》《孔廟碑》皆作"習"，以及卷六《偏旁》云："習，《說文》作習，從羽從白，隸變從曰。"《字學三正·體製上·俗書簡畫者》："習，俗作習。"《碑別字新編·十一畫》《玉篇·羽部》《廣韻·入聲·緝韻》《集韻·入聲·緝韻》《四聲篇海·羽部》作收皆從

“曰”。中華本不必棄異體而用正體。

（27）中華本第 675 頁：問：“任性浮沉時如何？”師曰：“牽牛不入欄。”

按：沉，寶祐本作“沈”。《龍龕手鏡·水部》：“沉，通；沈，正；沉，今，胡朗反，潛沉也。”《廣韻·平聲·侵韻》《六書正偽·平聲·侵韻》《字學三正·體製上·俗書簡畫者》皆以“沉”為“沈”的俗字；《正字通·水部》：“沉，俗沈字。”可以看出在幾箇字體當中，正體和異體一直在變化，現行漢字以“沉”為正體，“沈”及其他字體則成了異體，中華本不必棄異體而用正體。

（28）中華本第 679 頁：汝州首山省念禪師，萊州狄氏子。

按：念，寶祐本作“念”，“念”是“念”的缺筆異體字。《隸辨·去聲·㮇韻》引《史晨奏銘》：“臣伏念孔子。按《說文》作念，上從今，碑省作𠆤，今俗因之。”《碑別字新編·八畫》“念”字頭下引《魏元愔墓誌》作“念”；《玉篇·心部》《集韻·去聲·㮇韻》《集韻考證·去聲·㮇韻》《類篇·心部》《四聲篇海·心部》皆收錄了“念”字。中華本不必棄異體而用正體。

（29）中華本第 803 頁：上堂：“老僧尋常不欲向聲前色後，鼓弄人家男女。何故？且聲不是聲，色不是色。”

按：鼓，寶祐本作“皷”，“皷”是“鼓”的異體字，《說文解字·鼓部》：“鼖，郭也。春分之音，萬物郭皮甲而出，故謂之鼓。從壴，支象其手擊之也。”《說文解字·攴部》：“𢿘，擊鼓也，從攴壴，壴亦聲。讀若屬。”可見，《說文》認為這是兩箇不同的字，唐蘭《殷墟文字記》：“金文‘鼓’字，或從𠂤，或從攴，殊無別。卜辭則有從‘攴’從‘殳’二體。蓋古文字凡像以手執物擊之者，從‘攴’、‘殳’或‘支’，固可任意也。”《龍龕手鏡·支部》：“皷通，鼓今，鼓正。”《字彙·鼓部》“皷”下注云：“按鼓舞之鼓從支……鐘鼓之鼓從攴，微有不同，然今概用‘支’，不復用‘攴’矣。”可知，《說文》雖分鼓、鼖為二，然而字書中又多見“鼓、皷”音義相同的字訓，現代規範漢字“鼓”為正字，則其他的成了異體字，中華本不必棄異體而用正體。

（30）中華本第 806 頁：問：“無邊身菩薩，為甚麼不見如來頂相？”

師曰："汝道如來還有頂相麼?"

按：薩，寶祐本作"薩"，"薩"是"薩"的缺筆異體字。《玉篇·艸部》和《四聲篇海·艸部》："薩，桑葛切。《釋典》：'菩薩也。'"《廣韻·入聲·曷韻》："薩，《釋典》云：'菩薩。'菩，普也；薩，清也。能普濟眾生也。"中華本不必棄異體而用正體。

（31）中華本第 833 頁：洛京靈泉歸仁禪師，初問疎山："枯木生花，始與他合。是這邊句，是那邊句?"

按：歸，寶祐本作"歸"。"歸"是"歸"的缺筆異體字。《碑別字新編·十八畫》"歸"的異體字收錄了 47 箇，但是還是沒有"歸"的寫法，"臺灣異體字字典"整理了 66 箇"歸"的異體字，也沒有"歸"的寫法，所以，這裏可以增補"歸"字的異體字寫法。

（32）中華本第 890 頁：鄧州丹霞子淳禪師，劍州賈氏子。

按："淳"，寶祐本作"淳"，"淳"為"淳"的省筆異體字。類似用例如：第 1083 頁：婺州普濟子淳圓濟禪師，僧問："摩尼珠人不識，如來藏裏親收得。如何是珠?"第 1291 頁：淳熙甲午四月八日，孝宗皇帝詔入，賜座説法。

（33）中華本第 972 頁：問曰："好好借問。"師曰："褊衫不染皂。"

按：褊衫，寶祐本作"褊衫"。褊：《玉篇·衣部》："褊，卑善切。急也，狹也，衣小也。"《集韻·上聲·獮韻》："褊，俾緬切，《説文》：'衣小也。'"受"褊"影響，"衫"也寫作"衫"。

（34）中華本第 1069 頁：澧州聖壽香積用旻禪師，上堂："木馬衝開千騎路，鐵牛透過萬重關。木馬鐵牛即今在甚麼處?"

按：旻，寶祐本作"旻"，"旻"是"旻"的缺筆異體字。類似用例如：第 1193 頁：江州圓通道旻圓機禪師，世稱古佛，興化蔡氏子。

（35）中華本第 1159 頁：一日頓脱所疑，述偈曰："靈雲一見不再見，紅白枝枝不著華。叵耐釣魚船上客，卻來平地攏魚蝦。"

按：述，寶祐本作"述"，"述"是"述"的缺筆俗體字，《碑別字新編·九畫·述字》引《隋卜鑒墓誌》作"述"，中華本不必棄異體而用正體。

（36）中華本第 1322 頁：曰："樹倒藤枯，句歸何處? 又作麼生?"師曰："風吹日炙。"

按：炙，寶祐本作"炙"，"炙"為"炙"的異體字，《金石文字辨異・入聲・陌韻・炙字》引《唐道因法師碑》作"炙"；《龍龕手鏡・火部》："炙，之石反，燎炙也，《說文》從肉在火上。"《俗書刊誤・卷四・陌韻》："炙，俗作炙，非。"中華本不必棄異體而用正體。

（37）中華本第 1333 頁：上堂，僧問："如何是初日分，以恒河沙等身佈施？"師曰："從苗辨地，因語識人。"

按：恒，寶祐本作"恒"。《集韻・平聲・登韻》："恒，胡登切。國諱。《說文》：'常也，從心從舟在二之間上下，心以舟施常也。'"《集韻考正・平聲・登韻》："恒……宋避真宗諱改常，傳寫者訛為當耳。"可知，這是為避北宋真宗趙恒諱而省筆。

（38）中華本第 1396 頁：茶毗齒舌不壞，獲五色舍利無數。瘞於橫山之塔，分骨歸葬萬年山寺。

按：瘞，寶祐本作"瘗"，"瘗"是"瘞"的省筆異體字，《增廣字學舉隅・卷二・正偽》："瘞，瘗，非。讀若異，埋也。"《廣碑別字・十五畫》引《唐騎都尉王氏故妻馬氏墓誌》作"瘗"。中華本不必棄異體而用正體。

1.5 加筆字

加筆字是指底本中用字多出正常的一筆，其實這也是俗體字的一種，中華本也是直接改用正字。

（1）中華本第 185 頁：乃共議撥草溪行，五七里間，忽見師羸形異貌，放下行李問訊。

按：羸，寶祐本作"羸"，"羸"是"羸"的加筆異體字。《金石文字辨異・平聲・支韻》"羸"條下引《北魏孝文弔比幹文》作"羸"；《干祿字書・平聲》："羸羸，上通下正。"《彙音寶鑑・檜下平聲》："羸，瘦也，病也，困也，老也。"

以"羸"為部件構成的"瀛"也是如此，如：第 472 頁：福州永隆院明慧瀛禪師，上堂："謂言侵早起，更有夜行人。似則似，是即不是。珍重！""瀛"，寶祐本作"瀛"。

（2）中華本第 409 頁：於是杖錫，徧扣禪關，而但記語言，存乎知解。

按：杖，寶祐本作"杖"。《重訂直音切・木部》："杖，音丈，持杖。"有時候多加的一點又會移到右上方，如：第501頁：藏遂豎起拄杖曰："祇這箇也不背。"師忽然契悟。寶祐本作"杖"。《玉篇·木部》收錄"杖"字；《增廣字學舉隅·卷二·正譌》："杖，杖，非。""杖"和"杖"是"杖"的加筆異體字。

（3）中華本第411頁：萍遊閩越，陞雪峯之堂，冥符玄旨。

按：陞，寶祐本"陞"。《四聲篇海·阜部》："式陵切，上也，進也。與升同。"以"升"為聲符的"昇"也會多出一點，如：第518頁：昇州奉先寺慧同淨照禪師，魏府張氏子。"昇"，寶祐本作"昇"。

（4）中華本第413頁：師曰："出家行腳，禮拜也不會?"師後遷龍冊而終焉。

按：冊，寶祐本作"冊"。"冊"是"冊"的加筆異體字。《說文解字·冊部》："冊，符命也。諸侯進受於王也。象其札一長一短，中有二編之形。"《隸辨·卷六·偏旁》"冊"字條："冊，與《說文》同，象形。亦作冊，省作冊，經典相承用此字。"《碑別字新編·六畫》引《隋範安貴墓誌》作"冊"；《中華字海》也引《範安貴墓誌》："冊，同冊。"類似用例如：第582頁：問："達磨西來傳箇甚麼?"師曰："傳箇冊子。"文獻中以"冊"為聲符的字也有加筆的現象，如："珊"：第417頁："晉天福初示滅，塔于龍冊山。"第889頁："龜毛拂逼塞虛空，兔角杖撐天拄地。日射珊瑚林，知心能幾幾。"珊，寶祐本作"珊"。

（5）中華本第427頁：越州越山師鼐鑒真禪師，初參雪峯而染指。

按：染，寶祐本作"染"，"染"是"染"的加筆異體字。《金石文字辨異·上聲·炎韻》"染"下"染"引《唐竇憲碑》作"染"；《字學三正·體制上·俗書簡化者》："染，俗作'染'。"類似用例如：第486頁："嚴默識之，遂與剃染。"第539頁：問："如霜如雪時如何?"師曰："猶是污染。"曰："不污染時如何?"師曰："不同色。"

（6）中華本第513頁：雍熙二年順寂，塔於牛首庵。

按：熙，寶祐本作"熙"，"熙"是"熙"的加筆異體字。《四聲篇海·火部》："火疑切，光也，廣也，照也。"《字彙·火部》："熙，俗字。本作熙。"《正字通·火部》："熙，熙本字。"《彙音寶鑑·居上·平聲》："熙，今熙字。"

（7）中華本第 517 頁：盧山圓通緣德禪師，臨安黄氏子。

按：黄，寶祐本作"黄"。《龍龕手鑒》目錄中有記載"黄部第六"；《玉篇·黄部》："黄，胡光切，中央色也，馬病色也。"《集韻·平聲·唐韻》："黄炗，胡光切，《說文》'地之色也。'又姓，亦州名。古作'炗'。"《字學三正·體制上·俗書簡化者》："黄，俗作黄。"從以上各辭書來看，"黄"為正體，而"黄"是當時的俗體，現代規範漢字則規定"黄"為正體。

（8）中華本第 528 頁：溈曰："今日南山，大有人刈茅。"師拔鍬便行。

按：拔，寶祐本作"拔"，"拔"《干祿字書·入聲》："拔拔，上俗下正。"類似用例如：第 539 頁：霜曰："登科任汝登科，拔萃任汝拔萃。"

（9）中華本第 539 頁：師曰："此猶是文言，作麼生是長老家風?"日曰："今日賴遇佛日，卻問隱密全真，時人知有道不得，太省無辜，時人知有道得。於此二途，猶是時人升降處。未審和尚親道自道如何道?"

按：猶，寶祐本作"猶"，"猶"是"猶"的加筆異體字。《漢隸字源·平聲·尤韻·猶字》引《周憬功勳銘》作"猶"。《彙音寶鑑·ㄐ下·平聲》也收錄了"猶"。

（10）中華本第 543 頁：袁州仰山南塔光湧禪師，豫章豐城章氏子。

按：仰，寶祐本作"仰"，"仰"是"仰"的加筆異體字。《金石文字辨異·上聲·養韻·仰字》引《唐顏書默菴記》作"仰"；《碑別字新編·六畫·仰字》引《魏龍將軍元引墓誌》《常嶽等造像》作"仰"。中華本不必棄異體而用正體。

（11）中華本第 770 頁：問："如何是佛?"師曰："白額大蟲。"

按：虫，寶祐本作"虫"。《龍龕手鏡》"虫部第二虫，許偉反，鱗介總名也。"《重訂直音篇·卷六·虫部》："虫，俗為蟲字，及《玉篇》注中多以蟲作虫"，"虫，同上，亦蟲。"現代漢語以"虫"為正體，則其他為異體字。

（12）中華本第 917 頁：平常活計，不用躊躇。擬議之間，即沒交涉。

按：躕，寶祐本作"躕"。"躕"是"躕"的加筆異體字。《四聲篇海‧足部》：“躕，音廚，踟躕，猶像行不進兒。”《重訂直音篇‧足部》：“躕，音除，踟躕行不進也。”

（13）中華本第 1145 頁：落落魄魄，居村居郭。莽莽鹵鹵，何今何古？

按：“魄”，卍續本作“䰟”，其他各本作“鬾”。“鬾”是“魄”的異體字，《重訂直音篇‧卷三‧鬼部》：“魂，音拍，魂魄。鬾，同上。”《中華字海‧鬼部》收錄了“鬾”字。

第二節　諸本無誤，字形相近致誤

諸本用字與錄入字之間字形相近，校者在錄入時因而導致錯誤，用例如下：

（1）中華本第 5 頁：有蓮花色比丘尼作念云：“我是尼身，必居大僧後見佛。不如用神力變作轉輪聖王，千子圍繞，最初見佛。”

按：“宋本”“明本”“清本”“卍本”，“輪”皆作“輪”。“輪”“輪”二字字形相近，“中華本”概由二字字形相近而誤。又，“轉輪聖王”為佛教專用名詞，佛經中習見，應加專名線。

“轉輪聖王”，又作遮迦越羅，轉輪聖帝，轉輪王，輪王。此王身具三十二相，即位時，由天感得輪寶，轉其輪寶，而降伏四方，故曰轉輪王。《大般涅槃經》卷中：佛言：“阿難，供養我身，依轉輪聖王。”阿難又問：“供養轉輪聖王，其法云何？”《佛說長阿含經》卷一：佛時頌曰：“百福太子生，相師之所記。如典記所載，趣二處無疑。若其樂家者，當為轉輪王。”《法苑珠林》卷十五：經云：“爾時白淨王令訪得五百聰明相師，令占太子相，師言：‘是王之子乃是世間之眼，猶如真金，有諸相好，極為明淨。若當出家，成一切種智。若在家者，為轉輪聖王，領四天下，第一之最。’”

（2）中華本第 50 頁：乃相謂曰：“城內必有異人，不可攻矣。”悄悄引去。

按：“悄悄”，“宋本”“明本”“清本”“卍本”均作“稍稍”。第 48 頁：“時有辯和法師者，于寺中講涅槃經，學徒聞師闡法，稍稍引去。”“稍稍”作“悄悄”講，但不煩逕改。

（3）中華本第 118 頁：心雖性空，能凡能聖。校記：雖，原誤作"離"，今改。

按："雖"，諸本作"離"。二字字形十分相近，因而致誤。

（4）中華本第 167 頁：上堂："若論此事，貶上眉毛，早已蹉過也。"麻穀便問："貶上眉毛即不問，如何是此事？"師曰："蹉過也。"

按："貶"，寶祐本、嘉興本、乾隆本作"眨"。另第 735 頁：乃曰："……昨夜三更睡不著，翻身捉得普賢，眨向無生國裏，一覺直至天明。"第 1321 頁《大潙善果禪師》："豎起拂子曰：'貶上眉毛，速須薦取。'""貶"，亦應作"眨"。第 453 頁《安國慧球禪師》："僧參問，曰：'去卻僕從，便請相見。'師曰：'眨上眉毛看。'"此處"眨"，乾隆本又作"貶"。實乃以"眨"為確。"眨上眉毛"，禪宗語錄公案中常見，是禪家勸誡學人參禪悟道的習語，激勵學人要振作精神，勇猛參悟。或作"眨上眉"，如：《景德傳燈錄·大寧隱微禪師》："師說偈曰：'騰空正是時，應須眨上眉。從茲出倫去，莫待白頭兒。'"

（5）中華本第 186 頁：乃呈偈曰："日用事無別，唯吾自偶諧。頭頭非取捨，處處沒張乖。朱紫誰為號，北山絕點埃。神通並妙用，運水及般柴。"

按："北"，寶祐本作"㐀"，乾隆本作"邱"，嘉興本、卍續本作"丘"。實則"㐀"為"丘"的異體字，《字彙·卷首·古今通用》："㐀古，丘今。"《玉篇·㐀部》以"㐀""㐀""丘"同。《正字通·一部》："㐀，同㐀，篆作㐀，俗作丘；北，篆作㐀，加一為㐀，舊本改篆作㐀，似而非。"由《正字通》可知，"㐀"和"北"的舊字形十分相近，又，現代規範漢字規定"丘"為正體，則其他為異體。

又，第 243 頁：師問相國宋齊止曰："還會道麼？"宋曰："若是道也著不得。""止"的用字情況與上例相同，本作"丘"，宋齊丘，史書有專門記載，《十國春秋》卷二十《南唐宋齊丘傳》，宋齊丘（887—959），字子嵩，世為廬陵人，歷任吳國和南唐宰相，晚年隱居九華山。

（6）中華本第 236 頁：曰："近有一僧，投寺執役，頗似禪者。"公曰："可請求詢問得否？"

按："求"，諸本本作"來"。前說有一僧和禪者頗似，後者當然是說請來詢問。

（7）中華本第 253 頁：第一座問曰："沒師已逝，空坐奚為？"遷曰："我稟秉遺誡，故尋思爾。"

按："沒"，諸本作"汝"，"沒師"不解，"汝師"義為你的老師，人稱代詞。

（8）中華本第 266 頁：龐居士到，師陞座，眾集定。士出曰："各請自撿好。"卻於禪牀右立。

按："撿"，諸本作"檢"，《隸辨·上聲·琰韻》："隸續云：'以檢為斂。'非也。《說文》云：'撿，拱也；檢，書署也。'《廣韻》：'檢，俗作撿。檢與撿字或通用。'碑云：'檢手乃拱手之義。'以檢為檢，非以檢為斂也。"所以，"撿"為"檢"的異體字，二者手寫體十分相近，但是應尊重底本。類似例子還有：第 686 頁：上堂："汾陽有三訣，衲僧難辨別。更擬問如何，拄杖驀頭搝。""搝"，嘉興本、乾隆本、卍續本作"楔"，應出校記。

（9）中華本第 321 頁：師曰："慈舟不棹清波上，劍峽徒勞放水鵝。"

按："水"，諸本作"木"。"水""木"二字在寶祐本中字形相近，因而致誤。禪籍中多用"木馬、石牛、石羊、石虎"等詞語，表達只具其形而沒有真正達悟的境界。

（10）中華本第 392 頁：師出眾曰："忽過明鏡來時如何？"峰曰："胡漢俱隱。"

按："過"，諸本作"遇"，"忽遇……來時如何/作麼生？"在禪籍中是十分常見的句式，

（11）中華本第 398 頁：有僧請益雲門，門曰："汝體拜著。"僧禮拜起，門以拄杖挃之。

按："體"，諸本作"禮"，字體相近而誤。"禮拜"乃禪宗的一種行禮方式，語錄中習見，如：卷一，八祖佛陀難提尊者：伏馱聞之，遽起禮拜，而說偈曰："父母非我親，誰是最親者？諸佛非我道，誰為最道者？"

（12）中華本第 402 頁：師如是往來雪峰、玄沙二十年。問："坐破七箇蒲團，不明此事。一日捲簾，忽然大悟。乃有頌曰：也大差，也大差，捲起簾來見天下。有人問我解何宗，拈起拂子劈口打。"

按：此段話一字之差，點斷出現極大偏差。第一箇"問"，諸本本作"間"。則"問"字前句號，後冒號、引號刪掉。從"也大差"至"劈口打"乃頌語，加雙引號。如是點斷：師如是往來雪峰、玄沙二十年間，坐破七箇蒲團，不明此事。一日捲簾，忽然大悟。乃有頌曰："也大差……拈起拂子劈口打。"

（13）中華本第 402 頁：僧問鼓山："只如長慶恁麽道，意作麽生？"山云："孫公君無此語，可謂髑髏徧野。"

按："君"，諸本作"若"。用"君"費解，"若"，義為如果，則文通意順。句中，長慶是指長慶慧棱禪師，杭州鹽官人，姓孫氏，所以後面才有"孫公"的稱呼。鼓山所語義為如果長慶慧棱禪師沒說這樣的話，那就會遍地是骷髏。

（14）中華本第 361 頁：大通本代云："人道不識。"

按："人"，諸本作"又"。類似用法禪籍中十分多見，如：卷三，百丈懷海禪師：祖遂把師鼻扭，負痛失聲。祖曰："又道飛過去也。"卷八，羅漢桂琛禪師：師曰："我道雲亦不動，風亦不動。"曰："和尚適來又道雲動。"師曰："阿誰罪過？"

（15）中華本第 489 頁：上堂，眾集，以扇子拋向地上曰："愚人謂金是土，智者作麽生？後生可畏，不可總守過去也。還有人道得麽？出來道看。"

按："土"，諸本作"土"。二字字形相近，根據上下文義可知作"土"為正。

（16）中華本第 523 頁：仰曰："離然如此，仁義道中與和尚提瓶挈水，亦是本分事。"

按："離"，寶祐本作"雒"，嘉興本、乾隆本、卍續本作"雖"。"雒"為"雖"的異體字；又，"離然"不成詞，"雖然"在文中作讓步連詞。

（17）中華本第 544 頁：至日午，師自執炬登積薪上，以笠置項後，作圓光相。

按："項"，諸本作"頂"。用"項""頂"皆可講通，但是以尊重底本作"頂"為好。

（18）中華本第 621 頁：老僧三處住持三十餘年，十方兄弟，相聚話道，主事頭首，動心贊助。老僧今日火風相逼，特與諸人相見。

按："動"，諸本作"勤"。前文一系列的"三十餘年，十方兄弟"，可見參悟之勤，而不只是一念之"動心"。

（19）中華本第 667 頁：從漪上座到法度，句日，常自曰："莫道會佛法人，覓箇舉話底人也無？"

按："度"，諸本作"席"，"到法度"費解，"到法席"則文通意順，義為從漪上座到講法的地點；"句"，諸本作"旬"，"句日"費解，"旬日"表示一旬的時間，則符合上下文義。

（20）中華本第 676 頁：師曰："塵埃影裏不拂袖，盡戟門前磨寸金。"

按："盡"，諸本作"畫"。上句說塵埃的影子里不拂動衣袖，下文應當也是類似的意思，用"盡"不解，用"畫"可以解釋為用畫在門上的戟來磨金子，都表示是不可能實現的事情。類似用例如：第 809 頁：問："如何是祖師西來意？"師曰："壁上畫枯松，遊蜂競采蕊。"

（21）中華本第 677 頁：問："大眾雲集，師意如何？"師曰："景謝初寒，骨肉疏冷。"校記：冷，原作"泠"，據乾隆本、續藏本改。

按："初"，寶祐本作"祁"，嘉興本、乾隆本、卍續本作"祁"。"祁""祁"本一字，"祁"，《小爾雅·廣詁》："祁，大也。""祁寒"，即大寒，嚴寒。《尚書·君牙》："冬祁寒，小民亦惟曰怨咨。"偽孔傳："冬大寒。"佛典中用例亦多，如：《父子合集經》卷四《如來本行品》："又彼國土，無種種難，暴惡風雨，祁寒酷熱，隨時所欲，即降甘雨。"又，《古尊宿語錄》卷七、《五燈嚴統》卷十一、《五燈全書》卷二十二風穴延沼禪師章皆記為"景謝祁寒，骨肉疏冷。"即，中華本誤把"祁"寫作了"初"。

（22）中華本第 682 頁：問："如何是佛？"師曰："新婦騎驢何家牽。"

按："何"，諸本作"阿"。"阿家"義為丈夫的母親，婆婆。《宋書·範曄傳》："曄妻先下撫其子，回罵曄曰：'君不為百歲阿家，不感天子恩遇，身死固不足塞罪，奈何枉殺子孫。'"唐趙璘《因話錄·商下》："王（西平王）擲節怒曰：'我不幸有此女，大奇事。汝為人婦，豈有阿家體候不安，不檢校湯藥，而與父作生日，吾有此女，何用作生日為？'"

《敦煌變文集·孝子傳》："新婦聞之方割股，阿家喫了得疾平。"徐震堮校："'家'同'姑'。"清俞樾《春在堂隨筆》卷九："唐宋婦人，每稱其姑曰阿家，以曹大家例之，似阿家亦應讀姑。"《五燈會元》中也有這樣的用例，如：第733頁：上堂，舉："僧問首山：'如何是佛?'山曰：'新婦騎驢阿家牽。'"

（23）中華本第733頁：上堂："普化明打暗打，布袋橫撒豎撒，石室行者踏碓，因甚志卻下腳。"

按："志卻"之"志"作"忘"，"志卻"不解，"忘卻"義為忘記。

（24）中华本778頁：岩曰："汝曹作甚麼来?"師曰："聖諦亦不為。"

按："曹"，諸本作"曾"。"曾"義為曾經，在句中意義通順。

（25）中華本第794頁：師曰："汝等既在這箇行流，十分去九，不較多也更著些子精彩。便是上座不屈平生行腳，不孤負叢林。"

按："不屈"之"屈"，諸本作"屈"；"不屈"在句中費解，"不屈"則文通意順，義為不辜負。

（26）中華本第941頁：曰："見後如何?"師曰："寶入布衫。"

按："入"諸本作"八"，"寶八布衫"指破衣爛衫。宋釋如淨《偈頌二十五首》："寶八布衫穿，大家出只手。橫須彌為概，量大海為斗。"

（27）中華本第964頁：曰："客來如何只待?"師曰："瓦盌竹筋。"

按："筋"，諸本作"篢"。"竹筋"費解，"竹篢"義為竹子做的筷子，與"瓦盌"同為餐具。類似用例如：第997頁：泉忽問："拄杖子話試舉來，與子商量。"師擬舉，泉拈火筯便撼，師豁然大悟。

（28）中華本第1003頁：士曰："磨後如何?"師曰："照天照地。"土長揖曰："且請上人還山。"拂袖入宅。

按："土"，諸本作"士"，指龐居士。

（29）中華本第1055頁：水鳥樹林，共談斯要。棲臺殿閣，同演真乘。

按："棲"，諸本作"樓"，"棲""樓"二字相近而誤。"樓臺殿閣"文通意順。

（30）中華本第1074頁：西京普勝真悟禪師

按："普"，諸本作"善"。文中標題也是"善勝真悟禪師"

（31）中華本第1079頁：休去歇去，一念萬年去，寒灰枯木去，占廟香爐去，一條白練去。

　　按："占"，諸本作"古"。"占廟"不詞，"古廟"則文通意順。

　　（32）中華本第1106頁：問："無為無事人，猶是金鎖難。未審過在甚麼處？"師曰："一字入公門，九牛曳不出。"

　　按："曳"，諸本作"車"。還有，卷二十，天童曇華禪師：上堂云："……更有一處錯用心，歸宗不敢與諸人說破。何故？一字入公門，九牛車不出。""車"在句中的意義為拽，拉。如：卷十三，含珠審哲禪師：僧問："如何是和尚深深處？"師曰："寸釘鑽入木，九牛曳不出。""曳"也有拖、拉的意思，如：《說文·申部》："曳，臾曳也。"段注："臾曳，雙聲，猶牽引也。引之則長，故衣長曰曳地。"宋孫光憲《思帝鄉》詞："六幅羅裙窣地，微行曳碧波。"《隋書·楊素傳》："家僮數千，後庭妓妾曳綺羅者以千數。"語錄中也有用例，如：《遠庵和尚語錄》："拈帖：馬頭回，牛頭沒。一字入公門，九牛曳不出。"但是例句應尊重底本。

　　（33）中華本第1147頁：智曰："僧見洞山文和尚否？"師曰："關西子沒頭腦，拖一條布裙，作尿臭氣，有甚長處？"

　　按："僧"，諸本作"曾"，作"曾經"講。

　　（34）中華本第1179頁：乏我以貧，則五行不正。因我以命，則時日不吉。

　　按："因"，諸本作"困"，"因我以命"費解，前後兩句乃對偶句，前是"乏"，後當為"困"。

　　（35）中华本1234頁：只如山僧，比者受法華請，相次與大眾相別去。

　　按："比"，諸本作"此"，"比者"從整句來說不可理解，"此者"可理解為此次，則全句可講通。

　　（36）中華本第1258頁：昔釋迦文佛，以丈六金襴袈裟，披千尺彌勒佛身。

　　按："襴"，諸本作"襕"，袈裟乃僧人衣物，當以"衣"旁之"襕"為佳。

　　（37）中華本第1288頁：問："庵內人為甚麼不知庵外事？"師曰："拄杖橫桃鐵蒺藜。"

　　按："桃"，諸本作"挑"。"橫挑"義為橫著挑著，禪籍習見：卷十四，石門法真禪師："野渡無人，萬古碧潭清似鏡。賓中有主，拄杖橫挑日月輪。"卷十五,令滔首座:遂成頌曰:"放却牛繩便出家,剃除鬚髮著袈裟。有人問我西來意,拄杖橫挑囉哩囉。"

(38)中華本第1326頁:得到恁麼田地,夭魔外道,拱手歸降。

按:"夭",諸本作"天"。"夭",可指妖怪,後作"妖"。《水經注·河水一》:"夭魔波旬化作雕鷲恐阿難。佛以神力隔石,舒手摩阿難肩,怖即得止。"紀昀等校注:"夭、妖通。""天魔"也通,如:《楞嚴經》卷九:"或汝陰魔,或復天魔。"《百喻經·小兒得大龜喻》:"邪見外道,天魔波旬,及惡知識,而語之言,汝但極意六塵,恣情五欲,如我語者,必得解脫。"但是應尊重底本。

第三節 諸本無誤,校者私改致誤

各箇底本是沒有錯誤的,但是校者在校錄時私自更改底本,這樣導致的錯誤實屬不該,總列如下:

(1)中華本第4頁:時諸弟子即以香薪競茶毗之,爐後金棺如故。

按:關於"茶毗"還是"荼毗",我們從文獻用字、字書釋義和古音演變三個方面試加考證。

首先,從文獻用字來看:查《景德傳燈錄》影宋本、趙城藏本、磧砂藏泰定本,"荼"皆作"荼";查《祖堂集》高麗覆刻影印本作"荼";查《五燈會元》之寶祐本、嘉興本、清龍藏本、卍續本,"荼"皆作"荼";查《古尊宿語錄》徑山化城寺刻本、卍續藏本、日本無著道忠校寫宋影印本中亦皆寫作"荼"。唐宋乃至以後的禪宗文獻使用"荼毗"的用例繁多,略舉數例,如:明《淨土訣》:"至於荼毗之際,但令維那引聲高唱南無西方極樂世界大慈大悲阿彌陀佛。"清《徹悟禪師語錄》卷二:"三月,還山,命預辦荼毗事物。十月十七日,集眾付院務,命弟子松泉領眾住持。"

但"茶毗"寫法也不是沒有,經CBETA電子佛典集成2014檢索,共出現171例,其在唐朝早期的佛經文獻就有使用,例如:唐·義淨①

---

① 義淨(635—713),唐代譯經僧,671年赴印度取經,695年回國,前後二十四年之久,三次赴南洋弘法,所譯五十萬頌佛經。可知,至遲在唐朝初期"茶毗"就已經出現。

《根本說一切有部毘奈耶皮革事》："時迦攝波如來化緣既畢，如薪盡火滅，而入涅槃。時訖，里伽王即取香木以用荼毗，又用牛乳滅火，收拾設利羅，用四種寶造瓶，於四衢中起七寶塔。"唐·趙遷《大唐故大德贈司空大辨正廣智不空三藏行狀》："七月六日，就塔所，具荼毗之禮，隨喜者億千萬數。是日有詔，使高品、劉仙鶴就致祭，并贈司空，諡曰'大辨正廣智不空三藏和上'，尊其德也。荼毗火滅，於餘燼中凡得舍利數百粒。"唐之後至清的禪宗文獻中多有用例①，如：宋《眾許摩訶帝經》卷十一："佛既入滅，王以種種香木荼毘世尊，復以乳汁灑滅餘火，即收舍利貯四寶瓶，又選勝地起大寶塔。"元《佛祖歷代通載》卷一五："師乃倒殖而化，亭亭然其衣亦皆順體，眾為舁屍荼毗，屹然不動。"明《寶王三昧念佛直指》："況今禪林為病僧念誦，及荼毘，十念稱佛名號，俾其往生，事載典章，餘風尚在。"清《解惑篇》："焚身之日，舌不焦壞，言訖而逝，荼毘，舌果不壞，若紅蓮色。"

　　其次，從字書收字釋義來看：《爾雅·釋木》："檟，苦荼。"郭璞注："樹小如梔子，冬生葉，可煮作羹飲。今呼早采者為荼，晚取者為茗，一名荈，蜀人名之苦荼。"《說文·艸部》："荼，苦荼也。"徐鉉等曰："此即今之茶字。"《玉篇·艸部》："荼，杜胡切，苦菜也。又除加切。"《五經文字·艸部》："荼，大奴反。"《經典釋文·毛詩音義中·豳風·七月》："采荼（音徒）薪樗。"慧琳《一切經音義》卷二五："闍毘：或闍維，或荼毘。古云耶旬，此云焚燒也。"（徐時儀校注，2008：930）"荼毗"的書寫形式出現，此後，歷代字書多有說明，如：《集韻·平聲·九麻·直加切》："荼𣗥　茶：茗也。一曰葭荼，或從木亦省。"《翻譯名義集·名句文法》："闍維：或耶旬，正名荼毘。"《龍龕手鏡·艸部》："荼，音途，菜也。又俗音茶。"《字鑒·平聲·九麻》："荼：除加切，茗也，又音徒……俗作茶，蓋省文爾。"《正字通》曰："梵言闍維即荼毗，僧死而焚之也。"《經典文字辨證書·艸部》："荼正茶省。今俗以荼為苦菜字、茶為茶茗字者非。"民國鄭詩《古今正俗字詁》卷上："荼：

---

①　筆者近來通過對宋時契嵩著《傳法正宗記》的校對發現，該書中"荼毗""荼毘"皆未使用，而是"闍維"出現7次，表示火葬的"焚"出現6次。可見，對該類詞的使用明顯具有選擇性。

苦荼也。從艸余聲。徐鉉以為即今之茶字。蓋許書無茶字也。俗析為二，音義各殊。"所以，在丁福保《佛學大辭典》中"荼毘""茶毘"都有收錄，是梵語 jhāpita 的音譯詞。

從以上我們選取各時代辭書的收錄釋義看，"茶"在南朝梁《玉篇》中雖已出現其音，但是直到《一切經音義》中才出現其字。可以說，以唐為分界線，"茶"字正式出現於歷史文獻當中。唐陸羽《茶經·一之源》（陸羽，1986：612）："茶者，南方之嘉木也……其字：或從草，或從木，或草木並。"原注："從草，當作'茶'，其字出《開元文字音義》；從木，當作'槚'，其字出《本草》；草木並，當作'茶'，其字出《爾雅》。"《開元文字音義》據文獻記載是唐玄宗所撰，但已亡佚，無從查證。宋·魏了翁《邛州先茶記》："茶之始，其字為荼。如《春秋》書'齊荼'，《漢志》書'荼陵'之類，陸、顏諸人雖已轉入'茶'音，而未敢輒易字文也。若《爾雅》、若《本草》，猶從艹從余，而徐鼎臣訓荼猶曰：'即今之茶也。'惟自陸羽《茶經》、盧仝《茶歌》、趙贊《茶禁》以後，則遂易荼為茶，其字為艹、為入、為木……然而終無有命荼為茶者，蓋傳注例謂荼為茅秀、為苦菜。"可見，魏了翁所言可信度較高。

最后，從古音演變來看：《漢字古音手冊》（郭錫良，1986：104）："荼（茶），（古）定母魚部。"漢以後，上古魚部開始分化，中古麻韻與魚韻分道揚鑣，茶，《廣韻》宅加切，中古屬於麻韻澄母。荼，《廣韻》同都切，中古屬於模韻定母。這就出現了麻韻和模韻的讀法。顧炎武在《音學五書·唐韻正》（顧炎武，1982：270）中所論精當，他說："'荼蕣'之'荼'，與'荼苦'之'荼'本是一字，古時未分麻韻，'荼蕣'字亦唯讀為徒。漢魏以下乃音宅加反，而加字音居何反，猶在歌戈韻，梁以下始有今音，又妄減一畫為'茶'字。愚遊泰山岱嶽觀覽唐碑題名，見大曆十四年刻'茶藥'字，貞元十四年刻'茶宴'字皆作'茶'。又，李邕《沙羅樹碑》、徐浩《不空和尚碑》、吳通微《楚金禪師碑》'茶毘'字，崔琪《靈運禪師碑》'茶椀'字亦作'茶'，其時字體尚未變。至會昌元年柳公權書《密塔碑銘》、大中九年裴休書《圭峰禪師碑》'茶毘'字俱減此一畫，則此字變於中唐以下也。"可知，"荼"在中唐變成了"茶"。

綜合以上三個方面可知，漢魏以前，只有"荼"字；魏晉南北朝時期，"茶"有音無字；中唐以下，"茶"字出現。"荼毗"至遲在唐朝初期的佛經文獻中已存在，延續至明清時期依然有用例。"荼毗"在中唐時已出現，到宋代的禪籍中就更加普遍，在後代禪宗文獻中也一直使用。所以今本禪籍點校本中無論是使用"荼毗"還是"荼毗"都沒有錯，但是古籍整理還是應以尊重原本為宜，不煩相互改動。

（2）中華本第 295 頁：師曰："實有此語否？"曰："實有。"師曰："軌持千里缽，林下道人悲。"師再闡玄樞，迨於一紀。

按："缽"，諸本作"鈔"。又，《祖堂集》卷七，夾山和尚：師又云："……所以道：'貴持千里抄，林下道人悲。'……"《汾陽無德禪師語錄》："和尚上堂，云：'今時向去，許伊三路學。所謂玄路鳥道展手。'夾云：'實有此語否？'云：'是。'師云：'鬼持千里鈔。林下道人悲。'"《人天眼目》卷三：僧到夾山。山問："近離甚處？"僧云："洞山。"……山云："鬼持千里鈔，林下道人悲。"後浮山圓鑒云："不因黃葉落，爭知是一秋。（或曰：尊宿舉論而曰：'軌持千里鈔，林下道人孤。'或曰：'軌持千里缽，林下道人孤。'）"《聯燈會要》卷二十一《澧州夾山善會禪師》：師問僧："甚處來？"云："洞山來。"師云："有何言句？"云："尋常許人三路學：玄路、鳥道、展手。"師云："實有此語那？"云："然。"師云："軌持千里鈔，林下道人悲。"可知，據各箇燈錄記載，既可以是"千里抄"，也可以是"千里鈔"，但是應尊重底本。

（3）中華本第 14 頁：五百比丘各持一幡，迎導至彼，建塔供養。乃宣王二十二年乙未歲也。

按：宋本、明本、清本、卍本"二十二"均作"二十三"。於此有相同問題的是：第 15 頁"即平王三十年庚子歲也。""三十"諸本皆作"三十一"；第 16 頁"即莊王五年己醜歲也。""五年"諸本皆作"七年"；第 17 頁"即定王十七年辛未歲也。""十七"諸本皆作"十九"。第 18 頁："即景王十年丙寅歲也。""十年"諸本均作"十二年"。第 19 頁："即敬王三十三年甲寅歲也。""三十三"諸本均作"三十五"。第 19 頁："即貞王二十七年乙亥歲也。""二十七"諸本均作"二十二"。第 20 頁："即安王十九年戊戌歲也。""十九"諸本均作"三十四"。第 21 頁："即顯王四十二年甲午歲也。""四十二"諸本皆作"三十七"。第 22 頁："即赧王四十六年壬辰歲也。""四十六"諸本均作"四十一"。第 235

頁："文德元年五月遷化，塔於院之西隅。""元"，諸本作"六"。第772頁："紹興三十三年六月朔，沐浴趺坐。""三十三"諸本作"二十三"。第369頁："年八十二，坐六夏。嗣法一人，曰崇信，即龍潭也。""六夏"，諸本均作"六十三夏"。皆應改正。

（4）中華本第138頁：主曰："非但南泉出世，直饒千佛出世，我亦不去。"

按：後一箇"世"，諸本作"興"。"出世""出興"有其共同的義項，即出現、來到世間。《禪宗大詞典》在"出興"條下所引例證就是此例，作"直饒千佛出興"，所以當以底本爲準。

（5）中華本第126頁：祖曰："只此不污染，諸佛之所護念。汝既如是，吾亦如是。西天般若多羅識汝足下出一馬駒，踏殺天下人。應在汝心，不須速說。"

按："應"，諸本均作"病"。在該字的使用上，有的語錄用"病"，有的用"應"，用"病"的有：

《祖堂集》卷三，懷讓和尚：祖曰："即這個不污染你，是諸佛之所護念，汝亦如是，吾亦如是。西天二十七祖般若多羅記汝，佛法從汝邊去，向後馬駒踏殺天下人。汝勿速說此法，病在汝身也。"《聯燈會要》卷四，潭州南嶽懷讓禪師："祖云：'即此不污染，是諸佛之護念，汝既如是，吾亦如是。西天般若多羅識汝，向後出一馬駒踏殺天下人去在。病在汝心，不須速說。'"《萬松老人評唱天童覺和尚頌古從容庵錄一》：師云："六祖謂讓和尚曰：'西天二十七祖識。汝足下出一馬駒，踏殺天下人，病在汝心，不須速說。'"《了庵清欲禪師語錄》："從汝邊去。出一馬駒，蹈殺天下人去在。病在汝心，不須速說。"

用"應"的有：《古尊宿語錄》卷一，南嶽懷讓大慧禪師："汝向後出一馬駒，踏殺天下人，應在汝心，不須速說。"《六祖大師法寶壇經·機緣第七》：師曰："只此不污染，諸佛之所護念。汝既如是，吾亦如是。西天般若多羅識，汝足下出一馬駒，踏殺天下人，應在汝心，不須速說。"《闢妄救略說·六祖慧能大師》："汝足下出一馬駒，踏殺天下人。應在汝躬，不須速說。"

（6）中華本第424頁：問："不向問處領，猶有學人問處，和尚如何？"師曰："喫茶去。"

按："猶有"之"有"，諸本作"是"，問句義為不向提問處領會參悟，才是我所要問的地方。校者私改為"有"。其他燈錄也用"猶是"，如：《景德傳燈錄》卷十八，福州蓮華山永福院超證大師從弇：問："不向問處領，猶是學人問處。和尚如何？"師曰："喫茶去。"

（7）中華本第480頁：上堂："我若全舉宗乘，汝向甚麼處領會？所以道：古今常露，體肘無妨，不勞久立，珍重！"

按："肘"，諸本作"用"。"體肘"不解，"體用"義順，"體"為根本，"用"為作用。且其他燈錄也是用"用"，如：《景德傳燈錄》卷二十一、《五燈嚴統》卷八、《五燈全書》卷十六等所記載《福州鼓山智岳了宗禪師》皆是"體用"。

（8）中華本第485頁：復州資福院智遠禪師，福州人也。

按："復"，諸本作"福"，《五燈嚴統》卷八、《五燈全書》卷十六、《教外別傳》卷七所載《資福智遠禪師》皆是"福州"，而非"復州"。

（9）中華本第577頁：言語即熟，乃問著便生疏去，何也？只為隔闊多時。

按："乃"，諸本作"及"，"言語即熟"引申義為參悟、達悟，言語已經熟了，等到再發問就會又變生疏。且其他燈錄也是用"及"，如：《景德傳燈錄》卷二十五、《五燈嚴統》卷十、《五燈全書》卷十八所錄金陵清涼法燈禪師皆作："言語即熟，及問著便生疏去，何也？"

（10）中華本第596頁：上堂："山僧素寡知見，本期閑放，念經待死，豈謂今日大王勤重，苦勉公僧，效諸方宿德，施張法筵。……"

按："公"，諸本作"山"，"公僧"不詞，"山僧"為禪宗習用人稱代詞，用於自稱，如：卷二，司空本淨禪師：遠曰："禪師見有身心，是道已否？"師曰："山僧身心本來是道。"卷五，夾山善會禪師：師曰："大眾，看這一員戰將，若是門庭布列，山僧不如他。若據入理之談，也較山僧一級地。"

（11）中華本第654頁：上堂："我逢人即出，出則不為人。"便下坐。

按："即"，諸本作"則"，《五燈會元》中皆有用例，如：卷二十，玉泉宗璉禪師：問："三聖道：'我逢人即出，出則不為人。'意旨如何？"師曰："兵行詭道。"曰："興化道：'我逢人則不出，出則便為人。'又作麼生?"師曰:"綿裏秤錘。"各處尊重底本為是。

(12)中華本第676頁:問:"一卽六,六卽一。一六俱亡時如何?"師曰:"一箭落雙雕。"曰:"意百如何?"師曰:"身亡跡謝。"

按:"百",諸本作"旨"。"意百"不詞,"意旨"禪籍習用,義為佛法禪旨。

(13)中華本第692頁:問:"適來只對和尚,道住持不易,意旨如何?"師曰:"真榆不博金。"

按:"榆",諸本作"鍮"。"鍮"指天然的黃銅礦或自然銅。《新唐書·西域傳下·康》:"縣地四千里,山周其外,土沃,產鍮、水精。"《敦煌變文集·維摩詰經菩薩品變文甲》:"以小計大,將鍮喻金。"《太平御覽》卷八一三引三國魏鍾會《芻蕘論》:"莠生似禾,鍮石像金。"且《五燈會元》中還有其他關於"鍮"字的用例,如:卷十三,泐潭景祥禪師:問:"我手何似佛手?"師曰:"金鍮難辨。"金峰從志禪師:師曰:"老僧大曾問人,唯有闍黎門風峭峻。"曰:"不可須要人點檢。"師曰:"真鍮不博金。"

(14)中華本第696頁:師曰:"佛殿部署修,僧堂老僧羞。"

按:"羞",諸本作"蓋"。前後兩句對仗,前有"佛典"後有"僧堂",前是"修",後當然是"蓋"。且其他燈錄也用作"蓋",如:《續傳燈錄》卷一、《五燈嚴統》卷十一、《五燈全書》卷二十二所錄並州承天院三交智嵩禪師皆作"佛殿部署修,僧堂老僧蓋"。

(15)中華本第1035頁:上堂:"六六三十六,東方甲乙木。嘉州大像出關來,陝府鐵井入西蜀。參!"

按:"井",諸本作"牛"。"嘉州大像""陝府鐵牛"語錄中作為話頭常見,如:卷十一,汾陽善昭禪師:問:"如何是學人著力處?"師曰:"嘉州打大像。"曰:"如何是學人轉身處?"師曰:"陝府灌鐵牛。"

(16)中華本第1043頁:資壽院接禪師

按:"接",諸本作"捷",且正文中同樣寫作"捷"。

(17)中華本第875頁:令看外道問佛"不問無言、不問無言"因緣。

按:前一箇"無言"之"無"諸本作"有"。《五燈會元》中有記載的這段公案,卷一,釋迦牟尼佛:世尊因有外道問:"不問有言,不問無言。"世尊良久。外道讚歎曰:"世尊大慈大悲,開我迷雲,令我得入。"
乃作禮而去。阿難白佛:"外道得何道理,稱讚而去?"世尊曰:"如世良
馬,見鞭影而行。"後世多為禪師接引學人或學僧參悟佛旨的話頭。如:
卷十,百丈道恒禪師:洪州百丈道恒禪師,參法眼,因請益外道問佛:
"不問有言,不問無言。"叙語未終,眼曰:"住!住!汝擬向世尊良久處
會那?"師從此悟入。

(18)中華本第 569 頁:士堂:"毛吞巨海,海性無虧,纖芥投鋒,
鋒利無動。見與不見,會與不會,唯我知焉。"

按:"士",諸本作"上"。"上堂"為確,語錄十分常見。

第二章

底本無誤而誤改

所指底本，是影宋寶祐本。有時宋寶祐本沒有錯誤，其他各對校本有的與寶祐本一致，有的不一致，但是中華本由於校者私自改動或受參校本影響出現錯誤，本節主要分析歸納該類錯誤用例。

第一節　底本無誤，校者私改底本

該部分主要是由於異體字或者字形相近而校者在校勘時出現的錯誤。

（1）中華本第 39 頁：聽吾讖曰："震旦雖闊無別路，要假兒孫腳下行。金雞解御一粒粟，供養十方羅漢僧。"

按："御"字費解。"御"字蓋為"衘"之俗體"啣"之誤書。① 實則"宋本"本作"衘"，"明本""清本""卍本"均作"衘"。《正字通》："衘，俗，銜字。"《文選·左思〈蜀都賦〉》："候雁銜蘆。"李善引劉逵注："銜蘆以禦繒繳，令不得截其翼也。"即"衘"乃"銜"之俗體。又，《龍龕手鏡·行部》："'衘'，'御'的俗字。"《三國志平話》："帝接文狀，於衘案上展開看之。"即"衘"同是"銜"和"御"的俗體。蘇先生在點校凡例中說道"凡改正底本，一般都做校勘記。惟避諱缺筆字、異體字和明顯的版刻誤字據上下文意逕改"，此處"御"字的改動則實欠妥當。第 59 頁"有百鳥御花之異"於此相同。從"宋本"寫作"衘"為宜。

（2）中華本第 482 頁：僧問："久戰沙場，為甚麼功名不就？"師曰：

① 劉凱鳴：《〈五燈會元〉補校》，《文獻》1992 年第 1 期。

"過在這邊。"曰:"還有陞進處也無?"師曰:"水消瓦解。"

按:"水",寶祐本作"氷",明嘉興本、乾隆本、卍續本作"冰"。"氷"為"冰"的異體字,《干禄字書·平聲》:"氷冰,上通下正。"《字彙·水部》:"氷,俗冰字。"但校本私改為"水"則是錯誤的。

(3)中華本第490頁:師曰:"泉州砂糖,舶上檳榔。"

按:"檳",寶祐本作"賓"。文獻中多有省略形符的用例,如:"般"作"搬",卷三,龐蘊居士:"朱紫誰為號,丘山絶點埃。神通并妙用,運水及般柴。"

(4)中華本第1042頁:拊掌呵呵大笑曰:"今朝巴鼻,直是黄面瞿曇通身是口,也分疏不下。久立。"

按:"疏",寶祐本作"踈",其他諸本作"疎"。現代規範漢字以"疏"為正字,則"踈""疎"皆為"疏"的異體字,《隸辨·平聲·魚韻·踈》和《金石文字辨異·平聲·魚韻·踈》引《周憬功勳銘》作"禹不決江踈河。"《玉篇·足部》:"踈,色魚切,慢也,不密。"《廣韻·平聲·魚韻》:"踈,稀踈。"《俗書刊誤·模韻》:"疎,俗作踈。"《字彙》《正字通》皆以"疏"為正字,"踈""疎"為異體字。

(5)中華本第1331頁:筋籠不亂攙匙,老鼠不咬甌篰。

按:"筋",寶祐本作"筯",其他各本作"箸"。"筯""箸"都有筷子的意思,《玉篇·竹部》:"筯,匙箸。與箸同。"《世説新語·忿狷》:"王藍田性急,嘗食雞子,以筯刺之,不得,便大怒,舉以擲地。"唐韓愈《順宗實錄二》:"良久,宰相杜佑、高郢、珣瑜皆停筯以待。"《紅樓夢》第三回:"賈珠之妻李氏捧杯,熙鳳安筯,王夫人進羮。"校本私改為"筋",蓋因"筋""筯"字形相近而誤。

(6)中華本第146頁:龐居士聞之,欲驗師實,特去相訪。纔相見,士便問:"人嚮大梅,未審梅子熟也未?"師曰:"熟也。你向甚麽處下口?"

按:"人嚮"不成詞,"人",寶祐本作"久",嘉興本、乾隆本、卍續本作"久","久"乃"久"的異體字。"久嚮"意為:仰慕已久。《五燈會元》中該詞出現16次。如:投子大同禪師:"久嚮投子,及乎到來,秖見箇賣油翁。"

第二節 底本無誤，因對校本失準

底本沒有錯誤，但是校者選用了對校本中的用例，導致出現錯誤或者有失準確的地方。例列如下：

（1）中華本第24頁：祖曰："汝有我故，所以不得。我無我我，故自當得。"校記：此二句應作"我無我故，我自當得"。

按：中華本校記乃依據"清本"所改，宋本、明本、卍本皆作"我無我我，故自當得"。項楚指出："原文不誤，勿庸代改。'我無我我，故自當得'，謂由於我無我執，故能得佛。"[①] 此論可從。又，"我我"又可作"我我所"，我者，謂自身；我所者，為身外之事物。是為我所有，故名我所。《智度論》卷三十一："我是一切諸煩惱根本，先著五眾為我，然後著外物為我所。"《瑜伽》卷三十六："云何名為我我所分別？謂若諸事，有漏有取，長時數習我我所執之所積聚。由宿串習彼邪執故；自見處事為緣，所生虛妄分別。如是名為我我所分別。"《唯識通論》："所謂我者，我及我所並稱我。故曰有為無為有，我及我我所無也。"所以中華本校記當改。

（2）中華本第44頁：祖遂因與易名慧可。可曰："諸佛法印，可得聞乎？"校記：可（第一箇），原作"乃"，據續藏本改。

按："可曰"之"可"，寶祐本作"乃"，嘉興本、乾隆本、卍續本皆作"可"。"宋本""本自可通，似不必定據後出之本以改原本"[②]。"可得聞乎？"之"可"專名線應刪"作'可得聞乎'，猶云'豈得聞乎'。本頁下文載可曰：'我心未寧，乞師與安'，可知慧可自稱為'我'，則'可得聞乎'之'可'，亦非慧可自稱也。"而是與第51頁"嘗請與四祖曰：'法道可得聞乎？'"第79頁"席跪啟曰：'可得聞乎？'"第87頁"師曰：'四智之義，可得聞乎'"第534頁"劉侍御問：'了心之旨，可

---

① 項楚：《〈五燈會元〉點校獻疑續補一百例》，原載《季羨林教授八十華誕紀念論文集》，江西人民出版社1991年版，後選入《柱馬屋存稿》，商務印書館2003年版。

② 項楚：《〈五燈會元〉點校獻疑續補一百例》，原載《季羨林教授八十華誕紀念論文集》，江西人民出版社1991年版，後選入《柱馬屋存稿》，商務印書館2003年版。

得聞乎?'"句式相同。

（3）中華本第 355 頁：僧肇法師，遭秦主難

按："主"，寶祐本作"之"，嘉興本、乾隆本、卍續本作"王"。校者之誤，蓋由"主""王"字形相近而致。其實用"之"句義本可通，無煩改之，

（4）中華本第 430 頁：問："久處暗室，未達其源。今日上來，乞師一接。"師曰："莫閉眼作夜好!"曰："恁麼即優曇華坼，曲為今時。向上宗風，如何垂示?"

按：1989 年版"優曇華坼"之"坼"本作"拆"，新版又改為"坼"，大概受項楚先生影響，本來正確，一改反而錯了。"坼"，寶祐本、嘉興本、卍續本作"拆"，乾隆本作"折"；另，第 451 頁："優曇華拆人皆睹，向上宗乘意若何?""拆"，寶祐本、嘉興本、卍續本作"拆"，乾隆本作"折"；第 579 頁："優曇華折人皆睹，達本無心事若何?""折"，寶祐本作"拆"，乾隆本、嘉興本、卍續本作"折"；第 596 頁："優曇花拆人皆睹，般若家風賜一言。""拆"，寶祐本作"拆"，乾隆本、嘉興本、卍續本作"折"。由上可知，中華本使用了"坼""拆""折"。筆者以為，應以"拆"為確。

優曇花，即優曇鉢花。梵語音譯詞，又譯為優曇、優曇華、優曇鉢羅、優鉢曇華、烏曇跋羅。即無花果樹。產于印度，我國雲南等地亦有生長。其花隱於花托內，一開即斂，不易看見。佛教以為優曇鉢開花是佛的瑞應，稱為祥瑞花。而"拆"，《集韻·陌韻》："𠝹，《說文》：'裂也。'或從手，亦作坼、拆。"意為裂開；綻開、開放。如：第 1085 頁"三月三日時，千花萬花拆。"唐·李紳《杜鵑樓》詩："杜鵑如火千房拆，丹檻低看晚景中。"清·蒲松齡《聊齋志異·葛巾》："時方二月，牡丹未華，惟徘徊園中，目注句萌，以望其拆。"雖然"坼""拆"二字為異體字，但應尊重底本作"拆"為宜，不必以後出之本改之。

（5）中華本第 481 頁：曰："如何是境中人?"師曰："萬里白雲朝瑞嶽，微微細雨灑簾前。"

按："洒"，寶祐本作"洒"，嘉興本、乾隆本、卍續本作"灑"，《隸辨·上聲·蟹韻》："洒，《陳球後碑》：'洒埽之口。'［按］《說文》云：'洒，滌也。古文以為灑埽字。'《五經文字》以為經典借洒為灑，非是。"《集韻·去聲·寘韻》："灑，汛也。或作洒。"《彙音寶鑑·瓜上·

上聲》："洒，同灑字。"通過字書可知，"洒"為"灑"的異體字，只不過現代漢語規範漢字以"洒"為正體。

（6）中華本第529頁：師近前看了，卻作此中相。溈點頭。校記：中，原作"車"，據乾隆本、續藏本改。

按：校記有誤，寶祐本本作"車"，嘉興本、乾隆本、卍續本作"中"。

（7）中華本第692頁：問："如何是學人深深處？"師曰："烏龜水底深藏穴。"

按："穴"，寶祐本、嘉興本、乾隆本作"六"，卍續本作"穴"。中華本無出校記而徑改。"六"指烏龜的四條腿加上頭和尾巴。"藏六"就是把頭、尾巴和四條腿縮入龜殼內。此代指在佛經中有許多用例，舉例如下：《維摩經略疏垂裕記》卷五，弟子品："二奉辭二，初分科。二隨釋四，初奉辭不堪。二述不堪之由，如龜藏六者四足頭尾也。如龜出曝，野干將食之，龜藏六處於殼中，野幹無如之何，出雜譬喻等諸經，六識不染六塵如龜藏六。"《大毗盧遮那成佛經疏》卷二，入真言門住心品第一之餘："第廿六云何守護心。謂唯此心實餘心不實者，如世人為護己身財物等故，乃至周牆重閣種種防守，不令為他所傷，此心亦爾。常守護身心。乃至如龜藏六，不令外境所傷。"《長阿含經》卷八，第二分散陀那經第四："世尊今來，汝何不稱。又汝向言，當以一言窮彼瞿曇，能使默然，如龜藏六，謂可無患。以一箭射，使無逃處。"

（8）中華本第726頁：卓拄杖一下云："敢問諸人是生是殺？"良久云："君子可入。"校記：入，原作"八"，據乾隆本改。

按："君子可八"本應如此，不必改為"君子可入"。關於此點，各方觀點眾說紛紜，無著道忠認為："八是孝、弟、忠、信、禮、義、廉、恥，君子可于此，故云君子可八也。"桂洲道倫（1999：45）等編的《諸錄俗語解》也采用"八是孝、弟、忠、信、禮、義、廉、恥"說；喬立智以方言為佐證，認為"八"為辨別、區別義，"可八"即"了然可辨"之義①；王閏吉認為"君子可入"据文義应是君子可以进入，来比喻有道

---

① 喬立智：《五燈會元點校疑誤舉例》，《宗教學研究》2012年第1期。

禪僧可以就此悟入①；雷漢卿《禪籍方俗詞研究》把該詞條放入"附錄：禪籍方俗詞待問錄"。

《字詁·汃》："八，古分字。"又林義光《文源》："八、分雙聲對轉，實本同字。"高鴻縉《中國字例三篇》："八之本義為分，取假像分背之形，指示字，動詞，後代借用為數目八九之八，久而不返，乃加刀為意符（言刀所以分也）作分，以還其原。"可知，"八""分"古本一字，"分"有分別、分辨、認識、瞭解、知道義。再從方言方面來考證，雖然無著道忠認為："八是孝、弟、忠、信、禮、義、廉、恥，君子可于此，故云君子可八也。"但是，緊接其後又說道："忠一時問齊雲師，云云：'君子可八者，君子可知之義也。中華福州鄉談，不知言不八，八即知義。'"這同時也說明無著道忠也是認可從方言來佐證"八"有"知道、辨識"義的。另，日本《五燈拔萃》解釋說："方語也。注云：知底知。又云：脫得底知。言君子如八字，兩邊打開也。"現代漢語方言中還有"八"表認識、知道、明白義。比如福建的福州、仙遊、福清、永泰、漳州、龍岩、漳平和臺灣等地。②再就是其他燈錄中也有用"君子可八"的用例，如：《建中靖國續燈錄》卷六《淨土鑒韶禪師》："問：'承師有言："君子可八。"義旨如何？'師云：'披衣入市去，剃髮上山來。'"《聯燈會要》卷一三《侍郎楊公億》："公云：'禪客相逢，只彈指也。'璉云：'君子可八。'楊云：'諾諾。'今日太賺侍郎。"王閏吉認為"四庫全書本《五燈會元》《羅湖野錄》皆作'君子可入'"並舉：嘉興藏《雲門匡真禪師語錄》卷三："云：'作麼生是入鄉隨俗底句？'代云：'君子可入。'"《嘉泰普燈錄卷》二三也作"君子可入"由王氏所舉例子可知，是出自四庫內府藏本、嘉興藏和卍續藏，這些本子大大晚於宋寶祐本，不足為證。

所以，從文字訓詁、方言和文獻三箇方面來看，以"君子可八"較為令人可信，意為有德行的君子不必問，自可體悟、頓悟。這也符合禪宗不立文字的宗旨。

（9）中華本第878頁：陽笑曰："乃爾惺惺邪？"師唱曰："將謂我忘

---

① 王閏吉：《唐宋禪錄疑難語詞考釋四則》，《語言研究》2013第3期。
② 許寶華等編：《漢語方言大詞典》，中華書局1999年版，第118頁。

卻。"竟爾趨寂。

按："趨"，寶祐本作"趍"，嘉興本、乾隆本、卍續本作"趍"。《廣韻·虞韻》："趨，走也。趍，俗。"《集韻·遇韻》："趨，或作趍。"《詩經·齊風·猗嗟》："巧趨蹌兮。"陸德明釋文："趨，本又作趍。"黃焯彙校："唐寫本作趍。趨，正字；趍，後出字。"可知，"趍"是"趨"的異體字，不煩徑改底本，出校記即可。

（10）中華本第 1044 頁：曰："入水見長人也。"師曰："秦皇擊缶。"

按："缶"，卍續本作"缶"，其他諸本作"缹"。"缹"為"缶"的異體字，《龍龕手鏡·缹部》下收"缹"字，以為通"缶"字。《俗書刊誤·有韻》缶下注云："俗作缹非。"《康熙字典·缶部》："缹，俗缶字。見《正字通缶字註》。"《重訂直音篇·卷四·缶部》："缶，盎也，今之瓦盆也。缹，俗。"中華本改異體而用正體。

（11）中華本第 1219 頁：左丞範沖居士，字致虛。

按："沖"，寶祐本作"沖"，其他各本作"冲"。《玉篇·冫部》："冲，俗沖字。"《四聲篇海·冫部》："冲，直中切，俗沖字。"《六書正偽·平聲·東韻》："沖，別作冲、种，並非。"可見，字書"沖""冲"的地位有不同看法，現代規範漢字以"沖"為正體，則"冲"是"沖"的異體字，中華本不煩徑改，出校記即可。

（12）中華本第 1231 頁：師曰："首座作麼生？"座曰："和尚休捏怪。"師曰："兔子喫牛嬭。"

按："嬭"，卍續本作"嬭"，其他各本作"妳"。《字彙·女部》："妳，與嬭同。乳也。"《正字通·女部》："妳，俗嬭字。"《字彙補·女部》："妳，與嬭同。《冊府元龜》：'唐哀帝勅妳婆楊氏可封昭儀。'"可知"妳"是"嬭"的異體字。

（13）中華本第 1350 頁：敘語未終，公推倒桌子。尚大呼："張學錄殺人！"

按："桌"，寶祐本、嘉興本、卍續本作"卓"，乾隆本作"桌"。宋史繩祖《學齋占畢》卷二："蓋其席地而坐，不設椅卓，即古之設筵敷席也。"《金史·禮志六》："俟有司置香案酒卓訖。"

（14）中華本第 1365 頁：是也好，鄭州棃勝青州棗。非也好，象山路入蓬萊島。

　　按：“棃”，寶祐本作“梨”，其他各本作“棃”，《說文解字·木部》：“棃，果名，從木㤁聲。㤁，古文利。”《玉篇·木部》《廣韻·平聲·脂韻》《集韻·平聲·脂韻》皆收錄了“棃”。

第三章

未利用好對校本

第一節　底本有誤，未據對校本加以改正

寶祐本有誤，但是校者並沒有參考對校本以改正底本，而是以訛傳訛，延續錯誤。

（1）中華本第 96 頁：曰："佛之與道，從是假名。當立名時，是誰為立？"

按："從"，宋本作"從"，嘉興本、乾隆本、卍續本皆為"總"。從句義來看，前言"佛道"，後句認為二者都是假的、外在的東西。"總是假名"文獻習見，例如：卷三，龐蘊居士：士以偈答曰："無我復無人，作麼有踈親。勸君休歷座，不似直求真。金剛般若性，外絶一纖塵。我聞并信受，總是假名陳。"《五燈全書》卷四、《五燈嚴統》卷二《司空山本淨禪師》都記作："佛之與道，總是假名。當立名時，是誰為立？若有立者，何得言無。"

（2）中華本第 173 頁：南泉云："恁麼依師道，妙道得一半。"［注］妙，續藏本作"始"。

按：寶祐本作"妙"，嘉興本、乾隆本、卍續本作"始"。底本有誤，應作"始"，表示"才"，"始道得一半"義為才說了一半，引申義為還沒有完全領會禪旨。且《景德傳燈錄》卷八、《禪宗頌古聯珠通集》卷十三、《宗鑒法林》卷十四、《五燈嚴統》卷三、《五燈全書》卷六等燈錄所載《磁州馬頭峰神藏禪師》中該部分皆録作"始"。

（3）中華本第 199 頁：法眼代云："請上座領某卑情。"

按：寶祐本作"卑"，嘉興本、乾隆本、卍續本作"甲"。"某甲"

禪宗語錄中非常習見，不贅例，又義同"專甲""厶甲"，如：《祖堂集》卷八，雲居和尚：有曰一日問洞山："如何是祖師意？"洞山云："闍梨！他後住一方時，忽有人問，作摩生向他道？"師云："專甲罪過。"《祖堂集》卷十八，仰山和尚：仰山云："和尚若共某甲語，但共某甲語。又問厶甲聞與不聞作什摩？若問某甲聞與不聞，問取樹子聞與不聞，始得了也。"

（4）中華本第 200 頁：問："覺華未發時，如何辨貞實？"師曰："開也。"曰："是貞是實？"師曰："貞是實，實是貞。"

按：答句中的"貞"，寶祐本作"貞"，嘉興本、乾隆本、卍續本作"真"。此乃禪師啓發學僧頓悟的一種回答方式，即利用同音字來替換概念。如：第 206 頁：問："學人有疑時如何？"師曰："大宜小宜。"曰："大疑。"師曰："大宜東北角，小宜僧堂後。"

（5）中華本第 353 頁：太宗皇帝一日幸相國寺

按：嘉興本、乾隆本、卍續本"太宗皇帝"前有"宋"字，寶祐本無。

（6）中華本第 362 頁：昔有一老宿，因江南國主問："予有一頭水牯牛，萬里無寸草，未審向甚麼處放？"歸宗柔代云："向處放。"

按：歸宗柔代云中的"向"字，寶祐本作"何"，嘉興本、乾隆本、卍續本作"好"。中華本作"向"，蓋因"向""何"二字形體相近。此處既不作"向"，亦不作"何"，以"好"為宜。禪宗中常出現"代云""代語"，乃上文拈舉之公案話頭，若缺答語，禪家代擬答語，示以"代云"或"代語"，如：《祖堂集》卷五，雲巖禪師："師問僧：'承汝解卜是不？'對曰：'是。'師云：'試卜老僧看。'無對。洞山代云：'請和尚生月。'"例句中乃歸宗柔代老宿回答江南國主所問，如用"何"，則為問句，沒有回答放在何處。而以"好處放"作答，即回答了江南國主的問話，又反映了禪家那種徹見心性的禪宗義理。

（7）中華本第 409 頁：且佛法是建立教，禪道乃止啼之說，他諸聖出興，盡為人心不等，巧開方便，遂有多門。

按："盡"，寶祐本作"盡"，嘉興本、乾隆本、卍續本作"葢"，"葢"意為大概，表猜測。且在其他語錄中也選用"葢"字，比如：《景德傳燈錄》卷十八、《列祖提綱錄》卷七、《五燈嚴統》卷七、《五燈全書》卷十四、《錦江禪燈》卷二、《禪宗正脈》卷四記載《神晏興聖國師》所選該字即"盍"。

（8）中華本第474頁：曰："如何是大王劍？"師曰："塵埋牀下復，風動架頭巾。"

按：84版本作"復"，"'復'當作'複'，字亦作'襆'、'幞'，今寫作'袱'"①。項楚先生只是根據文義推測所得，此論不確。"複"，寶祐本作"復"，嘉興本、乾隆本、卍續本作"履"。牀下乃放鞋子之處，即應為"履"。又《景德傳燈錄・洪州建山澄禪師》："塵埋牀下履，風動架頭巾。"《五燈嚴統・洪州建山澄禪師》亦然，此皆可為旁證。

（9）中華本第499頁：曰："欲出不出時如何？"師曰："當衙者喪。"

按："當衙者喪"費解。"衙"，寶祐本作"衙"，嘉興本、乾隆本、卍續本作"衝（沖）"，作"沖"則文通義順，沖：要衝，交通要道。比喻最先受到攻擊或遭到災難。與成語"首當其衝"之"沖"義相同。

（10）中華本第561頁：實際居於目前，翻為名相之境。又作麼生得翻去？若也翻去，又作麼生得正夫，還會麼？莫只恁麼念策子，有甚麼用處？校記：夫，據義應作"去"。

按：校記基本正確，其實嘉興本、乾隆本、卍續本本作"去"，有直接參考不用而"據義"改之。正文中可以徑改，但在校記中需說明。

（11）中華本第562頁：師又曰："作麼生會，……他古人猶道，不如一念緣起無生，超彼三乘權學等見。又道彈指圓成八萬門，刹那滅卻三只劫，也須體究。若如此用多少省力！"

按：寶祐本作"省力"，嘉興本、乾隆本、卍續本作"氣力"。"氣力"即力氣、功夫。

（12）中華本第656頁：曰："如何是主中賓？"師曰："高提禪師當機用，利物應知語帶悲。"

按："禪師"，乾隆本、嘉興本、卍續本作"祖印"。"高提禪師"不通。《人天眼目》卷一《賓主問答》："（僧問）：'如何是主中賓？'穴云：

---

①　項楚：《〈五燈會元〉點校獻疑續補一百例》，原載《季羨林教授八十華誕紀念論文集》，江西人民出版社1991年版，後選入《柱馬屋存稿》，商務印書館2003年版。

'回鸞兩曜新。'符云：'高提祖印當機用，利物應知語帶悲。'"另，《正法眼藏》卷二、《天聖廣燈錄》卷十三《涿州剋符道者》、《聯燈會要》卷十《涿州克符道者》、《五燈嚴統》卷十一《涿州紙衣和尚》、《五燈全書》卷二十一《涿州紙衣克符禪師》、《指月錄》卷十四、《禪宗正派》卷六《紙衣和尚》等典籍皆作"高提祖印當機用，利物應知語帶悲"。"祖印"，"祖師心印"的簡稱，又稱"祖宗心印"，是禪宗祖師通過心心相印之方式傳承的禪法。如：《汾陽無德禪師語錄》卷上："問：'祖師心印，部落有無。未審師於先師處得箇什麼？'師云：'千年無影樹，今時勿底靴子。'"《永覺元賢禪師廣錄》卷二九《寱言》："宗門語如盤中珠，宛轉橫斜，泂突無常，未可捉摩，豈容注釋？近見二三大匠，多引宗注教，引教注宗，祖宗心印，委於荒丘矣！"可知，以"祖印"為確。

（13）中華本第790頁：曰："向上還有事也無？"師曰："道有道無即得，爭奈龍王桉劍何！"

按："桉"，嘉興本、乾隆本、卍續本作"按"。"木"和"扌"易誤寫。但是"桉"乃樹名，名物詞；"按"乃動詞，手部動作，按住。句中作動詞用。

（14）中華本第892頁：上堂："古佛道：'我初成正覺，親見大地眾生悉皆成正覺。'後來又道：'深固幽遠，無人能到。'因沒見識漢，好龍頭蛇尾。"

按："因沒見識漢"之"因"，寶祐本作"因"，嘉興本、乾隆本、卍續本作"囫"。《正字通・力部》："囫，一說梵言'囫地一聲'，囫同咄。"表示用力的樣子。《通俗篇・辭語》："《傳燈錄》：'景岑臂智與仰山一踏。仰山曰：囫'"明李贄《答馬歷山》："'囫地一聲'，道家教人參學之話頭也。""囫地一聲""囫地一下"在佛經和禪宗語錄中十分常見，表示頓悟，猛然醒悟。

（15）中華本第899頁：卓拄杖曰："三千大千世界，向甚麼處去？還會麼？不得重梅雨，秋苗爭見青？"

按："秋"，寶祐本作"秋"，其他各本作"秧"。秋天的"苗"會變黃，只有春夏之際才是青苗，而梅雨指春末初夏產生在江淮流域持續較長的陰雨天氣。因時值梅子黃熟，故亦稱黃梅天。這時候秧苗可以由返青到快速生長的階段，所以應以其他各本的"秧"爲準。另外，其他語錄關於此段話的記載也是"秧苗"字，比如：《續傳燈錄》卷十七、《續古尊宿語要》卷二、《五燈嚴統》卷十三、《五燈全書》卷三十、《錦江禪燈》卷四關於真州長蘆清了禪師的記載都是"秧"。

（16）中華本第1011頁：上堂："棒頭排日月，木馬夜嘶鳴。"拈拄杖曰："雲門木師來也。"

按："木師"不成詞，"木"，寶祐本作"木"，其他各本作"大"。"大師"語錄習見。《建中靖國續燈錄》卷六、《五燈嚴統》卷十五、《五燈全書》卷三十三所載《洞山永孚禪師》均寫為"大師"。

（17）中華本第1038頁：上堂："秋雲秋水，看山滿目。這裏明得，千足萬足。其或未然，道士倒騎牛。參！"

按："看"，寶祐本作"看"，其他各本作"青"。本書例證：卷十三，石門獻蘊禪師：師曰："一曲宮商纔品弄，辨寶還他碧眼胡。"曰："恁麼則清流分洞下，滿月照青林去也。"《續傳燈錄》卷八、《列祖提綱錄》卷十、《建中靖國續燈錄》卷十、《五燈嚴統》卷十六、《五燈全書》卷三十四所載《法雲法秀禪師》均寫作"青"。

（18）中華本第1050頁：問："一色無變異，喚作靈地白牛，還端的也無？"

按："靈"，寶祐本作"靈"，其他諸本作"露"，"露地白牛"語錄習見。"露地白牛"，典故出自《法華經·譬喻品》，以立於門外露地的白牛車比喻大乘佛法，禪宗用白牛替換白牛車，用以比喻心性。

（19）中華本第1096頁：臨安府淨慈象禪師，上堂："古者道，一翳在眼，空花亂墜。"

按：語錄體例一般首先介紹禪師的出生地等基本情況，嘉興本、乾隆本、卍續本"禪師"後有"越州山陰人也"。且，《續傳燈錄》卷二十四、《五燈嚴統》卷十六、《五燈全書》卷三十六所記載《靜慈象禪師》關於該段有"越州山陰人也"。

（20）中華本第1139頁：一日恃堂山行次，時巖桂盛放，堂曰："聞木犀華香麼？"公曰："聞。"

按："恃"，寶祐本作"恃"，其他各本作"侍"。以"侍"爲準，義為陪從或伺候尊長、主人。且，《續傳燈錄》卷二十二、《楞嚴經宗通》卷五、《五燈嚴統》卷十七、《五燈全書》卷三十八、《指月錄》卷二十

八、《教外別傳》卷九、《禪宗正脈》卷九、《居士分燈錄》卷下等燈錄所載《黃庭堅居士》關於該字均選用"侍"字。

(21) 中華本第 1153 頁：拽得來拈頭作尾，拈尾作頭，轉兩箇金睛，攪幾鉤鐵爪，吼一聲直令百里內猛獸潛蹤，蒲空裏飛禽亂墜。

按："蒲"，寶祐本作"蒲"，其他各本作"滿"。"蒲空裏飛禽亂墜"一句從整體來看，"蒲空"不成詞，"滿空"才體現出禽鳥到處亂飛的混亂景象。且，《列祖提綱錄》卷八、《正法眼藏》卷一所載《泐潭文準禪師》關於該字均選用"滿"字。

(22) 中華本第 1220 頁：通屬聲揖曰："看火！"公急撥衣，忽大悟。

按："揖"，寶祐本作"揖"，其他各本作"指"。"屬聲揖"不解，著火了要提醒別人通過"揖"是辦不到的，"指"給對方看卻是通常的做法。且，《御選語錄》後集下、《五燈嚴統》卷十八、《五燈全書》卷四十、《教外別傳》卷十等所載《盧航居士》關於該字均選用"指"字。

(23) 中華本第 1233 頁：今日到三峽會裏，大似臨嫁醫瘿，卒著手腳不辦。

按："辦"，寶祐本作"辦"，其他各本作"辨"。"手腳不辦"不易理解。"手腳不辨"是說手腳不分或分不清手腳。且《續古尊宿語要》第三集《白雲端和尚語》、《五燈嚴統》卷十九《舒州白雲守端禪師》所載該字皆選用"辨"字。

(24) 中華本第 1281 頁：閱數稔，居建康保寧，後移蘇城萬壽及閩中賢沙、壽山西禪，復被旨補靈隱。

按："賢沙"之"賢"，寶祐本作"賢"，其他各本作"玄"。"賢"當爲"玄"之誤，本書卷七《玄沙師備禪師》記載："福州玄沙師備宗一禪師，閩之謝氏子。"又有福州玄沙山宗一禪師、玄沙僧昭禪師、玄沙合文禪師等。且，其他語錄關於該部分的用字也選用"玄"字，如：《大名高僧傳》卷五《慶元育王山沙門釋端裕傳五》、《五燈嚴統》卷十九《慶元府育王山佛智端裕禪師》、《五燈全書》卷四十三《慶元府育王山佛智端裕禪師》、《續燈正統》卷二《寧波府育王山佛智端禪師》、《明高僧傳》卷四《釋端裕》均作"玄沙"。

第二節　未指出對校本中的使用現狀

（1）中華本第 16 頁：（世尊）語阿難言：“此國中吾滅後三百年，有一聖人姓頗羅墜，名婆須蜜，而於禪祖，當獲第七。”

按：嘉興本、乾隆本、卍續本“滅”後皆有“度”字。“滅”也有滅度義。當出校記。

（2）中華本第 88 頁：祖曰：“又一切諸法，若無常心者，即物物皆有自性，榮受生死，而真常性有不遍之處。”

按：“又一切諸法若無常心者”，嘉興本、乾隆本、卍續本皆無“心”字。當出校記。

（3）中華本第 171 頁：潭州石霜一作瀧。大善禪師，

按：寶祐本作“瀧”，嘉興本、乾隆本、卍續本作“龍”。

（4）中華本第 237 頁：南開一門，中空無礙，不假斤斧，自然一庵。時目為木禪庵，師乃居之十餘載。影不出山，聲聞於外。

按：“目”，諸本作“自”，當爲字形相近而誤，當出校記。

（5）中華本第 254 頁：唐開元二十八年十二月十三日，陞堂告眾，跏趺而逝。

按：寶祐本作“十二月”，嘉興本、乾隆本、卍續本作“十一月”。

（6）中華本第 282 頁：上堂曰：“今時人出來盡學馳求走作，將當自己眼目。……”

按：“走”，寶祐本作“走”，嘉興本、乾隆本、卍續本作“造”。

“造作”，意指特意做作。禪家主張平常心是道，反對做作，追求自然。《鎮洲臨濟慧照禪師語錄》：“師示眾云：‘道流，切要求取真正見解，向天下橫行，免被這一般精魅惑亂。無事是貴人，但莫造作，只是平常。’”《古尊宿語錄》卷一《馬祖道一》：“自性本來具足，但於善惡事上不滯，喚作修道人。取善捨惡，觀空入定，即屬造作。”清·錢泳《履園叢話·雜記上·裹足》：“天下事貴自然，不貴造作。”“走作”，意指參學者之情識意念浮蕩不定，奔走造作，不識自身清淨本性。《圓悟佛國禪師語錄》卷一五《示智祖禪德》：“況透脫死生，窮未來際，一得永得，當深固根本。根本既固，枝葉不得不鬱茂。但於一切時令長在，勿使走

作。"再看"馳求",指到處奔走,尋求佛法。而禪家強調自心是佛,無須外求。如:《鎮洲臨濟慧照禪師語錄》:"爾欲得識祖佛麼?只爾面前聽法底是。學人信不及,便向外馳求,設求的者,皆是文字勝相,終不得他活祖意。""馳求""走作"都講究一種動態的過程,語錄中又有"走作馳求"的用例,如:《正法眼藏》卷第二之下:"不見道,意為賊,識為浪,走作馳求終無歇分。"

另,再看其他語錄關於三平義忠禪師的記載。《祖堂集》卷五,三平義忠禪師:"師示眾曰:'今時出來,盡學箇馳求走作,將當自己眼目,有什麼相應時?'"《景德傳燈錄》卷三十,三平義忠禪師:"示眾曰:'今時出來,盡學馳求走作,將當自己眼目,有什麼相當?'"可見例句用"走作"不誤。

(7)中華本第 314 頁:一人說不得行不得者,如斷命求活。此是石女兒,披枷帶鏁。

按:"鏁",嘉興本、乾隆本、卍續本作"鎖",《龍龕手鏡·金部》:"鏁,俗;鎖,鐵鎖也。"《玉篇·金部》:"鎖,鐵鎖也;鏁,俗。"《廣韻·上聲·果韻》:"鎖,鐵鎖也。俗作鏁。"可知,"鏁"為"鎖"的異體字。當出校記。

(8)中華本第 367 頁:法眼代云:"心期滿處即知。"

按:"期",寶祐本、卍續本作"期",乾隆本、嘉興本作"明"。

(9)中華本第 376 頁:峰蓦指一碗水。欽曰:"水清月現。"峰曰:"水清月不現。"師踢卻水椀而去。

按:"椀",嘉興本、乾隆本、卍續本作"碗",二字在語錄中皆用,如:卷五《石室善道禪師》:師曰:"開心椀子盛將來,無蓋盤子合取去。說甚麼難消。"卷三《渤潭惟建禪師》:祖歸方丈,令侍者持一碗茶與師。師不顧,便自歸堂。

(10)中華本第 485 頁:師曰:"如斯則眾眼難瞞去也。"清曰:"理能縛豹。"

按:"縛",乾隆本作"伏",寶祐本、嘉興本、卍續本作"縛"。《五燈嚴統》卷八、《教外別傳》卷七作"縛";《五燈全書》卷十六作"伏"。二者在意義上都講得通。應出校記。

(11)中華本第 532 頁:座曰:"正恁麼時是某甲放身命處。"師曰:

"何不問老僧?"座曰:"正恁麼時不見有和尚。"師曰:"扶吾教不起。"

按:"吾",寶祐本作"吾",嘉興本、乾隆本、卍續本作"我"。作為第一人稱代詞的"吾""我"在《五燈會元》中經常使用。

(12)中華本第562頁:所以無想天修得,經八萬大劫,一朝退墮,諸事儼然,蓋爲不知根本真實次第修行三生六十劫,四生一百劫,如是直到三只果滿。

按:"次第"之"第",寶祐本作"第",嘉興本、乾隆本、卍續本作"地"。

(13)中華本第618頁:日唯一食,終日宴坐。

按:"宴",乾隆本作"晏",嘉興本、寶祐本、卍續本作"宴"。"宴坐",佛教指坐禪。《維摩詰所說經·弟子品》:"夫宴坐者,不於三界現身意,是爲宴坐。"五代齊己《經安公寺》詩:"大聖威靈地,安公宴坐蹤。"以底本"宴"爲佳。

(14)中華本第638頁:杭州淨土院惟正禪師,秀州華亭黃氏子。幼從錢塘資聖院本如隸業,且將較藝於有司。

按:"隸",寶祐本、嘉興本、卍續本作"隸",乾隆本作"肄","隸"通"肄",清·朱駿聲《說文通訓定聲·履部》:"隸,叚借爲肄。《史記·劉敬叔孫通傳》:'羣臣習隸。'索隱:'隸,亦習也。'"明·湯顯祖《李十郎紫簫記·審音》:"俺將此詞送到杜秋娘別院,隸習一番。"當出校記。

(15)中華本第676頁:師曰:"披莎側立千峰外,引水澆蔬五老前。"

按:"莎",乾隆本作"簑",寶祐本、嘉興本、卍續本作"莎","莎"通"蓑",《廣雅·釋草》"其蒿,青蓑也"。清·王念孫《廣雅疏證》:"蓑與莎同音,青蓑,即青莎也。"唐·司空圖《雜題》詩之八:"樵香燒桂子,苔滑掛莎衣。"五代·王定保《唐摭言·好及第惡登科》:"許孟容進士及第,學究登科,時號錦襖子上著莎衣。"明·唐順之《薊鎮憶弟正之試南都》詩:"頭顱長盡山林骨,木食莎衣信有緣。""莎笠"即"蓑笠",《敦煌曲子詞·浣溪沙》:"倦卻詩書上釣船,身被莎笠執魚竿。"當出校記。

(16)中華本第678頁:問:"如何是佛?"師曰:"杖林山下打

筋鞭。"

按："打"，嘉興本、乾隆本、卍續本作"竹"。"杖林山下竹筋鞭"在眾多語錄中使用頻繁。

（17）中華本第679頁：師曰："觀此一眾，豈無人邪？"穴曰："聰敏者多，見性者少。"

按："敏"，寶祐本作"敏"，嘉興本、乾隆本、卍續本作"明"。《辟妄救略說》卷六、《御製揀魔辨異錄》卷四、《五燈嚴統》卷十一、《五燈全書》卷二十二關於《首山省念禪師》所記該段話中寫作"聰明"；《林泉老人評唱投子青和尚頌古空穀集》卷三《第四十一則首山親切》、《月江正印禪師語錄》卷中、《聯燈會要》卷十一《首山省念禪師》中寫作"聰敏"。"聰明""聰敏"意義相近，用在句中皆可，可出校記。

（18）中華本第729頁：師曰："饑逢王膳不能饗。"

按："饗"，寶祐本作"饗"，嘉興本、乾隆本、卍續本作"餐"，二字都有"吃"義，但是《景德傳燈錄》《佛祖綱目》《教外別傳》《五燈全書》《五燈嚴統》《古尊宿語錄》《建中靖國續燈錄》《景德傳燈錄》等語錄皆作"餐"。應出校記予以說明。

（19）中華本第744頁：諸禪德，會麼？古佛與露柱相交，佛殿與燈籠鬥額。若也不會，單重交拆。

按："拆"，寶祐本作"拆"，嘉興本、乾隆本、卍續本作"折"。"單重交拆"中的"單"和"拆"，是指舊時用擲錢來定陽爻和陰爻的卜卦方法。以錢背為單數，錢面為雙數，合計三錢面、背。單數則為陽，稱單；雙數則為陰，稱拆。《儀禮·士冠禮》"筮與席，所卦者，具饌於西塾"唐·賈公彥疏："筮法，依七八九六之爻而記之。但古用木畫地，今則用錢。以三少為重錢，重錢則九也；三多為交錢，交錢則六也；兩多一少為單錢，單錢則七也；兩少一多為拆錢，拆錢則八也。"宋·項安世《項氏家說》卷二："今占家以三錢擲之，兩背一面為拆，此即兩少一多，為少陰爻也；兩面一背為單，此即兩多一少，為少陽爻也；俱面者為交，交者拆之，此即三多為老陰爻也；俱背者為重，重者單之，此即三少，為老陽爻也。"元·喬吉《金錢記》第三折："八八六十四卦內占一卦，三百八十四爻內占一爻，來意至誠，無不感應。單，單，單；拆，拆，拆。"後出版本中選用"折"是錯誤的，校本中可出校記加以說明。

（20）中華本第842頁：僧問："十二時中如何用心?"師曰："蘢蔥一木盆。"

按："蘢蔥"，寶祐本作"蘢蔥"，嘉興本、乾隆本作"攏摠"，卍續本作"攏摠"。《景德傳燈錄》卷二十《郢州芭蕉和尚》：問："十二時中如何用心?"師曰："櫳樬一木盆。"《五燈嚴統》卷十三、《五燈全書》卷二十八《郢州芭蕉和尚》：僧問："十二時中如何用心?"師曰："攏摠一木盆。"

"摠"是"摠"的異體字，所以，"攏摠"同"攏摠"。又，"扌"和"木"作為偏旁常互用，所以"攏摠""攏摠"同"櫳樬"。"蘢蔥"，草木青翠茂盛的樣子。例如：唐・楊巨源《长安春遊》詩："蘢蔥樹色分仙閣，縹緲花香汎御溝。"元・揭傒斯《題桃源图》詩："煙霞俄變滅，草樹杳蘢蔥。"

（21）中華本第848頁：曰："下點後如何?"師曰："別將一撮俵人天。"

按："俵"，寶祐本作"俵"，嘉興本、乾隆本、卍續本作"表"。"表"同"俵"，《隸辨・上聲・巧韻・表字》："俵，於陽隸釋云：假借為表。"《金石文字辨異》"表"條下也收錄"俵"字。《隸釋・漢濟陽太守孟郁修堯廟碑》："復刊碑勒諜，昭示來世，俵著孟府君美勛於陽。"且，《景德傳燈錄》卷二十《京兆香城和尚》該字選用"俵"；《五燈嚴統》卷十三、《五燈全書》卷二十八《京兆香城和尚》該字選用"表"。

（22）中華本第989頁：法身頌曰："燈心刺著石人腳，火急去請周醫愽。路逢龐公相借問，六月日頭幹曬卻。"

按："愽"，寶祐本作"愽"，其他各本作"博"，"愽"為"博"的異體字，《說文解字・十部》："愽，大通也。從十從尃。尃，布也。"該字本從"十"，訛變從"忄"。《干祿字書・入聲》："愽博，上通下正。"《字學三正・體制上・俗書加畫者》："博，俗作愽。"《字彙・心部》："愽，同博。"《正字通・心部・卯上》："愽，俗博字。"第1026頁：年將頂角，愽覽典墳。卷不再舒，洞明今古。才思俊邁，風韻飄然。第1041頁：太師文公彥博，以上賜白琉璃瓶貯之，藉以錦褥，躬葬於塔。

（23）中華本第1002頁：曰："畢竟如何?"師曰："山中逢猛獸，天上見文星。"

按："獸"，寶祐本作"獸"，其他各本作"虎"。"獸""虎"在句中皆可講通，《續傳燈錄》卷二、《建中靖國續燈錄》卷三《資聖盛勤禪師》該字選用"獸"；《五燈嚴統》卷十五《資聖盛勤禪師》該字選用"虎"。

（24）中華本第 1083 頁：曰："出與未出時如何？"師曰："應是乾坤惜，不教容易看。"（存疑）

按："惜"，寶祐本作"惜"，其他各本作"措"。各版本選字不同，如：《續傳燈錄》卷十九（大正藏）、《嘉泰普燈錄》卷八（卍續藏）該字選用"惜"；《五燈嚴統》卷十六（卍續藏）、《五燈全書》卷三十六（卍續藏）該字選用"措"。

（25）中華本第 306 頁：師曰："偷佛錢，買佛香。"曰："學人不會。"師曰："不會即燒香，供養本爺孃。"

按：孃，寶祐本作"孃"，嘉興本、乾隆本、卍續本作"娘"。《字學三正·體制上·時俗自撰字》："孃俗，作娘。"《正字通·女部》："娘，俗孃字。"當出校記．

（26）中華本第 1396 頁：上堂："禪禪！無黨無偏，迷時千里隔，悟在口皮邊。所以僧問石頭：'如何是禪？'頭云：'甌磚。'……"

按："頭"，寶祐本作"頭"，其他各本作"霜"。作"霜"誤，書中即有本證，如：卷五，石頭希遷禪師：問："如何是禪？"師曰："碌磚。"

第三節　只指出一箇對校本的使用現狀

中華本只是指出其中一箇對校本的使用情況，而沒有全面地說明各版本的使用狀況。

（1）中華本第 107 頁：雖佛說悲增是行，而字慮愛見難防。遂捨眾入山，習定均慧，前後息慮，相繼十年，微細習情，起滅彰於靜慧。

校记：靜慧，续藏本作"靜慮"。

按：不只卍續藏作"靜慮"，嘉興本、乾隆本也為"靜慮"。各燈錄有的選用"靜慮"，有的選用"靜慧"，如：《禪源諸詮集都序》卷上之一《唐圭峰山沙門宗密述》（大正藏）、《景德傳燈錄》卷十三《終南山圭峰宗密禪師》（大正藏、乾隆藏）、《指月錄》卷六《圭峰宗密禪師》（卍續藏）、《禪宗正脈》卷一《圭峰宗密禪師》用"靜慧"；出自卍續藏的《華嚴經談玄抉擇》卷三《上京開龍寺圓通悟理大師》、《遺教經論記》卷三、《五燈嚴統》卷二《終南山圭峰宗密禪師者》、《五燈全書》卷五用"靜慮"。

（2）中華本第276頁：師曰："竿頭絲線從君弄，不犯清波意自殊。"校記：犯，原作"把"，據續藏本改。

按：不只卍續藏作"犯"，嘉興本、乾隆本也作"犯"。出自大正藏的《注華嚴經題法界觀門頌》《圓悟佛果禪師語錄》《宏智禪師廣錄》《碧岩錄》《萬松老人評唱天童覺和尚頌古從容庵錄》《續傳燈錄》、出自卍續藏的《楞嚴經宗通》《金剛新眼疏經偈合釋》《列祖提綱錄》《祖庭事苑》《祖庭鉗錘錄》《禪宗頌古聯珠通集》《宗鑒法林》《禪林類聚》《正法眼藏》《古尊宿語錄》《五燈全書》《五燈嚴統》等關於此句皆作"不犯清波意自殊"。

（3）中華本第306頁：曰："牛頭未見四祖時，豈不是聖？"師曰："是聖境未忘。"校記：忘，原作"志"，據續藏本改。

按：不只卍續藏作"忘"，嘉興本、乾隆本也作"忘"。《景德傳燈錄》卷十六《筠州九峰道虔禪師》（乾隆藏、大正藏）、《五燈嚴統》卷六《瑞州九峰道虔禪師》（卍續藏）、《五燈全書》卷十一《瑞州九峰道虔禪師》均記作"忘"。

（4）中華本第439頁：清八路舉"仰山插鍬"話問師："古人意在叉手處？插鍬處？"校記：八路，續藏本作"上座"。

按：不只卍續藏作"上座"，嘉興本、乾隆本也作"上座"。但是在其他語錄中，有的選用"八路"，有的選用"上座"，如：《景德傳燈錄》卷二十三《婺州明招德謙禪師》（大正藏、乾隆藏）：清八路舉"仰山插鍬"話問師："古人意在叉手處？意在插鍬處？"師曰："清上座。"清應："諾。"《聯燈會要》卷二十五（卍續藏）：清八路拈"仰山插鍬"話問師："古人意在插鍬處？在叉手處？"師召："清上座。"清應："諾。"

出自卍續藏的《御選語錄》後集中、《續補高僧傳》卷六、《五燈嚴統》卷八、《五燈全書》卷十五、《指月錄》卷二十一、《教外別傳》卷七等所載《明招德謙禪師》中該詞皆用"上座"。

第四節　校本中所出校記不確

（1）中華本第 135 頁：若不能恁麼會得，縱然誦得十二章陁典，祇成增上慢，卻是謗佛，不是修行。校注：增，原作"僧"，據乾隆本、續藏本改。

按：校注本改用"增"無誤，"增上慢"為佛教術語，如《佛本行集·經魔怖菩薩品下》："聞如是語，起增上慢，倍生瞋心，複速疾走向菩薩所，欲害菩薩。"但是校記不確，寶祐本作"僧"不假，但是乾隆本、續藏本並不作"增"，而是連同嘉興本作"憎"，可知，諸本皆誤。

（2）中華本第 388 頁：問："如何是聲前一句?"師曰："吽。"校記："吽"，原誤作"叫"，今改。

按：寶祐本作"叫"，嘉興本、乾隆本、卍續本作"吽"。通過學牛叫打斷學僧的提問，是接引學人的一種方式，燈錄中很常見，如卷四《睦州陳尊宿》："師曰：'朝去西天，暮歸唐土。會麼?'曰：'不會。'師曰：'吽! 吽! 五戒不持。'"卷五《杏山鑒洪禪師》："臨濟問：'如何是露地白牛?'師曰：'吽吽!'"

（3）中華本第 507 頁：若是尋言數句，大藏分明，若是祖宗門中，怪及甚麼處，恁麼道亦是傍瞥之辭。校記：大，原誤作"太"，今改。

按：嘉興本、乾隆本、卍續本作"大"，寶祐本作"太"，大、太本無別；

（4）中華本第 571 頁：乃曰："佛法不是這箇道理，要會麼? 言發非聲，也前不物，始會天下太平，大王長壽。久立，珍重!"校記：也，據義應作"色"。

按：中華本所出校記"據義"有臆測成分，其實嘉興本、乾隆本、卍續本作"色"，注明參校本本如此更具有實證性。出自卍續藏的《五家正宗贊》卷三、《五燈嚴統》卷十、《五燈全書》卷十八、《列祖提綱錄》卷十一等記載《天台山德韶國師》所用皆為"色"。

（5）中華本第 574 頁：曰："見後如何?"歸曰："適來向你道甚麼?"校記："歸"，據義應作"師"。

按：中華本校記作：據義應作“師”，其實嘉興本、乾隆本、卍續本均作“師”。《五燈嚴統》卷十、《五燈全書》卷十八等所記《天台山德韶國師》中該字皆為“師”。

（6）中華本第725頁：門曰：“知有乃可隨處安閒。如人在州縣住，或聞或見，千奇百怪，他總將作尋當。不知有而安閒，如人在村落住，有少聲色則驚怪傳說。”校記：當，據義應作“常”字。

按：中華本校記作：據義應作“常”字，其實嘉興本、乾隆本、卍續本均作“常”。“尋當”不成詞，“尋常”則易於理解，且大正藏《續傳燈錄》卷四和卍續藏《御選語錄》後集下、《永覺元賢禪師廣錄》卷二十八、《補續高僧傳》卷七、《禪林僧寶傳》卷二十、《五燈嚴統》卷十二、《五燈全書》卷二十三、《指月錄》卷十六、《教外別傳》卷七、《禪宗正脈》卷六所載《華嚴道隆禪師》中該字皆選用“常”。

（7）中華本第739頁：曰：“諾方泥裏洗，薑山畫將來。”校記：諾，據義應作“諸”字。

按：中華本校記作：據義應作“諸”字，其实嘉興本、乾隆本、卍續本均作“諸”。“諾方”不可解，“諸方”意為多方、各方。且大正藏《續傳燈錄》卷七和卍續藏《正法眼藏》卷一之下、《御選語錄》後集下、《聯燈會要》卷十四、《嘉泰普燈錄》卷三、《五燈嚴統》卷十二、《五燈全書》卷二十四等所載《姜山方禪師》中該字皆選用“諸”字。

（8）中華本第771頁：上堂，僧問：“劫火洞然，大千俱壞。未審這箇還壞也無？大隨曰‘壞’，修山主曰‘不壞’。未審孰是孰非?”校記：壞，據義應作“壞”。

按：中華本校記作：據義應作“壞”，其實嘉興本、乾隆本、卍續本均作“壞”，且《續傳燈錄》卷二十五（大正藏）、《嘉泰普燈錄》卷十二（卍續藏）、《五燈嚴統》卷十二（卍續藏）所載《萬壽慧素禪師》該字皆選用“壞”。

（9）中華本第798頁：如人頭頭上了，物物上通，祇喚作了事人，終不喫作尊貴。校記：喫，據義應作“喚”。

按：中華本校記作：據義應作“喚”，其實嘉興本、乾隆本、卍續本均作“喚”。且大正藏本《人天眼目》卷三、卍續藏版《楞嚴經疏解蒙鈔》卷六、《楞嚴經宗通》卷六、《楞伽經宗通》卷八、《列祖提綱錄》

卷十、《五家正宗贊》卷三、《聯燈會要》卷二十二、《禪林僧寶傳》卷六、《五燈嚴統》卷十三、《五燈全書》卷二十六、《指月錄》卷十六對於該段文字的記載皆選用“喚”字。

（10）中華本第 639 頁：九峰韶禪師嘗客於院，一夕將臥，師邀之曰：“月色如此，勞生擾擾，對之者能幾人？”峰唯唯而已。校記：已，原誤作“矣”，今改。

按：中華本校記作：已，原誤作“矣”，今改。寶祐本、嘉興本、乾隆本、卍續本均作“矣”。各本用“矣”不誤，“矣”作為語氣助詞表示感歎，且《續傳燈錄》卷十（大正藏）和《五燈嚴統》卷十（卍續藏）所載《淨土惟正禪師》該字均選用“矣”；而《五燈全書》卷二十（卍續藏）所載《淨土惟正禪師》該字選用“已”，這裏用“而已”也可以，表示僅止於此。猶罷了。例如：《論語·里仁》：“夫子之道，忠恕而已矣。”《漢書·衛青霍去病傳贊》：“人臣奉法遵職而已，何與招士！”宋范仲淹《上資政晏侍郎書》：“衆或議爾以非忠非直，但好奇邀名而已。”但是《五燈會元》應尊重底本為佳。

第四章

標點、句讀、專名線問題

第一節　斷句有誤

1.1 本屬後而斷為前

（1）中華本第 3 頁：釋迦牟尼佛。賢劫，第四尊。姓剎利，父淨飯天，母大清淨妙位。登補處，生兜率天，名曰勝善天人，亦名護名大士。

按：據查，佛典中未見"大清淨妙位"的用例。項楚先生指出第四句應作"母大清淨妙"，"位"字專名線刪，改屬下句[①]。徵引《長阿含經》《弘明集》《南史》等語料，證明釋迦牟尼生母名大清淨妙，通常譯為摩訶摩耶（省稱摩耶），或有省稱為清妙或淨妙者。項先生所論可從。2011 版修訂本未改。試再做補證，據《佛祖歷代通載》卷三："甲寅二月八日，世尊生子迦毗羅衛國藍毗尼園波羅義樹下，從母摩耶夫人右脅而出，姓剎利，父淨飯天，母大清淨。"可知，其母又可省稱大清淨。

"位"指所證佛果之位，"位登"指達到某種果位，佛經中習見，且"位登"後有"補處"同時出現的用例，如：《過去現在因果經》卷一："爾時善慧菩薩，功行滿足，位登十地，在一生補處，近一切種智，生兜率天，名聖善。"《虛空藏菩薩經》："與其會中諸大菩薩，位登十住，得首楞嚴三昧及一生補處者，見此相已，身心安隱，不驚不怖。"也有單用例，如：《佛說大阿彌陀經》卷下："及紫府先生、白華老人，而題其後焉。虛中居士，神遷淨域，必已位登上地。"《三彌勒經疏》："是故彌勒

---

① 項楚：《〈五燈會元〉點校獻疑續補一百例》，原載《季羨林教授八十華誕紀念論文集》，江西人民出版社 1991 年版，後選入《柱馬屋存稿》，商務印書館 2003 年版。

大士位登妙覺，跡垂娑婆。"

　　"位登"道經中亦有用例，指通過修煉所達到的某種仙位。僅在《雲笈七箋》中就有 8 例。如：《雲笈七箋》卷九："乃三景垂映，七精翼軒，五靈交帶，四司結篇，西龜定錄，名題高晨，故位登南極，上元之君，此道高妙。"

　　"位登"在世俗典籍中也常出現，指達到某種地位、官位。例如：《舊唐書·列傳第一百三十五》："子常謂人曰：'吾雖位登方伯而不異于曩時一尉耳。'識者甚稱歎之。尋以年老致仕，卒於家，諡曰敬。"《隋書·孝義傳序》："雖或位登臺輔，爵列王侯，祿積萬鍾，馬踰千駟，死之日曾不得與斯人之徒，隸齒孝之大也。"

　　綜上所述，"位"專名線應刪，且屬下。

　　（2）中華本第 44 頁：師因官人來，乃拈起帽子兩帶曰："還會麼？"曰："不會。"師曰："莫怪老僧頭風，不卸帽子。"

　　按：李豔琴在《中華本〈祖堂集〉點校辨正》① 中的斷句於此相同，筆者認為不妥，"莫怪"的是"老僧"，而不是"頭風"，此處"頭風"屬下。"頭風"即头痛。歷史文獻對這種病癥多有記載，如：《三國志·魏志·陳琳傳》"軍國書檄，多琳瑀所作也"裴松之注引三國魏魚豢《典略》："太祖先苦頭風，是日疾發，臥讀琳所作，翕然而起曰：'此愈我病。'"唐·元稹《酬李六醉後见寄口号》："頓愈頭風疾，因吟《口號》詩。"《云笈七籤》卷三二："勿以濕髻卧，使人患頭風、眩悶、髮禿、面腫、齒痛、耳聾。""頭風"屬下指明了"不卸帽子"的原因是"頭風"，如：《萬松老人評唱天童覺和尚頌古從容庵錄》第九十七則光帝樸頭："老僧病頭風，莫怪不卸帽子。"在其他語錄中也應如此點斷，如：《景德傳燈錄》卷七《廬山歸宗寺智常禪師》："莫怪老僧，頭風不卸帽子。"《五燈嚴統》卷三《廬山歸宗寺智常禪師》："莫怪老僧，頭風不卸帽子。"《五燈全書》卷五《廬山歸宗寺智常禪師》："莫怪老僧，頭風不卸帽子。"

　　（3）中華本第 150 頁：師下床擒住曰："這箇師僧！問著便作佛法祗對。"曰："大似無眼師。"放手曰："放汝命，通汝氣。"僧作禮，師欲

---

　　①　李豔琴：《中華本〈祖堂集〉點校辯證》，《暨南學報》2011 年第 1 期。

扭住，僧拂袖便行。

　　按："無眼師"之"師"屬下句，若不，則易引發歧義，放手的是麻谷寶徹禪師，易把放手的當成是參禪僧。在其他一些語錄的記載中，"師"直接是"谷"，即麻谷寶徹禪師，如：《拈八方珠玉集》中：谷下禪牀擒住云："這箇師僧，問著便作佛法祇對。"僧云："大似無眼。"谷放手云："放汝命，通汝氣。"《慶元府阿育王山廣利禪寺語錄》：谷近前擒住云："這箇師僧，問著便作佛法祇對。"僧云："大似無眼。"谷放手云："放汝命，通汝氣。"《佛鑒禪師語錄》卷四《普說》：谷下禪牀擒住云："這箇師僧，問著便作佛法祇對。"僧云："和尚大似無眼。"谷托開云："放汝命。"在另一些語錄中，和《五燈會元》中使用情況一致，都是"師"，如：《宗鑒法林》卷十二：師下禪牀擒住曰："者箇師僧，問著便作佛法祇對。"僧曰："大似無眼。"師放手曰："放汝命，通汝氣。"《聯燈會要》卷四《蒲州麻谷寶徹禪師》：師下繩牀擒住云："這箇師僧，問著便作佛法祇對。"云："大似無眼。"師放手云："放汝命，通汝氣。"《五燈嚴統》卷三《蒲州麻谷山寶徹禪師》：師下牀擒住曰："這箇師僧，問著便作佛法祇對。"曰："大似無眼。"師放手曰："放汝命，通汝氣。"《五燈全書》卷六《蒲州麻谷山寶徹禪師》：師下牀擒住曰："這箇師僧，問著便作佛法祇對。"曰："大似無眼。"師放手曰："放汝命，通汝氣。"

　　（4）中華本第 185 頁：一曰："為甚麼卻打某甲？"州曰："似這伎死漢不打，更待幾時？"連打數棒。

　　按："伎死漢"作為稱謂詞作"似"的賓語，并不作"不打"的主語，"不打"應屬下句。其他禪籍語錄也有記載，如：《五燈全書》卷六，浮盃和尚：一曰："為甚麼卻打某甲？"州曰："似這伎死漢，不打更待幾時？"《大慧普覺禪師語錄》卷十，浮杯和尚：澄一云："為甚卻打某甲？"州云："似這伎死禪和，不打更待何時？"《宗門拈古彙集》卷七，浮杯和尚：一曰："為甚麼卻打某甲？"州曰："似者伎死禪和，不打更待何時？"《聯燈會要》卷五《浮杯和尚》：一云："為甚麼卻打某甲？"州云："你這伎死禪和，不打更待何時？"

　　（5）中華本第 192 頁：法眼云："眾中喚作病在目前，不識。"玄覺曰："且道大慈識病不識病，此僧出來是病不是病？若言是病，每日行住不可總是病；若言不是病，出來又作麼生？"

按："目前"屬下，"在"，本句中不作介詞，而是用作句尾助詞，表示行為動作的持續或情況的存在，禪宗語錄中習見，如：《明覺禪師語錄》卷二："三十年後，有人舉在。"《密庵和尚語錄》："每人各欠一頓棒在！"世俗典籍亦用，如：唐·杜甫《江畔獨步尋花》詩之二："詩酒尚堪驅使在，未須料理白頭人。"《古今小說·宋四公大鬧禁魂張》："公公害病未起在，等老子入去傳話。"

原文上文講：大慈寰中禪師："上堂：'山僧不解答話，祇能識病。'時有僧出，師便歸方丈。"此公案告誡學僧學道不要持執著心，要注重目前當下。法眼所語正是對這件事的解釋，是對這位學僧不識目前的譏諷。

（6）中華本第238頁：子遂裝香遙禮曰："西川古佛出世。"謂其僧曰："汝速回去懺悔。"僧回，大隨師已歿。

按："大隨"乃地名，屬上，作"回"的賓語，"師"下專名線刪。

（7）中華本第307頁：汝須知有此事。若不知有啼，哭有日在。

按："啼"屬下，"啼哭"成詞；另，"若不知有"的"有"的賓語不是"啼"，而是上句所提"此事"。且，其他禪籍語錄也有記載，如：《列祖提綱錄》卷七、《永覺元賢禪師廣錄》卷二十八、《聯燈會要》卷二十二、《五燈嚴統》卷六《臺州湧泉景欣禪師》、《五燈全書》卷十一所載《湧泉欣禪師》該部分都記作："汝須知有此事。若不知有啼，哭有日在。"

（8）中華本第329頁：嘗經鳳林深谷，欻睹珍寶發現，同侶相顧，意將取之。師曰："古人鉏園，觸黃金若瓦礫。待吾營覆頂，須此供四方僧。"言訖捨去。

按："發現"屬下，作"同侶相顧"的謂語。

（9）中華本第365頁：忽見一鬼出云："汝道無我，聻！"

按："我"當屬下句，前面說"昔有官人作無鬼論"，後面纔出現鬼對他的質問。

（10）中華本第393頁：仁者！佛法因緣事大，莫作等閒相似，聚頭亂說，雜話趁讚古困切。過時，光陰難得，可惜許大丈夫兒，何不自省察看是甚麼事？

按："雜話"屬上，作"亂說"的賓語；"趁讚"屬下，作"過時"的謂語。

“可惜許”後斷開，感歎詞，加嘆號，作：“可惜許！大丈夫兒”。又作“可惜如許”，第397頁，“可惜如許大師僧，千道萬里行腳到這裏，不消箇瞌睡寐語，便屈卻去！”“許”後亦斷開，作“可惜如許！大師僧……”

“可惜許”在語錄中亦單獨使用，發感歎之語，如：《五燈會元》卷三，南泉普願禪師：“師曰：‘更有一人居何國土？’蘖乃叉手立。師曰：‘道不得，何不問王老師？’蘖卻問：‘更有一人居何國土？’師曰：‘可惜許！’”《五燈會元》卷三，華林善覺禪師：“曰：‘和尚見甚麼？’師曰：‘可惜許！磕破鐘樓。’”

（11）中華本第407頁：三日後卻問：“前日蒙和尚垂慈，祇為看不破。”山曰：“盡情向汝道了也！”師曰：“和尚是把火行山。”曰：“若與麼，據汝疑處問將來。”師曰：“如何是雙明亦雙暗？”

按：根據行文可知，皆為“山曰”“師曰”，一問一答，前後呼應。“行山”之“山”當屬下句，指羅山禪師。“和尚是把火行”表面義為“和尚手持火把行走”，喻指和尚修禪學道好比摸著石頭過河。如此則即符合前後行文格式，又文通義順。此類用例佛經中習見，如：《續燈正統》卷三十七，順德府蓬鵲山石河庵天然圓佐禪師：“曰：‘和尚是把火行，期如學人何？’師曰：‘閉目中秋坐，卻怨月無光。’”《佛說目連問戒律中五百輕重事·問雜事品》：“問比丘：‘夜得把火行不？’答：‘冬得，夏燈燭亦得，若把火，犯墮。’”佛典中亦有“把火行山”的用例，與“把火行山”同義，如：《宗統編年·首建臨濟宗世祖》：“安隱忍曰：‘臨濟最初，三寸甚密，及乎舉了，又道箇有權有實，有照有用，大似把火行山。’”

（12）中華本第568頁：僧問：“諸法寂滅相，不可以言宣。和尚如何為人師？”曰：“汝到諸方，更問一遍。”

按：“師”屬下句，作“曰”的主語，“為人”義為接引學人，並不是“人師”成詞；僧所問意為：諸法不可以說，那和尚是怎麼接引學人的呢？而且從上下結構來說，前有僧“問”，後有“師曰”。且《景德傳燈錄》卷二十四、《五燈嚴統》卷十、《五燈全書》卷十八所記《天台德韶國師》該部分均作：僧問：“諸法寂滅相，不可以言宣。和尚如何為人？”師曰：“汝到諸方，更問一遍。”

（13）中華本第 618 頁：上堂："大凡參學未必學，問話是參學未必學，揀話是參學未必學，代語是參學未必學，別語是參學未必學，撐破經論中奇特言語是參學，未必撐破祖師奇特言語是參學，若於如是等參學，任你七通八達，於佛法中儻無見處，喚作幹慧之徒。

按：例句中所有"未必學"都應該屬下句。整段話是圍繞"參學"來討論的，但沒有說哪些方面是參學的對象，而是反過來說，未必學"問話""揀話""代語""別語""撐破經論中奇特言語"等是參學，引導學法之人不必拘泥於外在的事物；從句式上來說，整段大多都是"未必學……是參學"組成。

（14）中華本第 654 頁：師曰："下坡不走，快便難逢。"便棒。僧曰："這賊便出去！"師遂拋下棒。

按："便出去"是僧的行為動作，不是他說的話，應移出引號，單獨成句。作："這賊！"便出去。

（15）中華本第 705 頁：寶元戊寅李都尉遣使邀師曰："海內法友，唯師與楊大年耳。大年棄我而先，僕年來頓覺衰落，忍死以一見公。仍以書抵潭師，敦遣之。"師惻然與侍者舟而東下，

按："潭師"之"師"，諸本作"帥"，諸本有誤，"潭師"即指書中本節所寫"潭州石霜楚圓慈明禪師"；"仍以書抵潭師，敦遣之"移出引號外，不是李都尉說的話，而是其行為。

（16）中華本第 1325 頁：浴佛上堂，舉"藥山浴佛公案"，

按："公案"移出引號外。"藥山浴佛"是禪林公案。類似的用例如：第 1332 頁：嘗問"學者即心即佛因緣"。"學者""因緣"移出雙引號。第 1289 頁：舉"古帆未挂因緣"，師聞未領，遂求決。"因緣"移出引號。

（17）中華本第 719 頁：師曰："事如函得蓋，理如箭直鋒妙，寧有加者，而猶以為病，實未喻旨。"

按："妙"屬下，"妙寧"。從結構上來說，前句"事如函得蓋，理如箭直鋒"對仗工整，多出"妙"字則導致失對，"妙"屬下句，同樣構成五字句。且其他禪籍也作"妙寧有加者"，如：《禪林僧寶傳》卷二十七、《佛祖歷代通載》卷十八、《御選語錄》後集下、《聯燈會要》卷十三、《五燈嚴統》卷十二、《五燈全書》卷二十三等所載《金山達觀穎

禪師》均寫作"事如函得蓋，理如箭直鋒，妙寧有加者，而猶以為病，實未喻旨"。

（18）中華本第 800 頁：山曰："大眾看取，這一員戰將。"

按："看取"屬下，"大眾"乃稱呼語，其後點斷，中華本中還有：第 1236 頁：大眾據此三箇漢見解，若上衲僧秤子上稱，一箇重八兩，一箇重半斤，一箇不直半分錢。第 1237 頁：垂下一足曰："大眾向甚麼處去也？"第 1238 頁：大眾頭角生了也，是牛是馬？第 1245 頁：雖然作此佛兒子了，汝諸人又却在那裏安身立命？大眾還會也未？

另，作為稱呼語的"這老漢"，其後也應點斷，比如：第 1229 頁：師偵之小徑，既見，遂扭住曰："這老漢今日須與我說。不說打你去。"

（19）中華本第 1119 頁：遊方至豫章大寧，時法昌遇禪師韜藏西山，師聞其飽參，卽之昌。問曰："汝何所來？"師曰："大寧。"

按："昌"，指法昌遇禪師，屬下句，作該句的主語：昌問曰："汝何所來？"師曰："大寧。"

（20）中華本第 1249 頁：曩謨薩怛哆鉢囉野，恁麼恁麼，幾度白雲溪上望黃梅，花向雪中開，不恁麼不恁麼，嫩柳垂金線，且要應時來。

按：從句義來說，"黃梅"不是指五祖弘忍黃梅大師。而是屬下句，指梅花；從結構來看，"幾度白雲溪上望"與"黃梅花向雪中開"同為七言句。

（21）中華本第 1268 頁：上堂："世尊拈華，迦葉微笑時，人祇知拈華微笑，要且不識世尊。"

按："時"屬後，"時人"成詞，義為當時的人、眼下之人；"世尊拈華，迦葉微笑"是著名的禪林公案，經常對舉。

（22）中華本第 1372 頁：婺州義烏稠巖了贇禪師，上堂，舉趙州"狗子無佛性"話，

按："趙州"屬後而斷為前。"趙州狗子無佛性"乃禪林著名公案。

（23）中華本第 1386 頁：新羅人把手笑欣欣，未跨船舷，好與三十棒，依前相廝誑。混源今日恁麼批判責情，好與三十棒。且道是賞是罰？具參學眼者試辨看。

按："責情"屬後。"責情好與三十棒"義為根據情況給他三十棒。《續傳燈錄》卷三十四、《嘉泰普燈錄》卷二十一、《增集續傳燈錄》卷

一所載《淨慈混源曇密禪師》均寫作"混源今日恁麼批判，責情好與三十棒"。

（24）中華本第 1390 頁：分明西祖單傳句，黃栗留鳴燕語巢。這裏見得諦，信得及，若約諸方決定，明下安排。

按："諦"屬後。後四句主要為四字句，佛經禪籍慣用句式。"諦信"義為真實可信，確信。如：《壇經·機緣品》："吾今爲汝説，諦信永無迷。"《續傳燈錄》卷三十四、《增集續傳燈錄》卷一、《續燈存稿》卷一等所載《龍翔南雅禪師》中該句皆寫作"諦信得及"。

1.2 本屬前而斷為後

（1）中華本第 90 頁：若色身者，色身滅時，四大分散，全是苦，苦不可言樂。

按：最後一句，"苦"字屬上句，作"全是苦苦，不可言樂。""苦苦"乃佛教用語。佛教有三苦，曰苦苦、壞苦、行苦。《溈山警策句釋記》卷上："言三苦者：苦苦、壞苦、行苦。謂眾生受於有漏五陰分段之身，性常逼迫，是為苦。又與苦受相應，即苦上加苦，故名苦苦。"《大乘義章》卷三："從彼逆緣，逼而生惱，名為苦苦。刀杖等緣，能生內惱，說之為苦。從苦生苦，故曰苦苦。"禪宗語錄及傳世文獻中也有用例。如：《禪林僧寶傳》卷六《澧州洛浦安禪師》："安乃歸方丈，中夜喚彥從至，曰：'汝今日祇對老僧，甚有道理，據汝合體得先師意旨。先師道："目前無法，意在目前，不是目前法，非耳目所到。"且道那句是賓，那句是主?'彥從茫然不知。安曰：'苦苦。'"五代·齊己《酬元員外見寄八韻》："眾人忘苦苦，獨自愧兢兢。"

（2）中華本第 127 頁：曰："汝等六人同證吾身，各契其一。一人得吾眉，善威儀。<small>常浩</small>一人得吾眼，善顧盼。<small>智達</small>一人得吾耳，善聽理。<small>坦然</small>一人得吾鼻，善知氣。<small>神照</small>一人得吾舌，善譚說。<small>嚴峻</small>一人得吾心，善古今。"<small>道一</small>又曰："一切法從心生……"

按："道一"移入引號內。與前面幾句體例相同。

（3）中華本第 204 頁：問："僧甚麼處來?"曰："從南來。"

按："僧"作為"問"的賓語，應移出雙引號，放到"問"字後。

《五燈會元》中此類錯誤較多，比如：

第 238 頁：問："僧甚處去?"曰："西山住庵去。"‖問："僧講甚麼教法？"曰："百法論。" ‖ 問："僧甚處去？"曰："峨嵋禮普賢去。"第241頁：問："僧甚處去？"曰："雪峰去。"第341頁：師問："僧作甚麼來？"曰："親近來。"第364頁：有人問："僧點甚麼燈？"僧曰："長明燈。"第365頁：官人問："僧名甚麼？"曰："無揀。"第449頁：問："僧甚處來？"曰："秦州。"……問："僧甚處來？"曰："報恩。"第458頁：問："僧甚處去來？"曰："劈柴來。"第474頁：問："僧甚處來？"曰："藥山來。"第475頁：問："僧近離甚處？"曰："報恩。"師曰："僧堂大小？"曰："和尚試道看。"第494頁：問："僧近離甚處？"曰："下寨。"第538頁：師問："僧甚處來？"曰："溈山來。"第564頁：雲門問："僧甚處來？"曰："江西來。"第564頁：問："僧甚處來？"曰："道場來。"師曰："明合暗合。"僧無語。第591頁：問："僧從甚麼處來？"曰："曹山來。"第647頁：問："僧甚處來？"曰："定州來。"第654頁：問："僧近離甚處？"僧便喝。師亦喝。第663頁：問："僧近離甚處？"曰："長水。"第719頁：隱問："今日運薪邪？"師曰："然。"隱曰："雲門問：'僧人般柴柴般人？'如何會？"師無對。第930頁：問："僧甚處來？"曰："禮塔來。"

　　另，於此類似的還有"新到"一詞，如：第928頁：問："新到甚處人？"曰："新羅。""新到"提前到冒號前作"問"的賓語。

　　（4）中華本第256頁：南嶽鬼神多顯跡聽，法師皆與授戒。

　　按："法"屬上句。其一，此句"聽"乃及物動詞，"法"作其賓語；其二，《五燈會元》有石頭希遷禪師一章。可知，石頭希遷是禪師，不是法師。

　　（5）中華本第260頁：師垂語曰："我有一句子，待特牛生兒，即向你道。"有僧曰："特牛生兒，也祇是和尚不道。"

　　按："也"屬上。作為語氣詞使用。類似的用例還有：第397頁：上堂，良久曰："我為汝得徹困，也還會麼？"僧問："寂寂無言時如何？"第1295頁：遂拈拄杖曰："訥堂今日拄杖子有分付處，也還有承當得者麼？試出來擔荷看。有麼有麼？"第1366頁：嗯！這條活路，已被善導和尚直截指出了。也是你諸人，朝夕在徑路中往來，因甚麼當面蹉過阿彌陀佛？

　　（6）中華本第412頁：問："金屑雖貴，眼裏著不得時如何？"師曰：

"著不得，還著得麼？"僧禮拜。

按："還著"屬上，同時這也是在禪籍中比較常見的一種句式：……，得麼？

（7）中華本第413頁：六歲不葷茹，親黨強啖以枯魚，隨即嘔烏沒嘓，乙劣遂求出家，於本州島開元寺受具。

按："乙劣"屬上。禪籍中對生僻字的一種反切的注音方式，字號縮小放在所注字的後面。

（8）中華本第486頁：明年，興意師長，往啟龕視師，素髮被肩，胸臆尚暖。

按："往"屬上，"長往"成詞，義為圓寂，去世。句義為：慧興認為烏巨儀晏禪師圓寂了，打開龕室查看。

（9）中華本第520頁：丈曰："汝撥爐中有火否？"師撥之曰："無火。"丈躬起深撥得少火，舉以示之曰："汝道，無這箇聻？"

按：末句中"無"屬上句，作"道"的賓語，標作："汝道無，這箇聻？"

（10）中華本第550頁：問："如何是衲僧急切處？"師曰："不過此。"問曰："學人未問已前，請師道。"師曰："噫！"

按："不過此問。"成句，義為最急切之處也不過於你問"如何是衲僧急切處？"所以後面參學僧才接著發問"學人未問已前"之說。《景德傳燈錄》卷十二《吉州資福如寶禪師》、《五燈嚴統》卷九、《五燈全書》卷十七均寫作"不過此問"。

（11）中華本第579頁：問："此日知軍親證，法師於何處答深恩？"師曰："教我道甚麼即得。"

按："法"屬上，句式上來說，上下兩句都為七字句。再就是本節所載歸宗義柔禪師，不是"法師"。

（12）中華本第607頁：古德為法行腳，不憚勤勞。如雲峰三到，投子九上，洞山盤桓往返，尚求箇入路不得。

按："雲峰"當"雪峰"之誤，本書卷七有《雪峰義存禪師》一章，就是指此人；句中"到""上"皆缺少賓語。應是"投子"屬上句，"九上"屬下句，"洞山"後斷開。當斷作："如雲峰三到投子，九上洞山，盤桓往返"。其他語錄中記載了"三到投子，九上洞山，盤桓往返"皆是雲峰義存禪師的行為。如：《雪峰義存禪師語錄》："問：'洞山、道吾常於此切，未審意旨如何?'師云：'老僧九度上洞山。'僧擬議。師云：'拽出者僧去。'"此處義存談到自己"九度上洞山"。《武林梵志》卷十《五雲院》："上堂曰：'古德為行腳，實不憚勤勞。如雪峰三回到投子，九度上洞山，盤桓往返，尚求箇入路不得。'"《禪林僧寶傳》卷十六《廣慧璉禪師》："重念先德，率多參尋。如雪峰九度上洞山，三度上投子，遂嗣德山。"

（13）中華本第651頁：師隨後，請問曰："適來新到，是成褫他，不成褫他?"濟曰："我誰管你成褫不成褫?"師曰："和尚祇解將死雀就地彈，不解將一轉語蓋覆卻。"濟曰："你又作麼生?"師曰："請和尚作。"新到，濟遂曰："新戒不會。"

按："新到"屬上。義為讓和尚假裝作新到的參法僧。且，其他禪籍也如此，如：《宗門拈古彙集》卷二十六、《宗鑒法林》卷二十五、《古尊宿語錄》卷五、《五家正宗贊》卷二、《五燈嚴統》卷十一、《五燈全書》卷二十一等所載《興化存獎禪師》皆寫作"請和尚作新到"。

（14）中華本第829頁：歙州朱溪謙禪師，韶國師到，參次聞犬咬靈鼠聲。

按："參次"屬上。"次"義為……的時候。放在句尾，在《五燈會元》中就有用例，如：卷三，五臺隱峯禪師：師到南泉，覩眾僧參次，泉指淨瓶曰："銅瓶是境。瓶中有水，不得動著境，與老僧將水來。"卷五，投子大同禪師：巨榮禪客參次，師曰："老僧未曾有一言半句挂諸方脣齒，何用要見老僧?"卷七，玄沙師備禪師：師因參次，聞燕子聲，乃曰："深談實相，善說法要。"

（15）中華本第1020頁：覺曰："清長老且放過一著，學士還知天下衲僧出這婆子圈? 不得麼?"公曰："這裏別有箇道處。趙州若不勘破，婆子一生受屈。"

按："婆子"提到前一句。義思是趙州受屈，而不是婆子受屈。且在《宗範》卷下《機用》、《嘉泰普燈錄》卷二十二《修撰曾會居士》、《指月錄》卷十一《趙州觀音院真際從諗禪師》、《錦江禪燈》卷三《修撰曾會居士》、《禪宗正脈》卷八《修撰曾會居士》、《優婆夷志·臺山婆》、《佛祖綱目》卷三十五《重顯禪師開法雪竇》等禪籍中均寫作"這裏別有箇道處。趙州若不勘破婆子，一生受屈。"

（16）中華本第1082頁：僧問："學人上來，乞師垂示。"師曰："花開千朵。"秀曰："學人不會。"

按："秀"屬上句，不是指法雲秀和尚。而是指鮮花盛開好看之"秀"。且《續傳燈錄》卷十九、《五燈嚴統》卷十六所載《越州五峰子琪禪師》中也記作"花開千朵秀"。

（17）中華本第1117頁：多子塔前，駢闐如市。直饒這裏薦得倜儻，分明未是衲僧活計。

按："分明"屬前句，"倜儻分明"乃禪籍習用語，倜儻即分明，同意連用，意為領悟佛法很明瞭。語錄中常見，不應分開。僅本書中就出現7次，例如：卷十二，石霜楚圓禪師："設你道得倜儻分明，第一不得行過衲僧門下，且道衲僧有甚麼長處？"卷十八，四祖仲宣禪師："諸人，還見麼？設或便向這裏見得倜儻分明，更須知有向上一路。"

（18）中華本第1160頁：又大智度論，問曰："聞者云何？聞用耳根聞邪？用耳識聞邪？用意識聞邪？……"

按：第二箇"聞"屬前句，從結構來看，後三句都是"用……邪？"構成；《大智度論》卷一《緣起論》："聞者云何聞？用耳根聞耶？用耳識聞耶？用意識聞耶？"《大方廣佛華嚴經隨疏演義鈔》卷十七、《圓覺經大疏釋義鈔》卷四、《楞嚴經疏解蒙鈔》卷六、《嘉泰普燈錄》卷七、《五燈嚴統》卷十七、《五燈全書》卷三十八等禪籍關於該段話皆出自《大智度論》卷一《緣起論》。

（19）中華本第1198頁：明椎玉鼓，暗展鐵旗。一盞菖蒲茶，數箇沙糖粽。且移取北鬱單越，來與南閻浮提鬪額看。

按：從句子結構來看，後兩句應都是八字句，所以"來"屬上句，用作語氣助詞。

（20）中華本第1213頁：忽然踏著釋迦頂，顒磕著聖僧額頭，不免一場禍事。

按：從結構來看，前有"踏著……"，後句是"磕著……"。所以，"顒"屬上句，"頂顒"成詞，義為頭頂。《續傳燈錄》卷三十、《列祖提綱錄》卷八、《嘉泰普燈錄》卷十三、《五燈嚴統》卷十八、《五燈全書》卷四十、《續指月錄》卷首、《續燈正統》卷五所載《慶元府育王無示介諶禪師》皆寫作"忽然踏著釋迦頂顲，磕著聖僧額頭"。

其他禪籍也有大量關於"頂顲"的用例，略舉2例，如：《汾陽無德禪師語錄》："吾雖望子之久，猶恐耽著此經，不能放捨。風穴高提祖印，向千聖頂顲上，下者一著。"《圓悟佛果禪師語錄》："箇是毗耶據坐處，正同摩竭令行時。夾山頂顲通一竅，放出天彭老古錐。"

（21）中華本第1316頁：一日入室，眼舉"殷勤抱得旃檀樹"，語聲未絕，師頓悟。

按："語"屬前句，乃"舉'……'語/話/因緣/公案"格式的變體。

1.3 不必斷而強斷

（1）中華本第7頁：普眼於是才起一念，便見普賢，向空中乘六牙白象。

按："普賢"後不應強行點斷，如斷則可理解為"普眼""向空中乘六牙白象"，而實際上是普賢乘象。從其他禪籍關於此段的記載我們也可以看出，如：《禪林類聚》卷五《禪定》："普眼於是才起一念，便見普賢乘六牙白象住於空中。"《宗鑒法林》卷三《華嚴》："普眼於是才起一念，見普賢乘六牙白象住在空中。"《慶元府寶陁觀音禪寺語錄》："普眼於是才起一念，果見普賢乘六牙白象，住於空中，"《五燈嚴統》卷一《釋迦牟尼佛》："普眼於是才起一念，便見普賢向空中乘六牙白象。"

（2）中華本第69頁：天台山雲居智禪師，嘗有華嚴院。僧繼宗問："見性成佛，其義云何？"

按："華嚴院"後句號應刪去。這段話是說曾經華嚴院有位僧人繼宗問智禪師，而不是說智禪師曾經有華嚴院。"智禪師從學于佛窟惟則，嗣其法。曾住天台山雲居寺，宣揚其師學。"無曾住持過華嚴院。

（3）中華本第105頁：尋抵襄漢，因病，僧付華嚴疏，即上都澄觀大師之所撰也。

按："病"字後逗號應刪去，"'病僧'連讀。生病的是'僧'，而不是接受《華嚴疏》的宗密"[1]。且《景德傳燈錄》卷一、《五燈嚴統》卷

---

① 項楚：《〈五燈會元〉點校獻疑續補一百例》，初載《季羨林先生八十華誕紀念論文集》，江西人民出版社1991年版，後選入《柱馬屋存稿》，商務印書館2003年版。

二、《錦江禪燈》卷一所載《終南山圭峰宗密禪師》均記作"尋抵襄漢，因病僧付華嚴疏"。

（4）中華本第 160 頁：師問西堂："汝還解捉得虛空麼？"堂曰："捉得。"師曰："作麼生捉？"堂以手撮虛空。師曰："汝不解捉。"堂卻問："師兄作麼生捉？"師把西堂鼻孔拽，堂作忍痛聲曰："太煞！拽人鼻孔，直欲脫去。"

按："太煞"後嘆號應刪去，"'太煞'亦作'大煞'，是極甚之辭，說見蔣禮鴻《敦煌變文字義通釋》第六篇"[1]。"煞、晒、曬、大晒、大晒、大曬、大曬生、太晒：是一箇'甚辭'，有'很'、'大'或'十分'、'非常'、'之極'等意思，誇張色彩較濃。妙法蓮華經講經文：'起坐共君長一處，擬走東西大晒難。'有一篇道：'業繩斷處超三界，却覓凡夫大晒難。'維摩詰經講經文：'大晒威儀十相全，端嚴爭似牟尼主！'太子成道經：'殿下大晒尊老（高），老相亦復如是。'三身押座文：'只是眾生惡業重，敬信之心大曬希。''大晒''大晒''大曬'都作為形容詞的狀語而在所狀者之前"[2]。蔣、項二先生所論可從，《五燈會元》中也有"太煞"用在形容詞、動詞前作狀語，表很、太、十分、非常、之極的意思，如：卷五《石霜慶諸禪師》：問："風生浪起時如何？"師曰："湖南城裏太煞鬧，有人不肯過江西。"卷七《長慶慧棱禪師》：師到羅山，見制甕子，以杖敲甕曰："太煞預備。"山曰："拙布置。"卷七《保福從展禪師》：壽曰："不許將來，爭解離得？"師曰："太煞恩愛。"所以，該句"太煞"後嘆號應刪去，另，類似的用例還有：卷三《百丈惟政禪師》：師曰："我又不是善知識，爭知有說不說底法？"曰："某甲不會，請和尚說。"師曰："我太煞，與汝說了也！"此句中的"太煞"後逗號也應刪去。

（5）中華本第 660 頁：師曰："汝道我在這裏得多少年也？"曰："冬凋夏長，聻！"

按："夏長"後逗號去掉，句尾嘆號改為問號。"聻"疑問詞，相當

---

① 項楚：《〈五燈會元〉點校獻疑續補一百例》，初載《季羨林先生八十華誕紀念論文集》（上），江西人民出版社 1991 年版，後選入《柱馬屋存稿》，商務印書館 2003 年版。

② 蔣禮鴻：《敦煌變文字義通釋》第四次增訂本，上海古籍出版社 1988 年版，第 440 頁。

於現代漢語的"呢"或"哩"。①另外，下面幾箇例句同樣如此。如：第1320頁：遠拊公背曰："好！聻。"公於是契入。第1322頁：曰："樹倒藤枯，句歸何處？又作麼生？"師曰："風吹日炙。"曰："潙山呵呵大笑，聻！"第1333頁：師曰："我在青州作一領布衫，重七斤。聻！"第1360頁：曰："此是德山底，那箇是上座底？"師曰："豈有第二人。"曰："背後底，聻！"師投書，悟笑曰："作家禪客，天然有在。"

（6）中華本第387頁：峰問："當時在，德山斫木因緣作麼生？"師曰："先師當時肯我。"

按：如按中華本斷句，句中"在"為句尾助詞，無實在意義，如：《密庵和尚語錄》："每人各欠一頓棒在。"但在本句中，"在"不作此類用法，而是作介詞，文中前有"泉州瓦棺和尚，在德山為侍者。一日，同入山斫木。"所以，"當時在"後逗號刪。

（7）中華本第441頁：師曰："拶破汝頂。"曰："也須仙陀去。"師便打，趁出。

按："打趁"成詞，其間不應點斷。另，第802頁："僧無對。師便打，趁出。"亦然。宋·曉瑩《羅湖野錄》卷二："戒曰：'上人名甚麼？'對曰：'齊嶽。'戒曰：'何似泰山？'嶽無語，戒即打趁。"《景德傳燈錄》卷十六《資國和尚》："師凡遇僧來，亦多以拄杖打趁。"

（8）中華本第453頁：師良久曰："莫嫌寂寞，莫道不堪，未詳涯際，作麼生論量？所以尋常用其音響，聊撥一兩下，助他發機。若論來十方世界，覓一人為伴侶，不可得。"

按："不可得"。前逗號刪，作補語使用，說即使有十方世界（言世界之大、之廣），想找一箇人作為參禪的同伴也找不到。此類用法十分常見，例如：卷四《鎮州普化和尚》：師嘗於闤闠間搖鐸唱曰："覓箇去處不可得。"卷十《報慈文遂導師》："所以清涼先師道，佛是無事人。且如今覓箇無事人也不可得。"

（9）中華本第522頁：縱有百千妙義，抑揚當時，此乃得坐披衣，自解作活計，始得。

---

① 江藍生：《疑問語氣詞"呢"的來源》，《語文研究》1986年第2期；喬立智：《〈五燈會元〉點校疑誤舉例》，《宗教學研究》2012年第1期。

　　按："始得"前逗號應刪，義為"才可以"。中華本類似錯誤還有：第798頁：曰："行腳高士，直須向聲色裏睡眠，聲色裏坐臥，始得。"第805頁：僧曰："如何得不被祖佛謾去?"師曰："道者直須自悟去始得。"問："十二時中如何著力?"師曰："如無手人欲行拳，始得。"問："終日區區，如何頓息?"師曰："如孝子喪却父母，始得。"第952頁：僧問："文殊與維摩對談何事?"師曰："汝向髑髏後會，始得。"第781頁：師曰："老僧欲見闍黎本來師，還得否?"曰："亦須待和尚自出頭來，始得。"第924頁：雖然如此，猶是門庭之説也。須是實得恁麼，始得。第925頁：雖然如此，汝亦須是實到這箇田地，始得。

　　（10）中華本第1337頁：興化於大覺棒頭，明得黃檗意旨。若作棒會，入地獄如箭射；若不作棒會，入地獄如箭射。

　　按："棒頭"後逗號應刪。若不改則前句缺少謂語和賓語。刪去逗號，才構成一完整的句子。"興化"主語，"於大覺棒頭"狀語，"明得"作謂語，"黃檗意旨"作賓語。《續傳燈錄》卷三十二、《聯燈會要》卷十八、《五燈嚴統》卷二十、《五燈全書》卷四十五、《續燈正統》卷九所載《育王德光禪師》均作"興化於大覺棒頭明得黃檗意旨"。

　　（11）中華本第589頁：乃曰："傷夫人情之惑久矣。目對真而不覺，此乃嗟汝諸人看卻不知，且道看卻甚麼不知? ……"

　　按："'傷夫'下點斷，這箇'夫'字是嘆詞。'久矣'屬上。"[①] 標作：傷夫! 人情之惑久矣。項先生所論可從。"夫"作為語氣助詞，用於句尾，表示感歎或疑問。《篇海類編·人事類·夫部》："夫，已語辭。"清·王引之《經傳釋詞》十："夫，猶乎也，歎辭也。"《論語·子罕》："子在川上曰：'逝者如斯夫! 不舍晝夜。'"《孟子·告子上》："率天下之人而禍仁義者，必子之言夫!"趙岐注："夫，蓋嘆辭也。"《史記·孔子世家》："吾歌，可夫?"

　　（12）中華本第742頁：秀州長水子璿講師，郡之嘉興人也。自落髮，誦楞嚴不輟。從洪敏法師講至"動靜二相，了然不生"，有省。

　　按："有省"前逗號應刪。《五燈會元》中就有很多類似用例，如：

---

　　① 項楚：《〈五燈會元〉點校獻疑續補一百例》，原載《季羨林先生八十華誕紀念論文集》，江西人民出版社1991年版，後選入《柱馬屋存稿》，商務印書館2003年版。

卷十二《興教坦禪師》："業打銀，因淬礪瓶器有省。"卷十四《尼佛通禪師》：遂寧府香山尼佛通禪師，因誦蓮經有省，往見石門，乃曰："成都喫不得也？遂寧喫不得也？"

（13）中華本第 1115 頁：師崇寧改元，十月旦示疾，望乃愈，出道具散諸徒。

按："元"後逗號應刪去，此為完整的一句話，"師"為主語，"示"為謂語，"疾"為賓語，"崇寧改元十月旦"作時間狀語。類似有第 1357頁："隆興改元，六月十三日，奄然而化。塔全身於本山。""改元"後逗號亦應刪。

（14）中華本第 1139 頁：公釋然，即拜之。曰："和尚得恁麼老婆心切。"堂笑曰："祇要公到家耳。"

按："之"後句號刪去，邊拜邊語，表達對晦堂老婆心的感激之情。《楞嚴經宗通》卷五、《御選語錄》後集下、《嘉泰普燈錄》卷二十三、《五燈嚴統》卷十七所載《太史山谷黃庭堅居士》均寫作：公釋然，即拜之曰："和尚得甚麼老婆心切。"《禪宗頌古聯珠通集》卷三十九、《宗鑒法林》卷三十二所載《隆興府黃龍祖心禪師》記作：公釋然，即拜之曰："和尚得甚麼老婆心。"

（15）中華本第 1242 頁：曰："忽遇客來，將何祇待？"師曰："龍肝鳳髓，且待別時。"曰："客是主，人相師。"

按："主"後逗號刪去。若按中華本所斷，"人相師"是標準的主謂賓結構，實際上"相師"成詞。"相師"，舊指以相術供職或為業的人。佛經文獻中該詞經常出現，略舉兩例，如：《增益阿含經》卷十三《地主品第二十三》："時諸相師受王教令，各共抱瞻，觀察形貌。"《大方便佛報恩經》卷三《論議品第五》："王大歡喜，召諸群臣、諸小國王並諸婆羅門相師，一切集會。抱五百太子，使諸相師占相吉凶。"

世俗文獻也有記載，如：《隋書・百官志》："太卜署有卜師、相師……助教等員。"唐・盧肇《嘲游使君》詩："莫道世人無袁許，客子由來是相師。"宋・王讜《唐語林・補遺一》："上笑曰：'大哥過慮，阿瞞自是相師。'"

（16）中華本第 1314 頁：舉："僧問雲門：'如何是驚人句？'門曰：'響。'"師曰："雲門答這僧話，不得，便休，卻鼓粥飯氣，以當平生。"

按:"不得"前逗號應刪,作"雲門答這僧話"的謂語。

1.4 當斷而未斷

1.4.1 稱呼語後當斷而未斷

禪籍中既有俗人對僧人的稱呼語,也有僧人對俗人的稱呼語,既有泛指稱呼語,也有專指稱呼語。該類稱呼語用於句首時,多數情況下都應該單獨成句,不應連下成句。列例如下:

(1)中華本第 17 頁:有智者自稱:"我名佛陀難提,今與師論義。"祖曰:"仁者論即不義,義即不論。"

按:"仁者"是對前面"智者"的稱呼語,應予以點斷。另,第 78 頁:師睹其形貌,奇偉非常,乃喻之曰:"善來仁者胡為而至?"第 86 頁:師曰:"還有人和得麼?"陽曰:"請和尚不吝慈悲。"師曰:"仁者善自保任!"

再如:第 12 頁"後阿闍世王白言:'仁者!如來、迦葉尊勝二師,皆已涅槃,而我多故,悉不能睹。'"已點斷。另,第 167 頁"乃謂眾曰:'大眾,適來聲向什麼處去也?'"第 244 頁"僧曰:'和尚,是露柱。'"其中的"大眾""和尚"等皆是稱呼語,其後點斷。

(2)中華本第 149 頁:上堂:"夫心月孤圓,光吞萬象。光非照境,境亦非存。光境俱亡,復是何物?禪德譬如擲劍揮空,莫論及之不及,斯乃空輪無跡,劍刃無虧。若能如是,心心無知。全心即佛,全佛即人。人佛無異,始為道矣。"

按:"禪德"為稱呼語,是對禪性修為較高者的一種稱呼,其後應點斷。如:第 149 頁"禪德,可中學道,似地擎山,不知山之孤峻,如玉含石,不知玉之無暇。"可為本證。

(3)中華本第 221 頁:上堂:"大眾莫待老僧上來便上來,下去便下去。各有華藏性海,具足功德,無礙光明。各各參取,珍重!"

按:"大眾"乃稱呼語,其後應點斷;"老僧"是對年老僧人的泛稱,其後亦應點斷,天龍和尚所語是說大眾"上來便上來,下去便下去",隱喻指佛性各自有,不須往外求的禪宗佛理,而不是說天龍和尚自己上來下去。

(4)中華本第 377 頁:僧擬再問,師咄曰:"這鈍漢出去!"

按:"鈍漢"是對反應遲鈍的人的泛稱,其後應點斷。

（5）中華本第 406 頁：僧問："泯默之時，將何為則?"師曰："落在甚麼處?"曰："不會。"師曰："瞌睡漢出去!"

按："瞌睡漢"字面義為打瞌睡的人，禪義泛指沒有頓悟佛法之人，其後應點斷。

（6）中華本第 413 頁：師曰："侍者點茶來。"

按："侍者"是對照顧禪師飲食起居生活的人的泛指，其後應點斷。類似的用例還有：第 922 頁：峰拓開曰："不是汝語。"僧曰："是某甲語。"峰曰："侍者將繩棒來。"第 1278 頁：師放下竹篦，僧拂袖便出。師曰："侍者認取這僧著。"

（7）中華本第 421 頁：其僧問："如何是祖師西來意?"師曰："咬骨頭漢出去!"

按："咬骨頭漢"是對執著於某一事物而不能頓悟的人的蔑稱，其後應點斷。

（8）中華本第 707 頁：諸禪德既是日午，為甚卻打三更?

按："諸禪德"是對眾多禪僧的一種泛指稱呼語，其後當斷。類似的用例還有：第 959 頁：諸禪德摠不恁麼會。莫別有商量底麼?第 960 頁：諸禪德但自無事，自然安樂，任運天真，隨緣自在。第 921 頁：諸禪德要會麼?衲帔蒙頭坐，冷暖了無知。第 1028 頁：他家自有兒孫，將來應用恰好。諸禪德還會麼?第 1040 頁：上堂："諸禪德還知麼?山僧生身父母一時喪了，直是無依倚處。"第 744 頁：諸禪德會麼?古佛與露柱相交，佛殿與燈籠鬥額。若也不會，單重交拆。第 876 頁：諸禪德到這裏，進則落於天魔，退則沉於鬼趣。不進不退，正在死水中。第 973 頁：上堂："佛病祖病，一時與諸禪德拈向三門外，諸禪德還拈得山僧病也無?若拈得山僧病，不妨見得佛病祖病。珍重!"

（9）中華本第 883 頁：諸仁者到這裏，佛也為你不得，法也為你不得，祖師也為你不得，天下老和尚也為你不得，山僧也為你不得，閻羅老子也為你不得。

按："諸仁者"，是泛指稱呼語，其後也應點斷，再如：第 885 頁：諸仁者還見古人偈麼?山田脫粟飯，野菜淡黃虀，喫則從君喫，不喫任東西。第 1037 頁：諸仁者還見麼?若也見得，許汝親在瑞光。第 1062 頁：諸仁者作麼生免得此過?第 935 頁：白眾曰："某甲雖提祖印，未盡其中事。諸仁者且道其中事作麽生？莫是無邊中間内外已否？若如是會，卽大地如鋪沙。"

（10）中華本第 900 頁：師以手畫一圓相呈之，復抛向後。山曰："弄泥團漢有甚麽限？"師曰："錯。"

按："弄泥團漢"爲稱呼語，其後應施逗。

（11）中華本第 925 頁：大丈夫漢阿誰無分，獨自承當得，猶不著便，不可受人欺謾，取人處分。

按："大丈夫漢"其後應點斷。《臨濟録》："大丈夫漢，不作丈夫氣息，自家屋裏物不肯信，秖麽向外覓。"《宏智廣録》卷五："若是大丈夫漢，向這裏一嘔便盡，一屙便了，空懷疑膜廉纖做麽！"

（12）中華本第 978 頁：山曰："你元來作這去就。"拂袖便出。師曰："這老漢將謂我明他這話頭不得？"

按："這老漢"是對老年人的一種泛稱，其後應點斷。

（13）中華本第 1181 頁：復問："十二時中向甚麽處安身立命？"通曰："和尚惜取眉毛好！"心打曰："這婦女亂作次第。"

按："和尚"是對僧人的一種泛稱，"這婦女"是對婦女的一種泛指，二者皆是稱呼語，其後應點斷。

（14）中華本第 1305 頁：上堂："有句無句，如藤倚樹。且任諸方點頭，及乎樹倒藤枯，上無沖天之計，下無入地之謀，靈利漢這裏著得一只眼，便見七縱八橫。"

按："靈利漢"是對聰明伶俐人的泛稱，其後應點斷。

（15）中華本第 1340 頁：師詬之曰："這小鬼你未生時，我已三度霍山廟裏退牙了，好教你知。"

按："這小鬼"是長者對後輩的一種戲謔稱呼語，其後應點斷。

（16）中華本第 1356 頁：曰："當時若問和尚，如何對他？"師曰："一棒打殺。"曰："這老和尚大似買帽相頭。"

按："這老和尚"是對年老僧人的一種蔑稱，其後應點斷。

（17）中華本第 1372 頁：殊喝曰："這屠兒參堂去！"師便下參堂。

按："這屠兒"是對屠夫的一種泛指稱呼，其後應點斷。

（18）中華本第 1388 頁：次日入室，林問："那裏是巖頭密啓其意處？"師曰："今日捉敗這老賊！"

按："這老賊"是對年老之人的一種蔑稱，單獨成句。

1.4.2 不明詞義、句義致使當斷而未斷

由於校者對某些詞義或者句義不瞭解或者理解不到位而使得在斷句時出現錯誤，列例如下，逐箇分析糾正。

（1）中華本第 43 頁：帝問曰："朕即位已來，造寺寫經，度僧不可勝記，有何功德？"

按："不可勝記"應同指"造寺寫經度僧"三項善業，不是單指"度僧"一項，所以應如此點斷："朕即位已來，造寺、寫經、度僧，不可勝記，有何功德？"

（2）中華本第 152 頁：國師問曰："汝師說甚麼法？"師從東過西而立。國師曰："祇這箇更別有？"師卻從西過東邊立。

按："祇這箇"後應加逗號點斷，"更別有？"另為一句。意為難道只有這箇，還有別的嗎？再如第 1148 頁：僧問："提兵統將，須憑帝主虎符。領眾匡徒，密佩祖師心印。如何是祖師心印？"師曰："滿口道不得。"曰："祇這箇別更有？"師曰："莫將支遁鶴，喚作右軍鵝。"也應改正。

其實在中華本中校者已有正確的點斷，只是前後標準把握不一。如：第 154 頁：師曰："祇這箇，更別有？"小師乃畫破圓相，便禮拜。

（3）中華本第 364 頁：鹽官會下有一主事僧，忽見一鬼使來追。僧告曰："某甲身為主事，未暇修行，乞容七日，得否？"使曰："待為白王，若許即七日後來。不然，須臾便至。"

按："許"後應點斷。前有"若許"，後有"不然"，句式相對。意為如果閻王答應了那就七日之後再來索命。如果沒有答應，一會兒就會到來。

（4）中華本第 386 頁：白兆問："家內停喪，請師慰問。"師曰："苦痛蒼天。"

按："苦痛"後應點斷。"苦痛"並不是用來修飾"蒼天"的，而是因為"家內停喪"，"蒼天"好比我們說的"天呀"。

（5）中華本第 398 頁：我若不共汝恁麼知聞去，汝向甚麼處得見我？會麼？大難。努力珍重。

按："努力"後應點斷。"努力"是指禪師鼓勵學僧努力參禪，"珍

重"乃句末或對話末尾的問候語,並不能用"努力"來修飾"珍重"。另,第 841 頁:上堂,良久曰:"不煩珍重。"此例依然,"不煩"後應點斷,單獨成句。在文中此種用法較為常見,如:卷三,盤山寶積禪師:上堂:"三界無法,何處求心?四大本空,佛依何住?璿璣不動,寂爾無言。覿面相呈,更無餘事。珍重!"卷七,保福從展禪師:儻未識得,直須諦信此事不從人得,自己亦非,言多去道轉遠,直道言語道斷,心行處滅,猶未是在。久立,珍重。

(6)中華本第 589 頁:乃曰:"傷夫!人情之惑,久矣。目對真而不覺,此乃嗟汝諸人看卻不知,且道看卻甚麼不知?……"

按:"惑"後逗號應刪,"人情之惑"作"久"的主語。

(7)中華本第 813 頁:法眼別云:"是則是錯打我。"

按:法眼所語本是兩句話,"是則是"後應點斷,單獨成句。且《景德傳燈錄》卷十七、《禪宗頌古聯珠通集》卷三十、《宗門拈古彙集》卷三十一、《宗鑒法林》卷六十三等禪籍所記《欽山文邃禪師》該部分皆作"是則是,錯打我"。

(8)中華本第 818 頁:師曰:"老僧大曾問人,唯有闍黎門風峭峻。"曰:"不可須要人點檢。"師曰:"真鍮不博金。"

按:"不可"後應點斷。"不可"是對金鳳從志禪師所說"唯有闍黎門風峭峻"的否定,"須要人點檢"則說明了如何才能做到"門風峭峻"。且《五燈嚴統》卷十三、《五燈全書》卷二十七所記載《撫州金峰從志玄明禪師》該部分均作"不可,須要人點檢"。

(9)中華本第 863 頁:曰:"照著後如何?"師曰:"咄精怪。"

按:"咄"乃訓斥語,其後應點斷。書中本證如:卷四《石霜性空禪師》:沙彌即仰山。山後問耽源:"如何出得井中人?"源曰:"咄!癡漢,誰在井中?"世俗文獻也常用,如:《史記》卷一二六《滑稽列傳》:"郭舍人疾言罵之曰:'咄!老女子!何不疾行!'"《水滸傳》第三十八回:"戴宗喝道:'咄!你這廝敢如此犯上。'"

(10)中華本第 900 頁:霞問:"如何是空劫已前自己?"師曰:"井底蝦蟆吞卻月,三更不借夜明簾。"霞曰:"未在更道。"

按:"未在"後點斷。該句是天童正覺禪師與丹霞禪師的禪籍對話,丹霞認為正覺禪師所答沒有切中禪旨,給他箇機會,讓他再說一次。在中華本中同樣的錯例還有不少，皆應改正。如：第 1259 頁：師曰："你家在甚麼處？"曰："大千沙界內，一箇自由身。"師曰："未到家在，更道。"曰："學人到這裏，直得東西不辨，南北不分去也。"第 973 頁：上堂，僧問："名喧宇宙知師久，雪嶺家風略借看。"師曰："未在更道。"第 979 頁：山曰："知音底事作麼生？"師曰："大盡三十日。"山曰："未在，更道。"第 988 頁：師曰："祇有這箇，更別有？"曰："雲生嶺上。"師曰："未在，更道。"曰："水滴巖間。"

此種表達方式還有其他的表現形式，如 1168 頁：元曰："朝看華嚴，夜讀般若則不問，如何是當今一句？"師曰："日輪正當午。"元曰："閑言語更道來。""閑言語"後應點斷，單獨成句，"更道來"也單獨成句，意思與"未在，更道"相類。

（11）中華本第 1271 頁：擊禪牀一下曰："與君打破精靈窟，簸土揚塵無處尋，千山萬山空突兀。"復擊一下曰："歸堂去參！"

按："去"後應點斷。並不是指回到"堂"去參禪，"歸堂去"只是一箇動作，"去"用在句尾表示動作的趨向。

（12）中華本第 1335 頁：友人宗元者叱曰："不可在路便參禪不得也，去，吾與汝俱往。"

按："不可""參禪"後應點斷，"也"後逗號應刪。"不可"是對前文開善道謙禪師所說"我參禪二十年，無入頭處。更作此行，決定荒廢"的否定；"在路便參禪"是說修行的過程本身就是在參禪悟道；"不得也去"是說即使沒有悟道也要去，爲了鼓勵甚至還要"與汝俱往"。

（13）中華本第 1378 頁：喝一喝云："只今箭發也，看！看！"師不覺倒身作避箭勢，忽大悟。

按："不覺"後點斷，"不覺"是說沒有覺悟，沒有頓悟。後面在躲避箭的一刹那才達悟了。不是表示不自覺、下意識的倒身作避箭勢。且《續傳燈錄》卷三十三、《五燈嚴統》卷二十、《五燈全書》卷四十六、《撝黑豆集》卷一、《佛祖綱目》等所載《長蘆守仁禪師》皆記作"師不覺，倒身作避箭勢，忽大悟"。

1.4.3 不明句式致使當斷而未斷

不明句式並不是說校者不知道或不懂佛經或禪籍用語特色，只是在具體的用例中校者可能沒有意識到。

（1）中華本第83頁：師曰："我西域異道最下種者不墜此見。兀然空坐，於道何益！"

按："我西域異道最下種者不墜此見"應點為"我西域異道，最下種者，不墜此見"。佛經禪籍中，四字一句這種格式用語非常普遍，中華本中有不少用例沒有意識到這一點，該斷而沒有點斷。列例如下：第86頁：師即高聲念經，至方便品。祖曰："……蓋為一切眾生自蔽光明，貪愛塵境，外緣內擾，甘受驅馳……""蓋為一切眾生自蔽光明"亦應在"生"後點斷。第106頁："然禪定一行最為神妙，能發起性上無漏智慧……若頓悟自心本來清淨，原無煩惱，無漏智性本自具足，此心即佛，畢竟無異。""行""性""自心""智性"應後點斷。第107頁：洎乎法久成弊，錯繆者多，故經論學人疑謗亦眾。"學人"後應點斷。第99頁：師曰："如今一切動用之中，但凡聖兩流都無少分起滅便是出，識不屬有無。識然見覺，只聞無其情識系執。""流"後應用逗號點斷，"分"後應句號點斷。第107頁："南嶽天台令依三諦之理修三止三觀，教義隨最圓妙……""理"後應點斷。第265頁：師曰："請和尚除却揚眉瞬目外鑒。"頭曰："我除竟。"師曰："將呈了也。"頭曰："汝既將呈我心如何？"師曰："不異和尚。""汝既將呈"後應點斷。第294頁：問："祖意教意是同是別？"師曰："風吹荷葉滿池青，十里行人較一程。""教意"後應點斷。第369頁：祖曰："識取自心本來是佛，不屬漸次，不假修持，體自如如，萬德圓滿。""心"後點斷。第473頁：問："從上宗乘以何為驗？"師曰："從上且置，即今作麼生？""乘"後應點斷。第515頁：問："如何是和尚出身處？"師曰："牛觝牆。"曰："學人不會意旨如何？"師曰："已成八字。""學人不會"後應點斷。第623頁：大眾，還見不見？若言見也，且實相之體本非青黃赤白，長短方圓，亦非見聞覺知之法。"本非"前應點斷。第625頁：問："古人斬蛇意旨如何？"師曰："猶未知痛癢。""蛇"後應點斷。第870頁：僧問："如何是祖師西來意？"師曰："番人皮裘胡人著。"曰："學人不會此理如何？""不會"後應點斷。第901頁：師曰："一任填溝塞壑。"問："清虛之理畢竟無身時如何？""清虛之理"後點斷。第965頁：問："如何是透脫一路？"師曰："南贍部洲北鬱單越。""洲"後應用逗號點斷。第1258頁：師曰："我與你有甚冤仇？"曰："祇如達磨見武帝意旨如何？"

（2）中華本第 83 頁：師曰："一切學道人，隨念流浪，蓋為不識心。真心者，念生亦不順生，念滅亦不依寂。不去不來，不定不亂，不取不捨，不沉不浮。無為無相活潑潑，平常自在。"

按："活潑潑"前應用逗號點斷，"活潑潑"又可擴展為"活活潑潑"，例如：《佛祖綱目》卷三十一《無住禪師為杜鴻漸說法》："念生亦不順生，念滅亦不依寂。不來不去，不定不亂，不取不捨，不沉不浮。無為無相，活活潑潑，平常自在。"此例中，前兩句是六言對偶句，後七句都是四字句構成。其他禪籍中，"活潑潑"也單獨成句，如：《楞嚴經宗通》卷四、《聯燈會要》卷三關於此段也錄作"生亦不順生，念滅亦不依寂。不去不來，不定不亂，不取不捨，不沉不浮。無為無相，活潑潑，平常自在"。《龍興編年通論》卷十七："念生亦不順生。念滅亦不依寂。不來不去，不定不亂，不取不舍，不沉不浮。無為無相，活鱍鱍，平常自在。"

（3）中華本第 306 頁：師曰："偷佛錢買佛香。"曰："學人不會。"師曰："不會即燒香供養本爺孃。"

按："錢"後應點斷，分為兩箇三字句，前後對應，都是述賓句。

（4）中華本第 440 頁：寧曰："和尚有來多少時？"師曰："噫！泊賺我踏破一綱草鞋。"便回國泰代曰："非但某甲，諸佛亦不奈何！"

按："便回"後應用句號點斷，"便回"是明招德謙禪師的動作。

（5）中華本第 737 頁：師進心珠歌曰："心如意，心如意，任運隨緣不相離。但知莫向外邊求，外邊求，終不是，枉用工夫隱真理，識心珠，光耀日，秘藏深密無形質。拈來掌內眾人驚，二乘精進爭能測。碧眼鬍鬚指出，臨機妙用何曾失？尋常切忌與人看，大地山河動岌岌。"

按：按照前後句式來看，"碧眼胡"後應點斷，"鬚"當誤，應為"須"，必須之意。《禪宗正脈》卷六、《五燈嚴統》卷十二、《五燈全書》卷二十四等禪籍所記《靈隱德章禪師》均作"碧眼胡，須指出，臨機妙用何曾失？"

（6）中華本第 756 頁：上堂："二月二，禪翁有何謂，春風觸目百花開，公子王孫日日醺醺醉。唯有殿前陳朝檜，不入時人意。禪家流衹這是莫思慮，坦然齋後一甌茶，長連床上伸腳睡。咄！"

　　按：根據前後句式可知，應如是點斷："禪家流，祇這是，莫思慮"。

　　（7）中華本第787頁：師曰："正位即空界，本來無物。偏位即色界，有萬象形。正中偏者，背理就事。偏中正者，捨事入理。兼帶者冥應眾緣，不墮諸有，非染非淨，非正非偏，故曰虛玄大道無著真宗。……"

　　按："兼帶者"後應點斷。與前面幾句句式相同。

　　（8）中華本第900頁：轉功就位，是向去底人，玉韞荊山貴。轉位就功是卻來底人，紅爐片雪春。

　　按：前後兩部分都是"……，是……人"格式，句式相同，後句中"轉功就位"後應點斷。

　　（9）中華本第88頁：祖曰："汝知否佛性無常，更說甚麼善惡諸法，乃至窮劫，無有一人發菩提心者。……又一切諸法若無常心者，即物物皆有自性，榮受生死，而真常性有不遍之處。"

　　按："汝知否佛性無常"當斷為兩句，前句為發問句，為"汝知否？佛性無常"。又，第292頁："所以老僧道，目前無法，意在目前。他不是目前法。若向佛祖邊學，此人未具眼在。何故皆屬所依，不得自在。""何故"後應加問號，亦為發問句。

　　（10）中華本第620頁：你等見這箇說話還會麼？若也不會，大家用心商量教會去。

　　按："說話"後應點斷，"還會麼"單獨成句。本書中就有例證，如：卷十八《慈雲彥隆禪師》：師曰："諸禪德，這箇公案，喚作嚼飯餧小兒，把手更與杖。還會麼？若未會，須是扣己而參，直要真實，不得信口掠虛，徒自虛生浪死。"

　　（11）中華本第287頁：僧辭，師問："船去陸去？"曰："遇船即船，遇陸即陸。"

　　按："船去"後應用問號點斷，是選擇疑問句。相類的用例有：第381頁：問僧："甚處來？"曰："近離浙中。"師曰："船來陸來？"曰："二途俱不涉。"第289頁：因過茶與吾，吾提起盞曰："是邪是正？"第291頁：泉問："作甚麼？"師曰："打羅。"曰："手打腳打？"師曰："却請和尚道。"第298頁：師與雪峰遊龍眠，有兩路，峰問："那箇是龍眠路?"師以杖指之。峰曰："東去西去?"師曰："不快漆桶!"第 606 頁：諸上座即今蔟著老僧，是相見是不相見? 第 824 頁：問："路逢達道人，不將語默對。未審將甚麼對?"師曰："要踢要拳。"

另，還有一種選擇疑問句，比如："有……? 無……?"但是中華本也沒有點斷，如：第 938 頁：師曰："此頌有成襪無成襪?"兆曰："無成襪。"

（12）中華本第 151 頁：後復有人問師曰："某甲擬請和尚開堂得否?"師曰："待將物裹石頭暖即得。"彼無語。

按："得否"應單獨成句，表詢問語氣的疑問句。第 364 頁：鹽官會下有一主事僧，忽見一鬼使來追。僧告曰："某甲身為主事，未暇修行，乞容七日得否?"使曰："待為白王，若許，即七日後來。不然，須臾便至。"句中"乞容七日得否?"中的"得否"也應單獨成句。另，於此相類的還有"得麼"，意思相同，也應單獨成句，如：第 663 頁：茶罷，丈曰："有事相借問得麼?"師曰："幸自非言，何須譏誚?"第 1137 頁：以拄杖靠肩，顧視大眾曰："喚作無事得麼?"

（13）中華本第 186 頁：後參馬祖，問曰："不與萬法為侶者是甚麼人?"祖曰："待汝一口吸盡西江水，即向汝道。"

按："者"後應點斷。"……者，是……"是很明顯的判斷句式。

（14）中華本第 254 頁：師令遷持書與南嶽讓和尚曰："汝達書了，速回。吾有箇斧子，與汝住山。"遷至彼，未呈書便問："不慕諸聖不重己靈時如何?"嶽曰："子問太高生，何不向下問?"

按："不重"前應點斷。"不慕諸聖，不重己靈"是四字句。此類用例十分常見，略舉兩例，如：卷三《百丈懷海禪師》：因僧問西堂："有問有答即且置，無問無答時如何?"堂曰："怕爛却那。"卷四《長慶大安禪師》：問："此陰已謝，彼陰未生時如何?"師曰："此陰未謝，那箇是大德?"

（15）中華本第 584 頁：法爾無偏正，隨相應現，喚作對現色身。還見麼? 若不見也莫閑坐地。

按："不見"後應點斷。是回答上句所問的直接答語。且《列祖提綱錄》卷十一、《五燈嚴統》卷十、《五燈全書》卷十九關於《報慈言導師》該段的記載均作"還見麼? 若不見，也莫閑坐地"。

（16）中華本第 1326 頁：敢問大眾，這箇卽且置［一］喚甚麼作那箇？［一］置，原作"致"，據乾隆本，續藏本改。

按："且置"後應點斷。這種句式在書中十分常見，如：卷三，百丈懷海禪師：因僧問西堂："有問有答卽且置，無問無答時如何？"堂曰："怕爛却那。"

1.4.4　不斷而易引發歧義或點斷後更好理解

（1）中華本第 280 頁：僧參人事畢，師曰："與麼下去，還有佛法道理也無？"

按："僧參"後應點斷，僧所參的是佛法，並不是人事，此處"人事"義為禮拜、參拜。如：《明覺語錄》卷二："僧云：'某甲是大龍受業。'師喝云：'漆桶！誰識爾？'僧便近前人事。師云：'好好禮拜著！'"

（2）中華本第 254 頁：師令遷持書與南嶽讓和尚曰："汝達書了，速回。吾有箇斧子，與汝住山。"遷至彼，未呈書便問："不慕諸聖，不重己靈時如何？"嶽曰："子問太高生，何不向下問？"

按："南嶽讓和尚"後應點斷，如不點斷可以理解為引號內的內容是行思禪師口頭說的話，其實是寫在書信上的文字。

（3）中華本第 443 頁：山問："甚麼處來？"師曰："遠離西蜀，近發開元。"卻近前問："卽今事作麼生？"山揖曰："喫茶去。"師擬議，山曰："秋氣稍熱去。"師出至法堂，歎曰……

按："秋氣稍熱"後應點斷，"去"單獨成句。羅山禪師用當下的氣候"秋氣稍熱"打斷"師擬議"，啟悟定慧禪師禪理是不可言說的，而且要在目前眼下去參透禪理。"去"，卽讓定慧離開，所以接著才有"師出"語。《五燈嚴統》卷八、《五燈全書》卷十五、《教外別傳》卷七、《錦江禪燈》卷二所載《西川定慧禪師》該部分皆應如此：山揖曰："喫茶去。"師擬議，山曰："秋氣稍熱，去。"師出至法堂，歎曰……

（4）中華本第 459 頁：問："波騰鼎沸，起必全真，未審古人意如何？"師乃叱之曰："恁麼則非次也。"師曰："你話墮也。"

按："叱之"後應加句號。否則可理解"恁麼則非次也"為報恩寶資禪師所說，其實該句為僧說的話。

（5）中華本第 512 頁：七歲嘗沈大淵，而衣不潤。遂去家師嘉禾永安可依,三十剃染圓具。

按:"遂去家"義為於是離開家,"家"後應點斷。《禪苑蒙求拾遺》卷上、《指月錄》卷二十二、《五燈全書》卷十六、《五燈嚴統》卷八、《嘉泰普燈錄》卷二十四所載《酒仙遇賢禪師》該部分皆作"遂去家,師嘉禾永安可依,三十剃染圓具"。

(6) 中華本第 513 頁:乃述一偈,聞於州牧曰:"比擬忘言合太虛,免教和氣有親疏。誰知道德全無用,今日為僧貴識書。"州牧閱之,與僚佐議曰:"旃檀林中,必無雜樹。唯師一院,特奏免試。"

按:"曰"前應點斷,若不然,則可能把引號內的內容理解為州牧議論時說的話,其實是州牧所說的偈言。

(7) 中華本第 669 頁:師出禮拜起便喝,化亦喝。師又喝,化亦喝。

按:"禮拜""起""便喝"三箇連續而不同的肢體動作,中間點斷更好理解。

(8) 中華本第 729 頁:乃喝一喝曰:"丈夫自有沖天志,莫向如來行處行。"卓一下上堂,舉龍牙頌曰:"學道如鑽火,逢煙未可休。直待金星現,歸家始到頭。"

按:"一下"後應用句號點斷,是說法結束時的動作語,若不然,則容易理解為上堂前的動作語;"上堂"另起一段,表示翠巖可真禪師說法時表結束的動作和另起一次說法。

(9) 中華本第 898 頁:縗裰入寺見佛,喜動眉睫,咸異之。

按:"縗裰入寺"後應點斷,見佛只是入寺後的一箇活動。

(10) 中華本第 1128 頁:先師初事棲賢 諟泐 潭澄曆二十年,宗門奇奧,經論玄要,莫不貫穿。

按:按書中下劃綫的斷法來看,"棲賢""諟泐""潭澄"是三箇不同的禪師,其實不然,應為:棲賢 諟;泐潭 澄,指廬山棲賢澄諟禪師和洪州泐潭懷澄禪師。本書有專章記載,即:卷十《棲賢澄諟禪師》和卷十五《泐潭懷澄禪師》。

(11) 中華本第 1139 頁:心見,張目問曰:"新長老死學士死,燒作兩堆灰,向甚麼處相見?"公無語。

按:"學士"前應用逗號點斷,"新長老死"與"學士死"為兩箇並列句,不是一句話。

（12）中華本第 1209 頁：嘗畫掬溪水為戲，至夜思之，遂見水泠然盈室欲汲之不可，而塵境自空。

按："盈室"前後是兩種不同的現象，是兩句話。"遂見水泠然盈室"中，主語隱指信相宗顯禪師，"水"既是"見"的賓語，又是"盈室"的主語；"欲汲之不可"的主語也是信相宗顯禪師，"汲"為謂語，"之"作賓語，"不可"為補語。所以，"盈室"後應點斷。

（13）中華本第 1214 頁：上堂："有漏笊籬，無漏木杓。庭白牡丹，檻紅芍藥。因思九年面壁人，到頭不識這一著。且道作麼生是這一著?"以拄杖擊禪牀下座。

按："禪牀"後應點斷，"擊禪牀"是手部動作，"下座"是表示講法結束後離開的動作。例如：卷十《大寧慶璁禪師》："上堂：'生死涅槃，猶如昨夢。且道三世諸佛，釋迦老子有甚麼長處? 雖然如是，莫錯會好!' 拍手一下，便下座。"此例中"拍手一下"類同"以拄杖擊禪牀"。

（14）中華本第 1223 頁：臺州萬年心聞曇貫禪師，永嘉人。住江心，病起上堂："……"

按："病起"後應點斷，表示病好了，之後才會上堂說法。

（15）中華本第 1288 頁：問："昔有一秀才，作無鬼論，論成有一鬼叱曰：'爭奈我何?'意作麼生?"

按："論成"單獨成句，表示該秀才完成了《無鬼論》的寫作，之後才出現一箇鬼來訓斥他的現象。

（16）中華本第 1395 頁：侍郎李浩居士字德遠，號正信。

按："居士"後應點斷，格式為"（人名），字＊＊，號＊＊。"如：卷十六《侍郎楊傑居士》："禮部楊傑居士，字次公，號無為，歷參諸名宿，晚從天衣遊。"

（17）中華本第 153 頁：師住西堂，後有一俗士問："有天堂地獄否?"師曰："有。"曰："有佛法僧寶否?"師曰："有。"更有多問，盡答言有。曰："和尚恁麼道莫錯否?"師曰："汝曾見尊宿來邪?"

按："盡答言有"之"有"加入雙引號，"有"是答的內容；"和尚恁麼道莫錯否?""道"後應用逗號點斷，是兩句話。

第二節　標點使用問題

2.1 該用標點符號而沒用

2.1.1 本為對話體，而標為陳述體

中華本第 6 頁：世尊因五通仙人問："世尊有六通，我有五通。如何是那一通？"佛召五通仙人，五通應諾。佛曰："那一通，你問我。"

按："召"和"應"後應加冒號雙引號，"五通仙人"和"諾"移入引號內，同時第二箇"五通仙人"後逗號改為句號。如：佛召："五通仙人。"五通應："諾。""諾"作為應答詞在書中就有本證，如：卷一，十三祖迦毗摩羅尊者：太子曰："今我國城之北，有大山焉。山有一石窟，可禪寂于此否？"祖曰："諾。"還有"諾諾"連用表應答的用例，如：《聯燈會要》卷一三《侍郎楊公億》："公云：'禪客相逢，只彈指也。'璉云：'君子可八。'楊云：'諾諾。'今日太賺侍郎。"

除了使用"召"外，還有"喚""呼"等，這是典型的對話體格式，在中華本中類似例子不少，比如：第 173 頁：觀察使裴休訪之，問曰："還有侍者否？"師曰："有一兩箇，祇是不可見客。"裴曰："在甚麼處？"師乃喚大空、小空，時二虎自庵後而出。第 195 頁：潭州石霜山性空禪師，僧問："如何是祖師西來意？"師曰："如人在千尺井中，不假寸繩，出得此人，即答汝西來意。"僧曰："近日湖南暢和尚出世，亦為人東語西話。"師喚沙彌，拽出這死屍著。沙彌即仰山。山后問耽源："如何出得井中人？"源曰："咄！癡漢，誰在井中？"山復問溈山。溈召慧寂，山應諾。溈曰："出也。"山住後，常舉前語謂眾曰："我在耽源處得名，溈山處得地。"第 544 頁：翁呼均提，有童子應聲出迎。第 545 頁：童召："大德！"師應諾。第 219 頁：通呼內翰。公應喏。

此外，引語中的對話體同樣需要改正標點，如：第 1230 頁：遂出關，周流江淮，既抵舒之太平，聞佛鑒禪師夜參，舉"趙州柏樹子"話，至"覺鐵觜云，先師無此語，莫謗先師好"，因大疑。應為：至"覺鐵觜云：'先師無此語，莫謗先師好。'"因大疑。第 925 頁：上堂："……汝不看他德山和尚纔見僧入門，拽杖便趁，睦州和尚纔見僧入門來，便云見成公案，放汝三十棒……""見成公案，放汝三十棒。"加上單引號。

2.1.2 徵引自典籍應加引號

中華本第 86 頁：師聞偈再啟曰："經云諸大聲聞，乃至菩薩，皆盡思度量，尚不能測於佛智，今令凡夫但悟自心，便名佛之知見，自非上根，未免疑謗。又經說三車，大牛之車與白牛車如何區別？願和尚再垂宣說。"

按："經"指《六祖壇經·機緣品》，所引內容從"諸大聲聞"至"未免疑謗"，應標點為：師聞偈再啟曰："經云：'諸大聲聞，乃至菩薩，皆盡思度量，尚不能測於佛智，今令凡夫但悟自心，便名佛之知見，自非上根，未免疑謗。'又經說三車，大牛之車與白牛車如何區別？願和尚再垂宣說。"

類似的例子很多，簡列 5 例如下：

第 865 頁：一日，給事中陶穀入院，致禮而問曰："經云，離一切相則名諸佛。今目前諸相紛然，如何離得？""離一切相則名諸佛。"出自《金剛經·離相寂滅分第十四》，應加單引號。第 888 頁：師答曰："……故經云，言詞所說法，小智妄分別。不能了自心，云何知正道？又曰，有見即為垢，此則未為見。遠離於諸見，如是乃見佛。以此論之，邪正異途，正由見悟殊致故也……""言詞"至"知正道"出自《大方廣佛華嚴經·須彌頂上偈讚品第十四》，應加單引號。"有見"至"見佛"應加單引號。第 933 頁：師曰："經中道，一切治生產業，皆與實相不相違背。且道非非想天，有幾人退位？""一切治生產業，皆與實相不相違背。"出自《妙法蓮華經·釋藥王菩薩本事品》，應加單引號。第 1152 頁：上堂："混元未判，一氣岑寂。不聞有天地玄黃，宇宙洪荒，日月盈昃，秋收冬藏。正當恁麼時，也好箇時節……孝經序云：朕聞上古，其風樸略。山前華堯民解元，且喜尊候安樂。參！""天地"至"冬藏"出自《易經》，加單引號。"朕"至"安樂"出自《孝經》，應加單引號。第 1254 頁：祖曰："提刑少年，曾讀小豔詩否？有兩句頗相近。頻呼小玉元無事，祇要檀郎認得聲。"提刑應："喏喏"。"頻呼小玉元無事，祇要檀郎認得聲。"是唐人的兩句艷詩，本出自《霍小玉傳》，應加單引號。

2.1.3 引字詞應加引號

中華本第 101 頁：師見僧來，以手作圓相，相中書日字。僧無對。

按："日"字是南陽慧忠國師所寫，當加雙引號以示說明。

類似需要更正的地方在中華本中也不少，擇例如下：第 143 頁：投子代云："不辭將出，恐頭角不全。"資福代作圓相，心中書牛字。石霜代云："若還和尚即無也。""牛"應字加雙引號。第 153 頁：師住西堂，後有一俗士問："有天堂地獄否？"師曰："有。"曰："有佛法僧寶否？"師曰："有。"更有多問，盡答言有。"盡答言有"之"有"應加雙引號。第 244 頁：曰："如何是出家人本分事？"師曰："早起不審，夜間珍重。""不審""珍重"為問候語，應加單引號。第 1291 頁：本名圓覺，郡守填祠牒，誤作袁字，疑師慊然，戲謂之曰："一字名可乎？""袁"字應加雙引號。第 398 頁：雲居錫云："祇如此僧會不會？若道會，玄沙又道不是；若道不會，法眼為甚麼道：我因此僧語，便會三種病人。上座，無事上來商量，大家要知。"其中安裝順序"會""不是""不會""我因此僧語，便會三種病人"都要加引號。

2.1.4 "舉/於/以'……'話/因緣/公案"類

中華本中有多數直接引用某一禪林公案，且只是引用公案的名稱而沒有加引號的用例，在標注本中應加上引號。

中華本第 1240 頁：至白雲，遂舉僧問南泉摩尼珠話，請問。

按："僧問南泉摩尼珠"乃禪林一公案，應加雙引號。

類似的例子特別多，簡列十例如下：第 1248 頁：上堂，舉石鞏張弓架箭接機公案。"石鞏張弓架箭接機"乃禪林公案。第 1263 頁：晚至白蓮，聞五祖小參，舉忠國師古佛淨瓶、趙州狗子無佛性話，頓徹法源。"忠國師古佛淨瓶、趙州狗子無佛性"乃禪林公案。第 1264 頁：留講聚有年，而南下首參永安恩禪師，於臨濟三頓棒話發明。"臨濟三頓棒"乃禪林公案。第 1350 頁：復舉趙州柏樹子話，令時時提撕。公久之無省，辭謁善權清禪師……未幾，留蘇氏館，一夕如廁，以柏樹子話究之。"趙州柏樹子"乃禪林公案語，後面的"柏樹子"乃"趙州柏樹子"的縮語，兩者皆應加雙引號。第 1372 頁：公又以南泉斬貓兒話問曰："某看此甚久，終未透徹。告和尚慈悲。""南泉斬貓兒"乃禪林公案。第 1200 頁：公一日謂大慧曰："余閱雪竇拈古，至百丈再參馬祖因緣……""百丈再參馬祖"乃禪林公案。第 1193 頁：潭舉世尊拈花，迦葉微笑語以問，復不契。"世尊拈花，迦葉微笑"乃公案語。第 1220 頁：上堂，舉百丈野狐話，乃曰："不是翻濤手，徒誇跨海鯨。由基方撚鏃，枝上眾猿驚。”“百丈野狐”乃禪林公案。第 1311 頁：有夙慧。聞沖禪師舉“武帝問達磨”因緣，如獲舊物。“武帝問達磨”乃禪林公案。第 1363 頁：上堂，舉臨濟和尚四喝公案。“臨濟和尚四喝”乃禪林公案。

2.1.5 直接引用前人話語

在《五燈會元》中，大多數引用前人話語的例子都有其引入語，比如：某人（具體人名）曰/云/道；古者道；古人云；某人問某人；在這些引入語下應加冒號、引號。張美蘭《〈祖堂集〉校注》凡例中定位為“舉古、舉公案”①。

首先，對有某人（具體人名）曰/云/道；古者道；古人云；某人問某人等形式標誌的，應一律在形式標誌下加冒號、引號。如：

中華本第 1350 頁：尚曰：“浮山圓鑒云，饒你入得汾陽室，始到浮山門，亦未見老僧在。公作麼生？”

按：“饒你”至“在”乃浮山圓鑒語，應將“云”後逗號改為冒號，浮山圓鑒語所語加單引號。

類似的誤例特別多，擇例如下：第 501 頁：上堂：“古聖才生下，便周行七步，目顧四方，云天上天下，唯我獨尊……”乃釋迦牟尼所語，應加單引號。第 575 頁：開堂日，指法座曰：“此山先代尊宿曾說法來……古昔有言，作禮須彌燈王如來，乃可得坐。且道須彌燈王如來今在何處？……”“古昔有言”後逗號改為冒號和單引號，“作禮須彌燈王如來，乃可得坐。”應加單引號。第 711 頁：上堂：“古者道，我若一向舉揚宗教，法堂裏草深一丈，不可為闍黎鎖却僧堂門去也。雖然如是，也是烏龜陸地弄塵行。”“古者道”後逗號改為冒號、單引號，從“我若”至“去也”應加單引號。第 926 頁：上堂：“……古人大有葛藤相為處，祇如雪峰道，盡大地是汝自己。夾山道，百草頭上薦取老僧，閙市裏識取天子。洛浦云，一塵纔起，大地全收，一毛頭師子全身，是汝把取翻覆思量看，日久歲深，自然有箇入路。’此事無汝替代處，莫非各在當人分上……”雪峰、夾山、洛浦所語應加上單引號。第 1086 頁：上堂：“……祇如僧問乾峰，十方薄伽梵，一路涅槃門，未審路頭在甚麼處？峰以拄杖畫一畫曰：‘在這裏。’……”“十方薄伽梵，一路涅槃門，

---

① 張美蘭：《祖堂集校注》，商務印書館 2009 年版，第 3 頁。

未審路頭在甚麼處？"乃引用語，應加單引號。

"古人道"用例中，中華本有的在其後加了冒號，但是沒有加引號，有的都沒有用，應改正，其後加冒號、引號，如：第410頁：師問保福："古人道：非不非，是不是，意作麼生？"

按："非不非，是不是"應加單引號，"不是"後逗號應改為句號。

類似的用例也不少，擇例如下：第423頁：僧問："古人道：摩尼殿有四角，一角常露。如何是常露底角？""摩尼殿有四角，一角常露。"應加單引號。第554頁：問："古人道，前三三，後三三，意旨如何？"第808頁：問："古人道，真因妄立，從妄顯真，是否？"師曰："是。"第562頁：師又曰："作麼生會……他古人猶道，不如一念緣起無生，超彼三乘權學等見。又道彈指圓成八萬門，剎那滅却三祇劫，也須體究。若如此用多少省力！"第628頁：上堂："諸禪德！見性周遍，聞性亦然。洞徹十方，無內無外。所以古人道，隨緣無作，動寂常真。如此施為，全真知用。"第629頁：問："古人道：東家作驢，西家作馬，意旨如何？"師曰："相識滿天下。"

"古者道"後應加冒號、引號，用例如：第1344頁：上堂："古者道，若人識得心，大地無寸土。萬壽即不然，若人識得心，未是究竟處。且那裏是究竟處？"

按："若人識得心，大地無寸土。"乃古者道語，應加單引號。

同樣的用例如：第724頁：問曰："古者道，但得隨處安閒，自然合他古轍。雖有此語，疑心未歇時如何？"第987頁：僧問："古者道，捲簾當白晝，移榻對青山。如何是捲簾當白晝？"師曰："過淨瓶來。"第1052頁：僧問："古者道，我有一句，待無舌人解語，却向汝道，未審意旨如何？"師曰："無影樹下好商量。"

"承古有言"後也是加冒號、引號，用例如下：第445頁：僧問："承古有言，自從認得曹溪路，了知生死不相關。曹溪路即不問，如何是羅山路？"

按："承古有言"後逗號應改為冒號、單引號，把"自從認得曹溪路，了知生死不相關。"放入單引號中。

類似的用例如：第503頁：問："承古有言，須彌納芥子，芥子納須彌，如何是須彌？"第569頁：僧問："承古有言，若人見般若，即被般若縛。若人不見般若，亦被般若縛。既見般若，為甚麼却被縛？"

"教中道"後應加冒號，并把屬於該範圍的內容加引號，用例如：第445頁：問："教中道，順法身萬象俱寂，隨智用萬象齊生。如何是萬象俱寂？"

按："教中道"後逗號應改為冒號、單引號，把"順法身萬象俱寂，隨智用萬象齊生"放入單引號中。

同樣的用例如：第456頁：問曰："秖如教中道，不得以所知心測度如來無上知見，又作麼生？"第745頁：上堂："教中道，種種取捨，皆是輪回。未出輪回而辨圓覺，彼圓覺性即同流轉。若免輪回，無有是處？你等諸人，到這裏且作麼生辨圓覺？"第790頁：問："教中道，大海不宿死屍，如何是大海？"師曰："包含萬有者。"第518頁：僧問："教中道，唯一堅密身，一切塵中見。又道，佛身充滿於法界，普見一切群生前。于此二途，請師說。"第1152頁：上堂，僧問："教中道，若有一人，發真歸源，十方虛空，悉皆消殞。未審此理如何？"

"古人云""古人有言"後也應加冒號，把屬於古人所語的內容加引號，如：第820頁：問："古人云：如紅爐上一點雪。意旨如何？"

按："如紅爐上一點雪。"屬於"古人云"，應加單引號。

其他用例如：第475頁：乃曰："叢林先達者，不敢相觸忤……古人云：識心達本，解無為法，方號沙門。如今諸官大眾，各須體取好，莫全推過師僧分上……""識心達本，解無為法，方號沙門。"應加單引號。第620頁：謂晝曰："古人云，騎虎頭，打虎尾。中央事，作麼生？""騎虎頭，打虎尾。"應加單引號。第586頁：問："古人有言，一切法以不生為宗。如何是不生宗？"師曰："好箇問處。""一切法以不生為宗。"應加單引號。第587頁：問："古人有言，山河大地是汝真善知識。如何得山河大地為善知識去？""山河大地是汝真善知識。"應加單引號。第608頁：問："古人云，任汝千聖見，我有天真佛。如何是天真佛？""任汝千聖見，我有天真佛。"應加單引號。

"舉"類，應在"舉"後加冒號、引號，如：第1004頁：上堂，舉夾山道："鬧市門頭識取天子，百草頭上薦取老僧。雲居即不然，婦搖機軋軋，兒弄口喝喝。"

按："夾山"至句尾乃雲居曉舜禪師所語，應加雙引號。"鬧市"至

“老僧”是夾山所語，應加單引號，類似的結構可以總結為：上堂舉：“……示眾曰：‘……’（……）”

　　類此的例句不少，擇例如下：第 662 頁：師遂舉臨濟上堂曰：“赤肉團上，有一無位真人，常在汝等諸人面門出入，未證據者看看。”時有僧問：“如何是無位真人？”濟下禪床搊住曰：“道！道！”僧擬議，濟拓開曰：“無位真人是甚麼乾屎橛？”第 794 頁：上堂，舉先師道：“地獄未是苦，向此衣線下不明大事，却是最苦。”“舉”後應加冒號、雙引號，“舉”內的對話體雙引號改為單引號。正如第 792 頁：僧舉：“藥山問僧：‘年多少？’曰：‘七十二。’山曰：‘是七十二那！’曰：‘是。’山便打。此意如何？”第 902 頁：上堂，舉船子囑夾山曰：“須藏身處無蹤跡，無蹤跡處莫藏身。吾在藥山三十年，祇明此事，今時人為甚麼却造次？丹山無彩鳳，寶殿不留冠。有時憨，有時癡，非我途中爭得知？”第 915 頁：上堂，舉傅大士法身頌云：“空手把鋤頭，步行騎水牛。人從橋上過，橋流水不流。雲門大師道：諸人東來西來，南來北來，各各騎一頭水牯牛來。然雖如是，千頭萬頭，祇要識取這一頭。”第 1375 頁：上堂，舉乾峰示眾云：“舉一不得舉二。放過一著，落在第二。”雲門出眾云：“昨日有人從天台來，却往徑山去。”峰曰：“典座來日不得普請。”第 1386 頁：上堂，舉金剛經云：“佛告須菩提，爾所國土中，所有眾生若干種心，如來悉知。何以故？如來說，諸心皆為非心，是名為心。要會麼？春風得意馬蹄疾，一日看盡長安花。”第 1393 頁：上堂，舉金峯和尚示眾云：“老僧二十年前，有老婆心。二十年後，無老婆心。”時有僧問：“如何是和尚二十年前有老婆心？”峯云：“問凡荅凡，問聖荅聖。”曰：“如何是二十年後無老婆心？”峯云：“問凡不荅凡，問聖不荅聖。”

　　其他一些出現頻率不太多的用例，比如：祖師道、先師道、先聖云、古佛道、古德道、古德有言、古德尚云、承師有言、師自念言、和尚道等，用例如下：第 453 頁：師問了院主：“祇如先師道，盡十方世界是真實人體，你還見僧堂麼？”了曰：“和尚莫眼花？”“祇如先師道”後逗號應改為冒號、單引號，把“盡十方世界是真實人體”放入單引號中。第 685 頁：上堂：“先聖云，一句語須具三玄門，一玄門須具三要。阿那箇是三玄三要底句？快會取好。”“一句語須具三玄門，一玄門須具三要”乃先聖所云，應加單引號。第 757 頁：上堂：“古佛道，昔于波羅奈轉四諦法輪，墮坑落塹，今復轉最妙無上大法輪，土上加泥。如今還有不曆階梯、獨超物外者麼？"從"昔于"至"加泥"應加單引號。第 791 頁：問："古德道，盡大地唯有此人，未審是甚麼人？"師曰："不可有第二月也。""盡大地唯有此人"應加單引號。第 800 頁：師問："承師有言，目前無法，意在目前。如何是非目前法？""目前無法，意在目前。"應加單引號。第 521 頁：師自念言，我本住持，為利益於人，既絕往還，自善何濟？即舍庵而欲他往。行至山口，見蛇虎狼豹，交橫在路。"師自念言"後逗號應改為冒號、雙引號，"我本住持，為利益於人，既絕往還，自善何濟？"放入雙引號內。第 590 頁：上堂，顧視大眾曰："……不見先德云，人無心合道，道無心合人。人道既合，是名無事。人且自何而凡，自何而聖？於此若未會，可謂為迷情所覆，便去離不得。迷時即有窒礙，為對為待，種種不同。忽然惺去，亦無所得。譬如演若達多認影迷頭，豈不擔頭覓頭。然正迷之時，頭且不失。及乎悟去，亦不為得。何以故？人迷謂之失，人悟謂之得。得失在於人，何關於動靜。"第 612 頁：僧問："古德有言，井底紅塵生，山頭波浪起。未審此意如何？""井底紅塵生，山頭波浪起。"應加單引號。第 617 頁：開堂示眾曰："從上宗乘，到這裏如何舉唱？秖如釋迦如來說一代時教，如瓶注水。古德尚云，猶如夢事囈語一般。且道據甚麼道理便恁麼道？還會麼？""猶如夢事囈語一般。"為古德語，應加單引號。第 799 頁：師特入嶺到彼，值溈泥壁，便問："承聞和尚道，有句無句，如藤倚樹。是否？""有句無句，如藤倚樹"是和尚語，應加單引號。第 1076 頁：上堂："祖師道，吾本來茲土，傳法救迷情。一華開五葉，結果自然成。淨慈當時若見恁麼道……出來，和你一時埋却。"從"吾本"至"自然成"乃祖師所語，應加單引號。

2.1.6 引語內為對話體

在禪師上堂說法或學人與禪師的對話當中，會引用前人的一些經典對話，對於引用的對話內容，理應以對話的形式標出。但是在中華本《五燈會元》中，很多引語內的對話體沒有以對話的形式進行標點。現予以指出如下：

中華本第 1396 頁：上堂："禪禪！無黨無偏，迷時千里隔，悟在口皮邊。所以僧問石霜：如何是禪？霜云：甌磚。又僧問睦州：如何是禪？州云：猛火著油煎。又僧問首山：如何是禪？山云：獼猴上樹尾連顛。

大衆，道無橫徑，立處孤危。此三大老，行聲前活路，用劫外靈機。若以衲僧正眼檢點將來，不無優劣。一人如張良入陣，一人如項羽用兵，一人如孔明料敵。若人辨白得，可與佛祖齊肩。雖然如是，忽有箇衲僧出來道：長老話作兩橛也。適來道：道無橫徑，無黨無偏，而今又卻分許多優劣。且作麼生祇對？還委悉麼？把手上山齊著力，咽喉出氣自家知。"

按：禪師上堂說法中，引用了一些對話來啓悟學僧，有僧與石霜、睦州、首山之間的對話，以及後面"忽有箇衲僧出來道"的內容是從"長老"至"祇對？"皆應加上單引號。如是標注：上堂："……所以僧問石霜：'如何是禪？'霜云：'甌甕。'又僧問睦州：'如何是禪？'州云：'猛火著油煎。'又僧問首山：'如何是禪？'山云：'獼猴上樹尾連顛。'大衆，道無橫徑，立處孤危……雖然如是，忽有箇衲僧出來道：'長老話作兩橛也。適來道：道無橫徑，無黨無偏，而今又卻分許多優劣。且作麼生祇對？'還委悉麼？把手上山齊著力，咽喉出氣自家知。"

類似的用例很多，擇 5 例如下：第 700 頁：師曰："唐明問首山，如何是佛法的的大意？山曰：'楚王城畔，汝水東流。'"年曰："祇如此語，意旨如何？"按：唐明與首山之間的對話內容，首山的回答語加了單引號，是正確的，而唐明的提問語同樣也應加單引號。第 1150 頁：問："昔日僧問雲門，如何是透法身句？門曰，北斗裏藏身。意旨如何？"按：學僧與雲門之間的對話內容應加單引號。第 1273 頁：悟不得已，謂曰："我問有句無句，如藤倚樹，意旨如何？祖曰：描也描不成，畫也畫不就。又問樹倒藤枯時如何？祖曰：相隨來也。"按："我"與"祖"之間的對話內容應加單引號。第 1362 頁：僧問："三聖問雪峯：透網金鱗，未審以何為食？"峯云："待汝出網來，卽向汝道。意旨如何？"師曰："同途不同轍。"曰："三聖道，一千五百人善知識，話頭也不識。"峯云："老僧住持事繁，又作麼生？"師曰："前箭猶輕後箭深。"曰："祇如雪竇道，可惜放過，好與三十棒。這棒一棒也較不得，直是罕遇作家。意又作麼生？"按：對話中的對話，即引語，需加引號：僧問："三聖問雪峯：'透網金鱗，未審以何為食？'峯云：'待汝出網來，卽向汝道。'意旨如何？"師曰："同途不同轍。"曰："三聖道：'一千五百人善知識，話頭也不識。'峯云：'老僧住持事繁，又作麼生？'"師曰："前箭猶輕後箭深。"曰："祇如雪竇道：'可惜放過，好與三十棒。這棒一棒也較不得，直是罕遇作家。'意又作麼生?"第 1098 頁：歲旦，上堂，舉拂子曰："歲朝把筆，萬事皆吉。忽有箇漢出來道：和尚，這箇是三家村裏保正書門底，為甚麼將來華王座上當作宗乘? 祇向他道，牛進千頭，馬入百疋。"按："和尚"至"宗乘"應加單引號；"牛進"至"百疋"乃回答語，亦應加單引號；

2.2 標點使用有誤

2.2.1 逗號使用有誤

2.2.1.1 逗號應改為分號

文中前後兩句相符相對，兩句之間是並列關係，理應用分號隔開，而中華本卻使用逗號，不符合標點符號的使用規範。例如：

中華本第 824 頁：問："路逢達道人，不將語默對。未審將甚麼對?"師曰："要踢? 要拳?"問："才有言詮，盡落今時，不落言詮，請師直說。"

按："今時"後逗號改為分號。因為前一句講"有言詮"會如何，後句講"不落言詮"又怎麼樣，前後是兩句相反的並列陳述句，理應用分號隔開。

類似用例還有：第 501 頁：上堂："……祇如諸上座初生下時，有甚麼奇特，試舉看。若道無，即對面諱却，若道有，又作麼生通得箇消息? 還會麼。上座幸然有奇特事，因甚麼不知去。珍重!"按："若道有"前逗號應改為分號，前有"若道無"後有"若道有"，是兩箇假設並列句。第 514 頁：諸上座，他時後日到處，有人問著今日事，且作麼生舉似他。若也舉得，舌頭鼓論，若也舉不得，如無三寸，且作麼生舉? 按："舌頭鼓論"後逗號應改為分號，"若也……；若也……"格式的兩箇假設並列句。第 1282 頁：僧問："理隨事變，該萬有而一片虛凝，事逐理融，等千差而咸歸實際。如何是理法界?"按："虛凝"後逗號應改為分號，前句講"理隨事變"，後句講"事逐理融"，前後兩句為並列陳述句。

2.2.1.2 逗號應改為問號

文中明顯為問句的形式，但是中華本在標點時卻使用逗號隔開，不符合標點使用的規定。例如：

中華本第 83 頁：師曰："孤坐奚為?"曰："觀靜。"師曰："觀者何人，靜者何物？"

按："觀者何人，靜者何物？"是兩箇並列疑問句，其逗號理應改用問號。

類似理應用問號而選用逗號的用例还有，例如：第1124頁：上堂："五五二十五，時人盡解數。倒拈第二籌，茫茫者無據。為甚麼無據，愛他一縷，失却一端。"按："為甚麼無據"明顯是一問句，句後逗號應改為問號。第205頁：雲居錫云："甚麼處是趙州敗闕，若檢得出，是上座眼。"按："甚麼處是趙州敗闕"明顯是一問句，其後逗號應改為問號。第131頁：祖目視繩床角拂子。師曰："即此用，離此用？"按："即此用，離此用？"是一選擇疑問句，其中逗號應改為問號。第157頁：師曰："自不見性，不是無性。何以故，見即是性，無性不能見。識即是性，故名識性。了即是性，喚作了性。能生萬法，喚作法性，亦名法身。"按："何以故"明顯為問句，其後逗號應改為問號。第204頁：雲居錫云："甚麼處是沙彌入門，侍者在門外，這裏若會得，便見趙州。"按："甚麼處"為疑問詞，該句後逗號應改為問號。第293頁：上根之人，言下明道。中下根器，波波浪走。何不向生死中定當取，何處更疑佛疑祖替汝生死？按："何不向生死中定當取"為問句，句尾逗號應改用問號。第652頁：玄覺徵云："且道興化肯莊宗，不肯莊宗，若肯莊宗，興化眼在甚麼處？若不肯莊宗，過在甚麼處？"按："……肯……，不肯……？"為並列式選擇疑問句，其中逗號應改用問號。

2.2.1.3 逗號應改為句號

文中明顯是一句話或一件事已經完結，理應用句號隔開，但是中華本使用了逗號。例如：

中華本第643頁：師曰："祇為老婆心切。"便人事了，侍立，㮤問："甚麼去來？"

按：前面臨濟義玄與黃檗對機鋒對話已經結束，以"侍立"為動作標誌。後面黃檗接著發問，是再一次機鋒對話的開始。所以"侍立"後逗號應改為句號。

類似的本應用句號而選用逗號的用例還有：第719頁：上堂："山僧門庭別，已改諸方轍。為文殊拔出眼裏楔，教普賢休嚼口中鐵，勸人放開髑枯駕切蛇手，與汝斫却系驢橛。"駐意擬思量，喝曰："捏捏參。"

按："駐意擬思量"其後逗號應改為句號，并移入引號內，屬於上堂說法的內容，不是動作語。

2.2.1.4 逗號改為頓號

文中本是一句之中的停頓，中間應用頓號隔開，但是中華本選用了逗號。例如：

中華本第 1277 頁：僧便喝，師曰："適來領，而今喝，幹他不是心，不是佛，不是物甚麼事？"僧無語。

按：三箇"不是"中的兩箇逗號改為頓號。應如是標注：幹他不是心、不是佛、不是物甚麼事？

2.2.2 句號使用有誤

2.2.2.1 句號應改為逗號

文中一句話並沒有完結，但是中華本卻選用句號隔開，不符合文意和標點的使用原則。例如：

中華本第 8 頁：佛曰："吾非教汝放捨其花，汝當放捨外六塵、內六根、中六識。一時捨卻，無可捨處，是汝免生死處。"

按："識"後句號應改為逗號。"卻"後逗號應改為句號。應作"汝當放捨外六塵、內六根、中六識，一時捨卻。無可捨處，是汝免生死處。""一時捨卻"的是前所說"外六塵、內六根、中六識"。而"無可捨處"為下句的主語。

類似的本應用逗號而選用句號的用例如：第 876 頁：問："和尚適來拈香。祝延聖壽，且道當今年多少？"師曰："月籠丹桂遠，星拱北辰高。"按："拈香"後句號應改為逗號。第 893 頁：錯！恁麼也不得。不恁麼也不得。恁麼不恁麼總不得。未審畢竟作麼生？按：前兩箇"不得"後面句號應改為逗號。第 1384 頁：悟去由來不丈夫。這僧那免受糊塗。有指示，無指示，韶石四楞渾塌地。按："丈夫"後句號應改為逗號。第 750 頁：上堂："宗風才舉，萬里雲收……直教文殊稽首，迦葉攢眉，龍樹馬鳴吞聲飲氣。目連鶖子且不能為。為甚如此。諦觀法王法，法王法如是。"按："飲氣""能為"後句號應改為逗號。

2.2.2.2 句號應改為問號

文中的句子明顯是一問句，但是中華本沒有用問號來標明，而是選用了句號，例如：

中華本第 29 頁：光蓋不能忍，問曰："我是丈夫，致禮不顧；我妻何德，尊者避之。"

按：末尾的句號應改為問號，一是句中有疑問詞"何"，二是下文有"汝婦懷聖子，生當為世燈慧日，故吾避之。"作為對光蓋疑問的回答。

類似的用例非常多，為省篇幅，擇 10 例如下：第 41 頁：曰："乘空之者，是正是邪？"提曰："我非邪正，而來正邪。王心若正，我無邪正。"按："我非邪正，而來正邪。"當是一反問句，句號應改為問號。第 91 頁：聽吾偈曰："無上大涅槃……妄立虛假名，何為真實義。唯有過量人，通達無取捨。……汝勿隨言解，許汝知少分"。按："何為真實義。"為一疑問句，句號應改為問號；最後句號移入引號內。第 140 頁：玄覺云："只如南泉恁麼道，是肯語是不肯語。"雲居錫云："比來去禮拜國師，南泉為甚麼却相喚回？且道古人意作麼生。"按："是肯語是不肯語。"乃選擇疑問句，中間點斷，句尾句號改為問號。"且道古人意作麼生。"亦為疑問句，句尾句號應改為問號。第 168 頁：玄覺云："為復唱和語，不肯語。"按：選擇疑問句，句尾句號應改為問號。第 251 頁：雲居錫云："秖如玄沙恁麼道，肯伊不肯伊。若肯，何言拗折指頭；若不肯，俱胝過在甚麼處？"先曹山云："俱胝承當處鹵莽，秖認得一機一境，一等是拍手拊掌，是他西園奇怪"。玄覺又云："且道俱胝還悟也無？若悟，為甚麼道承當處鹵莽；若不悟，又道用一指頭禪不盡。且道曹山意在甚麼處？"按："肯伊不肯伊""何言拗折指頭""若悟，為甚麼道承當處鹵莽"皆為問句。第 266 頁：師曰："庵主是甚麼人？"曰："馬祖下尊宿。"師曰："名甚麼？"曰："不委他法號。"師曰："他不委，你不委。"按：最後一句是選擇疑問句。第 472 頁：問："諸餘即不問，如何是向上事？"師曰："消汝三拜，不消汝三拜。"按："消……，不消……。"為問句格式，句號應改為問號。第 649 頁：師問："毛吞巨海，芥納須彌，為復是神通妙用，為復是法爾如然。"按："為復……，為復……。"為並列式選擇疑問句，句尾句號應改為問號。第 709 頁：示眾，擎起香合云："明頭合，暗頭合。道得天下橫行，若道不得且合却。"按："明頭合，暗頭合。"為並列式選擇疑問句，句號應改用問號。第 1384 頁：師豎拂子，僧曰："還有向上事也無。"師曰："有。"按："也無"句尾疑問詞，句號應改為問號。

2.2.3 嘆號使用有誤：該用問號而用了嘆號

文中有的句子本是問句，但是中華本在標點時當成了感歎句，加了嘆號，例如：

中華本第 155 頁：師卻問："大德說何法度人？"曰："講金剛經。"師曰："講幾座來？"曰："二十餘座。"師曰："此經是阿誰說！"僧抗聲曰："禪師相弄，豈不知是佛說邪？"

按：雖然前面講到說的是《金剛經》，但是在此大竹慧海禪師明知故問了一句，"此經是阿誰說！"意在打斷學僧的妄念俗識。所以句中的嘆號改為問號為佳。

類似的例子也有一些，擇例如下：

第 322 頁：問："四十九年不說一句，如何是不說底句？"師曰："只履西行，道人不顧。"曰："莫便是和尚消停處也無！"按："也無"為疑問詞，末句嘆號應改為問號。第 452 頁：王忽問眾曰："誰是球上座！"於是眾人指出師，王氏便請陞座。按：王氏所語為問句，句末嘆號改為問號；806 頁：師曰："待石烏龜解語，即向汝道。"曰："石烏龜語也。"師曰："向汝道甚麼！"按：末句為疑問句，嘆號應改為問號。第 878 頁：陽曰："汝解騰空那！"曰："不解騰空。"按：大陽所言本為疑問句，嘆號應改為問號。第 933 頁：曰："上座不肯和尚與麼道那？"師曰："你適來與麼舉那！"曰："是。"按："那"，相當於現在的疑問詞"哪"，其後嘆號應改為問號。第 1244 頁：或有人出來道："盤山老聻！"但向伊道："不因紫陌花開早，爭得黃鶯下柳條。"第 1008 頁：問："如何是道？"師曰："甚麼道！"曰："大道。"按："甚麼道"乃問句，其後嘆號應改為問號。第 1157 頁：上堂，擲下拄杖，却召大眾曰："拄杖吞却祖師了也。教甚麼人說禪！還有人救得也無！"喝一喝。按：句中兩處嘆號應改為問號。

2.2.4 問號使用有誤

2.2.4.1 問號應改為句號

文中句子本為陳述句，句尾應用句號點斷，但是中華本卻選用問號，相應的例子有：

中華本第 1020 頁：覺問："汝名甚麼？"曰："惠金？"覺曰："阿誰惠汝金？"曰："容少間去方丈致謝。"

按："惠金？"乃回答明覺禪師所問，不是疑問句，而是陳述句，其中問號應改為句號。

類似的擇例如下：第 210 頁：師曰："熱即取涼，寒即向火。"問："向上一路，請師道？"師曰："一口針，三尺線。"按："請師道"不是問句，問號應改為句號；第 296 頁：微下禪牀，引師入竹園。師又曰："無人也，請和尚說。"微指竹曰："這竿得恁麼長，那竿得恁麼短？"師雖領其微言，猶未徹其玄旨。按：翠微所語為陳述事實的，並不表疑問，"短"後改句號；第 384 頁：沙曰："且作麼生是這田地？"師曰："看。"沙曰："是即是，某甲不與麼？"師曰："你作麼生？"沙曰："祇是人人底。"按：玄沙所語第二句為陳述句，句中中問號應改為句號。第 745 頁：上堂："教中道，種種取捨，皆是輪回。未出輪回而辨圓覺，彼圓覺性即同流轉。若免輪回，無有是處？你等諸人，到這裏且作麼生辨圓覺？"按："無有是處？"是陳述句，句中問號應改為句號。第 783 頁：幽曰："和尚為甚麼回避學人？"師曰："將謂闍黎不見老僧？"按：師答語為陳述句，問號應改為句號。第 532 頁：座曰："正恁麼時是某甲放身命處。"師曰："何不問老僧？"座曰："正恁麼時不見有和尚？"師曰："扶吾教不起。"按："正恁麼時不見有和尚？"問號應改為句號。

2.2.4.2 問號應改為逗號

文中句子並不表示疑問，而是表示普通的停頓，但中華本卻選用問號隔開，實應用逗號隔開。例如：

中華本第 430 頁：師曰："說甚麼三乘五葉？出去！"

按："說甚麼三乘五葉？"只是禪師訓斥學僧的話，並不是用來表示疑問的，所以句子中的問號應改為逗號。

類似的錯誤用例還有：第 168 頁：南泉聞曰："我尋常向師僧道，向佛未出世時僧會取，尚不得一箇半箇？他恁麼驢年去！"按："尚不得一箇半箇？"為陳述句，句尾問號應改為逗號。第 528 頁：云："祇如玄沙踏倒，意旨如何？"清云："不奈船何？打破戽斗。"按："不奈船何？"不表疑問，其中的問號應改為逗號。書中卷十五，太守許式郎中：公曰："不奈船何，打破戽斗。"此為本證。第 316 頁：主曰："明得即同，明不得即別。"師曰："這裏是甚麼所在？說同說別？"按："這裏是甚麼所在？說同說別？"此句是一箇問句，不是兩箇問句，第一箇問號應改為逗號。

第 701 頁：守以南源致師，師不赴，旋特謁守願行。守問其故？對曰：
"始為讓，今偶欲之耳。"按："守問其故？"該句子只是陳述事實，本身
不表疑問，其中問號應改為逗號。第 399 頁：問："凡有言句，盡落卷
襀；不落卷襀？請和尚商量。"師曰："拗折秤衡來，與汝商量。"按：
"不落卷襀"不表疑問，其中問號改用逗號為佳。

2.2.4.3 問號應改為嘆號

文中句子本是表感歎的，應用嘆號結尾，但是中華本選用問號結尾，
來表疑問，例如：

中華本第 291 頁：師與洞山行次，忽見白兔走過，師曰："俊哉！"
洞曰："作麼生？"師曰："大似白衣拜相。"洞曰："老老大大，作這箇
說話？"

按："老老大大，作這箇說話？"這句話並不是洞山表示他對神山僧
密禪師所說話的不理解，而是因感吃驚、驚訝而發出的感歎之詞，所以
理應用嘆號。

2.2.4.4 問號應改為分號

文中句子不表疑問，而是前後兩箇相反相對的句子，理應用分號隔
開，但是中華本選用了問號，例如：

中華本第 1214 頁：大眾，若會得去，鎖卻天下人舌頭？若會不得，
將謂老僧別有奇特。

按：前有"若會得去"會怎麼樣，後有"若會不得"則又怎麼樣，
前後兩句是假設的兩種不同的情況，而前句所論並不是表示疑問，而是
陳述的事實，所以，"舌頭"後問號應改為分號。

2.3 標點符號前後使用不統一

在中華本《五燈會元》中，有的句子或句子形式相同，但是前後所
使用的標點符號卻不一樣，體現了雙重標準，理應選用更為合理的一種
為宜，我們選擇其中的幾例給予說明，如下：

（1）中華本第 12 頁：尊者復念：我若偏向一國，諸國爭競，無有定
處，應以平等度諸有情。遂於恒河中流，將入寂滅。是時山河大地，六
種震動。

按：應把"尊者復念"語加上雙引號。既尊者自己心裏說的話，從
"我若"至"有情"。之後則是說尊者涅槃及後的反應。如此句式相同的

如：第41頁“亦各自念言：佛法有難，師何自安？祖遙知眾意，即彈指應之。”應改為：“亦各自念言：‘佛法有難，師何自安？’祖遙知眾意，即彈指應之。”第521頁“師自念言，我本主持，為利益於人，既絕往還，自善何濟？即捨庵而欲他往。”應改為：“師自念言：‘我本主持，為利益於人，既絕往還，自善何濟？’即捨庵而欲他往。”此類問題在中華本中習見。正如：第22頁“龍樹默念曰：‘此師得決定性明道眼否？是大聖真乘否？’”第47頁“嘗自念言：‘我家崇善，豈令無子？’”

（2）中華本第24頁：祖問曰：“汝身定邪，心定邪？”提曰：“身心俱定。”

按：第一箇“邪”字後逗號當改為問號，是選擇式並列疑問句。又，第289頁“一日，侍吾往檀越家弔慰，師拊棺曰：‘生邪死邪？’吾曰：‘生也不道，死也不道。’”當為“生邪？死邪？”正如：第8頁“為是梵王邪？帝釋邪？山神邪？河神邪？”第14頁“師髮已白，為髮白邪？心白邪？”

第三節　專名線使用問題

3.1 該加專名線而未加

文中的一些專有名詞，按照中華本的行文體例，理應加上專名線，但是在文中，有些專有名詞應加專名線而未加，列例如下（對於同一箇專有名詞或者相近相類的專有名詞，我們放在一箇例子中加以說明）。

3.1.1 人名佛名該加專名線而未加

（1）中華本第4頁：故普集經云：“菩薩於二月八日，明星出時成道，號天人師。”

按：“天人師”佛教術語，應加下劃線。如來十號之一。佛是天與人的導師，故曰天人師。《智度論》卷二：“云何名天人教師？佛示導是應作是不應作，是善是不善，是人依教行，不捨道法，得煩惱解脫報，是名天人師。問曰：‘佛能度龍神等墮餘道中生者，何獨言天人師？’答曰：‘度餘道中生者少，度天人中生者多。’”《五燈會元》卷四，薦福弘辯禪師：對曰：“如來出世為天人師，善知識隨根器而說法，為上根者開最上乘頓悟至理。”《大唐西域記》卷七：“菩薩浴尼連河，坐菩提樹，成等正覺，號天人師。"又《宋書》卷九十七："元嘉十二年，國王師黎婆達陁阿羅跋摩遣使奉表，曰：'宋國大主大吉天子足下，敬禮一切，種智安隱。天人師降伏四魔，成等正覺，轉尊法輪，度脫衆生，教化已周，入於涅槃。'"

（2）中華本第 28 頁：為之首者，名婆修盤頭。此云徧行。常一食不臥，六時禮佛，清淨無欲，為眾所歸。

按："徧行"當指下文所說"徧行頭陀"，"祖將欲度之，先問彼眾：'此徧行頭陀，能修梵行，可得佛道乎？'"即西天二十一祖婆修盤頭尊者，當加專名線。

（3）中華本第 69 頁：馬祖令智藏來問："十二時中以何為鏡？"師曰："汝回去時有信。"藏曰："如今便回。"師曰："傳語卻須問取曹溪。"崔趙公問："弟子今欲出家，得否？"

按："曹溪"為六祖慧能別號，應加專名線。此例中華本 84 版本是"曹溪"連下，經項楚在《〈五燈會元〉點校獻疑三百例》中指出，新版中作者改正為"曹溪"連上，但却漏失專名線。

（4）中華本第 71 頁：及南歸孤山永福寺，有辟支佛塔，時道俗共為法會，師振錫而入。

按："辟支佛"，辟支迦佛陀之略，應加專名線。第 123 頁"人指謂曰：'是辟支佛'。已而有孕。"佛經中有用例，如：《父子合集經·他化自在天授記品》第十九："合掌向佛，以偈讚曰：'……一切外道不能知，亦非聲聞所行學，又非辟支迦佛陀，心善解脫離塵垢。亦非無漏阿羅漢，于此正理能入解。'"《妙法蓮華經·玄贊卷》第二："辟支迦佛陀者，此云獨覺，略云辟支佛。"

世俗典籍亦有記載，如：《太平廣記》卷四百二："則天時，西國獻毗婁博義天王下頷骨及辟支佛舌並青泥珠一枚。"《法苑珠林》卷九："時有辟支佛詣舍乞食，歡喜即施，食訖，空中飛去。"《宋高僧傳》卷三十："平元年五月中達今東京，進辟支佛骨，並梵書多羅葉夾經。律宣壯歲而往，還已衰耄矣。"

（5）中華本第 77 頁：嵩嶽元珪禪師，伊闕人也，姓李氏，幼歲出家。唐永淳二年，受具戒，隸閑居寺，習毗尼無懈。後謁安國師，頓悟玄旨，遂卜廬於嶽之龐塢。

按："毗尼"即《毗尼經》，應加專書符號，而"嶽"當指前文所說的嵩嶽，應加專名線。類似的用例還有：第 1260 頁：嚴正寡言，十四圓具，依毗尼，究其說。第 1272 頁：年十七，薙髮具毗尼。偶閱古雲門錄，怳若舊習。第 361 頁：因無為居士楊傑請問"宣律師所講毗尼性體"。第 446 頁：親事本府萬歲寺無相大師，披削登戒，學毗尼。第 1059 頁：嘉祐八年，與弟善思往京師地藏院，選經得度，習毗尼。

（6）中華本第 99 頁：曰："若為得證法身？"師曰："越毗盧之境界。"

按："毗盧"是毗盧舍那，又譯作毗盧遮那，即大日如來，梵語，佛光普照的意思，當加專名線。

類似的例子還有：第 451 頁：問："如何是毗盧？"師曰："某甲與老兄是弟子。"第 559 頁：問："如何是本來心？"師曰："坐却毗盧頂，出沒太虛中。"第 594 頁：設道毗盧有師，法身有主，斯乃抑揚，對機施設，諸仁者作麼生會對底道理？第 613 頁：師曰："般若大神珠，分形萬億軀。塵塵彰妙體，刹刹盡毗盧。"第 943 頁：問："如何是毗盧藏中有大經卷？"師曰："拈不得。"第 1180 頁：一曰："浩浩塵中體一如，縱橫交互印毗盧。全波是水波非水，全水成波水自殊。"

另外，還有"毗盧師"，義同"毗盧"，也應加專名線，如：第 546 頁：僧問："如何是毗盧師？"師攔胸與一拓。第 753 頁：曰："如何是毗盧師法身主？"師曰："系馬柱。"第 824 頁：問："如何是毗盧師？"師曰："闍黎在甚麼處出家？"第 835 頁：問："如何是毗盧師？"師曰："人天收不得。"第 535 頁：問："如何是毗盧師？"師乃叱之。

（7）中華本第 125 頁：一日，謂眾曰："吾有願住世千載，今年六百二十有六。"故以千歲稱之。

按："千歲"下加專名綫，即"千歲寶掌禪師"的簡稱，本小節就是記錄的千歲寶掌禪師。

（8）中華本第 172 頁：僧舉似曹山。山云："一等是拍手撫掌，就中西園奇怪，俱胝一指頭禪，蓋為承當處不諦當。"

按："俱胝"應加下劃線。指金華俱胝和尚，本書卷四《杭州天龍和尚法嗣》下有《金華俱胝和尚》的專章記載。對於"一指頭禪"的來歷記載得十分清楚："逾旬，果天龍和尚到庵，師乃迎禮，具陳前事。龍豎一指示之，師當下大悟。自此凡有學者參問，師唯舉一指，無別提唱。"
類似用例還有：第 935 頁：上堂："俱胝和尚，凡有扣問，祇豎一指。寒
則普天寒，熱則普天熱。"

（9）中華本第 394 頁：上堂："汝諸人如在大海裏坐，沒頭浸卻了，
更展手問人乞水喫。夫學般若菩薩，須具大根，有大智慧始得。"

按："般若菩薩"應加專名線。"般若菩薩"，全稱般若波羅蜜多菩
薩，十波羅蜜菩薩之一，密號為智慧金剛。《仁王經儀軌》曰："金剛般
若波羅蜜者，即般若菩薩也。"《秘藏記》末曰："五大院中坐般若菩薩，
天女貌，白肉色，並有六手。左一手持梵篋，五手信契印。"

（10）中華本第 222 頁：僧問："如何是定光佛?"師曰："鴨吞
螺師。"

按："定光佛"即燃燈佛，應加專名線。《祖庭事苑》五曰："智者
顗禪師，年十五時，禮佛像，恍然如夢，見大山臨海際，峰頂有僧，招
手接入一伽藍：'汝當居此，汝當修此。'天台佛隴有定光禪師，先居此
峰，謂弟子曰：'不久當有善知識領徒至此。'俄爾智者至。光曰：'還憶
疇昔舉手招引時否?'"本書中也有用例，如卷二十，西禪守靜禪師："爭
奈定光金地遙招手，智者江陵暗點頭。"關於"定光佛"，佛經中也有用
例，如：《太子瑞應本起經》卷上："至於昔者，定光佛興世，有聖王名
曰制勝治，在缽摩大國，民多壽樂，天下太平。"

（11）中華本第 226 頁：誰言在俗妨修道，金粟曾為居士身。忍僊林
下坐禪時，曾被歌王割截肢。

按："金粟"，乃"金粟如來"的簡稱，應加專名線。維摩居士之前
身為金粟如來。《禪林僧寶傳》卷九《雲居簡禪師》："問：'維摩豈不是
金粟如來?'曰：'是。'"維摩，意為淨明，《文選·王巾〈頭陀寺碑
文〉》中"金粟來儀"李善注引《發跡經》："淨名大士是往古金粟如來
。"唐·白居易《內道場永讙上人就郡見訪善說〈維摩經〉臨別請詩因以
此贈》："正傳金粟如來偈，何用錢塘太守詩?"還有，第 293 頁：師曰：
"金粟之苗裔，舍利之真身，罔象之玄談，是野孤之窟宅。""金粟"也應
加專名線。

（12）中華本第 235 頁：時竹上有一青蛇，師指蛇曰："欲識西院老
野孤精，祇這便是。"師問西院："此一片地，堪著甚麼物?"院曰："好

著箇無相佛。"

按："西院"指西院安禪師，應加專名線。類似用例還有第 653 頁：西院來參，問： "踏倒化城來時如何?"師曰： "不斬死漢。"院曰："斬。"師便打，院連道："斬！斬！"

（13）中華本第 333 頁：僧問："四威儀中如何辨主?"師曰："正遇寶峰不脫鞋。"

按："寶峰"應加專名線。此處"寶峰"，當指溈潭寶峰禪師，本書卷七有《溈潭寶峰禪師》，記有"新到參，師問：'其中事即易道，不落其中事始終難道。'曰：'某甲在途中時，便知有此一問。'師曰：'更與二十年行腳，也不較多。'"其中記載途中行腳時間之長，暗含不脫鞋之義。

（14）中華本第 347 頁：嘗問："如何是木平?"師曰："不勞斤斧。"曰："為甚麼不勞斤斧?"師曰："木平。"

按：第一箇"木平"應加專名線，即指本小節所載《木平善道禪師》，第二箇木平義為平整的木頭。

（15）中華本第 373 頁：慶云："展闍黎，莫不識痛癢。"福云："和尚今日非唯舉話。"慶云："展闍黎是甚麼心行?"

按："展闍黎"應加專名線，指保福從展禪師，本書卷七《保福從展禪師》有專章記載。文中又可簡稱"保福展"，如：卷二，南陽惠忠國師：長慶棱云："大似不知。"保福展云："幾不到和尚此間。"雲居錫云："此二尊宿，盡扶背後，只如南泉休去，為當扶面前，扶背後?"

（16）中華本第 378 頁：瑞嚴問： "如何是毗盧師?"師曰： "道甚麼！"嚴再問，師曰： "汝年十七八，未問弓折箭盡時如何?"師曰："去。"問："如何是嚴中的的意?"師曰："謝指示。"

按：最後一箇"嚴"字應加專名線，指瑞嚴義海禪師，本書卷十《瑞嚴義海禪師》有專章記載。

（17）中華本第 402 頁：僧問鼓山： "祇如長慶恁麼道，意作麼生?"山云："孫公若無此語，可謂髑髏偏野。"

按："公"連"孫"一起加下劃綫。姓氏加"公"字是对尊长的敬称，古今有之。如：《漢書·溝洫志》："太始二年，趙中大夫白公復奏穿渠。"顏師古注："鄭氏曰：'時人多相謂爲公。'此時無公爵也，蓋相呼尊老之稱耳。"清·俞樾《春在堂隨筆·小浮梅閒話》："以袁紀兩公所言徵之，則莫素輝果實有其人。"

（18）中華本第 420 頁：問："如何是靈源一路？"師曰："蹋過作麼？"

按："靈源"應加專名線，即黃龍靈源惟清禪師，本書卷十七《黃龍惟清禪師》："隆興府黃龍靈源惟清禪師，本州陳氏子。印心於晦堂。"

（19）中華本第 404 頁：問僧："甚處來？"曰："鼓山來。"師曰："鼓山有不跨石門底句，有人借問，汝作麼生道？"曰："昨夜報慈宿。"

按："報慈"，當指報慈院，應加專名線。由文中對話可知，鼓山和報慈應大體在同一區域，本書中所記載鼓山有名的禪師有 9 位，宗逮禪師、木庵安永禪師、別峰祖珍禪師、山堂僧洵禪師、體淳禪鑒禪師、清諤宗曉禪師、智岳了宗禪師、智嚴了覺禪師、神晏興聖國師，他們都出自福州。所以，本段話所談"報慈"應該是指福州報慈院，《五燈會元》記載出自該寺院的禪師有 3 位，光雲慧覺禪師、慧朗禪師、文欽禪師。

（20）中華本第 442 頁：問："如何是黃梅一句？"師曰："即今作麼生？"

按："黃梅"應加專名線，指五祖弘忍大滿禪師。

（21）中華本第 446 頁：問："昔日靈山會裏，今朝興聖筵中，和尚親傳，如何舉唱？"

按："興聖"應加專名線，前有福州興聖重滿禪師之語。

（22）中華本第 509 頁：師問："甚處來？"曰："江南來。"師曰："汝還禮拜渡江船子麼？"曰："和尚為甚麼教某禮拜渡江船子？"師曰："是汝善知識。"

按："渡江船子"，指船子德誠禪師，應加專名線，本書卷五《船子德誠禪師》有專章記載，"至秀州華亭，泛一小舟，隨緣度日，以接四方往來之者。時人莫知其高蹈，因號船子和尚"。

（23）中華本第 541 頁：因仰山一僧到，自稱集雲峰下四藤條天下大禪佛參，師乃喚維那："打鐘著。"大禪佛驟步而去。

按：最後一句"大禪佛"應加專名線。本書卷九《霍山景通禪師》記作：晉州霍山景通禪師，初參仰山，山閉目坐，師乃翹起右足曰："如是！如是！西天二十八祖亦如是！中華六祖亦如是！和尚亦如是！景通亦如是!"仰山起來，打四藤條。師因此自稱："集雲峯下四藤條天下大禪佛。"

（24）中華本第 667 頁：首山念云："據天平作恁麼解會，未夢見西院在，何故？話在。"

按："首山念"之"念"應加專名線，是首山省念禪師，本書卷十一，首山省念禪師有專章記載；"西院"應加專名線。

（25）中華本第 669 頁：僧問："如何是澄心？"師曰："我不作這活計。"

按："澄心"加專名線，即本書本小節所記載的澄心旻德禪師。

（26）中華本第 674 頁：上堂，舉："寒山詩曰：'梵志死去來，魂識見閻老。讀盡百王書，未免受捶拷。一稱南無佛，皆以成佛道。'"

按："梵志"，人名，指王梵志，應加專名線。

（27）中華本第 729 頁：遂拈拄杖曰："拄杖子變作天大將軍，巡歷四天下。有守節不守節，有戒行無戒行，一時奏與天帝釋。"

按："天帝釋"之"天"應加專名線。是忉利天之主，姓釋迦，名天帝釋，又云帝釋天。

（28）中華本第 730 頁：問："如何是佛法大意？"師曰："五通賢聖。"曰："學人不會。"師曰："舌至梵天。"

按："五通"當指五通僊人，在卷一，釋迦牟尼佛中記載到：世尊因五通僊人問："世尊有六通，我有五通。如何是那一通？"佛召五通僊人，五通應諾。佛曰："那一通，你問我。"

（29）中華本第 758 頁：上堂，拈起拄杖曰："一塵纔起，大地全收。"卓一下曰："妙喜世界百雜碎，且道不動如來即今在甚麼處？若人識得，可謂不動步而登妙覺。若也未識，向諸人眉毛眼睫裏涅槃去也。"

按："妙喜""如來"應加專名線。第 924 頁：師一日打椎曰："妙喜世界百雜碎，拓缽向湖南城裏喫粥飯去來。"

（30）中華本第 788 頁：問："不萌之草為甚麼能藏香象？"師曰："闍黎幸是作家，又問曹山作麼？"

按："曹山"應加專名線，即本小節所記載的曹山本寂禪師。

（31）中華本第 791 頁：師曰："如何是紙衣下事？"者曰："一裘纔掛體，萬法悉皆如。"師曰："如何是紙衣下用？"者進前，便立脫。

按：“紙衣”應加專名線，指紙衣道者。前有“紙衣道者來參”，即為本證。

（32）中華本第 797 頁：荊南節度使成汭入山設供，問曰：“世尊有密語，迦葉不覆藏。如何是世尊密語？”師召尚書，書應諾。

按：“成汭”應加專名線。①《新唐書》卷一九〇有傳。

（33）中華本第 800 頁：曰：“適對此僧語必有不是，致招師叔如是，未審過在甚麼處？”

按：“招師叔”指“明招謙禪師”，應加專名線。本小節有明招謙禪師與疏山匡仁禪師的對話，即為本證。

（34）中華本第 830 頁：師察其情，乃潛棄去。其夜安樂樹神號泣詰旦，主事大眾奔至麥莊悔過，哀請歸院。

按：“安樂樹神”應加專名線，《禪林僧寶傳》卷九《雲居簡禪師》下記載有安樂樹神的故事。

（35）中華本第 832 頁：問：“既是普眼，為甚不見普賢？”師曰：“祇為貪程太速。”

按：“普眼”指普眼菩薩，應加專名線。卷一，釋迦牟尼佛：世尊因普眼菩薩欲見普賢，不可得見，乃至三度入定，遍觀三千大千世界，覓普賢不可得見，而來白佛。佛曰：“汝但於靜三昧中起一念，便見普賢。”普眼於是纔起一念，便見普賢向空中乘六牙白象。

（36）中華本第 844 頁：時有僧問：“如何是瑞龍境？”師曰：“道汝不見得麼？”

按：“瑞龍”即指本小節所載瑞龍幼璋禪師，當加專名線。

（37）中華本第 947 頁：問：“賓頭盧應供四天下，還得徧也無？”師曰：“如月入水。”

按：“賓頭盧”乃六祖盧行者慧能，應加下劃綫。

（38）中華本第 964 頁：師曰：“世尊在雪山六年，證無上菩提。汝在香林六年，成得箇甚么？”

按：“世尊”應加下劃綫。

---

① 項楚：《〈五燈會元〉點校獻疑續補一百例》，原載《季羨林教授八十華誕紀念論文集》，江西人民出版社 1991 年版；後選入《柱馬屋存稿》，商務印書館 2003 年版。

（39）中華本第1000頁：師聞，潛書二偈於壁而去。曰：“不是無心繼祖燈，道慚未徹嶺南能。……”

按：“嶺南能”之“能”指六祖慧能，當加下劃綫。

（40）中華本第1019頁：舒州投子法宗禪師，時稱道者。僧問：“如何是道者家風？”師曰：“袈裟裏草鞋。”

按：“道者”是投子法宗禪師的時稱，當加下劃綫。

（41）中華本第1059頁：大父琪，父溫，皆官於潁，遂為潁人。母無子，禱白衣大士，乃得師。

按：“白衣大士”當指觀音菩薩，又可稱求子觀音，當加專名線。《大明高僧傳》卷一《杭州上天竺寺沙門釋真淨傳八》：“夢白衣大士持金瓶水灌其口曰：‘汝勿憂，非久自愈矣。’”

（42）中華本第1095頁：梵王引之於前，香花繚繞，帝釋隨之於後，龍象駢羅。

按：“梵王”是大梵天王之異稱也。又總稱色界之諸天。《法華經·方便品》：“諸梵王及諸天帝釋。”《毗奈耶雜事》二十：“梵王捧傘，天帝持拂。”所以，“梵王”當加下劃綫。類似的用例如：第1107頁：半夜捉烏雞，驚起梵王睡。毗嵐風忽起，吹倒須彌山。第1355頁：三更二點唱巴歌，無端驚起梵王睡。第1121頁：天氣和融，擬舉箇時節因緣與諸人商量，却被帝釋梵王在門外柳眼中努出頭來，

（43）中華本第1108頁：熙寧己酉三月十六日，四祖演長老通嗣法書。

按：“演長老”指四祖法演禪師，卷十七《四祖法演禪師》有專章記載，所以“長老”下應加劃綫。類似的用例還有：第1151頁：“雲門大師忍俊不禁，向佛殿裏燒香，三門頭合掌，”按：“雲門大師”不應只在“雲門”下加下劃綫，應與“大師”相連。第1234頁：“大眾，趙州老子十二劑骨頭，八萬四千毛孔，一時拋向諸人懷裏了也。”按：“趙州老子”連用應加專名線。書中“釋迦老子”用法十分常見，“趙州老子”於此相類。

（44）中華本第1124頁：長棄儒得度，訪道曹山，依雅禪師。

按：“雅禪師”應加下劃綫。其他禪籍有其用例，如：《五燈全書》卷三十七《隆興府泐潭洪英禪師》：“邵武陳氏子，幼穎邁，一目五行，

長棄儒得度，依曹山雅。"《佛祖綱目》卷三十六《守端禪師開法白雲》："洪英：邵武陳氏子，幼警敏，讀書五行俱下，父母鍾愛之，使為書生。英不食自誓，懇求出家。及受具，即行訪道，初依曹山雅。"

（45）中華本第 1151 頁：萬法若無，普賢失其境界。去此二途，請師一決。

按："普賢"加下劃綫。

（46）中華本第 1165 頁：眾問其故，即書偈曰："丘師伯莫曉，寂寂明皎皎。日午打三更，誰人打得了？"

按："丘師伯"之"伯"應連上加下劃綫。丘師伯即永豐慧日庵主，前有"令鄉民稱丘師伯"語。

（47）中華本第 1174 頁：書偈曰："這漢從來沒縫罅，五十六年成話霸。今朝死去見閻王，劍樹刀山得人怕。"

按："閻王"應加下劃綫。

（48）中華本第 1195 頁：上堂曰："燈籠上作舞，露柱裏藏身。深沙神惡發，昆侖奴生嗔。"

按："深沙神"，又名深沙大將、深沙神王、深沙大王、深砂童子、深砂菩薩，據載是佛教兇猛三神之一，如：《深沙大將儀軌》："有三使者，天上使者淨滿、虛空使者縛斯大仙、下地使者水火雷自在王，能滅除三災、三種執著。"又，《覺禪鈔深沙神卷》云："此神形甚醜，若見者心神迷惑。"又云："深沙王者，毗沙門天王仕者，七千藥叉上首也。"又云："其形象，頭為火炎，口為血河，以髑髏為頸瓔珞，以畜皮為衣，以象皮面為褲膝，以小兒為腹臍，足踏蓮花。"所以，"深沙神"當加專名綫。

（49）中華本第 1204 頁：侍郎曾公開問曰："上座僊鄉甚處？"曰："嚴州。"

按："開"下應加下劃綫。《宋史·胡銓傳》："近者禮部侍郎曾開等引古誼以折之，檜乃厲聲責曰：'侍郎知故事，我獨不知！'"

（50）中華本第 1229 頁：師歸。來日，具威儀，詣方丈禮謝。明呵曰："未在。"自是明每山行，師輒瞰其出，雖晚必擊鼓集眾。

按："明"指慈明，即石霜楚圓禪師，卷十二《石霜楚圓禪師》有專章記載，當加專名綫。

（51）中華本第1240頁：請益本。本云："此是臨濟下因緣，須是問他家兒孫始得。"

按："本"指圓照本禪師，即惠林宗本禪師，卷十六有專章記載，所以其下應加專名線。

（52）中華本第1265頁：諸仁者，於此見得，倜儻分明，則知二祖禮拜，依位而立，真得其髓。

按："二祖"指慧可大祖禪師，本書卷一有專章記載，當加下劃綫。

（53）中華本第1332頁：會妙喜為諸徒入室，師隨喜焉。

按："喜"下應加專名線，指妙喜。

（54）中華本第1339頁：上堂："喚作竹篦則觸，不喚作竹篦則背。直須師子齩人，莫學韓盧逐塊。阿呵呵！會不會？金剛腳下鐵崑崙，捉得明州憨布袋。"

按："憨布袋"指明州布袋和尚，本书卷二有《明州布袋和尚》专章記載，當加下劃綫。

3.1.2 地名該加專名線而沒加

（1）中華本第41頁：由是化被南天，聲馳五印。經六十載，度無量眾。

按："五印"下應加專名線。"五印"乃五印度之省稱，又名五天竺，以印度區畫東西南北中之五處。《大唐西域記》卷二："五印度之境，周九萬餘里。"《法苑珠林》卷三十八："三羅漢現入滅定，鬚髮恒長，僧常剃之。其五印度僧，有證果者，多止此室。"《宋史》卷四百九十："園晉天福中詣西域，在塗十二年。住五印度，凡六年。五印度即天竺也。"《中天記》："玄奘往五印取經，西域敬之。"第45頁"西天五印，師承為祖。其道如何？"亦然。

（2）中華本第53頁：祖曰："奉懷即止，遇會且藏。"

按："懷"和"會"下應加專名線。"懷"指懷集，"會"指四會，下文第54頁"忍大師一見，默而識之。後傳法衣，令隱於懷集四會之間。"

另外第57頁"遇滿之難，楊柳為官。""滿"指張淨滿，本頁下文載：五月於石角村捕得賊人送韶州鞠問，云："姓張名淨滿，汝州梁縣人，於洪州開元寺受新羅僧金大悲錢二十千，令取六祖大師首，歸海東供養。"“遇滿之難"即言此。第68頁“汝乘流而行,逢徑即止",“徑"指下文出現的“徑山",應加專名線。下句接著說:師遂南邁,抵臨安,見東北一山,因問樵者。樵曰:“此徑山也。"乃駐錫焉。

（3）中華本第123頁:法華志言大士,壽春許氏子。弱冠遊東都,繼得度於七俱胝院,留講肆之久。

按:“東都"即指東都洛陽,就加專名綫。再如:第221頁:復受東都凝禪師八漸之目,各廣一言而為一偈。

（4）中華本第167頁:鄂州無等禪師,尉氏人也。出家於冀公山,密受心要。出住隨州土門。

按:“土門"是地名,地處湖北隨州市,當加專名線。

（5）中華本第307頁:上堂:“拍盲不見佛,開眼遇途人。借問途中事,渠無丈六身。不從五天來,漢地不曾踏。不是張家生,誰云李家子。"

按:“漢"加專名線,相對胡地而言,專指中原之地。再如:第492頁:問:“如何是西來意?"師曰:“胡人泣,漢人悲。"按:“胡"應加專名線。

（6）中華本第597頁:師自述真贊曰:“真兮寥廓,郢人圖黇。嶽聳雲空,澄潭月躍。"

按:“郢人"借指楚國人,“郢"指楚國,如《呂氏春秋·義賞》:“郢人之以兩版垣也,吳起變之而見惡。"高誘注:“郢,楚都也。楚人以兩版築垣。"清袁枚《隨園詩話》卷十五:“宋玉曰:‘客有歌於郢中者。'則歌者非郢人也。"當加專名線,

（7）中華本第760頁:問:“長期進道西天,以蠟人為驗,未審此間以何為驗?"師曰:“鐵彈子。"

按:“西天"屬下句,應加專名線,指天竺。項楚已證,“‘西天以蠟人為驗'之說,如《說郛》卷一九載宋沈括《忘懷錄·伏蠟》:‘西方之教,結夏之時,隨其身之輕重,以蠟為其人。解夏之後,以蠟人為驗,輕重無差,即為念定而無妄想;其妄想者,氣血耗散,必輕於蠟人矣。'又‘蠟'通‘臘',如《釋氏要覽》卷下《入眾》:‘夏臘,即釋氏法歲也。凡序長幼,必問夏臘,多者為長,故云天竺以蠟人為驗焉。'"此論精當,可從。

（8）中華本第 937 頁：問："凡有言句，盡落有無，不落有無時如何？"師曰："東弗於逮。"

按："東弗於逮"，指佛經中的"四大洲"之一，位於須彌山東方咸海中。《法演語錄》卷中："將東弗於逮作一箇佛，南贍部州作一箇佛，西瞿耶尼作一箇佛，北郁單越作一箇佛。"本書卷二十《道場法全禪師》："三祖大師變作馬面夜叉，向東弗於逮、西瞿耶尼、南贍部洲、北鬱單越，却來山僧手裏。首身元來只是一條黑漆拄杖。還見麽？"所以，應加下劃綫。

（9）中華本第 973 頁：問僧："進離甚處？"曰："東京。"

按："東京"，地名，指洛陽。即今河南省洛陽市。東漢都洛陽，因在西漢故都長安之東，故稱"東京"。隋煬帝即位後，自長安遷都洛陽，亦稱洛陽為"東京"。當加專名線。

（10）中華本第 1018 頁：晚年以疾居池陽杉山庵，門弟子智才住臨平之佛日，迎歸侍奉。才如蘇城未還，師速其歸。

按："蘇城"應加下劃綫。

（11）中華本第 1078 頁：一切法無差，雲門胡餅趙州茶。黃鶴樓中吹玉笛，江城五月落梅花。

按："黃鶴樓中吹玉笛，江城五月落梅花"是雪峰思慧禪師借用李白《與史郎中欽聽黃鶴樓上吹笛》詩"一為遷客去上沙，西望長安不見家。黃鶴樓中吹玉笛，江城五月落梅花"中的後兩句，這是李白在乾元元年流放夜郎經過武昌時遊黃鶴樓所作。所以這裏的"江城"是指武昌，當加下劃綫。

（12）中華本第 1338 頁：識得這箇，更須買草鞋行腳。何也？到江吳地盡，隔岸越山多。

按："江"指長江，應加下劃線。

3.1.3　天地山河湖泊類該加專名線而未加

（1）中華本第 259 頁：師曰："洞庭湖水滿也未？"曰："未。"師曰："許多時雨水，為甚麼未滿？"

按："洞庭湖"當加專名線。

（2）中華本第 463 頁：師曰："師子石前靈水響，雞籠山上白猿啼。"

按："雞籠山"應加專名線，山名。再如卷二，牛頭山法融禪師：明年正月二十三日，不疾而逝，窆於雞籠山。

（3）中華本第 470 頁：問：“如何是妙用河沙？”師曰：“雲生碧岫，雨降青天。”

按：“河沙”，又可稱為“恒河沙”，“河”是“恒河”的簡稱，指數量眾多，“河”應加專名線，“恒河沙”又可簡稱為“恒沙”，“恒”下也應加專名線。

類似的用例如：第 573 頁：祗如諸方老宿，言教在世，如恒河沙，如來一大藏經，卷卷皆說佛理，句句盡言佛心……此蓋為腳跟下不明，若究盡諸佛法源，河沙大藏，一時現前，不欠絲毫，不剩絲毫。第 589 頁：上堂：“來這裏立，作甚麼？善知識如河沙數，常與汝為伴。行住坐臥，不相捨離。”第 702 頁：拄杖橫也挑括乾坤大地，缽盂覆也蓋却恒沙世界。第 786 頁：師示頌曰：“學者恒沙無一悟，過在尋他舌頭路。欲得忘形泯蹤跡，努力殷勤空裏步。”第 1009 頁：雖説徧恒沙，乃同遵一道。且問諸人，作麼生是一道？第 1027 頁：百千燈作一燈光，盡是恒沙妙法王。第 1314 頁：於中還有不謗者也無？談玄説妙河沙數，爭似雙峰謗得親。第 567 頁：上堂：“古聖方便猶如河沙，祖師道非風幡動，仁者心動，斯乃無上心印法門……”第 930 頁：師垂語曰：“會佛法如河沙，百草頭上道將一句來？”第 932 頁：問僧：“光明寂照遍河沙，豈不是張拙秀才語？”

（4）中華本第 787 頁：偈曰：“子時當正位，明正在君臣。未離兜率界，烏雞雪上行。”

按：“兜率”即兜率天的簡稱，佛教謂天分許多層，第四層叫兜率天。《法華經·勸發品》：“若有人受持讀誦，解其義趣，是人命終……即往兜率天上彌勒菩薩所。”又晉·法顯《佛國記》：“（佛鉢）到天竺已，當上兜術天上。”唐·白居易《祭中書韋相公文》：“靈鷲山中，既同前會；兜率天上，豈無後期？”所以，當加專名線。類似用例如：中華本第 1002 頁：且道兜率天宮，幾人行幾人坐？第 1351 頁：又被黐膠粘著。翻身直上兜率天，已是遭他老鼠藥。

（5）中華本第 973 頁：師曰：“還見天子也無？”曰：“常年一度出金明池。”

按：“金明池”，池名，在宋時開封西鄭門西北。《宋史·太宗紀一》：

"（太平興國三年）詔鑿金明池。"宋·孟元老《東京夢華錄·三月一日開金明池瓊林苑》："三月一日，州西順天門外，開金明池、瓊林苑，每日教習車駕上池儀範。"《水滸傳》第七十二回："金明池上三春柳，小苑城邊四季花。"又可省稱"金明"。宋·蘇轍《大雪三絕句》："連歲金明不見冰，上春風雪氣稜稜。"所以，應加專名線。

（6）中華本第979頁：問："昔日靈山記，今朝嗣阿誰？"師曰："楚山突兀，漢水東流。"

按："靈山"，靈鷲山的簡稱，因山形似鷲，而且山上鷲鳥又多，故名。位於摩竭陀國，王舍城東北。南朝齊·王融《淨行詩》之五："朝遊淨國侶，暮集靈山羣。"唐·劉禹錫《送僧元暠南遊》詩："彭澤因家凡幾世，靈山預會是前生。"孔厥、袁靜《新兒女英雄傳》第十五回："既到靈山，豈可不朝我佛。"趙樸初《訪雲岡石窟及華嚴寺》詩："彷彿靈山集海會，弟子或坐或立或語或默或悲或欣然。"原注："靈山，即靈鷲山，佛說法處。"所以，當加專名線。

（7）中華本第1003頁：師進後語，山曰："黃鶴樓前鸚鵡洲。"師於言下大悟，機鋒不可觸。

按："黃鶴樓"當加下劃綫。

（8）中華本第1003頁：上堂："三峽道無別，朝朝祇麼說。僧繇會寫真，鎮府出鑌鐵。"

按："三峽"應加下劃綫。

（9）中華本第1016頁：須彌頂上，不扣金鐘。畢缽巖中，無人聚會。

按："畢缽巖"即指畢缽羅窟，本書卷一，一祖摩訶迦葉尊者：涅槃經云：爾時世尊欲涅槃時，迦葉不在眾會，佛告諸大弟子，迦葉來時，可令宣揚正法眼藏。爾時迦葉在耆闍崛山畢缽羅窟睹勝光明，即入三昧，以淨天眼，觀見世尊於熙連河側，入般涅槃。乃告其徒曰："如來涅槃也，何其駛哉！"所以，當加下劃綫。

（10）中華本第1077頁：天竺茫茫何處尋？補陀巖上問觀音。

按："補陀巖"成詞，"巖"連上加下劃綫。金·元好問《雲巖》詩："世外元無種香國，海內真有補陁巖。"本書中其他章節就有如此標註的，如：卷十二《雲峯文悅禪師》：上堂："普賢行，文殊智，補陁巖上清風起，瞎驢趁隊過新羅，吉獠舌頭三千里。"卷十四《芙蓉道楷禪師》：良久曰："還會麼？休問補陀巖上客，鶯聲啼斷海山雲。"

（11）中華本第 1256 頁：龐居士舌拄梵天，口包四海，有時將一莖草作丈六金身？

按："梵天"加下劃綫。佛經中稱三界中的色界初三重天為"梵天"。其中有"梵眾天""梵輔天""大梵天"。多特指"大梵天"，亦泛指色界諸天。《百喻經·貧人燒粗褐衣喻》："汝今當信我語，修諸苦行，投巖赴火，捨是身已，當生梵天，長受快樂。"宋·洪邁《夷堅丁志·嵩山竹林寺》："知客曰：'渠適往梵天赴齋，少頃歸矣。'坐良久，望空中僧百餘，駕飛鶴，乘師了，或龍或鳳，冉冉而下。"相同須改正的用例：第 1273 頁：及冬至，秉拂昭覺元禪師出眾問云："眉間挂劍時如何？"師曰："血濺梵天。"

（12）中華本第 1263 頁：毗藍園內，右脅降生。七步周行，四方目顧。

按："毗藍園"，當爲"藍毗園"，乃世尊降生的地方，當加下劃綫。

3.1.4 佛寺、佛經名稱該加專名線而沒加

（1）中華本第 86 頁：祖曰："經有何過，豈障汝念？只為迷悟在人，損益由汝。聽吾偈曰：'心迷法華轉，心悟轉法華。誦久不明已，與義作讎家。'"

按：句中的兩處"法華"皆指《法華經》，全稱《妙法蓮華經》，應加專名線。類似的用例還有：第 1178 頁：僧問："心迷法華轉，心悟轉法華。未審意旨如何？"

（2）中華本第 95 頁：經云："凡所有相，皆是虛妄。"

按："經"是指《金剛經》，應加專名線。還有類似的例子，如：第 97 頁：經云："無相似，無比況，言語道斷，如鳥飛空。"第 356 頁：問楞巖大師："經中道：'若能轉物，即同如來。若被物轉，即名凡夫。'祇如升元閣作麼生轉？"

（3）中華本第 103 頁：師入堂白槌曰："父母俱喪，請大眾念摩訶般若。"

按："摩訶般若"，為《摩訶般若波羅蜜心經》的簡稱，當加專名線。

（4）中華本第 297 頁：舒州投子山大同禪師，本州島懷寧劉氏子。

幼歲依洛下保唐滿禪師出家。初習安般觀，次閱華嚴教，發明性海。

按："安般"，為《大安般守意經》的簡稱，"華嚴"，為《大方廣佛華嚴經》的簡稱，都應加專名線。

（5）中華本第 372 頁：師將疏鈔堆法堂前，舉火炬曰："窮諸玄辯，若一毫置於太虛。竭世樞機，似一滴投於巨壑。"遂焚之。

按："疏鈔"指前文的《青龍疏鈔》，當加專名線。

（6）中華本第 479 頁：僧問："燈傳鼓嶠，道化溫陵，不跨石門，請師通信。"

按："石門"應加專名線。《中國佛寺史志匯刊·第一輯·鼓山志》卷十二："石門亭在山門右五十步，壘石為門，始立寺，時有之，神晏云：'不跨石門。'即此。"

（7）中華本第 844 頁：父命陸仁璋於西關選勝地，建塔創院，改天台隱龍為隱跡。

按："隱跡"，即隱龍院，當加專名線。

（8）中華本第 1209 頁：歷淮浙，晚見五祖演和尚於海會，出問："未知關捩子，難過趙州橋。趙州橋卻不問，如何是關捩子？"

按："海會"，卷十九，白雲守端禪師："又遜居圓通，次徙法華龍門、興化海會，所至眾如雲集。"而五祖法演禪師又承白雲守端禪師法嗣，所以，例句中的海會當是興化海會寺，現位於安徽省太湖縣城東 15 公里白雲山麓。當加專名線。

（9）中華本第 1396 頁：瘞於橫山之塔，分骨歸葬萬年山寺。

按："萬年山寺"之"山寺"應連上加專名線。當指位於浙江天台縣萬年山，由普岸禪師於唐大和（827—835）年間創建，原名"平田禪院"的禪宗寺院。寺外八峰環立，為天台山著名古剎。

3.1.5 其他一些專有名詞該加專名線而沒加

（1）中華本第 4 頁：特示雙足化婆者，並說無常偈曰："諸行無常，是生滅法。生滅滅已，寂滅為樂。"

按："偈"，梵語"偈佗"的又稱。即佛經中的唱頌詞。每句三字、四字、五字、六字、七字以至多字不等，通常以四句為一偈。亦多指釋家雋永的詩作。"無常"，世間一切之法，生滅遷流，刹那不住，謂之無常。所以，"無常偈"應加專書號。

　　類似的用例還有：第 639 頁：師嘗作山中偈曰："橋上山萬層，橋下水千里。唯有白鷺鷥，見我常來此。""山中偈"應加專書號。第 96 頁：師乃說無修無作偈曰："見道方修道，不見復何修？道性如虛空，虛空何所修？遍觀修道者，撥火見浮漚。但見弄傀儡，線斷一時休。""無修無作偈"應加專名線。第 379 頁：又見洞山過水偈曰："切忌從他覓，迢迢與我疏。渠今正是我，我今不是渠。""過水偈"應加專名線。第 639 頁：師嘗作山中偈曰："橋上山萬層，橋下水千里。唯有白鷺鷥，見我常來此。""山中偈"應加專名線。第 649 頁：將示滅，說傳法偈曰："沿流不止問如何，真照無邊說似他。離相離名人不稟，吹毛用了急須磨。""傳法偈"應加專名線。第 4052 頁：忽大悟，乃別有男不婚、有女不嫁之偈曰："男大須婚，女長須嫁。討甚閑工夫，更說無生話。""有男不婚、有女不嫁"應加專名綫。如第 65 頁：師有安心偈曰："人法雙淨，善惡兩忘。直心真實，菩提道場。"

　　"偈"，又可稱"頌"，有時候又"偈頌"合稱，如：第 971 頁：鼎州普安道禪師，三句頌，函蓋乾坤曰："乾坤並萬象，地獄及天堂。物物皆真見，頭頭用不傷。"截斷眾流曰："堆山積嶽來，一一盡塵埃。更擬論玄妙，冰消解瓦摧。"隨波逐浪曰："辯口利舌問，高低總不虧。還知應病藥，診候在臨時。"按："函蓋乾坤""截斷眾流""隨波逐浪"乃三頌的名稱，其下應加專名線。

　　（2）中華本第 28 頁：闍夜多起塔。當新室十四年壬午歲也。

　　按："新室"，又曰"新"，王莽代漢稱帝，國號曰"新"。後因稱其王朝為"新室"。所以，不應只在"新"下加專名線，而是"新室"相連加專名線。

　　（3）中華本第 92 頁：慕道志儀第一。夫欲修道者，先須立志。及事師儀則，彰乎規則，故標第一，明慕道儀式。

　　按："慕道"指前"慕道志儀"，亦應加專名線，下文亦有"戒憍奢意""淨修三業""奢摩他頌""毗婆舍那頌""優畢義頌""三乘漸次""事理不二"等皆應加專名線。

　　（4）中華本第 801 頁：嶺曰："汝歸與疏山道，若將三錢與匠人，和尚此生決定不得塔。若將兩錢與匠人，和尚與匠人共出一只手。若將一錢與匠人，累他匠人眉須墮落。"

按：大嶺庵閑和尚讓僧帶給疏山的話語加上單引號：嶺曰："汝歸與疏山道：'若將三錢與匠人，和尚此生決定不得塔。若將兩錢與匠人，和尚與匠人共出一隻手。若將一錢與匠人，累他匠人眉須墮落。'"

（5）中華本第 833 頁：問："不落幹將手，如何是太阿？"

按："太阿"專指太阿寶劍，應加專名線。

（6）中華本第 1267 頁：祖以手作打仗鼓勢，操蜀音唱綿州巴歌曰："豆子山，打瓦鼓。楊平山，撒白雨。白雨下，取龍女。織得絹，二丈五。一半屬羅江，一半屬玄武。"

按："巴歌"應加下劃線。《昭明文選》卷四十五《戰國策宋玉對楚王問》："客有歌於郢中者，其始曰《下里巴人》，國中屬而和者數千人。"後遂以"巴歌"借指鄙俗之作，大多和"陽春白雪"相對比照，如：唐李群玉《自灃浦東遊江表途出巴秋投員外從公虞》："巴歌掩白雪，鮑肆埋蘭芳。"本書中也有加專名線的用例，如：卷六《洛浦元安禪師》："是以石人機似汝，也解唱巴歌。汝若似石人，雪曲也應和。"

（7）中華本第 1271 頁：一日，聞丐者唱蓮華樂云："不因柳毅傳書信，何緣得到洞庭湖？"

按："蓮華樂"，歌名，當加下劃綫。又作"蓮花落"，民間曲藝的一種。舊時本為乞丐所唱。後出現專業演員，演唱者一二人，僅用竹板按拍。元·關漢卿《救風塵》第一折："我嫁了安秀才呵，一對兒好打蓮花落。"《二刻拍案驚奇》卷二二："只得作一長歌，當做似蓮花落滿市唱著乞食。"

3.2 不該加專名線而誤加

這種情況既包括整箇詞語不該加專名線，也包括部分字詞不該連上加專名線。現列例如下：

（1）中華本第 33 頁：唯禪定師達磨達者，聞四眾被責，憤悱而來。

按："者"下專名線應刪，"達磨達"為人名，"者"只是判斷標誌，後有"達磨達蒙祖開悟，心地朗然。"為本證。

（2）中華本第 94 頁：第所見雪峯，非真覺存也。

按："真覺"下專名線應刪，"存"指學峯義存禪師，本書卷七，學峯義存禪師有專章記載。

（3）中華本第 120 頁：於是悟法華三昧、獲旋陁羅尼，見靈山一會，儼然未散。

項楚按："旋陁羅尼"是《妙法蓮華經》的"三陀羅尼"之一，即智慧之力，並非篇章名，書名號應刪。《妙法蓮華經·普賢菩薩勸發品》："爾時受持讀誦《法華》者，得見我身，甚大歡喜，轉復精進，以見我故，即得三昧及陀羅尼，名為旋陀羅尼、百千萬億旋陀羅尼、法音方便陀羅尼。"項先生所論精當，當從。

（4）中華本第132頁：師令維那白椎告眾，食後送亡僧。大眾聚議，一眾皆安，涅槃堂又無病人，何故如是？

按："維那"是僧職名稱，不是專有名詞，下劃綫當刪；"涅槃堂"下專名線刪，不是專名，而是禪林中病僧用以遼病、休養之所，又可稱"延壽寮、將息寮、省行堂、重病閣（閤）、無常院（堂）"。"涅槃堂""延壽堂"下專名線都應刪去。《釋氏要覽》卷下《瞻病》："無常院，《西域傳》云：'祇園西北角，日光沒處，為無常院。若有病者，當安其中。意為凡人內心，貪著房舍衣鉢道具，生戀著，心無厭背故。制此堂，令聞名見題，悟一切法，無有常故。（今稱延壽堂、涅盤堂者，皆後人隨情愛名之也。）'"《禪林寶訓音義》云："延壽堂，撫安老病之所也。古者叢林老僧送安樂堂，病者送延壽堂也，又今涅槃堂是。"第132頁"大眾聚議，一眾皆安，涅槃堂又無病人，何故如是？"第242頁：師攜一小青竹杖，入西院法堂，院遙見笑曰："入涅槃堂去。"師應諾，輪竹杖而入。第813頁：師被打歸延壽堂，曰："是則是，打我太煞。"第1161頁：言訖，示寂於最樂堂。茶毗收骨，塔於乳峰之下。第1262頁：師嘗題語於龍門延壽壁間曰："……""涅槃堂""延壽堂""最樂堂"下專名線刪。第421頁"和尚卻替這僧入涅槃堂始得。"第501頁"直得成病入涅槃堂"又沒加專名線，可見校者把握標準不統一。

（5）中華本第187頁：言訖，枕於公膝而化。遺命焚棄江湖，緇白傷悼。謂禪門龐居士，即毗耶淨名矣。

按："禪門"下劃線應刪，即佛教、禪宗一派，是泛稱，不是專有名詞。

（6）中華本第288頁：問："風生浪起時如何？"師曰："湖南城裏太煞鬧，有人不肯過江西。"

按："湖南城"之"城"下專名線應刪，只有湖南，而沒有湖南城這一說法。

（7）中華本第 300 頁：頭明日伺得無人，又來。師曰："近前來!"頭進前，師曰："輒不得舉似於人。"

按："頭"指菜頭，僧職，寺院中專門負責菜蔬供應的職事僧。專名線應刪。前有"今日老僧腰痛，菜頭請益"句。《景德傳燈錄》卷六《禪門規式》："主飯者目為飯頭，主菜者目為菜頭，他皆仿此。"

（8）中華本第 348 頁：郢州桐泉山禪師或作潼泉山禪師參黃山

按："或作"義為或者稱作，其下專名線刪。

（9）中華本第 370 頁：道悟，姓張氏，婺州東陽人，十四出家，依明州大德祝髮，二十五受戒於杭州竹林寺。

按："大德"是對禪法高深、有德之士的尊稱，其下專名線應刪。

（10）中華本第 478 頁：問："如何是延平津?"師曰："萬古水溶溶。"曰："如何是延平劍?"師曰："速須退步。"曰："未審津與劍是同是異?"師曰："可惜許!"

按："延平津"之"津"下專名線應刪。卷八，報恩寶資禪師：問："去卻賞罰，如何是吹毛劍?"師曰："延平屬劍州。"曰："恁麼則喪身失命去也。"卷八，黃龍智顒禪師：僧問："如何是諸佛之本源?"師曰："即此一問是何源?"曰："恁麼則諸佛無異去也。"師曰："延平劍已成龍去，猶有刻舟求底人。"

（11）中華本第 546 頁：武肅錢王異之，遣裨將邵志重加封瘞，至皇朝嘉定庚辰，遷於淨慈山智覺壽禪師塔左。

按："邵志重"之"重"專名線應刪，"重加"成詞，義為再一次。上文有"天福二年宣城帥田頵應杭將許思叛渙，縱兵大掠，發師塔，覷肉身不壞，爪髮俱長"。可知，師塔因兵禍被毀，遺體暴露，所以，才有重加收斂修繕的行為。《宋高僧傳》卷十二《唐杭州龍泉院文喜傳》："武肅王奇之，遣裨將邵志祭，後重封瘞焉。"

（12）中華本第 615 頁：問："如何是華嚴境?"師曰："滿目無形影。"

按："華嚴"即本小節所載華嚴慧達禪師，"境"下專名線應刪。類似的用例還有：第 845 頁：問："如何是青䂬境?"師曰："三冬華木秀，九夏雪霜飛。""青䂬"指青䂬如觀禪師，卷十三，青䂬如觀禪師有專章記載；第 665 頁：問："如何是寶應主?"師曰："杓大盌小。""寶應"
即南院慧顒禪師，即本小節所載，所以，"主"下專名線應刪。

(13) 中華本第 631 頁：曰："如何是境中人?"師曰："童行仔子。"

按："童行仔子"義為未成年的沙彌，屬泛稱，"并非人名，專名線
刪。'童行'指禪寺中尚未得度指童子，以其年少，故稱'仔子'。"① 專
名線應刪。《宋史·食貨志上》："遺棄小兒，雇人乳養，仍聽宮觀寺院，
養爲童行。"《宏智廣錄》卷三："南園一日自燒浴。僧問：'和尚何不使
沙彌童行?'"《五燈嚴統》卷十《潭州雲蓋用清禪師》也作：曰："如何
是境中人?"師曰："童行仔子。"

(14) 中華本第 655 頁：師又曰："大庾嶺頭佛不會，黃梅路上沒
眾生。"

按："黃梅"指六祖弘忍大師，"路"下專名線應刪。

(15) 中華本第 669 頁：化曰："適來若是別人，三十棒一棒也較
得。何故? 為他旻德會一喝不作一喝用。"

按："旻德"即本小節所載澄心旻德禪師，"他"是指示代詞，"他
旻德"之"他"專名線應刪。

(16) 中華本第 757 頁：上堂："古者道，一釋迦，二元和，三佛陀，
自餘是甚麼椀脫丘。慧光即不然，一釋迦，二元和，三佛陀，總是椀脫
丘，諸人還知慧光落處麼? ……"

按："椀脫丘"之"丘"本沒有加專名線，後加專名線概受項楚先生影
響，"'丘'下加專名線，指孔丘"②。雷漢卿先生運用傳世文獻與現代方言
相佐證，認為："禪籍中屢屢說到'什麼椀'、'甚麼椀'，其中的'椀'
即'椀蹉丘'、'椀脫丘'的省略。"③ "'椀脫丘'是用碗脫成的土坯。用
碗脫成的土坯很小，產集中含有輕蔑的意思，相當於說'什麼東西'或
'什麼玩意兒'"④ 項先生所論似可商榷，雷先生所解釋意義更為可信。

---

① 項楚：《〈五燈會元〉點校獻疑三百例》，原載《古籍整理出版情況簡報》1987 年第 172
期。後選入《柱馬屋存稿》，商務印書館 2003 年版。
② 項楚：《〈五燈會元〉點校獻疑三百例》，原載《古籍整理出版情況簡報》1987 年第 172
期。後選入《柱馬屋存稿》，商務印書館 2003 年版。
③ 雷漢卿：《禪籍方俗詞研究》，巴蜀書社 2010 年版，第 539 頁。
④ 雷漢卿：《禪籍方俗詞研究》，巴蜀書社 2010 年版，第 539 頁，第 107 頁。

（17）中華本第 806 頁：法眼別云：“飽叢林。”

按："法眼"即清涼文益禪師，謚號為大法眼禪師。除了"法眼別云"外，還有"法眼代云""法眼云"等形式，如：卷三，南泉普願禪師：保福代云："比來拽磨，如今却不成。"法眼代云："恁麼卽不拽也。"卷九，潙山靈祐禪師：曹山代云："若令侍者喚，恐不來。"法眼云："適來侍者喚。"所以，"別"下專名線應刪。

（18）中華本第 810 頁：鏡清問："如何是少父？"師曰："無標的。"曰："無標的以為少父邪？"師曰："有甚麼過？"曰："祇如少父作麼生？"

按："少父"下專名線應刪。"少父"乃年輕的父親之義，不是人名，此乃不明"少父老兒"之典故誤加。《妙法蓮華經·從地湧出品》第十五："世尊，如此之事，世所難信。譬如有人，色美髮黑，年二十五，指百歲人，言是我子。其百歲人，亦指年少，言是我父，生育我等，是事難信……爾時彌勒菩薩欲重宣此義，而說偈言：佛得道甚近，所成就甚多，願為除眾疑，如實分別說。譬如少壯人，年始二十五，示人百歲子，髮白而面皺，是等我所生。子亦說是父，父少而子老，舉世所不信。"

（19）中華本第 944 頁：僧問："金粟如來為甚麼却降釋迦會裏？"師曰："香山南，雪山北。"

按："釋迦會"之"會"的下劃綫應刪去。

（20）中華本第 945 頁：棲止雲居弘覺禪師塔所，四方學者奔湊，因稱古塔主也。

按："雲居弘覺禪師塔"之"塔"的下劃綫應刪去。

（21）中華本第 1126 頁：師因知事紛爭，止之不可，乃謂眾曰："領眾不肅，正坐無德，吾有愧黃龍。"敘行腳始末曰："吾滅後火化，以骨石藏普同塔，明生死不離清眾也。"

按："行腳始末"不是專有名詞，義為外出化緣參禪的起始結束的因緣，其下專名線應刪去，并用逗號點斷。

（22）中華本第 1224 頁：殿脊老蚩吻，聞得呵呵笑。三門側耳聽，就上打之繞。

按："三"下專名線應刪，"三門"指寺院的大門。《釋氏要覽·住處》："凡寺院有開三門者，只有一門亦呼三門者，何也？《佛地論》云：

'大宮殿，三解脫門爲所入處。大宮殿喻法空涅槃也，三解脫門謂空門、無相門、無作門。'今寺院是持戒修道、求至涅槃人居之，故由三門入也。"北周·庾信《至老子廟應詔》詩："三門臨苦縣，九井對靈谿 。"元·王實甫《破窯記》第二折："呀！他在我三門下寫下兩句詩。"明·何景明《遊洪法寺塔園土山》詩："三門上炭業，玉柱撐雲露。"

（23）中華本第 1284 頁：問："昔年三平道場重興，是日圓悟高提祖印，始自師傳。如何是臨濟宗？"師曰："殺人活人不眨眼。"

按："道場"，講禪說法的場所，《南史·隱逸傳下·庾詵》："晚年尤遵釋教，宅內立道場，環繞禮懺，六時不輟。"《太平廣記》卷四三〇引唐·裴鉶《傳奇·馬拯》："佛室內道場嚴潔，果食馨香。"所以，"道場"不是專有名詞，其下專名線應刪。

3.3 專名線前後使用不統一

中華本中關於專有名詞加專名線這一問題，沒有做到前後標準統一，這在前面例子的討論中也有涉及，這裏單列出一些典型用例。

（1）中華本第 8 頁：乃問曰："爲是梵王邪？帝釋邪？山神邪？河神邪？"

中華本第 14 頁："又詣梵王，求其解免。""梵王曰：'汝可歸心尊者，即能解斷。'"

按："梵王"下應加下劃線。梵王乃大梵天王之異稱也。又總稱色界之諸天。《法華經·方便品》曰："諸梵王及諸天帝釋。"《毗奈耶雜事》卷二十曰："梵王捧傘，天帝持拂。"

（2）中華本第 21 頁：復告之曰："如來大法眼藏，今當付汝。"

中華本第 9 頁：文殊大智士，深達法源底。自手握利劍，持逼如來身。

按："如來"下當加下劃線。須加下劃線的用例還有：第 77 頁：師曰："本有之物，物非物也。所以道心能轉物，即同如來。"第 89 頁：無有青黃長短，但見本源清淨，覺體圓明，即名見性成佛，亦名極樂世界，亦名如來知見。第 226 頁：對曰："沙門釋子，禮佛轉經，蓋是住持常法，有四報焉。然依佛戒修身，參尋知識，漸修梵行，履踐如來所行之跡。"第 343 頁：問："如何得生如來家？"師曰："披衣望曉，論劫不明。"第 344 頁：曰："如何是不坐如來座？"師曰："抱頭石女歸來晚，祇園會裏沒蹤由。"第399頁：崇壽稠別長生云："喚甚麼作如來？"第504頁：問："若能轉物，即同如來。未審轉甚麼物？"師曰："道甚麼！"僧擬進語，師曰："這漆桶！"第539頁：曰曰："如來路上無私曲，便請玄音和一場。"第568頁：問："如何是轉物即同如來？"師曰："汝喚甚麼作物？"曰："恁麼則同如來也。"第584頁：師曰："欲得不招無間業，莫謗如來正法輪。"第693頁：問："若能轉物，即同如來。萬象是物，如何轉得？"第730頁：行菩薩慈，安眾生故。行如來慈，得如相故。第1201頁：無相如來示現身，破魔兵眾絕纖塵。七星斜映風生處，四海還歸舊主人。第1215頁：過去諸如來，斯門已成就。好事不如無。現在諸菩薩，今各入圓明。

（3）中華本第308頁：潭州道正表聞馬王，乞師論義，王請師上殿相見。茶罷，師就王乞劍，師握劍問道正曰："你本教中道，恍恍惚惚，其中有物，是何物？杳杳冥冥，其中有精，是何精？道得不斬，道不得即斬。"道正茫然，便禮拜懺悔。

按："潭州道正"和"道正茫然"之"道正"加了專名線，而後句"握劍問道正"之"道正"則沒有加。"道正"，是道觀的住持，觀主。宋·蘇軾《乞椿官錢氏地利房錢修表忠觀及墳廟狀》："勘會當州天慶觀道正通教大師錢自然，本錢氏直下子孫，欲令錢自然永遠住持。"禪宗也可能用該詞職稱寺院的主持，所以不當加專名線。

（4）中華本第472頁：問："曹溪一路，請師舉揚。"師曰："莫屈著曹溪麼？"曰："恁麼則群生有賴。"

按：前"曹谿"加了專名線，後"曹谿"又沒加。當加。

（5）中華本第1000頁：廬山開先善暹禪師，臨江軍人也。操行清苦，徧遊師席，以明悟為志。

中華本第1001頁：吉州禾山楚材禪智禪師，臨江軍人也。

按："臨江軍"之"軍"應連上加專名線。《元史》卷六十二："臨江路：唐改建成為高安，而蕭灘鎮實高安境內。南唐升鎮為清江縣，屬洪州，後又屬筠州，宋即清江縣，置臨江軍，隸江南西道。"另，本書卷十有臨江軍慧力院紹珍禪師，卷十二有臨江軍慧力慧南禪師、臨江軍慧力善周禪師，卷十四有臨江軍慧力悟禪師，可為本證。

（6）中華本第382頁：師曰："大王何不蓋取一所空王殿？"曰："請

師樣子。"

　　中華本第 1117 頁：推倒慈氏樓，拆卻空王殿。靈苗瑞草和根拔，滿地從教荊棘生。

　　按："空王殿"，另外卷十三《百丈安禪師》：問："如何是極則處?"師曰："空王殿裏登九五，野老門前不立人。"卷十四《石門元易禪師》："於斯明得，始知夜明簾外，別是家風，空王殿中，聖凡絕跡。"也沒加專名線。"空王殿"意指空無虛有，不是實實在在存在的殿堂，不應加專名線。如：《佛日普照慧辯楚石禪師語錄》卷五："撥轉向上關，戳瞎頂門眼，拋却空王殿，卸下本來衣，猶未是衲僧受用處。還委悉麼?"

第五章

綜合類

第一節　斷句和標點錯誤並存

在一句話或者一段不長的對話中，出現了斷句和標點錯誤並存的用例，統計如下：

（1）中華本第 95 頁：志明禪師問："若言無心是道，瓦礫無心亦應是道？"又曰："身心本來是道，四生十類皆有身心，亦應是道。"

按："瓦礫無心亦應是道"應在"心"後點斷，句尾問號改為句號。與下句句式相同。

（2）中華本第 114 頁：舍利佛問須菩提夢中說六波羅蜜與覺時同異，提曰："此義深遠，吾不能說。會中有米勒大士，汝往彼問。"

按：此小段是舍利佛與須菩提之間的問答對話，第一句中"夢中說六波羅蜜與覺時同異"是問話，應在"須菩提"後點斷，加冒號、雙引號，句尾逗號改為問號。如是標點：舍利佛問須菩提："夢中說六波羅蜜與覺時同異？"

（3）中華本第 116 頁：秦跋陀禪師，問生法師講何經論，生曰："大涅槃經。"

按：此小段是秦跋陀禪師與生法師之間的對話，"講何經論"乃跋陀禪師所問，應在"問"後加冒號、雙引號，句尾逗號改為問號。此句後還有：師又問："別講何經論？"曰："大涅盤經。"

（4）中華本第 123 頁：國子監助教徐嶽問祖師西來意。師曰："街頭東畔底。"

按：這兩句話是徐嶽與法華志言大士之間的問答對話，"問"後應點斷，加冒號、雙引號，句尾句號改為問號。爲：國子監助教徐嶽問："祖師西來意?"

（5）中華本第168頁：羅山云："陳老師當時若見背上與五火抄，何故為伊解放不解收?"玄沙云："我當時若見，也與五火抄。"雲居錫云："羅山、玄沙總恁麼道，為復一般，別有道理，若擇得出許上座佛法有去處。"玄覺云："且道玄沙五火抄，打伊著不著。"

按：羅山所云"若見"後用逗號點斷，"何故"後用問號點斷；雲居錫所云"為復一般，別有道理"為選擇疑問句，逗號應改為問號；玄覺所云"打伊著不著"亦為一問句，句尾句號應改為問號。

（6）中華本第190頁：還知麼?急須努力，莫容易事，持片衣口食，空過一生。明眼人笑汝，久後總被俗漢筭將去在。宜自看遠近，是阿誰面上事。若會卽便會，若不會卽散去。珍重！

按："事"屬下句，"事持"成詞。意為：使用、持用。語錄中習見。《古尊宿語錄》卷三十七《襄州洞山第二代初禪師語錄》："禪德，洞山尋常道：'待我家園麥熟，事持磨面作箇餕餡。'"《聯燈會要》卷十一，鼎州德山宣鑒禪師："仁者，老漢只恐諸子，墜坑落塹，作薄福業，事持唇嘴，得少為足。"《建中靖國續燈錄》卷七《湖州廣法禪院源禪師》："問：'師子未出窟時如何?'師云：'事持牙爪。'"在禪宗語錄中，由"持"作為後置構詞語素構成的詞很多，如：任持、記持、護持、傳持、奉持、勞持、軌持、修持、受持、扶持、提持等。

"是阿誰面上事"，"阿誰"為疑問詞，該句為問句，句尾句號應改為問號。

（7）中華本第208頁：問："如何是諸佛師?"師曰："不可更拗直作曲邪。"曰："請和尚向上說。"師曰："闍黎眼瞎耳聾?"作麼遊山歸，首座問："和尚甚處去來?"師曰："遊山來。"

按："作麼游山歸"不解，"作麼"應歸上句，放在"耳聾"後，且用逗號點斷。標作：師曰："闍黎眼瞎耳聾，作麼?"遊山歸，首座問："和尚甚處去來?"

（8）中華本第210頁：僧問南泉道："三世諸佛不知有，狸奴白牯卻知有。為甚麼三世諸佛不知有?"師曰："未入鹿苑時，猶較些子。"

按：僧問的不是南泉，而是長沙景岑禪師，僧語內容是以南泉所語作為話頭，來提出自己的問題，類似的還有用南泉所語作為話頭來教化學僧的，如：卷十八，人溈智禪師：上堂，舉：“南泉道：‘三世諸佛不知有，狸奴白牯却知有。’”師曰：“三世諸佛既不知有，狸奴白牯又何曾夢見？……”所以應在“僧問”後點斷，加冒號、雙引號，南泉所語從“三世”至“知有”的雙引號改為單引號，如是點斷：僧問：“南泉道：‘三世諸佛不知有，狸奴白牯却知有。’為甚麼三世諸佛不知有？”

（9）中華本第 231 頁：師問一長老：“若有兄弟來，將何祇對？”曰：“待他來。”師曰：“何不道曰：和尚欠少甚麼？”師曰“請不煩葛藤。”

按：這段話是睦州陳尊宿與長老之間的對話，二人一問一答，所以，“何不道”為陳尊宿語，其後應點斷，加問號。而“和尚欠少甚麼”為長老語，所以應作如是點斷：師曰：“何不道？”曰：“和尚欠少甚麼？”

（10）中華本第 287 頁：東禪齊云：“祇如雪峰是會石霜意不會石霜意？若會，他為甚麼道死急。若不會，雪峰作麼不會？

按：第一箇“不會”前用問號點斷，是“會……？不會……？”格式的選擇疑問句；“死急”後句號應改為問號，“為甚麼”是該句的疑問詞。

（11）中華本第 355 頁：茶陵鬱山主，不曾行脚，因廬山有化士至，論及宗門中事，教令看僧問法燈：“百尺竿頭，如何進步？”燈云：“惡。”

按：“教令看”後皆為引語，當點斷，加冒號、雙引號，僧問法燈為引語，其內的所有雙引號改為單引號，應如是標斷：教令看：“僧問法燈：‘百尺竿頭，如何進步？’燈云：‘惡。’”

（12）中華本第 357 頁：居士問洞山道：“有一物上拄天，下拄地，未審是甚麼物？”師曰：“擔鐵枷，吃鐵棒。”

按：這是居士與東山雲頂禪師之間的對話，居士引用洞山所語作為話頭，提出自己的問題，所以應在“居士問”後點斷，加冒號、雙引號；“有一物”至“下拄地”為洞山所說話，“下拄地”後逗號改為句號，并加單引號。應如是點斷：居士問：“洞山道：‘有一物上拄天，下拄地。’未審是甚麼物？”

（13）中華本第 365 頁：廣南有僧住庵，國主出獵，左右報庵主，大王來，請起。主曰：“非但大王來，佛來亦不起。”

按：“庵主，大王來，請起。”當為左右所報語，所以應在“報”後點斷，加冒號、雙引號，如是點斷：左右報：“庵主，大王來，請起。”

（14）中華本第 365 頁：昔有道流，在佛殿前背佛而坐。僧曰："道士莫背佛。"道流曰："大德本教中道，佛身充滿於法界，向甚麼處坐得？"僧無對。

按："大德"是對德行禪法高超之人的尊稱，其後應點斷，"佛身充滿於法界"是教中語，應加單引號，"道"後逗號應改為冒號；"向甚麼處坐得？"是道流自己的話語，所以應斷作：道流曰："大德，本教中道：'佛身充滿於法界'，向甚麼處坐得？"

（15）中華本第 379 頁：師一向坐禪，一日喚曰："師兄！師兄！且起來。"頭曰："作甚麼？"師曰："今生不著便，共文邃箇漢行腳，到處被他帶累。今日到此，又祇管打睡？"頭喝曰："嗑！眠去。每日牀上坐，恰似七村裏土地，他時後日魔魅人家男女去在。"

按："又祇管打睡？"是陳述語，"打睡"後問號應改為句號；"嗑"後嘆號應刪去，"嗑眠去"為一句話。"'嗑眠'即貪睡，語含貶義，'嗑眠去'好比罵人'挺屍去'。"①

（16）中華本第 418 頁：僧舉拳曰："不可喚作拳頭也。"師不肯，亦舉拳別云："祇為喚這箇作拳頭，出世困山。"後閩帥命居安國，大闡玄風。

按："出世困山"是安國弘瑫禪師的行為，並不是他說的話，應移出引號，其後句號改逗號，"拳頭"後逗號改句號。如是標註：師不肯，亦舉拳別云："祇為喚這箇作拳頭。"出世困山。

（17）中華本第 418 頁：問："如何是第一句？"師曰："問，問，問，學人上來，未盡其機，請師盡機。"師良久，僧禮拜。

按：這是學僧與安國弘瑫禪師之間的對話，一問一答，師第一次的答語只是兩箇"問"字，而"學人上來，未盡其機"是學僧的再一次發問。所以，在"師曰"後的三箇"問"字中的第二箇"問"字後的逗號應改為句號，且雙引號止於此；而第三箇"問"後逗號改為冒號，加雙引號。如是點斷：師曰："問，問。"問："學人上來，未盡其機，請師盡機。"

---

① 項楚：《〈五燈會元〉點校獻疑續補一百例》，原載《季羨林教授八十華誕紀念論文集》，江西教育出版社 1991 年版，後載入《柱馬屋存稿》，商務印書館 2010 年版。

（18）中華本第 447 頁：一日，同中塔侍玄沙，沙打中塔一棒曰："就名就體。"中塔不對。

按：玄沙所語為選擇疑問句，"就名就體"中間應用問號點斷，句尾句號改問號。如是點斷：沙打中塔一棒曰："就名？就體？"

類似的用例還有：第 782 頁：問僧："甚處去來？"曰："制鞋來。"師曰："自解依他。"曰："依他。"按："自解依他。"當標作：師曰："自解？依他？"曰："依他。"第 824 頁：問："路逢達道人，不將語默對。未審將甚麼對？"師曰："要踢要拳。"按："要踢要拳。"當標作："要踢？要拳？"第 1200 頁："祇如巖頭言末後句，是有邪是無邪？""是有邪是無邪？"中間應用問號點斷。第 206 頁：問："學人有疑時如何？"師曰："大宜小宜。"曰："大疑。"師曰："大宜東北角，小宜僧堂後。""大宜小宜。"標作："大宜？小宜？"第 285 頁：師曰："道如展手，佛似握拳。"曰："畢竟如何的當，可信可依。"師以手撥空三下曰："無恁麼事，無恁麼事。"中間學僧所說的話當斷為："畢竟如何的當？可信？可依？"

（19）中華本第 452 頁：乃問鼓山："臥龍法席，孰當其任？"鼓山舉城下宿德具道眼者十有二人，皆堪出世。王亦默之。

按：此小段為王氏與鼓山的對話，所以"舉"後應點斷，加冒號、雙引號，從"城下"至"出世"放入雙引號內。如是點斷：鼓山舉："城下宿德具道眼者十有二人，皆堪出世。"

（20）中華本第 585 頁：乃曰："……上座不見古人道，一人發真歸源，十方虛空悉皆消殞。……"

按："上座"稱呼語，其後應點斷；"古人道"作為前人古訓的標識語，其後逗號應改為冒號，并加單引號，從"一人"至"消殞"放入單引號內。

（21）中華本第 653 頁：山大笑，師哭蒼天，便下參堂。

按：此句應是三聖慧然禪師以哭著喊"蒼天"來應對德山禪師的大笑，所以應如是點斷：師哭："蒼天！"

（22）中華本第 668 頁：師又召僧進前來，僧進前，師曰："去，非吾眷屬。"

按：此句是寶壽和尚與學僧之間的機鋒對答，只不過學僧只有動作語，而沒有話語。"近前來"是寶壽和尚說的話，後面接著學僧才"近前"，所以應如是點斷：師又召僧："近前來。"

（23）中華本第 739 頁：上堂："穿雲不渡水，渡水不穿雲。乾坤把定不把定，虛空放行不放行。橫三豎四，乍離乍合，將長補短，即不問汝諸人，飯是米做一句，要且難道。"

按："意思是說，'橫三豎四'等等複雜問題姑且置而不問，汝諸人即便是連'飯食米做'這樣簡單的道理也說不上來。"① 應如是點斷：橫三豎四、乍離乍合、將長補短即不問，汝諸人飯是米做一句要且難道。

（24）中華本第 786 頁：師不安，令沙彌傳語雲居，乃囑曰："他或問和尚安樂否，但道雲巖路相次絕也。汝下此語須遠立，恐他打汝。"

按：囑咐語內有假設性的對話，所以"他或問"後加冒號、單引號，"和尚安樂否"後逗號改為問號，并放入單引號內；"但道"後也是加冒號、單引號，"雲巖路相次絕也"加入單引號。如是點斷：乃囑曰："他或問：'和尚安樂否？'但道：'雲巖路相次絕也。'汝下此語須遠立，恐他打汝。"

（25）中華本第 875 頁：嘗讀諸林菩薩偈，至即心自性，猛省曰："法離文字，寧可講乎。"即棄遊宗席。

按："即心自性"是菩薩偈的內容，當加雙引號，其後逗號刪除，"猛省"都用逗號點斷。

（26）中華本第 966 頁：師曰："大容近日作麼生？"曰："近來合得一甕醬。"師喚沙彌將一椀水來，與這僧照影。

按：後面一句當是連州寶華和尚呼叫沙彌的一句話，所以"將一椀水來，與這僧照影"乃寶華和尚所語。應如是點斷：師喚沙彌："將一椀水來，與這僧照影。"

（27）中華本第 1261 頁：悟曰："祇如他道，鐵輪天子寰中旨意作麼生？"師曰："我道帝釋宮中放赦書。"

按："旨"後應點斷。改為：悟曰："祇如他道：'鐵輪天子寰中旨。'意作麼生？"

---

① 項楚：《〈五燈會元〉點校獻疑續補一百例》，原載《季羨林教授八十華誕紀念論文集》，江西人民出版社 1991 年版，後載入《柱馬屋存稿》，商務印書館 2010 年版。

（28）中華本第 1280 頁：問："雪峰道，盡大地攝來如粟米粒大，拋向面前漆桶。不會打鼓，普請看。未審此意如何？"

按：其一，這是引用雪峰所語為話頭，來參考學僧的，所以"學峰道"後逗號應改為冒號、單引號，從"盡大地"至"普請看"放入單引號；其二，雪峰說的話在卷七《雪峰義存禪師》下有記載：上堂："盡大地攝來如粟米粒大，拋向面前，漆桶不會，打鼓普請看！"所以，"漆桶"和"打鼓"都應屬下句。點作：問："雪峰道：'盡大地攝來如粟米粒大，拋向面前。漆桶不會，打鼓普請看。'未審此意如何？"

（29）中華本第 1360 頁：師以書復打一下，曰："接時，圓悟與佛眼見。"悟曰："打我首座死了也。"佛眼曰："官馬廝踢，有甚憑據？"

按：靈岩仲安禪師"打"後說的話只有一箇字，即"接"，表層意義為讓首座接過禪機，深層意義為促使其頓悟，而"時"後逗號應刪去，"時圓悟與佛眼見"為句中陳述語，後面纔出現圓悟和佛眼所說的話。應如是點斷：師以書復打一下，曰："接。"時圓悟與佛眼見……

（30）中華本第 113 頁：於是文殊又問維摩："仁者當說何等是菩薩入不二法門！"維摩默然。

按："仁者"為稱呼語，其後應點斷，"何等"表示疑問，句尾嘆號應改為問號。

（31）中華本第 650 頁：一日覺喚院主："我聞你道，向南方行腳，一遭拄杖頭，不曾撥著一箇佛法底。你憑箇甚麼道理，與麼道？"

按："我聞你道"後面刪逗號應改為冒號、單引號，從"向南方"至"佛法底"為院主興化存獎禪師說的話，應放入單引號，另外，"一遭"即一次，屬上句，這句話在本小節既有說過：常曰："我向南方行腳一遭，拄杖頭不曾撥著一箇會佛法底人。"

（32）中華本第 260 頁：玄覺云："且道長慶會藥山意不會藥山意。"

按：該句的格式為："V……？不 V……？"所以，"不會"前應用問號隔開，句尾的句號改為問號。

第二節　斷句和專名線問題

在不長的一段對話中，句子的點斷和專名線的誤用雜糅存在，整理

如下:

(1) 中華本第 191 頁:上堂:"……安在溈山三十來年,吃溈山飯,屙溈山屎,不學溈山禪,祇看一頭水牯牛,若落路入草,便把鼻孔拽轉來,纔犯人苗稼,即鞭撻。"

按:兩處"安"指長慶大安禪師,即本小節所載禪師,應加專名線;"所以"屬下,表結果的連詞。

(2) 中華本第 294 頁:尋常老僧道,目睹瞿曇,猶如黃葉,一大藏教是老僧坐具。祖師玄旨是破草鞋,寧可赤腳不著最好。

按:"瞿曇"應加專名線;"赤腳"後應用逗號點斷。

(3) 中華本第 301 頁:師問:"甚麼處來?"韶曰:"江北來。"師曰:"船來陸來?"曰:"船來。"師曰:"還逢見魚鱉麼?"曰:"往往遇之。"師曰:"遇時作麼生?"韶曰:"咄!縮頭去。師大笑。"

按:古代"江"專指長江,應加專名線;"船來陸來"為選擇疑問句,中間用問號點斷;"師大笑"不是韶國師所語,是指白雲山約禪師大笑,當移出引號外。

(4) 中華本第 607 頁:僧問:"叢林舉唱曲為今時,如何是功臣的的意?"師曰:"見麼?"

按:四字格句式,"唱"後應點斷;"功臣"是指卷八所載的功臣道閑禪師,當加專名線。

(5) 中華本第 673 頁:院擲下棒曰:"今日被黃面浙子鈍置一場。"師曰:"和尚大似持缽不得,詐道不饑。"

按:本小節記載風穴延沼禪師,是余杭人,即浙江人,所以才有"浙子"一說,"浙子"之"子"專名線當刪;同時"不得"屬下。

(6) 中華本第 772 頁:紹興庚申冬,信守以超化律革為禪迎為第一祖。師語專使曰:"吾初無意人間,欲為山子,正為宗派耳。然恐多不能往受請已。"取所藏渤潭繪像與木庵二字,仍書偈囑清泉亨老寄得法弟子慧山曰:"口觜不中祥老子,愛向叢林鼓是非。分付雪峰山首座,為吾痛罵莫饒伊。"

按:此段點斷問題較多:第一,"超化"乃寺院名,加專名線,第 1063 頁有"清獻趙公命開法於越州福果、衢州超化、海會、靈曜四剎"。"禪"後應點斷,是說信守把超化寺改為禪寺。第二,"受請已"應移出引號，前面說信守把寺院改律為禪，是為了請道瓊禪師前來主持，但師擔心自己不能前往。後面說邀請完畢，接著拿出繪像及其他物件。第三，"亨老"後應點斷，"慧山"後亦應點斷。全段點斷為：紹興庚申冬，信守以超化律革為禪，迎為第一祖。師語專使曰："吾初無意人間……然恐多不能往。"受請已，取所藏渤潭繪像與木庵二字，仍書偈囑清泉亨老，寄得法弟子慧山……

第三節　印刷排版致誤

作為參校本的《五燈會元》，由於印刷排版而導致的低級錯誤也不少，例列如下：

（1）中華本第 81 頁：僧良久。師曰："會麼?"曰："不會。"

按：諸本第二箇 "曰" 前有 "僧" 字。"中華本" 在此頁上行：曰："某甲淺機，請師直指"。作校記：乾隆本 "曰" 上有僧字。

（2）中華本第 124 頁：有僧燒炭，積成火龕……曰："畢竟如何?"曰："梅花臘月開" 天成。戊子應閩主之召……

按：由於扣冰澡先古佛生於武宗會昌四年，所以，後面的 "天成" 當是後唐明宗李嗣源的年號，屬下句，句號應放在 "開" 字後。

（3）中華本第 144 頁：泉曰："師兄喫茶了。"普願未喫茶。"師曰："作這箇語話，滴水也難銷。"

按：南泉所語中間引號應去掉。

（4）中華本第 196 頁：師一日召仰山將床子來。山將到，師曰："卻送本處著。"山從之。師召；"慧寂"，山應諾。

按："將床子來" 是師對仰山所語，應加入雙引號。師一日召仰山："將床子來。""師召" 後面的 "；" 應為 "："，印刷錯誤。

（5）中華本第 260 頁：甘曰："由來有人。"遂添銀施之^{同安顯云："早知行者恁麼問，終不道藥山來。"}問僧："見說汝解箏，是否?"

按："之" 後應加句號。

（6）中華本第 297 頁：乃逆而問曰："莫是投子山主麼?"師曰："茶鹽錢佈施我。"州先歸庵中坐。"師後攜一瓶油歸。

按："坐" 後引號當刪。

（7）中華本第 337 頁：問："仰山插鍬意旨如何?"師曰："汝問我。"，曰："玄沙踏倒鍬又作麼生?"師曰："我問汝。"

按："汝問我。"後的"，"是多餘的，應刪去。

（8）中華本第 424 頁：師一日上堂，於座邊立，謂眾曰："二尊不並化"，便歸方丈。

按："二尊不並化"後的逗號應改為句號，并放入雙引號內。

（9）中華本第 471 頁：師曰："若道為人，即屈著和尚。若道不為人，又屈著太尉來問。請太尉曰："道取一句。"

按："請"前落掉半箇雙引號。

（10）中華本第 534 頁：問眾："有過得此色者麼? 眾無對。

按：句尾落掉半箇雙引號。

（11）中華本第 560 頁：後同紹修 法進三人欲出嶺，過地藏院，阻雪少憩。附爐次，藏問："此行何之 "。

按：一是整句尾部的雙引號之一應改為"；二是句尾的句號應改為問號入引號內。

（12）中華本第 723 頁：僧問："知師已得禪中旨，當陽一句為誰宣"師曰："土雞瓦犬。"

按："當陽一句為誰宣"後少了問號。

（13）中華本第 729 頁：明嗔目喝曰："頭白齒豁，猶作這箇見解，如何脫離生死?"師悚然，求指示。明曰："汝問我。"師理前語問之。

按："指示"後雙引號應刪。

（14）中華本第 778 頁：國師曰："灼然。言不該典，非君子之所談。汝豈不見華嚴經云：剎說、眾生說、三世一切說。'"

按："云"後少單引號。

（15）中華本第 816 頁：僧曰"：恁麼則依而行之。"

按：冒號應提到引號前。

（16）中華本第 898 頁：一日登缽盂峯，豁然契悟，徑歸侍立。霞掌曰："將謂你知有"，師欣然拜之。

按："師欣然"前逗號應刪去。"知有"後應加句號。

（17）中華本第 901 頁：上堂：今日是釋迦老子降誕之辰，長蘆不解說禪，與諸人畫箇樣子。祇如在摩耶胎時作麼生? 以拂子畫此⊙相，曰：

"祇如以清淨水，浴金色身時又作麼生？"

　　按："在摩耶胎時作麼生？"後應加雙引號。

　　（18）中華本第 942 頁：法眼陞座，師復出問："今日奉敕問話，師還許也無。"眼曰："許。"曰："鶻子過新羅。捧彩便行，大眾一時散去。

　　按："新羅"後忘加雙引號。

　　（19）中華本第 945 頁：曰："若然者，碧眼胡僧也皺眉。"師曰："退後三步。"僧曰："苦。"師乃："吽吽"！

　　按：句尾嘆號應放入引號內。

　　（20）中華本第 947 頁：師曰："鋒前一句超調御，擬問如何歷劫違。"

　　按：中間的句號應刪去。

　　（21）中華本第 947 頁：曰："恁麼則東山西嶺時人知有，未審資福庭前誰家風月？"師曰："且領前話。

　　按：句尾缺少一雙引號。

　　（22）中華本第 957 頁：僧問："如何是佛"師曰："闍黎不是。"

　　按："佛"後缺問號。

　　（23）中華本第 1014 頁：上堂："日月繞須彌，人間分晝夜。南閻浮提人，祇被明暗色空留礙。"且道不落明暗一句作麼生道？良久曰："柳色黃金嫩，梨花白雪香。參！"

　　按："空留礙"後的雙引號，應移到"？"後面。

　　（24）中華本第 1063 頁：衢州靈曜寺罟音辯良佛慈禪師，饒州吳氏子。

　　按：不該加專名線而誤加。"音辯"下專名線應刪。

　　（25）中華本第 1104 頁：上堂曰："龍生龍，鳳生鳳。老鼠養兒沿屋棟。達摩？大師不會禪，歷魏遊梁乾打閧。"

　　按："達摩"後問號衍出。

　　（26）中華本第 1106 頁：僧禮拜。示眾曰；"江南之地，春寒秋熱。近日已來，滴水滴凍。"

　　按："曰"後分號應為冒號。

　　（27）中華本第 1177 頁：看！看！祇這箇，在臨濟、則照用齊行，在雲門則理事俱備，在曹洞則偏正葉通，在溈山則暗機圓合，在法眼則何止唯心？

按："臨濟"後頓號應刪去；"唯心"後問號應改為句號。

（28）中華本第 1235 頁：開堂示眾云："昔日靈山會上，世尊拈花，迦葉微笑。世尊道，吾有正法眼藏，分付摩訶大迦葉，次第流傳，無令斷絕。……"

按：專名線本在"迦葉"下，而移到"微笑"下了；引用世尊所語應加單引號。

（29）中華本第 1276 頁：上堂，僧問："有麼有麼？""庵主豎起拳頭，還端的也無？"師便下座，歸方丈。

按：多加了引號，應為：僧問："有麼有麼？庵主豎起拳頭，還端的也無？"

第四節　衍文、標點與校錄排版錯誤並存

在不長的一段文字中，衍文、標點和校錄等錯誤同時存在，這樣的用例如下：

（1）中華本第 344 頁：師往遊斄道，避昭宗蒙塵之亂，以漢開運丙午年冬，鳴犍椎集僧，囑累入方丈，東向右脅而化。校記：椎，原作"稚"，據續藏本改。

按："丙午年"，各本無"年"字；"犍椎"用詞不誤，但校記所言不確，寶祐本原作"稚"不假，但續藏本並不作"椎"，而是作"槌"，嘉興本、乾隆本亦作"槌"。寶祐本所誤蓋由"稚""椎"二字相近而多加一筆。

"犍椎"，亦作"犍槌"，梵語的音譯。指寺院中的木魚、鐘、磬之類。晉·法顯《佛國記》："（于闐）國主安堵法顯等於僧伽藍。僧伽藍名瞿摩帝，是大乘寺，三千僧共犍槌食。"唐·玄奘《大唐西域記·迦畢試國》："黑雲若起，急擊犍槌，我聞其聲，噁心當息。注：犍槌＝犍椎"宋·道誠《釋氏要覽·雜記》："今詳律，但是鐘磬、石板、木板、木魚、砧槌，有聲能集眾者皆名犍椎也。"

（2）中華本第 430 頁：師曰："莫用大眾前寐語。"

按："師師"，衍文；"用"，諸本作"向"。"莫用大眾前寐語"難以

理解，"莫向"則文通義順，"向"，用作介詞，義為在，整句意為不要在大眾前說夢話。且《五燈嚴統》卷七、《五燈全書》卷十四所載《福州極樂元儼禪師》該部分均作"莫向大眾前寐語。"

（3）中華本第 403 頁："如何得不疑不惑去。"師乃展兩手，僧不進語。

按："如何"一句是問句，句號應改為問號；此句有一處使排版錯誤，"如何"前本有"問"字，但是在排版是"問"字移如到了本頁下行：問：僧禮拜。

（4）中華本第 651 頁：示眾："我聞前廊下也喝，後架裏也喝。諸子。汝莫盲喝亂喝，直饒喝得興化向虛空裏，卻撲下來一點氣也無，待我蘇蘇息起來，向汝道，未在何故。我未曾向紫羅帳裏撒真珠，與汝諸人去在胡喝亂喝作麼？"

按："諸子"後句號應改為逗號；"蘇蘇"，衍文一箇；"未在"屬上句；"何故"後句號應改為問號；"與汝諸人去在"屬上句。如是標點："諸子，汝莫盲喝亂喝，直饒喝得興化向虛空裏，却撲下來一點氣也無，待我蘇息起來，向汝道未在，何故？我未曾向紫羅帳裏撒真珠與汝諸人去在，胡喝亂喝作麼？"

（5）中華本第 773 頁：嘗有頌大愚答佛話話曰鋸解秤錘，出老杜詩：'紅稻啄殘鸚鵡顆，碧梧棲老鳳凰枝。'"

按："話話"，衍一文；引號問題，單引號應換為雙引號；本書卷十二《大愚守芝禪師》章云：問："如何是佛？"師曰："鋸解秤錘。"此段既頌此公案。"頌"是一種詩歌體裁，應連下加專名線。如是點斷：嘗有頌大愚答佛話曰鋸解秤錘，出老杜詩："紅稻啄殘鸚鵡顆，碧梧棲老鳳凰枝。"

下編

《五燈會元》詞語研究

第一章

《五燈會元》詞語研究（上）

　　每箇時代都會產生大量的新詞新義，這是詞彙發展總的趨勢，斯大林說："語言的詞彙對於各種變化是最敏感的，它幾乎處於經常變動中。"① 布隆姆菲爾德說："研究語義變化，我們所關心的恰好就是一箇意義向一種新意義的伸展。"② 而這些大量的新詞新義一般都會在以口語為主的文獻語料中得以記載下來，這些語料也就成為研究當時語言現象的活化石。《五燈會元》作為南宋時期一部重要的禪宗語錄，其語言俚俗質樸，口語性十分強，其中保留了大量的新詞新義，是研究唐宋語言的寶貴資料。

第一節　新詞語考釋

　　雖然《五燈會元》是南宋時期的作品，但是考慮到它是在前期其他五部燈錄的基礎上整編而成，其中的語言現象基本了反映唐宋時期的語言面貌，而新詞是指"為了適應文化發展和社會生活變化的需要而新造的那些詞"③，所以，這裏說的《五燈會元》新詞語即是指唐宋以前沒有出現的語音形式。但是我們并沒有局限於禪宗語錄，而是也包括在唐宋時期的世俗典籍，也就是說有的新詞只是在禪籍語錄中出現，但是有的在世俗文獻中也大量使用，其中有些到底是始見於禪籍還是同時期的世

---

① ［苏］斯大林：《馬克思主義和語言學問題》，《斯大林選集》，人民出版社1979年版。
② ［美］布隆姆菲爾德：《語言論》，趙世開等譯，商務印書館1980年版，第538頁。
③ 張永言：《詞彙學簡論》，華中工學院出版社1982年版，第87頁。

俗文獻，由於在確定上有很大的難度，所以這裏我們采取了比較模糊的做法，即只要是始見於唐宋時期的文獻即可。

　　確定詞的年代，靠傳統的人工翻檢文獻的做法是不可能完成的，爲了更加科學準確地確定新詞，我們的做法是：一方面利用 2.0 光碟版《漢語大詞典》（簡稱《大詞典》）和 2006 版光碟版《漢語大字典》①（簡稱《大字典》）檢索每箇詞語書證的首見年代（檢索内容包括兩箇方面：詞形首見時代以及文本中使用義項出現的時代），以二者出現較早的首見例爲準，凡《大詞典》或《大字典》書證首見年代早於唐代的，則不再查證，我們認定該詞出現於唐宋代以前，如果《大詞典》或《大字典》書證首見於唐宋或唐宋以後，我們則利用《漢籍全文檢索系統》（第四版）②《四庫全書》《國學備要》《朱氏語料庫》查證唐宋以前是否有用例。利用這種方法逐箇查證詞語詞形的首見時代以及文本中使用義項出現的時代。

　　在對查證找到的這些新詞進行分類時，我們采取了意義分類的方法，按照名物、行爲、性狀分爲三類，每一大類下再根據實際情況劃分小類。

　　1. 名物類

　　1.1 人、鬼、神、器官類

　　【明眼人/19③；明眼漢/2；明眼作家/1；明眼衲僧/5；明眼作者/1；明眼衲子/1；明眼底/1；明眼波斯/1】

　　士喝曰："這無禮儀老漢，待我一一舉向明眼人。"（卷三·則川和尚）

　　上堂："不是風動，不是幡動，明眼漢謾他一點也不得。仁者心動且緩緩，你向甚處見祖師？"（卷十七·黃龍祖心禪師）

　　泉問："作甚麼？"師曰："打羅。"曰："手打？脚打？"師曰："却請和尚道。"泉曰："分明記取。向後遇明眼作家，但恁麼舉似。"（卷

──────────

　　① 漢語大字典編輯委員會編撰，光碟版程式編寫：勤、宏（馬來西亞），掃描：任真（中國台灣）。

　　② 陝西師範大學歷史文化學院袁林等人開發，《漢籍全文檢索系統（簡體版）》（第四版），收入文史哲類古籍文獻 2159 種，共 7.4 億字。

　　③ 說明："/"符號前是詞例，其後數字代表該詞在《五燈會元》中出現的次數。下例類此。

五・神山僧密禪師）

上堂：“山僧今日為諸人說破，明眼衲僧莫去泥裏打坐。珍重！”（卷十二・琅邪慧覺禪師）

汝等諸人若到諸方，遇明眼作者，與我通箇消息，貴得祖風不墜。（卷十二・琅邪慧覺禪師）

森羅萬象，以空為極。四聖六凡，以佛為極。明眼衲子，以拄杖子為極。（卷十六・雪竇法寧禪師）

明眼底，瞥地便回。未悟者，識取面目。且道如何是本來面目？（卷十八・勝因咸靜禪師）

鉢裏飯，桶裏水，別寶崑崙坐潭底。一塵塵上走須彌，明眼波斯笑彈指。笑彈指，珊瑚枝上清風起。（卷二十・智者真慈禪師）

“明眼”，本指使眼睛明亮，如：唐・韓鄂《歲華紀麗・八月》：“採柏露以明眼，用朱墨以點頭。”引申來比喻對事物認識清楚，有見識，如：宋・蘇軾《題李伯時畫〈趙景仁琴鶴圖〉》詩之二：“乘軒故自非明眼，終日傲傲舞爨薪。”

《五燈會元》中，共有 8 箇由“明眼”後加單音節或雙音節表人的詞構成意義基本相同的一組詞（有一箇例外，“明眼底”，這裏可以認為是省略了後面的核心詞素“人”），該組詞語本指有見識、對事物認識清楚透徹的人，禪籍中用來喻指法眼明亮、佛法精湛的僧人。

【明瞭底人/1】問：“如何是明瞭底人一句？”師曰：“駿馬寸步不移，鈍鳥升騰出路。”（卷六・青峯傳楚禪師）

“明瞭”，又可寫作“明了”，意為清楚地知道或懂得。五代・齊己《閉門》詩：“中心自明瞭，一句祖師言。”宋・沈作喆《寓簡》卷六：“凡事度其在我者，此心曉然明瞭，則應之必易，發之必當，不復加思慮而緩急皆中節矣。”“明瞭底人”指對事物認識全面、徹底，有見識的人，禪籍中喻指佛法精湛、頓悟佛法之人。義同“明眼”一組。

【六葉/3】問：“六葉芬芳，師傳何葉？”師曰：“六葉不相續，花開果不成。”（卷六・溈潭匡悟禪師）

“葉”，本有世、代義。《詩・商頌・長發》：“昔在中葉，有震有業。”毛傳：“葉，世也。”陳奐傳疏：“‘中世’，湯之前世也。”《後漢書・郭躬傳》：“三葉皆為司隸，時稱其盛。”唐・張九齡《南郊文武出入舒和之樂》："祀事孔明，祚流萬葉。"引申出派別之義，比如"師傳何葉？"即為師傳自何派？"六葉"，禪籍中可代指菩提達摩、慧可、僧傑、道信、弘忍、慧能六代祖師，如：《古尊宿語錄》卷三十七："達磨東來，指人心於徑路，不由名相，頓悟真乘，靡歷化城，直之寶所，而自少室之花開六葉。"《嘉泰普燈錄》卷二十二《簽判劉經臣居士》："達磨面壁而宗旨付於神光。六葉既敷。"有時候，又可專指六祖慧能，如：《佛祖歷代通載》卷十三："達磨傳心至六葉也分為二宗，不階初入頓入佛慧。"

【賣卜漢/1】他家來，大似賣卜漢。見汝不會，為汝錐破卦文，纔生吉凶，盡在汝分上，一切自看。（卷二・天柱崇慧禪師）

"賣卜"，義為以占卜為生，如：晋・皇甫謐《高士传・严遵》："嚴遵，字君平，蜀人也。隱居不仕，常賣卜于成都市。""賣卜漢"，是指以占卜謀生的人。禪籍中也用來比如沒有頓悟佛法的人，如：《宗門拈古彙集》卷三十七《汝州風穴延沼禪師》："風穴大似箇賣卜漢，未拋卦錢時吉凶禍福盡在自身，擿下卦錢禍福吉凶盡在他人分上。"

【青盲漢/1 ‖ 赤脚蠻/1】僧問："如何是承天境？"師曰："兩江夾却青盲漢，一帶山藏赤脚蠻。"（卷十四・承天義勤禪師）

"青盲"，俗称青光眼。《詩・大雅・靈台》"矇瞍奏公"唐・孔穎達疏："有眸子而無見曰矇，即今之青盲者也。"《醫宗金鑒・外障總名歌・小兒青盲歌》："小兒青盲胎受風，瞳子端然視物蒙。""青盲漢"，禪籍中用來喻指被矇蔽了本來之心而沒有頓悟禪法的人。

"赤腳"，不穿鞋襪，光腳。唐・杜甫《早秋苦熱堆案相仍》詩："南望青松架短壑，安得赤腳踏層冰。"宋・劉攽《送徐君章》詩："何時亦得東南征，赤腳吳溪嘲釣碣。"《明覺禪師語錄》卷三："舉：'僧問智門和尚："如何是佛？"云："踏破草鞋赤腳走。"'"赤腳蠻"，本義為光腳的野蠻之人，如：《長樂縣志》卷二十四《列傳四》："敵酋驚顧曰：'赤腳蠻兵來矣。'遂退去。"禪籍喻指沒有領悟禪法的人。

【詿諕閭閻漢/1】一大藏教，是拭不淨故紙。超佛越祖之談，是詿諕閭閻漢。若論衲僧門下，一點也用不得。作麼生是衲僧門下事？（卷十六・興化紹銑禪師）

"詿諕"，義為欺騙恐嚇，《雲門匡真禪師廣錄》卷一："上堂云：'諸方老和尚道："須知有聲色外一段事。"似這箇語話，詿諕人家男女。

三間法堂裏獨自妄想，未曾夢見我本師宗旨在。'”金·董解元《西廂記諸宮調》卷八：“你甚倚強壓弱，廝欺廝負，把官司誑諕，全無畏懼？”“閭閻”，《禪林寶訓音義》：“閭閻，里巷之門。”《史記·平準書》：“守閭閻者食粱肉，爲吏者長子孫，居官者以爲姓號。”借指平民百姓，如：《史記·李斯列傳論》：“李斯以閭閻歷諸侯，入事秦。”《禪林寶訓》卷三：“使利與道兼行，則商賈屠沽閭閻負販之徒，皆能求之矣。”“誑諕閭閻”即欺騙嚇唬平常百姓，如：《廬山蓮宗寶鑑》卷十《辨明教外別傳》：“真是誑諕閭閻，捏僞造寨。貽高人嗤鄙。復有一種假托達磨。胎息趙州。”《鎮洲臨濟慧照禪師語錄》：“爾將這箇身心，到處簸兩片皮，誑諕閭閻。喫鐵棒有日在。”“誑諕閭閻漢”即欺騙恐嚇平常人的人。

【曹家女/1】師常握木蛇，有僧問：“手中是甚麼？”師提起曰：“曹家女。”（卷十三·疎山匡仁禪師）

“曹家女”，借指美貌妖嬈的年輕女性。通過以下例子可以看出，如《禪宗頌古聯珠通集》卷三十《祖師機緣》：“別面不如花有笑，離情難似竹無心。因人說著曹家女，引得相思病轉深。”“我愛曹家女姿質，嗔心猛熾火長然。紫羅帳裏深深夜，說悟當年四八禪。”這兩首詩，第一首中說到只要人們一提起曹家女，就使人的相思病更加嚴重；第二首說到因曹家女的資質超群，使內心的嗔念猛漲；《宗門拈古彙集》卷三十《撫州疏山匡仁禪師》：“手中木蛇是曹家女，美態異常，惡心難禦。”從這幾句話可知，由於曹家女的美態異常，使人的淫惡之心難以自控。《希叟和尚廣錄》卷六《疎山塔》：“活被人埋汝水濆，新豐一曲杳無聞。可憐嬌舞曹家女，不嫁春風嫁白雲。”從第三句用“可憐嬌舞”對曹家女的描繪可以看出曹家女的舞姿之優美可愛。

【傜兒/1】問：“如何是西來意？”師曰：“童子莫傜兒。”（卷四·靈樹如敏禪師）

“傜”是“傜”的缺筆字，二者都是“徭”的異體字，《廣韻·宵韻》：“傜，使也，役也。”《正字通·人部》：“傜，亦作徭。”“傜”，義為勞役、力役。漢·賈誼《上都輸疏》：“輸者不苦其傜，傜者不傷其費，故遠方人安。”唐·于邵《唐容州刺史李公去思頌序》：“憫傜事之繁至，代之以私屬。”宋·李覯《野人》詩：“一樣寬衣疑效古，幾人華髮未經傜，相逢不會寒溫語，借問官家合是堯？”“傜”後加詞綴“兒”，表示從事勞役的人。《景德傳燈錄》卷十一《益州大隨法真禪師》和《大光明藏》卷二、《五燈嚴統》卷四、《五燈全書》卷八、《禪苑蒙求》卷之上所載《韶州靈樹如敏禪師》皆記作：問："如何是西來意？"師曰："童子莫偓兒。"

【白蹋僧/1】異日侍立次，頭問："汝是參禪僧？是州縣白蹋僧？"師曰："是參禪僧。"（卷五·大顛寶通禪師）

"白蹋僧"與"參禪僧"意義相反，義為走南闖北、虛度光陰的粥飯僧。又有"白蹋漢"與此義同，如：《優婆夷志》卷一《煎茶婆》："徑山路向甚處去？驀直去。是則且止。遮逐隊白蹋漢，若腳下知些深淺，眼裏識些好惡，鼻邊分些香臭，才值婆子指箇住處。"

【大沒慚愧底人/1】問："如何是大沒慚愧底人？"師曰："老僧見作這業次。"（卷六·同安常察禪師）

"大"強調極甚，如：《詩·魯頌·閟宮》："奄有龜蒙，遂荒大東。"鄭玄箋："大東，極東。""大好"《祖堂集》卷五《道吾和尚》："大好曲調。""大煞"《祖堂集》卷四《藥山和尚》："你大煞聰明。""慚愧"義為因有缺點、錯誤或未能盡責等而感到不安或羞恥，而"大沒慚愧底人"是指品行、品性極好的人，禪籍喻指頓悟禪法之人。

【負趄人/1】藏山於澤亦藏身，天下無藏道可親。寄語莊周休擬議，樹中不是負趄人。（卷六·宋徽宗皇帝）

"負趄"，義為背負重物而奔走，如：《太平廣記》卷三四二《鬼二十七·周濟川》："家人輩擁得，又以布囊如前法盛之，以索括囊，懸巨石而沉諸河。欲負趄出，於囊中仍云：'還同昨夜客爾。'""負趄人"義為背負重物而四處奔走的人，禪籍喻指向外求法，不知內省的學法僧。《釋氏稽古略》卷四《女真》、《五燈嚴統》卷六《徽宗皇帝政和三年》、《教外別傳》卷一六《徽宗皇帝》、《續燈正統》卷四六《宋徽宗帝》皆作"寄語莊周休擬議，樹中不是負趄人"。

【米民/1】曰："道與道中人相去多少？"師曰："胃鶴巔崖上，冲天昧米民。"（卷十六·智海本逸禪師）

"米民"，義為五斗米道的教徒。《集古今佛道論衡》卷乙《周高祖登朝論屏佛法安法師上論事》："蜀記云：'張陵入鵠鳴山，自稱天師。漢嘉平末為蟒所吞。子衡奔出，假設權方，用表靈化。生糜鵠足置石崖頂。到光和元年遣使告曰：'正月七日天師昇玄都。'米民山獠，遂因妄傳。""冲天"義為昇天、得道成仙。"五斗米道成仙有兩種途徑：一種是肉體成仙……一種是靈魂成仙……肉體成仙只有五斗米道上層人物才能享受，下層米民則只能通過屍解，靈魂成仙。"① 這是五斗米道愚弄下層教徒的手段。

【家神/1】裴大夫問僧："供養佛，佛還喫否？"僧曰："如大夫祭家神。"（卷五·神山僧密禪師）

"家神"，《漢語大詞典》收錄了兩箇義項，一是驅除瘟疫的神。又名"儺神"。二是喻在家内搗鬼的人。在方言中，"家神"代表家中供奉和祭祀的祖先或供奉家神牌位的神龕或處所。比如：西南官話、閩語。"你屋裡的耗子都要帶盤頭枷，家神土地都要充軍。（四川成都）""家神落神主跌下龕。（廣東揭陽）"② 另，在作者家鄉山東寧陽縣，每到春節、清明等節日，也有祭祀祖先的風俗，也稱家神。《根本說一切有部苾芻尼毘奈耶》卷第十九《營俗家務學處》第一五三："即洗手足燒香供養家神靈祇，并散祭食持食歸寺。後於異時。大世主尼亦同乞食入此家中。長者妻見，告言聖者：'與我營理家務。'"《金剛針論》："又婆羅門娶首陀女以為其妻，父母家神皆悉遠離，死入地獄。"

【打毆儺者/1】適歲暮，歧曰："汝見昨日打毆儺者麼？"曰："見。"（卷十九·白雲守端禪師）

"毆儺"，是中國民間驅鬼的儀式。古代稱"儺"，《論語·鄉黨》："鄉人儺，朝服而立於階。"何晏注："孔曰：儺，驅逐疫鬼。"《禮記·月令》："是月也，乃合累牛騰馬，游牝於牧。犧牲駒犢，舉書其數。命國難，九門磔攘，以畢春氣。""五者備當，上帝其饗。天子乃難，以達秋氣。以犬嘗麻，先薦寢廟。"又稱"儺儀"，《東京夢華錄》卷十《除夕》："至除日，禁中呈大儺儀，並用皇城親事官。"《夢梁錄》卷六《除夜》："遇夜則備迎神香花供物，以祈新歲之安。禁中除夜呈大驅儺儀，並系皇城司諸班直。""毆儺"，又寫作"驅儺"，《集韻·虞韻》："驅，《說文》馬馳也。古作'敺'，或作'毆'。"《雲笈七籤》卷一百《紀傳部·紀一·軒轅本紀》："山有神荼、鬱壘，神能禦凶鬼，為百姓除患，

① 萬繩楠：《魏晉南北朝史論稿》，安徽教育出版社1983年版，第15頁。
② 許寶華、［日］宮田一郎：《漢語方言大詞典》，中華書局1999年版，第5156頁。

制驅儺之禮以象之。"《太平廣記》卷八十六《異人六・趙燕奴》:"趙燕奴……善入水,能乘舟,性甚狡慧,詞喙辯給,頗好殺戮,以捕魚宰豚為業。每鬥船驅儺,及歌《竹枝詞》較勝,必為首冠。"《陔餘叢考》卷三十《門帖》:"故黃帝象之,冬月驅儺畢,既立桃梗於戶上。""打驅儺",義為驅鬼儀式時的舞蹈。劉昌詩《蘆浦筆記》:"舞儺為打驅儺。"[1]"'打驅儺'的'打'字就是扮出'驅儺'的舞蹈動作之義"[2]。所以,"打驅儺者"義為在驅鬼儀式上扮演鬼的人。

【婆竭大龍王/1】上堂:"火雲燒田苗,泉源絕流注。婆竭大龍王,不知在何處?"(卷十九・大溈法泰禪師)

"婆竭大龍王"即"婆竭龍王",又稱娑竭羅龍王、沙竭龍王,娑竭龍王的主要職責是降雨,每當乾旱時,民間就會設道場迎請龍王出來施露,這時娑竭龍王就會飛到空中,興雲佈雨,解救蒼生免受乾旱之災。佛經中多有記載,如《長阿含經・第四分世記經・龍鳥品第五》:"大海水底有娑竭龍王宮,縱廣八萬由旬。"《菩薩瓔珞經・釋提桓・因問品第三十五》:"今當與汝引喻,猶如娑竭龍王意欲念雨,若在六天便雨甘露,若在四天王上能雨七寶。"《憨山老人夢遊集》卷三二《題金剛經註解後》:"婆竭龍王,能以滴水霆滿閻浮,潤焦枯而成百物。"

【身宰/1】時吳越文穆王知師慕道,乃從其志,遂禮翠巖為師,執勞供眾,都忘身宰。衣不繒纊,食無重味,野蔬布襦,以遣朝夕。(卷十・永明延壽禪師)

"宰",有主宰義,指處於支配地位的人或物,《正字通・宀部》:"宰,凡為事物之主者亦曰宰。""身宰"義為主宰自己,即自身、自己。"都忘身宰",義為忘記自身,也就是無我的意思。

【巴鼻/20】師曰:"手提巴鼻腳踏尾,仰面看天聽流水。天明送出路傍邊,夜靜還歸茅屋裏。"(卷十二・道吾悟真禪師)

《大詞典》釋為"來由;根據"。《唐五代語言詞典》釋為"來由、根據"。《近代漢語詞典》釋為"來由、根據、辦法"。《禪宗大詞典》釋為"領悟禪法的著手處"。其實,"巴鼻"的本義就是指鼻子,如:卷十

① (宋)劉昌詩:《蘆浦筆記》卷二,影印文淵閣《四庫全書》第852冊,第518頁。
② 元鵬飛:《戲曲與演劇圖像及其他》,中華書局2007年版,第279頁。

七《湫潭善清禪師》："何謂也？一者祖師巴鼻，二具金剛眼睛，三有師子爪牙，四得衲僧殺活拄杖。"二具眼睛，三有爪牙，一者的"巴鼻"當然是指鼻子；卷十二《道吾悟真禪師》：舉："僧問首山：'如何是佛？'山曰：'新婦騎驢阿家牽。'"師曰："手提巴鼻腳踏尾，仰面看天聽流水。天明送出路傍邊，夜靜還歸茅屋裏。"筆者以為，《大詞典》《唐五代語言詞典》《近代漢語詞典》所釋為"巴鼻"的引申義，而《禪宗大詞典》所釋應為"巴鼻"的禪義。

【碓觜／2】會卽便會，玉本無瑕。若言不會，碓觜生花。（卷二十·烏巨道行禪師）

本書中的"碓觜"指舂米的杵。鳥嘴啄食如石碓舂米，故名。《大詞典》引《西遊記》例，過晚。卷二十《法石慧空禪師》："且道歡喜箇甚麼？春風昨夜入門來，便見千花生碓觜。""千花生碓觜"義為碓觜上生出千朵花。再如：《幻住庵清規·道者山頭佛事》："上來稱揚佛號，資助往生。惟願草盡堵頭，花開碓觜。"

【鼻索／2】你擬不要見洞山，鼻索又在洞山手裏。擬瞌睡也把鼻索一掣，祇見眼孔定動，又不相識也。（卷十七·寶峰克文禪師）

"鼻索"，即栓在牲口鼻子上的繩子。《佛說大摩里支菩薩經》卷四："復有藥法，用水牛穿鼻索，以曼陀羅柴燒其索。"《十牛圖頌·牧牛序五》："不唯由境有，惟自心生，鼻索牢牽，不容擬議。"

【形裁／1】明州奉化縣布袋和尚，自稱契此，形裁腲<small>烏罪切</small>脮<small>奴罪切</small>。蹙額皤腹，出語無定，寢臥隨處。（卷二·明州布袋和尚）

"形裁"，義為外表、形態、儀態。元·袁桷《延祐四明志》卷十六《釋道考上》："布袋和尚者，唐末有僧，形裁猥瑣，蹙額皤腹，杖荷布囊，隨處偃臥，號長汀子。"

【殊表／1】有相者觀其殊表，謂之曰："骨氣非凡，當為法王之輔佐也。"（卷三·西堂智藏禪師）

"殊表"，義為外表、外形。《注維摩詰經》卷五："身本殊表，故言離相也。心動無方，故言幻也。身心既無。何所合哉。"

1.2 天文地理時空類

【巾子山／2】僧問："不出咽喉脣吻事如何？"師曰："待汝一鑊鐺斷巾子山，我亦不向汝道。"（卷六·六通院紹禪師）

"巾子山",據《方輿勝覽》記載:"山在明州(今浙江鄞縣東)城中,橫峙江之下流,兩峰如帕幘。其頂雙塔差肩,勝概名天下。"唐詩人任翻遊巾子峯,宿於禪寺時寫下了《宿巾子山禪寺》《再遊巾子山寺》《三遊巾子山寺感述》三首詩歌。

【按山/1】道吾、雲巖侍立次,師指按山上枯榮二樹,問道吾曰:"枯者是,榮者是?"(卷五·藥山惟儼禪師)

"按山"即"案山",《碧巖錄》卷六:"劈面來也,也要大家知,主山高,按山低。"卷十五《五祖師戒禪師》:門曰:"爭奈主山高,案山低?"師曰:"須彌頂上擊金鐘。"張美蘭認為"案山"不是專有名詞,與"主山"相對,指較為低矮的山①;而邱震強考釋"案山"為"形如几案的山",是勘輿學的專業詞②。邱震強通過爬梳歷史文獻找到了案山形如几案的共性和在勘輿學上的應用,使其結論更加可靠。

【雞足/4】至道元年春,將示寂,有嗣子蘊仁侍立,師乃説偈示之:"不是嶺頭攜得事,豈從雞足付將來。自古聖賢皆若此,非吾今日為君裁。"(卷十·瑞鹿遇安禪師)

"雞足"即雞足山的簡稱,在古印度摩揭陀國,因由三座峯,狀如雞足,故名,相傳為西天禪宗初祖摩訶迦葉入滅處,如:《大唐西域記》卷九:"莫訶河東入大林野。行百餘里,至屈屈吒播陀山(唐言雞足)。"《根部說一切有部毗奈耶雜事》卷四十:"我聞尊者大迦攝波入般涅槃,時阿難陀即共王去,詣雞足山(舊云鷄足,由尊者在中。後人喚為尊足。又嶺有佛跡,然鷄足尊足,梵音相濫也)。"

【茶川/1】雲有贊曰:"百尺竿頭曾進步,溪橋一踏没山河。從茲不出茶川上,吟嘯無非囉哩囉。"(卷六·茶陵郁山主)

"茶川",義為茶山、茶園。《中國茶事大典》釋為:"河邊長有茶叢的小溪。"引廖融《書伍彬屋壁》為證③。《中國山水田園詩集成》卷一《東晉南北朝隋唐·唐》釋"撥棹茶川去"中"茶川"為茶水,源出湖

① 張美蘭:《〈五燈會元〉詞語二則》,《古漢語研究》1997年第4期。

② 邱震強:《〈五燈會元〉釋詞二則》,《中國語文》2007年第1期。

③ 徐海榮:《中國茶事大典》,華夏出版社2000年版,第996頁。

南茶陵縣（今湖南茶陵）東景陽山。① 上述兩種觀點皆不確。五代·廖融《書伍彬屋壁》詩："圓塘綠水平，魚躍紫莼生。要路貧無力，深村老退耕。犢隨原草遠，蛙傍塹籬鳴。撥棹茶川去，初逢谷雨晴。"該首詩主要描寫伍彬屋舍周圍環境的恬淡優美，"撥棹茶川去"運用了比喻，把"茶川"喻為可以蕩舟的茶海，更加襯托出了茶山上那種適意的生活環境。現代也有"茶川"的用例，如：《中國革命史文獻介紹》："使用機器耕種或有其他進步設備的農田、苗圃、農事試驗場及其技術性的大竹園、大果園、大茶川、大桐山、大桑田、大牧場等由原經營者繼續經營。"②

【屬野/1】師七歲出家，時屬野多妖鬼，魅惑於人。（卷二·降魔藏禪師）

"屬野"，義為田野之間。《景德傳燈錄》卷四、《五燈嚴統》卷二、《五燈全書》卷四所載兗州降魔藏禪師皆作"屬野"。

【莫傜村】僧問："不作溈山一頂笠，無由得到莫傜村。如何是溈山一頂笠？"師喚曰："近前來。"（卷九·溈山靈祐禪師）

字面義為不用服勞役的村子，史書中多有關於"莫傜"的記載，《隋書》卷三十一《志第二十六》："長沙郡又雜有夷蜒，名曰莫傜，自云其先祖有功，常免傜役，故以為名。"《南史》卷五十六《列傳第四十六》："州界零陵、衡陽等郡有莫傜蠻者，依山險為居，歷政不賓服，因此向化。"《元史》卷一四三《列傳第三十》："會莫傜蠻反，右丞沙班當帥師，堅不往，無敢讓之者。"可知，"莫傜"多處荒蠻未化之地，本有貶義，禪宗用來借指體悟禪法之處，最本真的地方，又轉含褒義。

【黃夷村/1】是圓常平實，甚麼人恁麼道？未是黃夷村裏漢解恁麼說？（卷八·羅漢桂琛禪師）

"黃夷"，中原華夏族對東部各族的稱呼，《後漢書》卷八五《東夷列傳》："夷有九種，曰畎夷、于夷、方夷、黃夷、白夷、赤夷、玄夷、風夷、陽夷。"《太平御覽》卷八二《帝相》："《紀年》曰：帝相即位處商丘。元年，征淮夷；二年，征風夷及黃夷。"當時各夷地區還屬於蒙昧

---

① 楊堂軒：《中國山水田園詩集成》，湖北教育出版社 2003 年版，第 1173 頁。
② 楊樹楨、陳志遠、張廣信：《中國革命史文獻介紹》，陝西師範大學出版社 1987 年版，第 569 頁。

洪荒未開化地區，禪宗用"黃夷村"借指偏遠之地，意同"三家村"。

【全火/2】祖問師："記得曾在那裏相見來？"師曰："全火祇候。"（卷十八·信相宗顯禪師）

"全火"義為全身心的，聚精會神的，如：《證道歌注》："四大者謂地、水、火、風也。從無始來捨身受身，常為四大拘系不得自在。今了四大性空，于法自在，在水全水，火全火，在地全地。"《無異禪師廣錄》卷六《住建州大仰寶林禪寺語錄》："達磨不虛傳，二祖不虛受，碧眼胡僧皺兩眉，看來不著隨人後，密究深栽，全火祇候。"《月林師觀禪師語錄·頌古》："傀儡棚頭，全火祇候。明眼人前，一場漏逗。"

【簸箕星/2】問："古人道：'見色便見心。'露柱是色，那箇是心？"師曰："晝見簸箕星。"（卷十一·谷隱蘊聰禪師）

"簸箕星"，俗稱掃帚星，出現則是不祥的預兆，《大詞典》引元·高文秀《黑旋風》為例；《近代》引元·關漢卿《調風月》為例，明顯較晚。

【青鳥/1】郡人相率送出城。師厲聲曰："今日葬不合青鳥。"（卷四·鎮州普化和尚）

"青鳥"，"鳥"當爲"烏"之誤，古可指堪輿之術。《大詞典》引明·張居正《葬地論》為例，較晚。

【處處頭頭/1】處處頭頭見善財。錘下分明如得旨，無限勞生眼自開。（卷十八·疏山了常禪師）

"處處頭頭"，義為時時處處。《憨山老人夢遊集》卷十六："戈戟場中，是非堆裏，處處頭頭，放光動地。"又可寫作"頭頭處處"，如：《朱子語類》卷一一四《訓門人二》："及其入得，卻只是一般。今頭頭處處鑽不透，便休了。"

【來際/1 ‖ 未來際/5】如來正法眼藏今轉付汝，汝應保護，普潤來際。（卷一·二十四祖師子尊者）於此見得，得不退轉地。盡未來際，不向他求。（卷十七·黃檗惟勝禪師）

"來際"是"未來際"的簡稱，意義相同，未來世之邊際也。未來無邊際而假視為有，謂之盡未來際。佛經中習見，如：《大乘本生心地觀經》卷一《序品第一》："開涅槃門，發弘誓願，盡未來際度脫群生。"

【火路/2】師與大容和尚在白雲開火路，容曰："三道寶階，何以箇

火路?"（卷十五・南雄地藏和尚）

"火路"，義為用火燒的方式開路。《五燈全書》卷八四《天台國清毅菴英禪師》："上堂，連卓拄杖曰：'寒山顛，寒山顛。理事絕偏圓，打開條火路，直出古皇前。'"

【境致/1】師栽松次，檗曰："深山裏栽許多松作甚麼？"師曰："一與山門作境致，二與後人作標牓。"（卷十一・臨濟義玄禪師）

"境致"即"景致"，義為風景。《密庵和尚語錄》："本色行腳道流，不在遊州獵縣，觀境致過時，務要與生死兩字作頭底。"《人天眼目》卷六《六祖問答》："五祖一株松，圖標境致，且要壯家風。"引申指當下的任務事物、情形，喻指領悟禪法的要處，如：《景德傳燈錄》卷十七《吉州南源山行修號慧觀禪師》："僧問：'如何是南源境致？'師曰：'幾處峯巒猿鳥嘯，一帶平川遊子迷。'""景致"用例如：唐・白居易《題周皓大夫新亭子二十二韻》："規模何日創？景致一時新。"

1.3 衣食器物類

1.3.1 衣物類

【椹服/1】五年乞歸，得旨居蔣山。樞密鄧公子常奏賜徽號椹服。（卷十九・太平慧勤禪師）

"椹服"，即紫色袈裟，桑椹熟透呈紫色，故稱紫色袈裟為椹服。賜僧人紫色袈裟當始於唐武則天時期，《釋氏要覽》卷上《法衣》："紫衣，此非五部衣色，乃是國朝賜沙門，故今尚之。《僧史略》云：'按《唐書》，則天朝有僧法朗等九人，重譯《大雲經》畢，並賜紫袈裟，銀龜袋。'此賜衣之始也。自後諸代皆行此賜。"宋・釋惟白《建中靖國續燈錄》卷六《潭州興化崇辯禪師》："大丞相章公惇，昔安撫荊湖，見師器重，特奏神宗皇帝，賜椹服、師名及隨身度牒。"《圓悟佛果禪師語錄》卷三："師名遠賜，全提佛祖大機，椹服初披，獨露人天正眼，百匝千重則且置，孤峯頂顇事如何？"

1.3.2 湯食類

【二宜湯/1】僧問："某甲頃年有疾，又中毒藥，請師醫。"師曰："二宜湯一椀。"（卷九・武當佛巖暉禪師）

"二宜湯"，古代的一種湯藥。《太平惠民和劑局方》卷十："二宜湯：治冒暑飲涼，冷熱不調，泄瀉多渴，心腹煩悶，痢下赤白，腹痛後重。桂心四斤四兩；乾薑，砂炒，四斤；甘草，用砂炒，三斤；杏仁，去皮、尖、砂炒，四斤四兩。右為末，每服一錢，沸湯點服。如傷暑煩渴，新水調下，不計時。"《聯燈會要》《鄧州佛言暉禪師》："僧問："昔年有疾，今又中毒，請師醫。"師云："二宜湯。"

【片衣口食/2】還知麼？急須努力，莫容易，事持片衣口食，空過一生。（卷四・黃蘗希運禪師）

"片衣口食"，字面義為一片衣布、一口吃食，喻言所得極少。《祖堂集》卷六《洞山》："莫為人間小小名利，失於大事。假使起模盡樣覓得片衣口食，總須作奴婢償他定也。"《汾陽無德禪師語錄》卷上："計他從上來行腳，不為遊山翫水，看州府奢華，片衣口食，皆為聖心未通。"

【栗蒲/1】上堂："雲蓋是事不如，説禪似吞栗蒲。若向此處會得，佛法天地懸殊。"（卷十九・楊岐方會禪師）

"栗蒲"，即板栗，"果實外面包有一箇帶刺的外殼，稱為總苞、殼斗或球苞。我國北方稱為栗蓬，南方有稱栗蒲的"①。宋・蘇軾《次韵黃魯直戲贈》："細看卷蠆尾，我家真栗蓬。"《建中靖國續燈錄》卷二四《明州育王山廣利寺寶鑑禪師》："門當戶對，極目無限青山；鳥叫猿啼，縱步從佗差路；栗蒲吞了，更無一物礙人。"板栗，又稱栗棘，板栗外殼多刺，也稱栗棘蓬，禪宗多用其為參禪的話頭，如：《嘉泰普燈錄》卷三《楊岐方會》："室中問僧：'栗棘蓬你作麼生吞？金剛圈你作麼生跳？'"又有栗棘蓬禪和栗蒲禪，宋代法演因參究"僧問南泉摩尼珠"而省悟，其師白雲端稱讚他是"栗棘蓬禪"。《補禪林僧寶傳・五祖法演》："一日，（法演）舉'僧問南泉摩尼珠'語以問端，端叱之。演領悟，汗流被體……端頷之曰：'栗棘蓬禪屬子矣。'"《法演語錄》卷中："先入白雲門，次過白雲浪。吞底栗蒲禪，吃底秈米飯。君子如到來，好好看方便。"

【草料/2】嘗暮入臨濟院喫生菜。濟曰："這漢大似一頭驢。"師便作驢鳴。濟謂直歲曰："細抹草料著！"（卷四・鎮州普化和尚）

"草料"，指牲口的飼料，多指乾草。《大詞典》引《兒女英雄傳》為例，較晚。禪宗又可比喻直指人心，使人明心見性的機鋒施設，稱作

---

① 江蘇省植物研究所：《板栗》，科學出版社 1977 年版，第 81 頁。

"本分草料"，如：卷十五《承天惟簡禪師》："拈一放一，妙用縱橫。去解除玄，收凡破聖。若望本分草料，大似磨甎作鏡。衲僧家合作麼生?"

【淨水/7】師在婺州智者寺，居第一座，尋常不受淨水。主事嗔曰："上座不識觸淨，為甚麼不受淨水?"（卷八·明招德謙禪師）

"淨水"，不污濁、乾淨的水。卷十七《泐潭文準禪師》："師聞，中夜特往登溷，方脫衣，悟即提淨水至。"佛經中用例習見，多指最本分。《撰集百緣經》卷一《菩薩受記品第一·二梵志各諍勝如來緣》："尋取香花并及淨水在大眾前發大誓願。"

【夜茶/1】可謂來時他笑我，不知去後我笑他。唐言梵語親分付，自古齋僧怕夜茶。（卷二十·東禪思岳禪師）

"夜茶"，當指晚上喝的茶，僧人唸經誦佛，早起晚睡。所以，如果晚間再喝茶就更難入睡。但是在節日期間，寺院中又會舉辦茶話會，據《東林語錄》記載，在冬至前一夜有冬夜茶話，除夕夜有除夜茶話。

1.3.3 器用類

1.3.3.1 佛禪器具

【信香/1】此是西印土傳佛心印祖師摩拏羅將至，先降信香耳。（卷一·二十二祖摩拏羅尊者）

"信香"，例子中義為所燒香的煙氣，以此來傳遞信息。我國佛教等宗教謂香為信心之使，虔敬燒香，神佛即知其願望，因稱信香。宋贊寧《大宋僧史略·行香唱導》："經中長者請佛，宿夜登樓，手秉香爐，以達信心。明日食時，佛即來至，故知香為信心之使也。"

【香茅/1】問："最初自恣，合對何人?"師曰："一把香茅拈未暇，六環金錫響遙空。"（卷十一·風穴延沼禪師）

"香茅"，香草。《祖庭事苑》卷六："香茅：《根本百一羯磨》云：'受隨意比丘，應以生茅與僧伽為座，諸比丘並於草上坐。'又《因果經》云：'一切如來成無上道，以草為座，故吉祥童子施軟草於世尊，隨意即自恣也。'"

【吉獠棒/1】趙州訪師，師乃著豹皮褌，執吉獠棒，在三門下翹一足等候，纔見州便高聲唱喏而立。（卷四·關南道吾和尚）

"吉獠棒"，參"吉獠"條。

【大法藥/1】待吾滅後六十七載，當往震旦，設大法藥，直接上根。

（卷一·初祖菩提達磨大師）

　　"大法藥"，比喻偉大的佛法能醫治眾生之苦，使眾生脫離苦海，直達彼岸。佛經中習見，如：《大寶積經》卷六："言我授汝廣大法藥，破滅汝等無明黑闇，拔除汝等無始無終生死煩惱憂苦毒箭，亦令汝等愛縛當解，超度一切生死瀑流。"

　　【夜明符/4】問："如何是一老一不老?"師曰："青山元不動，澗水鎮長流。手執夜明符，幾箇知天曉?"（卷五·夾山善會禪師）

　　"夜明符"，字面義為在黑夜里用來照明的工具，禪宗用來形容頓悟禪旨後明心見性的那種狀態，就好比在漆黑的夜晚閃亮的燈火，這種狀態只能自知，而外人是體會不到的，禪籍習見，如：《真歇清了禪師語錄》："一念潛通，全機密運。易奏高山流水曲，難傳虛空夜明符。暗中靈句許誰知，化外威光須自看。"

　　【猊臺/1】問："一水吞空遠，三峯峭壁危。猊臺重拂拭，共喜主人歸。未審到家如何施設?"（卷十二·開福崇哲禪師）

　　"猊臺"，即猊座，獅子座。謂佛、菩薩所坐之處。亦謂高僧之座。《大智度論》卷七："佛爲人中獅子，凡所坐若牀若地，皆名獅子座。"唐戴叔倫《寄禪師寺華上人次韻》之二："猊座翻蕭瑟，皐比喜接連。"卷十五《育王懷璉禪師》："僧問：'諸佛出世，利濟羣生。猊座師登，將何拯濟?'師曰：'山高水闊。'"

　　【特石/1】纔見老和尚開口，便好把特石驀口塞，便是屎上青蠅相似，鬪哤將去，三箇五箇，聚頭商量，苦屈兄弟。（卷十五·雲門文偃禪師）

　　"特石"，義為大石頭。《祖庭事苑》卷一："大石也，如牛曰特牛。《說文》曰：'特牛，牛父也。'言其朴特。"

　　【查棃/1】更有臨濟德山，用盡自己查棃，煩惱缽盂無柄。（卷二十·龜峯慧光禪師）

　　"查棃"，義為接引學人領悟禪機之施設。如：《禪宗頌古聯珠通集》卷三五《祖師機緣》："截鐵之機安可測，頓開千眼莫能窺。禪人到此徒名邈，錯認查棃作乳棃。"《月江正印禪師語錄》卷上："德山臨濟，逞自己之查棃；雲門趙州，索遼天之高價。後代兒孫，接響承虛，喚鐘作甕。要扶豎他佛祖門風，直是天地懸隔。"又寫作"查梸"，如：《列祖提綱錄》卷十四："自餘德山臨濟趙州雲門天下老和尚，用盡自己査梸，總是平地生堆，無風浪起。點檢將來，各人腳跟下好與爛搥一頓，免見教壞人家男女。"

1.3.3.2 農具傢具類

【鋤頭/7】空手把鋤頭，步行騎水牛。人從橋上過，橋流水不流。（卷二·雙林善慧大士）

"鋤頭"，松土和鋤草的農具，《大詞典》引元·方回《聽航歌》為例，較晚，"鋤頭"在禪籍中習見，《古尊宿語錄》卷四六《滁州瑯琊山覺和尚語錄》："檗乃將鋤頭築地三下。百丈便喝。黃檗掩耳便出。"

【三門頭/6】三門頭：問："教意請師提綱。"師曰："但問將來，與你道。"曰："請和尚道。"師曰："佛殿裏燒香，三門頭合掌。"（卷四·睦州陳尊宿）

"三門頭"，"頭"為後詞綴，義同"三門"，指寺院的大門，如：《釋氏要覽·住處》："凡寺院有開三門者，只有一門亦呼三門者，何也？《佛地論》云：'大宮殿，三解脫門爲所入處。大宮殿喻法空涅槃也，三解脫門謂空門、無相門、無作門。'今寺院是持戒修道、求至涅槃人居之，故由三門入也。"北周·庾信《至老子廟應詔》詩："三門臨苦縣，九井對靈谿。"《大慧宗門武庫》："其寺元是鐵馬營，太祖、太宗二聖生處，太祖朝已建寺……太宗別賜錢，重建三門。"

【板頭/5】師一日在僧堂裏睡，檗入堂見，以拄杖打板頭一下。師舉首見是檗，却又睡。檗又打板頭一下，却往上間。（卷十一·臨濟義玄禪師）

關於"板頭"，《大詞典》收錄了兩箇義項：①指過去刷印書籍雕板的板面數，引明何良俊《四友齋叢說·經三》為例；②指零散的木板，引《警世通言·桂員外途窮懺悔》為例。《大詞典》所收義項不全，例證也較晚；雷漢卿先生認為"板頭"屬於"物質名詞附加'頭'表示一種職業"[①]。禪僧睡覺休息所使用的臥具，簡易的木質板牀，其實該例中的"板頭"應該就是這種板牀的一頭。頭朝向的一方高一點，腳朝向的一方低一點，所以才有高低板頭之分，如：卷十七《歸宗志芝庵主》："一日

---

① 雷漢卿：《禪籍方俗詞研究》，巴蜀書社 2010 年版，第 358 頁。

普請罷,書偈曰:'茶芽麤蕺初離焙,筍角狼忙又吐泥。山舍一年春事辦,得閑誰管板頭低。'"卷三,五臺隱峯禪師:"師後到潙山,便入堂於上板頭解放衣缽。""上板頭"也就是頭朝向的一方,略高的一方。

【鈎頭/6】三十年來坐釣台,鈎頭往往得黃能。金鱗不遇空勞力,收取絲綸歸去來。(卷三·船子德誠禪師)

曰:"如何卽是?"師曰:"黑底是墨,黃底是紙。"曰:"謝師答話。"師曰:"領取鈎頭意,莫認定盤星。"(卷十六·資壽巖禪師)

"鈎頭",本書出現6次,3次表示釣鈎,3次表示秤鈎。《大詞典》僅收錄1箇義項:低著頭。引魯迅《南腔北調集·上海的兒童》為例。

【澀釘/1】問:"布鼓當軒擊,誰是知音者?"師曰:"眼中有澀釘。"(卷十一·葉縣歸省禪師)

"澀釘",義為粗短的釘子。如:《臨臯文集》卷四:"大洛壩馬頭阿約等收買徑解軍前,該脚澀釘七千箇,每千價二錢五分,於省城鐵匠收買。"

【芒繩/1】又問疎山:"百匝千重,是何人境界?"山曰:"左搓芒繩縛鬼子。"(卷十·天台德韶國師)

"芒繩",繩子。《十牛圖頌》:"我有芒繩驀鼻穿,一迴奔競痛加鞭。從來劣性難調制,猶得山童盡力牽。"《希叟和尚語錄·慶元府雪竇資聖禪寺語錄》:"玄沙備頭陀,如龍馬駒,不受控勒。殊不知被雪峰芒繩縛定,無出身之路。"

【鞔軂鑽/3】動則影現,覺則冰生。直饒不動不覺,猶是秦時鞔軂鑽。(卷十九·育王端裕禪師)

"鞔軂鑽"古代的大錐,禪宗喻指過時的機鋒。《佛祖歷代通載》卷二十:"盡道山僧愛罵人,未曾罵著一箇漢,只有無著罵不動,恰似秦時鞔軂鑽。既罵不動。為什麼似鞔軂鑽?具眼者辨。"

【樣子/9】下庵主曰:"在庵中造箇無縫塔。"上庵主曰:"某甲也要造一箇,就兄借取塔樣子。"下庵主曰:"何不早說,恰被人借去了也!"法眼云:"且道是借他樣,不借他樣?"(卷六·亡名古宿)

"樣子",《大詞典》釋義:①供人效法、模仿的榜樣和式樣。④事物所呈現的景象、狀態。本書中也有該義項的用例,如:卷十六《法昌倚遇禪師》:"自受具遊方,名著叢席。浮山遠和尚嘗指謂人曰:'此後學行脚樣子也。'"卷十四《寶峯惟照禪師》："本自不生，今亦無滅，是死不得底樣子。當處出生，隨處滅盡，是活生受底規模。"《大詞典》義項收錄不全，所舉例中"樣子"義為製物的型器。濟南方言中有："作標準供人模仿的東西：拿箇樣子比著做！"[①] 筆者家鄉山東甯陽縣也常用，比如：把你家的鞋樣子借給我用用，做雙鞋。

【賽彩/1】若識得釋迦即老凡夫是，阿你須自看取，莫一盲引眾盲，相將入火坑。夜裏暗雙陸，賽彩若為生？無事珍重！（卷五・丹霞天然禪師）

"賽彩"，博戲比賽中的彩頭、賭注或所得獎品。《禪林僧寶傳》卷八《凌雲鐵牛定禪師》："欽敲香几曰：'山河大地一塵無，者箇是甚麼？'定作掀禪牀勢。欽公笑曰：'一彩兩賽。'乃辭欽去。""一彩兩賽"中，"彩"即賭注、彩頭；"賽"即博戲、比賽。一次賭注參加兩次比賽，比喻機會多。禪宗喻指悟道的時機、途徑多。

1.4 動物植物類

1.4.1 動物類

【吉獠/3】問："如何是鹿苑一路？"師曰："吉獠舌頭問將來。"（卷九・潭州鹿苑和尚）

"吉獠"，記音詞，學名蟬，又稱吉了，知了。北京官話。河北香河。1936 年《香河縣誌》："吉了即蟬。"冀魯官話。河北盧龍。1931 年《盧龍縣誌》："蟬曰吉了兒。"晉語。河北成安。1931 年《成安縣誌》："呼蟬為吉了。"[②] 又可記作蛣蟟，北京官話。北京。清光緒十年《畿輔通誌》："蜩，順天謂之蛣蟟。"冀魯官話。河北新城。1935 年《新城縣誌》："蟬謂之蛣蟟。"[③] 吉了有兩個特點比較明顯，一是嘴下有一根長長的刺，好比人的舌頭，用來吸取植物的汁液；二是夏天時雄性腹部的發聲器吱吱響個不停。"吉獠棒"即禪師所執用樹藤製作的手杖。又可寫作"猞獠"，可重複為"猞猞獠獠，饒舌貌"[④]，該意義為從其第二箇特點引

① 李榮主編、錢曾怡編撰：《現代漢語方言詞典・濟南方言詞典》，江蘇教育出版社 1997年版，第 288 頁。

② 許寶華、[日] 宮田一郎：《漢語方言大詞典》，中華書局 1999 年版，第 1635 頁。

③ 許寶華、[日] 宮田一郎：《漢語方言大詞典》，中華書局 1999 年版，第 1635 頁，第6539 頁。

④ 雷漢卿：《禪籍方俗詞研究》，巴蜀書社 2010 年版，第 509 頁。

申而來，如：《宏智廣錄》卷四："只者一縫大小，飽叢林漢分曉。點頭言語丁寧，擺手舌頭猁獠，不猁獠，人人脚下如長安道。"

【上色牛/1】曰："如何是密室中人？"師曰："不坐上色牛。"（卷六·湖南文殊禪師）

"上色牛"，字面義為被抹上顏色的牛，與"大白牛"相對，《妙法蓮華經》卷二《譬喻品》："有大白牛，肥壯多力。形體姝好，以駕寶車。"這裏的大白牛，比喻大乘佛法，禪宗喻指修禪者應恪守自己純潔明白的本性，如果本性被俗塵雜念所染，就成了"上色牛"。

【蜘蟟/4】曰："不重後如何？"師曰："火裏蜘蟟飛上天。"（卷十·荊門上泉和尚）

"蜘蟟"，參"吉獠"條。

【正狗/1】問："臨濟推倒黃檗，因甚維那喫棒？"師曰："正狗不偷油，雞銜燈盞走。"（卷十一·三交智嵩禪師）

"正狗"，禪籍喻指本色禪僧。

1.4.2 植物類

【株杌/1】師居石霜山二十年間，學眾有長坐不臥，屹若株杌，天下謂之枯木眾也。（卷五·石霜慶諸禪師）

"杌"《集韻·迄韻》："杌，刊餘木。""株杌"即砍完樹後剩下的樹枾。佛經中習見，如：《長阿含經》卷十八《佛說長阿含第四分世記經欝單曰品第二》："又彼土地無有溝澗、坑坎、荊棘、株杌，亦無蚊虻、蚖蛇、蜂蝎、虎豹、惡獸。地純眾寶，無有石沙。"

【萎花/2】曰："如何是塔中人？"師曰："萎花風掃去，香水雨飄來。"（卷十一·風穴延沼禪師）

"萎花"，義為枯萎凋謝的花。《淨土五會唸佛誦經行儀》卷下《西方雜贊》："風吹落葉葉飛去，吹去萎花花更來。"

【木突/1】上堂，橫按拄杖，召大眾曰："還識上藍老漢麼？眼似木突，口如匾擔，無問精粗，不知鹹淡。與麼住持，百千過犯。諸禪德，還有為山僧懺悔底麼？"（卷十六·上藍光寂禪師）

"木突"，《大詞典》收"樹瘤"一詞，釋為："樹幹受傷後因病理或生理的作用而形成的瘤狀物。有些樹木的樹瘤部分，經加工呈現美麗的木材花紋，是很有價值的工藝用材。"但是沒有舉例，例句中所說"木突"即此義。

1.5 禪事禪理類

【蘊空/4】又自秉劍，至尊者所，問曰："師得蘊空否？"（卷一·二十四祖師子尊者）

佛教認為，人的身心是由色、受、想、行、識五者假合而成，稱為五蘊。色為物質現象，其餘四者為心理現象。《毗婆屍佛經》卷上："五蘊幻身，四相遷變。"《增一阿含經》卷二十七："色如聚沫，受如浮泡，想如野馬，行如芭蕉，識為幻法。""蘊空"，是指五蘊皆空，《心經》："觀自在菩薩行深般若波羅蜜多時，照見五蘊皆空，度一切苦厄。"唐·慧能《壇經·機緣品》："法性是生滅之體，五蘊是生滅之用。"宋·蘇軾《答子由頌》："五蘊皆非四大空，身心河嶽盡圓融。"

【通量/1】汝于諸法，已得通量。夫達磨者，通大之義也。宜名達磨。（卷一·初祖菩提達磨大師）

"通量"，義為明瞭、理解、領悟。《傳法正宗記》卷五《天竺二十八祖菩提達摩尊者傳上》："（般若多羅）為之剃度曰：'汝先入定，蓋在日光三昧耳。汝於諸法已得通量，今宜以菩提達磨為汝之名。'"

【徑旨/1】少選，侍僧問曰："某等久侍和尚，不蒙示誨。竈神得甚麼徑旨，便得生天？"（卷二·嵩嶽破竈墮和尚）

"徑旨"，義為頓悟禪法的捷徑。《湛然圓澄禪師語錄》卷八："究心為入道徑旨，何以從上先德或看教明心，或誦經悟道，乃至念佛持呪，廣興福緣，種種行門，各各解脫。彼則何也？"

【宗趣/5】師曰："學人愚鈍，從來但依文誦念，豈知宗趣？"（卷二·洪州法達禪師）

"宗趣"，義為宗旨和趣向。《大乘入楞伽經》卷四《無常品第三》："世尊！惟願為說宗趣之相，令我及諸菩薩摩訶薩善達此義，不隨一切眾邪妄解，疾得阿耨多羅三藐三菩提。"

【道臘/1】武帝高其道臘，延入內庭，未幾如吳。（卷二·千歲寶掌和尚）

佛教戒律規定比丘受戒後每年夏季三個月安居一處，修習教義，稱一臘。亦特指僧侶受戒後的歲數或泛指年齡。晉·法顯《佛國記》："比丘滿四十臘，然後得入。"唐·賈島《贈僧》詩："初過石橋年尚少，久辭天柱臘應高。”《景德傳燈錄·智岩禪師》：“壽七十有八，臘三十有九。”“道臘”義為禪法高超。《理安寺志》卷五：“遂舉海內說法荷眾道臘并尊者數人，卜之得師。”

【始終事/1】問：“此箇門中，始終事如何？”師曰：“汝道目前底成來得多少時也？”（卷三·五洩靈默禪師）

“始終事”，即極則事，明心悟性之事。

【大涅槃/8】良久，却問：“如何得大涅槃？”師曰：“不造生死業。”（卷三·大珠慧海禪師）

“大涅槃”，義為徹底的覺悟，成佛。佛經習見，如：《七佛經》：“過去如來入大涅槃，離諸戲論，永斷輪迴。”

【訝人機/2】問：“學人解問諸訛句，請師舉起訝人機。”（卷十一·風穴延沼禪師）

“訝”，迎接，《周禮·秋官·序官》：“掌訝，中士八人。”鄭玄注：“訝，迎也。賓客來，主迎之。”“訝人機”即禪師接引、引導學人的機語。

【轉處/4】道悟問：“如何是佛法大意？”師曰：“不得不知。”悟曰：“向上更有轉處也無？”（卷五·石頭希遷禪師）

“轉處”，義為禪法禪旨的最高境界。佛經中習見，如：《放光般若經》卷七《摩訶般若波羅蜜舍利品》：“亦不希望處住，亦不無希望處住，亦不轉處住，亦不於著斷處住。”《大涅槃經》卷二《壽命品》：“雖生此想不達其義，如彼醉人於非轉處而生轉想。”

【存泊處/1】師曰：“何不問老僧？”曰：“即今問了也。”師曰：“去，不是汝存泊處。”（卷七·天皇道悟禪師）

“存泊處”，參禪頓悟的地方。《拈八方珠玉集》卷二：“似則也似，是則不是，據令而行，賓主俱無存泊處，何故？話墮也。”

【驗處/2】師曰：“慧寂有驗處，但見僧來便豎起拂子，問：‘伊諸方還說這箇不說？’”（卷九·仰山慧寂禪師）

“驗處”，禪師考測參禪僧悟道深淺或是否悟道的方式方法。《虛堂和尚語錄》卷一《慶元府萬松山延福禪寺語錄》：“仰云：‘某甲有箇驗處。’時有僧從面前過。仰召云：‘闍梨。’僧回首。仰云：‘者箇便是業識忙忙，無本可據。’”

【雪處/1】問："魯祖面壁，意旨如何？"師曰："有甚麼雪處？"（卷九·慧林鴻究禪師）

"雪"有洗刷、昭雪義。《廣雅·釋詁三》："雪，除也。"《正字通·雨部》："雪，洗滌也。凡冤釋曰雪冤，刷恥曰雪恥。""雪處"，即伸冤、昭雪的地方。禪籍習用，如：《明覺禪師語錄》卷二："不是金色頭陀，有理也無雪處。"便下座。《虛堂和尚語錄》卷九："今則枝枯葉隕，敷茂何期，有屈明明無雪處，臨風只可自噓戲。"

【選場/1】問："不久開選場，還許學人選也無？"師曰："汝是點額人。"又曰："汝是甚麼科目？"（卷十·清涼泰欽禪師）

"選場"即選佛場，佛教指開堂說法的法會。如：《宏智廣錄》卷一《舒州太平興國禪院語錄》："老僧於古路頭，置箇選場，若是孤進者即放過。"

1.6 俗塵制度類

1.6.1 俗塵瑣事類

【牛跡/5】彼之一師已陷牛跡，況復支離繁盛而分六宗？我若不除，永纏邪見。（卷一·初祖菩提達磨大師）

因趙州遊天台，路次相逢。山見牛跡，問州曰："上座還識牛麼？"州曰："不識。"山指牛跡曰："此是五百羅漢遊山。"（卷二·天台寒山）

"牛跡"，本義指牛走過留下的痕跡，本書中出現 5 例。又由於牛蹄走過之後在地上留下的坑可以儲少量水，又可以比喻極少、極小的東西，多數與海水相對比。如：《起世經》卷九《世住品》："如秋雨時，牛跡之中，少分有水。"《普曜經》卷三《入天祠品》："三千界自歸，芥子比須彌。牛跡比大海，上尊喻日月。"《雜阿含經》卷二三："如大海之水，牛跡所不容。"另，牛走過留下的痕跡，又可喻指學僧陷入言語情識而不能自證自悟，如：《增益阿含經》卷三《弟子品》："所謂牛跡比丘是，恒觀惡露不淨之想。"

【褉襯/2】問："凡有言句，盡落褉襯，不落褉襯？請和尚商量。"師曰："拗折秤衡來，與汝商量。"（卷七·玄沙師備禪師）

"褉襯"，義為圈套、陷阱。《紫伯尊者全集》卷二四《與吳臨川始光居士》："性宗不精，則不免墮事障褉襯；相宗不精，則不免墮理障褉襯；禪宗不了，則不免墮葉公畫龍褉襯。"

【屑屑事／1】一日，自歎曰："大丈夫當離法自淨，誰能屑屑事細行於布巾邪?"（卷五·藥山惟儼禪師）

"屑屑事"，瑣碎細小的事。《宋史》卷三八九《列傳一四八》："願上謹天戒，下畏物情，內正一心，外正五事，澄神寡欲，保毓太和，虛己任賢，酬酢庶務。不在於勞精神、耗思慮、屑屑事為之末也。"

【骨底骨董】曰："如何是佛法大意?"師曰："骨底骨董。"（卷二十·淨居尼妙道禪師）

"骨底骨董"義同"骨董"，即"古董"，明·無名氏《目前集》卷二："骨董乃方言，初無定字……晦庵先生《語類》只作'汨董'，或作'古董'。"《夢梁錄》卷十《團行》："又有異名'行'者，如買賣七寶者謂之骨董行、鑽珠子者名曰散兒行、做靴鞋者名雙線行、開浴堂者名香水行。"禪籍喻指瑣碎細小無用的古舊之物。如：卷十五《雲門文偃禪師》："若是一般掠虛漢，食人涎唾，記得一堆一擔骨董，到處馳騁。"

【微眹／1】出住潤州鶴林，因道吾勸發，往見船子，由是師資道契，微眹不留。（卷五·夾山善會禪師）

"眹"有徵兆、跡象義。《廣韻·軫韻》："眹，吉凶形兆謂之兆眹。""微眹"即微小的徵兆、很小的跡象。《肇論新疏》卷上："如此則物不相往來明矣，既無往反之微眹，有何物而可動乎? 通結上文，初一句斷定不遷，後二句結成本義，尚無微眹之動，況有大者。"

【徵詰／4】宿無對，設有對者，亦不能當其徵詰。（卷十·報恩慧明禪師）

"徵詰"義為詢問印證機鋒。佛經習見，如：《仁王經疏》："文別有三，初明依真觀空不化，後辨依俗能化眾生。前中有四：一舉境，二辨觀，三徵詰，四釋通。"

【羅欲／2】師曰："汝能不媱乎?"曰："我亦娶也。"師曰："非謂此也，謂無羅欲也。"（卷二·嵩嶽元珪禪師）

"羅欲"義為內心空明，不為外物所擾。即"若能無心於萬物，則羅欲不為淫"。《翻譯名義集》卷二《人倫篇》："三不邪婬，女有三護，法亦禁約，守禮自防，故止羅欲。"

【雪曲／3】是以石人機似汝，也解唱巴歌。汝若似石人，雪曲也應和。（卷六·洛浦元安禪師）

"雪曲"與"巴歌"相對，義為高雅的歌曲。《大方廣圓覺修多羅了義經序》："噫巴歌和眾，似量騰於猿心；雪曲應稀，了義匿於龍藏。"《文殊指南圖贊》："行法名輪重演說，聞思修慧再宣陳。妙音雖是胡家拍，韻出陽春雪曲新。"

1.6.2 制度類：

【格則/1】師到曹山，見示眾云："諸方盡把格則，何不與他道却，令他不疑去。"（卷十五·雲門文偃禪師）

"格則"，參禪悟道的機鋒、施設。《圓悟佛果禪師語錄》卷六："透生死關，出有無見，脫佛祖機，超格則量，須是利根上智，一聞千悟，直下承當始得。"

【外紹/7】曰："如何是外紹？"師曰："若不知事極頭，祇得了事，喚作外紹，是為臣種。"（卷六·九峯道虔禪師）

"外紹"，義為參禪不求自證自悟，而向外求的做法。是禪家反對的做法。與此相對的是"內紹"，即佛向內心求，追求自心的證悟。如：《五宗原·曹洞宗》："既分和叶于君臣，當辨賤貴于王子。賤分外紹，貴從內紹。"《雪岩祖欽禪師語錄》卷三："內紹外紹，有偏有正，失曉老婆逢古鏡，正與麼時，是什麼消息？試舉看。"

【內紹/6】曰："如何是內紹？"師曰："知向裏許承當擔荷，是為內紹。"（卷六·九峯道虔禪師）

參"外紹"條。

【節科/1】嘗究首楞嚴，甄會真妄緣起，本末精博。於是節科注釋，文句交絡，厥功既就。（卷十·報慈文遂導師）

"節科"，義為段落。如：《阿毗達磨俱舍論法義》卷一："《寶疏》分節科，解符論旨。"《請觀音經疏闡義鈔》卷一："此下分節科，既別行不復編入。"

【行流/1】汝等既在這箇行流，十分去九，不較多也更著些子精彩。（卷十三·雲居道膺禪師）

"行流"，義為行列、水平、境界。《大方廣佛華嚴經》卷六二《入法屆品》："聖者，我已先發阿耨多羅三藐三菩提心，欲入一切無上智海，而未知菩薩云何能捨世俗家生如來家、云何能度生死海入佛智海、云何能離凡夫地入如來地、云何能斷生死流入菩薩行流。"

1.7 言語思路類

【進語/24】曹山舉似洞山，山曰："好箇話頭，祇欠進語。何不問為甚麼不道?"

"進語"，義為進一步追問的語言，禪宗多數情況下是在參禪僧對於禪師的指引沒有領悟時的動作。如：卷三《忻州鹽村自滿禪師》：僧問："不落古今，請師直道。"師曰："情知汝罔措。"僧欲進語，師曰："將謂老僧落伊古今?"

【閑言語/13】僧問："如何是和尚家風?"師曰："一切處見成。"曰："恁麼則亘古亘今也。"師曰："莫閑言語。"（卷十·報恩紹安禪師）

"閑言語"，義為沒用的話。《大明高僧傳》卷五《溫州龍翔寺沙門釋士珪傳》："一日侍立次，問曰：'絕對待時如何?'遠曰：'如汝僧堂中白椎相似。'珪罔措。至晚遠抵堂司。珪復理前問。遠曰：'閑言語。'珪於言下大悟。"

【閑言/2】曰："未必如斯，請師答話。"師曰："不用閑言。"（卷十·光慶遇安禪師）

參"閑言語"條。

【疑翳/1】隍聞此說，遂造于曹谿，請決疑翳，而祖意與師冥符，隍始開悟。（卷二·婺州玄策禪師）

"疑翳"，義為不懂，有疑問的地方。《景德傳燈錄》卷五，婺州玄策禪師："遂造于曹谿請決疑翳，而祖意與師冥符，隍始開悟。"

【般數/1】僧參，師曰："不要得許多般數，速道! 速道!"僧無對。（卷八·永隆慧瀛禪師）

"般數"義為招數、辦法、手段、方式方法等。《進思錄》卷三："性本善，循理而行，是順理事，本亦不難，但為人不知，旋安排著，便道難也。知有多少般數，煞有深淺，學者須是真知，才知得是，便泰然行將去也。"寒山《詩三百三首》："多少般數人，百計求名利。心貪覓榮華，經營圖富貴。"《東皋雜錄》："蘇東坡曾過其（賈善翔）門，獻書問他說：'身如芭蕉，心似蓮花，百節疏通，萬竅玲瓏。來時一，去時八萬四千。'末云：'鴻舉下語。'善翔答說：'老道士這裏沒許多般數。'"

1.8 稱謂類

【阿你渾家/2】阿你渾家，各有一坐具地，更疑甚麼? 禪可是你解底

物？豈有佛可成？佛之一字，永不喜聞。阿你自看，善巧方便，慈悲喜捨，不從外得，不著方寸。（卷五·丹霞天然禪師）

"阿你渾家"，是對眾人的稱呼語，義為各位大眾。

2 行為類

2.1 五官肢體行為類

2.1.1 四肢動作類

2.1.1.1 手部動作

【把將/10】奉問："如何是實相？"師曰："把將虛底來。"（卷二·南陽慧忠國師）

"把"，相當於"拿""用"。唐·李賀《嘲少年》："生來不讀半行書，只把黃金買身貴。"元·佚名《陳州糶米》第四折："是這小衙內把紫金槌打死我父親來。""將"的"拿、持、取"義較早就產生了，《荀子·成相》："君教出，行有律，吏謹將之無鈹滑。"楊倞注："將，持也。"唐宋時較為常用，如：唐·李白《將進酒》："五花馬，千金裘，呼兒將出換美酒。""把將"，是同義連用，義為取，拿。禪籍多見，如：《雲門匡真禪師廣錄》卷下："師見僧齋次，問：'鉢盂匙箸拈向一邊，把將餛飩來。'無對。代云：'好羹好飯。'"

【展手/24】僧問："佛法至理如何？"師展手而已。（卷四·靈樹如敏禪師）

"展手"，義為伸手。《大詞典》收錄了該義項，引《再生緣》為例，用例較晚。

【戽水/3】士乃戽水，潑師二掬。師曰："莫與麼，莫與麼。"（卷五·丹霞天然禪師）

"戽"，本指取水灌田用的農具，形狀略像斗，兩邊有繩，兩人對站，拉繩取水。《農政全書水利灌溉圖譜》："戽斗，挹水器也……凡水岸稍下，不容置車，當旱之際，乃用戽斗，控以雙緪，兩人挈之，抒水上岸，以溉田稼。"用戽斗取水灌田，作者家鄉現在仍然偶爾可見，俗稱"斗子"。"戽水"當是形象的說法，兩手組成像戽的形狀取水，即用兩手捧水。本書中有2例是該義。還有一例，即卷十八《性空妙普庵主》："遂盤坐盆中，順潮而下。眾皆隨至海濱，望欲斷目。師取塞，戽水而回。眾擁觀，水無所入。"該例中"戽水"義為雙手如戽來划水。《大詞典》

只取"汲水灌田"義。

【蹋衣/1】仰山蹋衣次，提起問師曰："正恁麼時，和尚作麼生？"（卷九·溈山靈祐禪師）

"蹋衣"，即洗衣服。《增壹阿含經》卷十五《高幢品》："四天王知世尊心中所念，便舉大方石著水側。白世尊曰：'可在此而蹋衣。'"《佛本行集經》卷四一《迦葉三兄弟品》："唯願世尊，手攀此枝，用腳蹋衣。"

【捩轉/4】問："如何是白雲為人親切處？"師曰："捩轉鼻孔。"（卷十九·五祖法演禪師）

"捩轉"義為扭轉。《楊岐方會和尚後錄》："僧畫一圓相云：'忽遇與麼人來，又作麼生？'師乃捩轉面。僧擬議。師便喝云：'甚麼處去也？'"《大詞典》取明·湯顯祖《邯鄲記·度世》為例，用例較晚。

【摟揪/1】曰："意旨如何？"師曰："猴愁摟揪頭。"（卷十四·慧日法安禪師）

"摟揪"，義為亂抓亂撓。《長靈守卓禪師語錄》："猿愁摟揪頭，狗走抖擻口。"禪籍又可以喻指毫無目的，沒有方向的參禪。如：《密菴和尚語錄·示輝禪人》："參禪做工夫，無他術，須是恁麼提掇，方可有明悟底時節。若是隨意摟揪，驢年也未夢見。"

【展似/2】有偈曰："三十年來住木陳，時中無一假功成。有人問我西來意，展似眉毛作麼生。"（卷四·木陳從朗禪師）

"展似"，義為舒展、伸展。《無異禪師廣錄》卷六《住建州大仰寶林禪寺語錄》："諸法不自生，高樓石女夜吹笙，亦不從他生，展似眉毛作麼生？"又可指出示，展示。如：《景德傳燈錄》卷十七《福州羅源聖壽嚴和尚》："師補衲次，提起示之曰：'山僧一衲衣展似眾人見，雲水請兩條，莫教露針線。快道。'僧無對。"

【揜却/1】師一日見龐居士來，便揜却門曰："多知老翁，莫與相見。"（卷五·大同濟禪師）

"揜却"，義為關上，合上。《虛堂和尚語錄》卷一《嘉興府報恩光孝禪寺語錄》："山云：'打鐘。'著眾方集。山便掩却門。知事云：'既許與大眾上堂，為甚麼一言不施？'"

【收局/1】與客，師坐其旁。文忠遽收局，請因碁説法。（卷十二·

浮山法遠禪師）

"收局"，義為收拾棋局；結局，收場。如：宋·劉鉉《少年遊》詞："釧脫釵斜渾不省，意重子聲遲。對面癡心，只愁收局，腸斷欲輸時。"

2.1.1.2　腳部動作

【踏殺/1】祖曰："祇此不污染，諸佛之所護念。汝既如是，吾亦如是。西天般若多羅識汝足下出一馬駒，踏殺天下人。應在汝心，不須速說。"（卷三·南嶽懷讓禪師）

"踏殺"，義為踩踏殺死。《大方便佛報恩經》卷四《惡友品》："佛若受請來入城者，當放大醉象而踏殺之。"以大象踩踏殺人是古印度的一種酷刑。再如：《五分律》卷二一："復有一比丘著木屐下利夜踏殺蛇。"

【繫腳/1】曰："為甚麼如此？"師曰："猶繫腳在。"（卷七·鏡清道怤禪師）

"繫腳"，義為繫在腳上。《賢愚經》卷五《迦旃延教老母賣貧品》："乃於此死，即便使人，草索繫腳，拽置寒林中。"《七佛所說神咒經》卷一："須七色縷，作二十一結，先繫腳後繫腰卻繫手。"

【躂倒/2】祖問："從甚處來？"師曰："石頭。"祖曰："石頭路滑，還躂倒汝麼？"（卷五·丹霞天然禪師）

"躂倒"，滑倒、跌倒。《虛堂和尚語錄》卷五："石頭路嶮人難到，到者方知滑似苔。兩度三回雖躂倒，滿身泥水又歸來。"

【白立/1】眾僧侍立次，師曰："只恁麼白立，無箇說處，一場氣悶。"（卷四·鄂州茱萸和尚）

"白立"，平白無故地站立著。《石田法薰禪師語錄》卷三："舉茱萸和尚：'眾僧侍立次，茱萸云："只恁麼平白立，無个說處，一場氣悶。"'"

2.1.1.3　五官軀體動作

【高著眼/11】龐居士問："不昧本來人，請師高著眼。"師直下覷。（卷三·江西馬祖道一禪師）

"高著眼"，義為從高處、遠處考慮。宋·韓淲《澗泉日下》卷下："古今興廢，不可只據紙上看過，須是高著眼，與伸冤道屈，使後世無僥倖之心。"《無異禪師廣錄》卷二十："草鞋蹋破長安道，直入金臺最上層。壁上有僧高著眼，好將佛法繼傳燈。"

【呀氣/1】詰旦，東廚有一大蟒，長數丈，張口呀氣，毒燄熾然。（卷三·西園曇藏禪師）

"呀氣"，義為呼氣、喘氣。宋·蘇軾《如夢令》詞："自淨方能淨彼。我自汗流呀氣。寄語澡浴人，且共肉身遊戲。但洗。但洗。俯為人間一切。"

【對譚/2 ‖ 對談/7】問曰："二尊者對譚何事？"師攛露柱曰："三身中那箇不說法？"（卷四·睦州陳尊宿）

曰："尋常與甚麼人對談？"師曰："文殊與吾攜水去，普賢猶未折花來。"（卷五·夾山善會禪師）

"對譚"義同"對談"，交談。

【惜口/4】問："如何是學人本分事？"師曰："鏡清不惜口。"（卷七·龍華靈照禪師）

"惜口"之"口"指口業，身、口、意三業之一。業、障相同，口業指兩舌、惡口、妄語、綺語也。口業是患苦之門，禍累之始。禪宗主張不立文字，教外別傳，直指人心，見性成佛。"惜口"即愛惜口業，不隨便用言語去啟悟學僧。但是有時候禪師爲了接引學人，又不惜口業，運用語言等各種施設去啟悟參禪人。如：《虛堂和尚語錄》卷九："徑山不惜口業，今日作一句子，與諸人解註去也。"

【口嗚嗚/1】上堂，舉："夾山道：'鬧市門頭識取天子，百草頭上薦取老僧。'雲居卽不然，婦搖機軋軋，兒弄口嗚嗚。"（卷十五·雲居曉舜禪師）

"口嗚嗚"之"嗚"，《廣韻·戈韻》："嗚，小兒相應也。"宋天書《祭王和甫文》："童鷹孺嗚，羣舌毛起。""口嗚嗚"即口中應答之聲。

【別道/6】師微笑曰："貧道何德，累煩世主？且請前行，吾從別道去矣。"（卷三·汾州無業國師）

師曰："我豈不知汝上堂齋去？"者曰："除此外別道箇甚麼？"（卷四·石梯和尚）

本書中的"別道"有兩箇意思，一是別的道路；二是另外說。各占3例。《宋高僧傳》卷一二《唐蘇州藏廙傳》："及期寇從別道行，果無所損。"《續傳燈錄》卷一三《桂州壽寧齊曉禪師》："又問：'有問有答善巧分張，向上宗乘請師別道。'"

【東語西話/3】僧問："如何是祖師西來意？"師曰："如人在千尺井中，不假寸繩，出得此人，即答汝西來意。"僧曰："近日湖南暢和尚出世，亦為人東語西話。"（卷四·石霜性空禪師）

"東語西話"義為東拉西扯，囉裡吧嗦，說話多但無用。《無異元來禪師廣錄》卷六《住福州鼓山湧泉禪寺語錄》："三百年前，諸尊宿在此一片地上，東語西話。三百年後，博山在此一片地上，東語西話。雖則依模畫樣，大似捕空捉影，劈水尋蹤。簡點將來，不無滲漏。"

【抖吼/1】曰："師子未出窟時如何？"師曰："抖吼地。"（卷八·湧泉院究禪師）

"吼"同"吼"。《集韻·上聲·厚韻》："吼，或作'吼'。"《正字通·口部》："吼，同'吼'。""抖吼"，義為野獸精神抖擻地吼叫。

【加答/2】明復問："趙州道：'臺山婆子，我為汝勘破了也。'且那裏是他勘破婆子處？"師汗下不能加答。（卷十七·黃龍慧南禪師）

"加答"，義為回答。《大智度論》卷六《喻釋論》："勝意聞是語已。其心不悅不能加答。"《湛然圓澄禪師語錄》卷七《再答德王》："今者復蒙施金顧問，意欲辨明真偽，山僧讀之汗顏，未敢加答。"

【飜欵/1】問僧："你死後燒作灰，撒却了向甚麼處去？"僧便喝。師曰："好一喝。祇是不得飜欵。"（卷十四·長蘆清了禪師）

"飜欵"，又作"番欵"，《無門會開禪師語錄》卷上《隆興府翠巖廣化禪寺語錄》："諸行無常，是生滅法。生滅滅已，寂滅為樂。黃面老子四十九年三百餘會末後供出死欵，後代兒孫隨邪逐惡，無一箇與他出氣。今日翠巖遠孫番欵去也。""飜欵"，義為翻供，改進。《天如和尚語錄》卷九："又云：'"塵勞永脫事非常，緊把繩頭做一場。不是一番寒徹骨，爭得梅花撲鼻香。"黃蘗此語可謂十分切當，而今看來也是過後死語，不足以活人。山僧別用一機為他飜欵，諸人試聽取。'""舌頭無骨，點檢將來，貪前失後，帶累釋家老子，盡力為他飜欵，出來道箇諸法寂滅相，不可以言宣。"《朱子語類》卷七八《尚書·堯典》："伯恭說'子朱啟明'之事不是，此乃為放齊翻欵。堯問'疇咨若時登庸？'放齊不應舉一個明於為惡之人，此只是放齊不知子朱之惡，失於薦揚耳。"

【轉頭換腦/2】一從見老僧後，更不是別人，祇是箇主人公。這箇更向外覓作麼？正恁麼時，莫轉頭換腦。若轉頭換腦，即失却也。（卷四·趙州從諗禪師）

"轉頭換腦"，又可作"轉頭換面"，《古尊宿語錄》卷十四《趙州真際禪師語錄之餘》："只是箇主人公，者箇更向外覓作麼？與麼時，莫轉頭換面，即失却也。""轉頭換腦""轉頭換面"，字面義為轉動腦袋變換臉面，喻指不專心，左顧右盼。

【亞身/1】師以兩手按膝，亞身曰："韓信臨朝底。"嚴無語。（卷七·巖頭全奯禪師）

"亞身"，義為俯身、彎腰。《大威力烏樞瑟摩明王經》卷上："根本遍擲印，先正立，極力引左足頓地，向左亞身，右手握大指成拳，申臂令豎，左手為拳，約著心舒，頭指如針，眉間嚬蹙，目當專注。"《摩訶僧祇律》卷三六《明八波羅夷法初》："曲身者，亞身往就。"

【刺頭/4】英曰："莫塗糊人好！"師曰："你又刺頭入膠盆作甚麼？"（卷十六·法昌倚遇禪師）

"刺頭"，義為一頭扎入。如：《宏智禪師廣錄》卷二："巍巍堂堂，磊磊落落，鬧處刺頭，穩處下脚，脚下線斷我自由。"《碧巖錄》卷五："刺頭入膠盆，不喚作雨滴聲，喚作什麼聲？"《續傳燈錄》卷十一《杭州南山興教院惟一禪師》："問：'如何是道？'師曰：'刺頭入荒草。'"

【睡覺/1】師曰："如人夢時，從何而來？睡覺時，從何而去？"（卷二·司空本淨禪師）

"'睡覺'本是'睡'和'覺'兩箇單音詞組成的詞組，直至晚唐五代仍表'睡醒'的意思。"[1]"演變至宋代'睡覺'這一詞組中'覺'的詞義已完全消失，虛化為構成表示'睡眠'義的並列複音詞的一種語法功能上的構詞成份。從而凝固成一箇偏義複音詞。"[2] 王瑛文重在強調唐五代時仍用舊義，徐時儀文重在表明宋代已產生新義。在宋代的禪籍語錄中，"睡覺"作詞組表示"睡覺醒了"和作為偏義複音詞表"睡眠狀態"同時在使用，如：《雪峰慧空禪師語錄·禪人求偈》："忽把虛空敲出

---

① 王瑛：《關於"睡覺"成詞的年代》，《中國語文》1997 年第 4 期。
② 徐時儀：《論詞組結構功能的虛化》，《復旦學報》1998 年第 5 期。

骨，地神惡天神悅。陝府鉄牛得一橛，且等東山睡覺來。”表示“睡覺醒來”。《楚石禪師語錄》卷十六：“西瞿耶居睡覺，東弗于逮經行，南贍部州打鼓，北鬱單越搊箏，且道是何曲調，聽時却又無聲？”表示“進入睡眠狀態”。可見，唐宋時是“睡覺”由詞組向偏義複合詞轉變的過渡階段。

2.1.2　索問使令類

【索論/1】世尊因長爪梵志索論義，預約曰：“我義若墮，我自斬首。”（卷一·釋迦牟尼佛）

“索論”，義為挑戰性的討論。如：《阿彌陀經通贊疏》卷上：“乃見世尊語世尊曰：‘攝我儕何法教導？便索論義。’”《大光明藏》卷一《二十五祖婆舍斯多尊者》：“祖至中印度，彼國王名佛勝，深加禮敬，外道無我尊疾。祖至索論義不勝，又於王前謂祖曰：‘我解嘿論不假言說。’祖曰：‘孰知勝負？’”《林泉老人評唱丹霞淳禪師頌古虛堂集》卷一：“示眾云：‘有修有進，索論高低。無證無為，那消陛降。’”

【約退/1】然燈見布髮處，遂約退眾，乃指地曰：“此一方地，宜建一梵刹。”（卷一·釋迦牟尼佛）

“約退”之“約”有“阻止、攔阻”的意思，如：卷十八《白藻清儼禪師》：“僧問：‘楊廣失駱駝，到處無人見。未審是甚麼人得見？’師以拂子約曰：‘退後！退後！防他別人所問。’”“約退”為同義語素連用，也表“阻止、攔阻”的意思。《大明高僧傳》卷一《紹興雲門寺沙門釋允若》：“賊眾入其舍，若毅然不為屈，辭色俱厲，賊首知為有道者，約退。一賊獨怒，直前揮刃中之，白乳溢出於地。”

【捨令/3】長者遂捨令出家。（卷一·八祖佛陀難提尊者）

“捨令”，義為同意、允許。如：《眾許摩訶帝經》卷十三：“今一切義成，捨轉輪王位，苦行修習為大法王。宜各選其賢子，捨令出家，侍從世尊，以成其美。”《天聖廣燈錄》卷四《第十七祖僧伽難提尊者》：“父母奇之，捨令出家，尊者即與披剃受具，名伽耶舍多。”

【却須/13】師曰：“傳語却須問取曹溪。”（卷二·徑山道欽禪師）

“却須”義為必須，需要。《明覺禪師語錄》卷三：“師云：‘克賓要承嗣興化罰錢出院且致，却須索取者一頓棒始得。且問諸人：棒既喫了，作麼生索？’”其中的“却”為前綴，不表意義，如：“卻起”，卷七《玄沙師備禪師》："韋曰：'恁麼則上座不到曹山？'韋却起禮拜，師曰：'監軍却須禮此僧，此僧却具慚愧。'"

【倒問/2】師曰："如何是第一義？"曰："學人請益，師何以倒問學人？"（卷八·報劬玄應禪師）

"倒問"，義為反過來問，卻問。《西遊記》第十四回："三藏道：'悟空，你想有些耳閉？他說教我們留馬匹、行李，你倒問他要甚麼衣服、盤纏？'"

2.2 生命過程類

2.2.1 生育類

【下生/7】說偈已，乃持僧伽梨衣入雞足山，俟慈氏下生。（卷一·一祖摩訶迦葉尊者）

"下生"，義為出生、出世。如：《大樓炭經》卷三《高善士品》："高善士上忉利天，極壽死後，復下生在世間，便為王侯家作太子。"《大詞典》也有該義項，但是引梁斌《播火記》為例，用例較晚。

【當生/6】汝婦當生二子，一名婆修盤頭，則吾所尊者也。二名芻尼。（卷一·二十一祖婆修盤頭尊者）

此子名斯多，當生便拳左手，今既長矣，終未能舒，願尊者示其宿因。（卷一·二十四祖師子尊者）

汝受吾教，聽吾偈曰："心地隨時說，菩提亦祇寧。事理俱無礙，當生即不生。"（卷三·江西馬祖道一禪師）

"當生"在本書中有 3 種意義。按所列例證依次為：一是應當生養（一次）；二是剛出生（一次）；三是應該產生（四次）。

2.2.2 修行寂滅類

【燕寂/1】約十里許，至大巖前，有石窟焉，乃燕寂於中。（卷一·十七祖僧伽難提尊者）

"燕寂"，即修行。如：《賢劫經》卷四《三十七品》："以得燕寂未曾想求，存念逮得而無所望，是曰精進。"《元叟行端禪師語錄》卷七《題趙律師遺墨》："大智老人，為宋僧一狐之腋，四明顏聖徒評之詳矣。今觀燕寂遺墨，因寄意云：'律中麟角者，一字直千金。'"

【漚散/1】吾今漚散，胡假興哀。無自勞神，須存正念。（卷三·五洩靈默禪師）

"漚散"之"漚"，義為水面上的浮沫，人的生命逝去，好比水面上浮沫消散開去，所以，"漚散"義為去世、離世。如：《御選語錄》卷十二："佛言眾生執有之因，如譬言浮漚之起，乃因物觸風攪而成，聚則浮漚，散則海水也。"

2.3 心理感受類

2.3.1 思考猜測類

【罔測/12】陸大夫向師道："肇法師也甚奇怪，解道天地與我同根，萬物與我一體。"師指庭前牡丹花曰："大夫！時人見此一株花如夢相似。"陸罔測。（卷三·南泉普願禪師）

"罔測"，義為不懂而胡亂猜測。《深密解脫經序》："理教淵廓，罔測其源。旨趣中絕，焉究其宗。"《法演語錄》卷三《附錄序文》："諸方輻湊，四眾景從。罔測其由，舉皆自失。師獨熟視而笑，莫逆於心。"

【罔知攸措/1 ‖ 罔措/34】適聽師言，罔知攸措。願師慈悲，開示宗旨。（卷一·初祖菩提達磨大師）

帝釋曰："一切所須，我悉有之。若三般物，我實無得。"女曰："汝若無此，爭解濟人？"帝釋罔措，遂同往白佛。（卷一·釋迦牟尼佛）

"罔知攸措"，可縮寫成"罔措"，義為不知所措、無所適從。如：明·胡応麟《少室山房筆叢·華陽博議下》："子瞻嘗問一後進'近讀何書'，其人答'讀某書'。子瞻輒問曰：'其中有某好亭子？'其人愕然罔措，不知子瞻所問。"《續高僧傳》卷三《譯經篇》："伏奉恩令，以慧淨為普光寺主，仍知本寺上座事，奉旨驚惶，罔知攸措。"又可作"罔知所措"，《古林和尚語錄》卷三："承言失宗，滯句迷旨，依他作解，守轍循途，以致臨機，罔知所措。"

【啗啄/3】師近前作聽勢，州曰："會即便會，啗啄作什麼？"（卷十一·臨濟義玄禪師）

"啗啄"即"啗啄"義為捉摩、思考。又可寫作"啗啄"。《宏智禪師廣錄》卷四："師云：'滴水入石不得。'僧云：'啗啄不入去也。'"

【體悉/6】問："本分事如何體悉？"師曰："汝何不問？"（卷三·蒙谿和尚）

"體悉"，義為體會、理解、參悟。《根本說一切有部毘奈耶雜事》卷二一："王曰：'諸根內闇容可不知，對境馳心何不聞見？'尊者欲令體悉其事。"《宏智禪師廣錄》卷一："明頭轉側，暗裡逢迎，直得千里同風去也。諸人還體悉得麼?"

【薦取/18】諸子生死事大，快須薦取，莫為等閑。（卷四·長慶道巘禪師）

"薦取"，義為領會、領悟。《汾陽無德禪師語錄》卷上："若人會得此三句，已辨三玄。更有三要語在，切須薦取，不是等閑。"

【著忖/1】夫行腳禪流，直須著忖，參學須具參學眼，見地須得見地句，方有相親分始得，不被諸境惑，亦不落於惡道。（卷十一·葉縣歸省禪師）

"著忖"，義為領會、體悟。《玄沙師備禪師廣錄》卷二："地獄畜生，輪迴諸趣，未有出期。仁者，須是著忖始得，莫當等閑，無事不用上來，珍重。"

【傍瞥/3】問："學人根思遲回，方便門中乞師傍瞥。"師曰："傍瞥。"（卷八·鳳凰從琛禪師）

"傍瞥"，義為略加開示、指點。《碧巖錄》卷九："問曾不知，答還不會，大龍答處傍瞥，直是奇特。"

【第恐/1】這箇公案，天下老宿拈掇甚多，第恐皆未盡善。（卷二十·焦山師體禪師）

"第恐"，表推測，義為只怕。《大慧普覺禪師語錄》卷五："好則好，第恐學者作無事會去。"《大詞典》引元·麻革《守約齋為呂仲和作》詩，用例較晚。

2.3.2 學習指示類

2.3.2.1 指示教育類

【指喻/2】初見六祖，問曰："即心即佛，願垂指喻。"（卷二·韶州法海禪師）

"指喻"，義為指示、點撥、引導。《父子合集經》卷一《淨飯王始發信心品》："時優陀夷承佛指喻，唯然受教。"《法演禪師語錄》卷下："立雪斷臂指喻後人，人能弘道，非道弘人。"

【提拯/1】問："學人創入叢林，一夏將末，未蒙和尚指教，願垂提拯。"（卷九·資福如寶禪師）

"提拯"，義為開示、啟悟。如：《全宋文》卷二九六《婺州開元寺新建大藏經樓記》："所以宣揚了義，提拯群迷，開方便門，示真實像。"

【編辟/1】及至彼，祖便以"卽心卽佛，非心非佛，睦州擔板漢，南泉斬貓兒，趙州狗子無佛性、有佛性"之語編辟之，其所對了無凝滯。（卷十九·大隨元靜禪師）

"編辟"，義為逼迫性的發問，《祖庭事苑》卷二："編辟：辟，當作逼，迫也。"《介石智朋禪師語錄·法語·示西禪淇上人》："昔踈山聞懶安有句無句之語，即賣却布單，不憚勞苦，直造西寺，直欲編辟其詞鋒，不消懶安一笑，踈山更奈何不得。"

【說話/43】院主隨後問曰："和尚既許為大眾說話，為甚麼一言不措？"（卷五·藥山惟儼禪師）

師曰："居士祇見錐頭利，不見鑿頭方。"士曰："恁麼說話，某甲卽得；外人聞之，要且不好。"（卷五·長髭曠禪師）

師曰："大似白衣拜相。"洞曰："老老大大，作這箇說話？"（卷五·神山僧密禪師）

又道："起唯法起，滅唯法滅。"又道："起時不言我起，滅時不言我滅。"據此說話，屈滯久在叢林上座，若是初心，兄弟且須體道。（卷十·正勤希奉禪師）

"說話"，在本書中表示好幾種意義。按例子排列順利依次是：一表禪師說法，講說禪義；二表用語言表達思想；三表話、言辭；四表說法、意見。

2.3.2.2 學探參障類

【蘊習/1】祖訶曰："禮不投地，何如不禮！汝心中必有一物，蘊習何事邪？"（卷二·洪州法達禪師）

"蘊習"，義為學習。《魏書》卷九一《列傳術藝第七十九》："練精銳思，蘊習四年，從穆所聞，粗皆仿佛。"《北史》卷二一《列傳第九》："浩母，盧諶孫女也。浩著《食經序》曰：'余自少及長，耳目聞見，諸母諸姑所修婦功，無不蘊習酒食。朝夕養舅姑，四時供祭祀。'"《新華嚴經綸》卷二四："四明十地長養蘊習悲智功圓。"

【撚破/2】未必學撚破經論中奇特言語是參學，未必撚破祖師奇特言語是參學，若於如是等參學，任你七通八達，於佛法中儻無見處，喚作乾慧之徒。（卷十·瑞鹿本先禪師）

"撚破"，義為學習、參悟。如：《為霖道霈禪師還山錄》卷三《曾蓮居居士行樂贊》："摩尼珠，已入手。晝夜循環無近久，一朝撚破見渠儂，方知這箇是本有。"

【鞫拶/1】設使直下悟去，也是斬頭覓活。東山事不獲已，且向第二頭鞫拶看。（卷十九·東山覺禪師）

"鞫拶"，義為究問、探究。

【據驗/2】問："十二時中如何據驗？"師曰："恰好據驗。"（卷七·保福從展禪師）

"據驗"，義為驗證。《古尊宿語錄》卷三七《鼓山先興聖國師和尚法堂玄要廣集》："問：'十二時中不涉緣塵，如何據驗？'師云：'浪息千江，孤輪不墜。'"

【細抹/2】師展兩手唱曰："細抹將來。"營將猛省。（卷十四·雲頂德敷禪師）

"細抹"，義為慢慢咀嚼、仔細揣摩。《博山參禪警語》卷下："道人之心，合當如是。但將此段細抹，將來自然省力。"《無異元來禪師廣錄》卷二十《靜心偈》："淨心即是西方土，點鐵成金喻不齊。細抹將來渾小事，莫教辜負老僧兮。"

【牧護/1】作偈曰："謾說從來牧護，今日分明呈露。虛空揔倒須彌，說甚向上一路。"（卷十九·侍郎李彌遜居士）

"牧護"，義為看護。《大樓炭經》卷四《忉利天品》："身行惡、口言惡、心念惡。作十惡者千人百人，一神護之，譬如百群牛羊。若千牛羊群，一人牧護之。"

【泛學/1】自是，他宗泛學來者皆服膺矣。（卷十·報恩慧明禪師）

"泛學"，義為初學者。《四明尊者教行錄》卷三《別理隨緣二十二問》："蓋為泛學者妄謂別教不談，隨緣起信，乃說隨緣故……蓋泛學之者不知真如隨緣通於兩教故。"《禪源諸詮集都序》卷上："文乃浩博而難尋，泛學雖多秉志者少。"

【隔户/1】僧問："遠遠投師，請師一接。"師曰："不隔户。"（卷六·南臺寺藏禪師）

"隔户"，義為隔著窗戶，引申指有所隔閡。《法苑珠林》卷十七《觀音驗》："聞其執厄出至獄所候視之，隔户共語。傳謂山曰：'今日困厄,命在漏刻。何方相救?"《五燈全書》卷一二〇《達澄受昭禪師》:"師即掩戶不語,粥飯從牖入,徒眾每隔戶稱名禮拜,師皆不内。忽一日逸去,不知所之,四眾悲戀。"

【粘泥/2】峯曰:"甚麼處逢見達磨?"師曰:"更在甚麼處?"峯曰:"未信汝在。"師曰:"和尚莫恁麼粘泥好!"(卷七·鏡清道怤禪師)

"粘泥",字面義為具有粘性的泥土。如:《大唐西域求法高僧傳》卷一《慧輪師》:"凡所覆屋脊上簷前房内之地,並用塼屑如桃棗大,和雜粘泥以杵平築,用疆石灰,雜以麻筋并油及麻滓爛皮之屬,浸漬多日泥於塼地之上。"《地藏菩薩像靈驗記》卷一《唐華州慧日寺釋法尚蒙地藏感通記第十一》:"於前放光所建精舍,朽木粘泥,造地藏菩薩像,正奉法,再續法灯,即慧日精舍是也。"引申指拘泥於某一事物。

【撼搿/1】曰:"恁麼則周徧大方心,不在一切處。"師曰:"泥裏撼搿。"(卷十五·金山瑞新禪師)

"撼搿"之"搿"當爲"椿"。"撼搿",義是搖動椿樹,《古尊宿語錄》卷三八《襄州洞山第二代初禪師語錄》:"問:'如何是學人究竟事?'師云:'說。'云:'未審說箇什麼?'師云:'泥裏撼椿。'"《偃溪和尚語錄》卷上《慶元府應夢名山雪竇資聖禪寺語錄》:"古釋迦出世,點胸點肋,傍若無人。老雲門令行,眼親手辦,泥裡撼椿。用底是銅公塘,使底是鐵奉化,佛法那時早是與麼了也。"

【別賽/1】示微疾,書偈曰:"弄罷影戲,七十一載。更問如何,回來別賽。"(卷十八·勝因咸静禪師)

"別賽",義為再一次博賽。如:《虛舟普度禪師語錄·初住建康府半山報寧禪寺》:"六隻骰子滿盆紅,有采無采,大家別賽。"《揞黑豆集》卷八《杭州仁和圓照茆溪行森禪師》:"進云:'弄罷影戲,回來別賽時作麼生?'師云:'你却做得陪堂。'進云:'波斯不學漢語。'"

2.3.3 悟困向往類

【發解/1】後於洞山言下發解,乃為之嗣。(卷十三·欽山文邃禪師)

"發解"義為領會、頓悟。如:《大法炬陀羅尼經》卷三《菩薩行品之餘》:"如是菩薩,以知眾生言音心業故。於處處諸有受生,欲令眾生發解修行斷諸業故。"《法苑珠林》卷三三《唐蒲州普濟寺釋道英》:"至開皇十九年,遂入解縣太行山柏梯寺,修學止觀忽然發解。"《大詞典》

及《宋語言詞典》皆沒有收錄該義項。

【出度/1】達大道兮過量，通佛心兮出度。不與凡聖同躔，超然名之曰祖。（卷一·初祖菩提達磨大師）

"出度"，義為脫離俗塵，頓悟成境。《大寶積經》卷七九《富樓那品》："不自信得如是佛慧，以聲聞乘而自出度。"《普菴錄》卷三《統宗判元錄》："眾生與諸佛，是諸法空相。離降出度，不生不滅。"

【透脫/18】莫就他覓，從前祇是依他解，發言皆滯，光不透脫，祇為目前有物。（卷三·歸宗智常禪師）

"透脫"，義為穿透、透過。卷十五《雲門文偃禪師》："光不透脫，有兩般病。一切處不明，面前有物是一。又透得一切法空，隱隱地似有箇物相似，亦是光不透脫。"禪籍還喻指領悟、超脫。如：卷十二《寶應法昭禪師》："方知聰明博學，記持憶想，向外馳求，與靈覺心轉沒交涉。五蘊殼中透脫不過，順情生喜，違情生怒。"

【迷源/6】師曰："你迷源來得多少時?"曰："即今蒙和尚指示。"師曰："若指示你，我即迷源。"（卷五·馬頰本空禪師）

"迷源"，字面義為找不到源頭。禪籍喻指迷失本性。《楊岐方會和尚語錄》卷一《後住潭州雲蓋山海會寺語錄》："示作王臣，佛祖罔措。為指迷源，殺人無數。"

【疑殺/5】僧舉聖僧塑像被虎齩，問師："既是聖僧，為甚麼被大蟲齩?"師曰："疑殺天下人。"（卷八·妙濟師浩禪師）

"疑殺"之"殺"當作"煞"，用作詞綴。"疑煞"，義為迷惑。如：《禪宗頌古聯珠通集》卷二十五《六祖下第五世之七》："溈山聞舉曰：'寂子已後疑煞天下人去在。'"

【隔津/2】師令侍者傳語："長老遠來不易，猶隔津在。"蓋擒住侍者，與一掌。（卷五·漸源仲興禪師）

"隔津"，義為產生隔閡，不能明心見性。《禪宗頌古聯珠通集》卷六《東土初祖》："廓然無聖露全身，覿面相呈已隔津。莫問梁邦并魏苑，一華五葉自然春。"《禪宗頌古聯珠通集》卷二七《澧州洛浦山元安禪師》："又手須知已隔津，更重進步轉漂淪。頑銅若作黃金貨，祇可瞞他無眼人。"《宗門拈古彙集》卷二三《潭州漸源仲興》："老漢一舒一卷，賓主歷然。隔津通津，彼此相照。侍者親蒙賜掌，恩大難酬。寶蓋到處垂慈，費盡腕頭氣力。"

【徹困/5】後舉問鏡清："這僧過在甚麼處?"清曰："問得徑山徹困。"師曰："徑山在浙中因甚麼問得徹困?"清曰："不見道遠問近對。"（卷七·雪峯義存禪師）

"徹困"，義為徹底擺脫困境，即覺悟、頓悟。如：《列祖提綱錄》卷十三《歲夜提綱》："一年三百六十日為汝諸人徹困了也，今夜年窮歲盡，更須不惜口業。"

【久向/20】龐行沙門：僧曰："久向歸宗，元來是箇龐行沙門。"（卷三·歸宗智常禪師）

"久向"，義為仰慕已久。如：《紫栢尊者全集》卷一《憨山德清贊》："余久向紫栢師，辛丑入都，而師住西山，忻然欲以瓣香見之。"

【掣風掣顛/2】臨濟一日與河陽木塔長老同在僧堂內坐，正説師每日在街市掣風掣顛，知他是凡是聖?（卷四·鎮州普化和尚）

"掣風掣顛"，義為瘋瘋癲癲。《宗門拈古彙集》卷三十《撫州曹山本寂禪師》："今時師僧抱箇不哭底孩兒，便擬向十字街心掣風掣顛。"

2.3.4 承持擔佔類

【支荷/2】鏡清問："如何是即今底?"師曰："何更即今?"清曰："幾就支荷。"師曰："語逆言順。"（卷七·鵝湖智孚禪師）

"支荷"，義為支撐。如：《玄沙師備禪師語錄》卷上："忽然無常殺鬼到來，眼目講張，身見命見，恁麼時大難支荷，如生脱龜殼相似，大苦。"

【荷愧/1】從前佛法付囑國王大臣及有力檀越，今日郡尊及諸官僚特垂相請，不勝荷愧。（卷八·龍華彥球禪師）

"荷愧"義同"愧荷"，"荷、愧"二字皆有感謝義，該詞是同義複詞，表感謝、感激義。唐·裴鉶《傳奇·孫恪》："（女）指青衣謂恪曰：'少有所須，但告此輩。'恪愧荷而已。"唐·王梵志《出家多種果》詩："新人食甘果，愧荷種花人。"宋·蘇軾《答孫志康書》："故因循至今，遂辱專使，手書累幅，愧荷深矣。"

【挑括/1】道吾打皷，四大部洲同參。拄杖橫也挑括乾坤大地，缽盂覆也蓋却恒沙世界。（卷十二·石霜楚圓禪師）

"挑括"，義為挑著，用杖的一端掛著。如：《古尊宿語錄》卷二四《潭州神鼎山第一代諲禪師》："一條拄杖標揭，徑直螺文爆節，有時橫擔肩上，大地乾坤挑括。"

【擔帶/3】師曰："擔帶即玲嘍辛苦。"曰："不擔帶時如何?"師曰："不教汝抱璞投師，請師雕琢。"（卷五·投子大同禪師）

"擔帶"，義為承擔。如：《景德傳燈錄》卷十五《舒州投子山大同禪師》："有佛有法、有凡有聖亦不存，坐繫縛汝諸人，變現千般，總是汝生解，自擔帶將來，自作自受。"《大詞典》引明·湯顯祖《紫釵記·凍賣珠釵》為例，較晚。

【管帶/7】方回步，師曰："雖是後生，亦能管帶。"（卷七·巖頭全奯禪師）

"管帶"，義為管理、統領、管轄。如：《緇門警訓》卷七《法昌運禪師小參》："如盲人視物不為諸法管帶，亦不管帶諸法。"《大明高僧傳》卷五《溫州龍翔寺沙門釋士珪傳》："此三者既明，一切處不須管帶自然現前。"

【不歷/】師曰："還見觀音麼?"曰："見。"師曰："左邊見，右邊見?"曰："見時不歷左右。"（卷七·保福從展禪師）

"不歷"，義為不管、不分。"不歷左右"字面義為不分左右，禪籍喻指當下領悟，直指人心。如：《鎮洲臨濟慧照禪師語錄》："無佛無眾生，無古無今，得者便得，不歷時節，無修無證無得無失，一切時中更無別法。"

【事持/1】還知麼? 急須努力，莫容易，事持片衣口食，空過一生。（卷四·黃檗希運禪師）

"事持"，義為使用、持用。語錄中習見。《古尊宿語錄》卷三十七《襄州洞山第二代初禪師語錄》："禪德，洞山尋常道：'待我家園麥熟，事持磨面作箇餕餡。'"《聯燈會要》卷十一《鼎州德山宣鑒禪師》："仁者，老漢只恐諸子，墜坑落塹，作薄福業，事持唇嘴，得少為足。"《建中靖國續燈錄》卷七《湖州廣法禪院源禪師》："問：'師子未出窟時如何?'師云：'事持牙爪。'"

2.3.5 情感變化類

【慘悚/1 ‖ 戢翼/1】到這裏有甚麼跌處? 有甚麼擬議處? 向去底人常須慘悚戢翼始得。（卷十三·雲居道膺禪師）

"慘悚"義為戰戰兢兢、小心翼翼。"戢翼"字面義為收起翅膀，喻指退避、退讓。如:《偏行堂集》卷四六:"諸兄弟,付囑之人如此其陋,付囑之禍如此其烈,我輩稍有血性,當慘悚戢翼,痛自防檢。"《林泉老人評唱投子青和尚頌古空谷集》卷六《第九十則五鳳樓前》:"故知擬心即差,舉步即錯,墮坑落塹,何怨乎哉?當可慘悚戢翼,仰德拳拳。"

【苦屈/1】纔見老和尚開口,便好把特石驀口塞,便是屎上青蠅相似,鬪嘍將去,三箇五箇,聚頭商量,苦屈兄弟。(卷十五·雲門文偃禪師)

"苦屈",義為辛苦。《太子須大挐經》:"苦屈使者,遠相勞問。於是使者即乘象還。"《碧巖錄》卷二:"堆山積嶽,撞牆磕壁,佇思停機,一場苦屈。"又可指委屈,如:《萬松老人評唱天童覺和尚頌古從容庵錄》卷三《第四十一則洛浦臨終》:"有時忠誠,扣已苦屈難申;有時殃及,向人承當不下。"

【歇狂/1】僧問:"如何是興福正主?"師曰:"闍黎不識。"曰:"莫祇這便是麼?"師曰:"縱未歇狂,頭亦何失。"

"歇狂",應為"歇狂心""頓歇狂心"的縮略,義為放下狂妄之心。《大乘起信論裂網疏》卷二:"真外無妄,故妄心無相;妄外無真,故真心無相。譬如演若歇狂,本頭如故,豈可於其頭上,別覓一初歇之相耶。"《憨山老人夢遊集》卷三《示贊侍者》:"不知頓歇狂心,為成佛秘要。區區執幻,妄為真實。迷頭認影,了無出期。"《憨山老人夢遊集》卷三六《覺非銘》:"忽然猛省,但歇狂心。不勞施粉,天然秀媚。眉目清朗,本來面皮。"

【雪屈/2】以火炬打一圓相曰:"祇向這裏雪屈。"(卷十七·黃龍祖心禪師)

"雪屈",義為伸冤。禪籍語錄習見,如:《明覺禪師語錄》卷三:"雪竇要斷不平之事。今夜與克賓維那雪屈。"有時,又可簡稱"雪",如:卷八《招慶省僜禪師》:"祇如從上宗門,合作麼生,還相悉麼?若有人相悉,山僧今日雪得去也。"

【快與/2】豈不是有少許相親處?快與快與,時不待人。(卷十五·雲門文偃禪師)

"快與",義為快點、加快速度。《大慧普覺禪師語錄》卷八《泉州小谿雲門菴語錄》:"源云:'和尚快與某甲道,若不道打和尚去。'吾云:

'打即任打，道即不道。'"

【捶拷/1】上堂，舉寒山詩曰："梵志死去來，魂識見閻老。讀盡百王書，未免受捶拷。一稱南無佛，皆以成佛道。"（卷十一·風穴延沼禪師）

"捶拷"，義為摧殘折磨拷打。《北史》卷四九："元平被捶拷百數，而無所言。"《佛說佛母寶德藏波若波羅密經》卷三《佛母寶德藏般若伽陀常歡喜品》："菩薩為求佛菩提，今何不勤持忍辱。割截首足劓耳鼻，禁縛捶拷諸楚毒。"

2.4 事物關係類

【川湊/1】庵於芙蓉湖心，道俗川湊。（卷十四·芙蓉道楷禪師）

"川湊"，義為聚集、集中。明·袁宏道《與龔惟學先生書》："若夫山川之秀麗，人物之色澤，歌喉之婉轉，海錯之珍異，百巧之川湊，高士之雲集，雖留都亦難之，今吳已饒之矣，洋洋乎固大國之風哉！"

【賺殺/12】師歸法堂，良久却入僧堂，見僧在衣缽下坐。師曰："賺殺人！"

"賺殺"，《大詞典》釋為"誑騙殺害"，不妥。"賺殺"義為欺騙，如：唐·施肩吾《望騎馬郎》詩："碧蹄新壓步初成，玉色郎君弄影行。賺殺唱歌樓上女，伊州誤作石州聲。""殺"，又可作"煞"，"賺煞"《御選語錄》卷十二《和碩雍親王圓明居士》："所以有無量劫熏習種子之說，只者一句，若錯解了，賺煞多少人。"

【的紹/1】僧問："枝分夾嶺，的紹逍遙，寶座既登，法雷請震。"（卷六·福清師巍禪師）

"的"有"的確、確實、實在"意。如：《三國志·魏志·崔林傳》："余國各遣子來朝，閑使連屬，林恐所遣或非真的。"以"的"為構詞實語素組成的詞有：的嗣：直系法嗣，嫡嗣。指真正獲得衣缽之人。《宗門武庫》："湛堂准和尚，興元府人，真淨之的嗣。"的有：確有，真有。《金瓶梅詞話》第六十九回："我猜已定還有底腳裏人兒對哥說，怎得知道這等端切的，的有鬼神不測之機。"的系：確實是。《嬋真後史》第三十七回："此事的系印豎通妖作叛無疑。"的是：確實，真是。《元賢廣錄》卷三十《續寱言》："洪覺範書有六種……此老文字的是名家，僧中稀有，若論佛法，則醇疵相半。"還有的耗（正確消息）、的話（真話）、的據（確實的證據）、的確（實在，究竟）、的實（真實、確實）、的無（決不）等詞。"紹"有"繼承、接續"之義。如：《尚書·盤庚上》："紹復先王之大業。"（此"紹復"成詞，表繼承義。）《長阿含經》卷第五《典尊經》第三："而告之曰：'諸君，當知今王地主年已朽邁，余壽未幾，若以太子紹王位者，未為難也，汝等可往白太子此意。'""的紹"，是說師巍禪師繼承逍遙山懷忠禪師。義為繼承、繼嗣。

【嗟見/1】但長連牀上穩坐地，十方善知識自來參，上座何不信取，作得如許多難易。他古聖嗟見今時人不奈何。（卷十·章義道欽禪師）

"嗟見"，義為會見。《筠州洞山悟本禪師語錄》："嗟見今時學道流，千千萬萬認門頭。恰似入京朝聖主，祇到潼關即便休。"

【翻害/1】祖遂與金曰："汝且去！恐徒眾翻害於汝，汝可他日易形而來，吾當攝受。"（卷二·江西志徹禪師）

"翻害"，義為加害。《北夢瑣言》卷九："葆光子嘗讀李肇《國史補》……常以為虛誕，今張存翻害穆、李，即《史補》之說，信非虛誕也，怪哉！"《水滸傳》第四十五回："可怪潘姬太不良，偷情潛自入僧房。彌縫翻害忠貞客，一片虛心假肚腸。"

【浪出/1】公既通徹祖意，復博綜教相，諸方禪學咸謂裴相不浪出黃檗之門也。（卷四·相國裴休居士）

"浪出"之"浪"，義為徒然、白白的。 "浪出"義為徒然出自。唐·杜甫《蘇大侍御訪江浦賦八韻記異》詩："龐公不浪出，蘇氏今有之。再聞誦新作，突過黃初詩。"

2.5 位移行為類

【直接/1】待吾滅後六十七載，當往震旦，設大法藥，直接上根。（卷一·初祖菩提達磨大師）

"直接"，義為徑直接引。《重刊緇門警訓序》："斯惟直接上根，中下之流不堪覷著。"《元叟行端禪師語錄》卷五《答慈雲玨長老嗣法書》："缺齒老胡，十萬里西來，單傳心印，直接上根，二祖三拜，得髓後，復說四行，以傳於今。"

【直造/10】祖辭去，直造黃梅之東山，即唐咸亨二年也。（卷一·六祖慧能大鑒禪師）

"直造"，義為直接拜訪。《大慧普覺禪師語錄》卷十五："直造夾山方丈，不禮拜乃當面叉手而立。"

【出撫/1】唐相國杜鴻漸出撫坤維，聞師名，思一瞻禮，遣使到山延請。（卷二·保唐無住禪師）

"出撫"，義為出任。《佛祖統紀》卷十《法師智圓》："王欽若出撫錢唐，慈雲遣使邀師，同往迓之。"《續高僧傳》卷十七《習禪篇之二》："永陽王伯智，出撫吳興，與其眷屬就山請戒，又建七夜方等懺法。"

【擷落/1】拇指破開天地闇，虵頭擷落鬼神驚。（卷十九·靈隱慧遠禪師）

"擷落"，義為掉落、掉進。《宗門拈古彙集》卷十六："蓮花結木瓜，木瓜忽然擷落地，撒出無限芝蔴。"《禪宗頌古聯珠通集》卷三："出得出不得，擷落精靈窟。何處不風流，祖師無妙訣。"

【掇退/1】師喚侍者："掇退果卓。"（卷十三·洞山良價禪師）

"掇"有搬、端義。如：宋·楊萬里《火閣午睡起負暄》詩："覺來一陣寒無奈，自掇胡床負太陽。"《初刻拍案驚奇》卷二："那老嬤嬤去掇盆臉水，拿些梳頭家火出來。""掇退"義為把某物搬下去。如：《宗範》卷二《機用》："樹頭金果鐵團圝，千聖猶難著眼看。莫道臨機曾掇退，當陽托出已和盤。"

2.6 改建勞作類

【裝點/1】問："如何是天真佛?"師曰："爭敢裝點。"（卷十·功臣覺軻禪師）

"裝點"，義為裝飾。《大詞典》收錄該義項，但是引清·平步青《霞外攟屑·說稗·臨川夢》為例，較晚。

【鎖斷/2‖坐斷/32】最初一步，十方世界現全身。末後一言，一微塵中深鎖斷。（卷二十·能仁紹悟禪師）

"鎖斷"，義為打斷、扼斷。如：《鎮洲臨濟慧照禪師語錄》："今古永超圓智體，三山鎖斷萬重關。"《圓悟佛果禪師語錄》卷二十："突出三頭六臂，忿怒驀撲帝鍾，謾且神通遊戲，圓悟當胸一拳，鎖斷衲僧巴鼻。"《虛堂和尚語錄》卷八《臨安府淨慈報恩光孝禪寺後錄》："不知二字，已是鎖斷者僧咽喉。無端為物傷慈，暗露圭角。"

【培火/1】師問火頭："培火了也未?"曰："低聲。"（卷十三·伏龍奉璘禪師）

"培火"，義為用某物壓住火頭，壓住明火，保存火種，把火頭埋住。"膠遼官話有'培起來'，把東西埋在地下，土高出地面。"[①] 筆者家鄉山東甯陽縣還說"培住火，明天早上就不用再生火了，省的麻煩"。

【卜廬/1】後謁安國師，頓悟玄旨，遂卜廬于嶽之龐塢。（卷二·嵩嶽元珪禪師）

"卜廬"，義為建造房舍，禪籍指建造廟宇。明·王陽明《寄西湖友》詩："予有西湖夢，西湖亦夢予。三年成闊別，近事竟何如？況有諸賢在，他時終卜廬。但恐吾歸日，君還軒冕拘。"

【溉滌/1】冰消則水流潤，方呈溉滌之功。（卷二·圭峯宗密禪師）

"溉滌"，同義複詞，義為洗滌、清洗。《詩經·大雅·泂酌》："可以濯溉。"毛傳："溉，清也。"《禮記·曲禮上》："器之溉者不寫，其餘皆寫。"孔疏："溉，滌也。"

【抄化/1】問："身命急處如何？"師曰："莫種雜種。"曰："將何供養？"師曰："無物者。"師令供養主抄化。（卷五·藥山惟儼禪師）

"抄化"，義為僧道等募化、化緣。《大詞典》引元無名氏《冤家債主》楔子為例；《近代漢語詞典》引《古今小說》為例，皆晚。

【執役/1】公曰："此間有禪人否？"曰："近有一僧，投寺執役，頗似禪者。"（卷四·相國裴休居士）

"執役"，義為擔任勞役。《大詞典》引明·梁辰魚《浣紗記·放歸》為例，較晚。

【落纜/1】【采功/1】僧問："如何是君王劍？"師曰："落纜不采功。"（卷九·仰山東塔和尚）

"落"有出去、去掉義。南朝宋謝靈運《曇隆法師誄》："慨然有擯落榮華，兼濟物我之志。"唐·劉長卿《戲贈干越尼子歌》："厭向春江空浣沙，龍宮落髮抄袈裟。""落纜"義為砍落纜繩。"采"有獲取、取得義。《文選·楊雄〈解嘲〉》："若夫蘭生收功於章台，四皓采榮於南山。"李善注："采榮，采取榮名也。""采功"義為獲取功名、居功。

【連架/1】振一鐸曰："明頭來，明頭打。暗頭來，暗頭打。四方八面來，旋風打。虛空來，連架打。"（卷四·鎮州普化和尚）

---

① 許寶華、［日］宮田一郎：《漢語方言大詞典》，中華書局 1999 年版，第 5255 頁。

"連架"之"架"當是"枷",《玉篇·木部》："枷,連枷,打穀具。"《釋名·釋用器》："枷,加也,加杖於柄頭以撾穗而出其穀也。"明·宋應星《天工開物·粹精》："凡豆菽刈穫,少者用枷,多而省力者仍舖場⋯⋯凡打豆枷,竹木竿爲柄,其端錐圓眼,拴木一條,長三尺許。舖豆於場,執柄而擊之。"《祖庭事苑》卷二《雪竇拈古》:"連架打:架當作枷,音加,拂也。《說文》:'擊禾連枷。'如僧問普化:'明暗俱來時如何?'曰:'連枷打。'拂,音弗。《方言》曰:'連枷,打穀者也。'""連架打"其他語錄也多有用例,如:《明覺禪師語錄》卷三:"所以道,糞掃堆上現丈六金身且拈在一邊,赤肉團上壁立千仞又放過一著。直饒八面四方,正好連架打。"《宏智禪師廣錄》卷四:"跂跂挈挈,百醜千拙,且恁麼過時,畢竟承誰恩力? 四方八面連架打,普應初無顆粒遺。"

3. 性狀類

3.1 人物性狀類

3.1.1 心智類

【欣愜/1】師子比丘聞偈欣愜,然未曉將罹何難,祖乃密示之。(卷一·二十三祖鶴勒那尊者)

"欣愜",義為心裏高興、愉悅。《景德傳燈錄》卷十四《澧州藥山惟儼禪師》:"師以手指上下曰:'會麼?'翱曰:'不會。'師曰:'雲在天,水在缾。'翱乃欣愜作禮。"

【栖栖/3】路行跨水復逢羊,獨自栖栖暗渡江。日下可憐雙象馬,二株嫩桂久昌昌。(卷一·初祖菩提達磨大師)

"栖栖",義為忙碌的樣子。《論衡》卷七:"如德劣承衰,若孔子棲棲,周流應聘,身不得容,道不得行,可骨立皮附,僵僕道路乎?"

【急索/1】師擬進語,山急索曰:"這箇是有相底,那箇是無相底?"師遂有省,便禮拜。(卷十四·大陽警玄禪師)

"急索",義為急忙索問。《聯燈會要》卷四《盧山歸宗智常禪師》:"乃云:'嗄。我會也我會也。'師急索云:'道、道。'愚擬開口,師又打。"

【蹬蹬/1‖碨碨/1】師從氈上那伽起,祖膊當胷打一拳。駭散疑團獝狙落,舉頭看見日初圓。從茲蹬蹬以碨碨,直至如今常快活。只聞肚裏飽膨脝,更不東西去持缽。(卷四·漳州羅漢和尚)

"蹬蹬"，象聲詞，腳踏地的聲音。如：《兒女英雄傳》第二十七回："只聽他那兩隻腳踹得地蹬蹬蹬的山響，掀開簾子就出去了。""碣"義為獨立高舉貌。《漢書·揚雄傳上》："外則正南極海，邪屈虞淵，鴻蒙沆茫，碣以崇山。"顏師古注："碣，山特立貌。""碣碣"義為高興的樣子。前面論及在禪師的施設指引下得以頓悟禪旨，所以才會歡呼雀躍，高興不已。

【諆諆/1】又參百丈，茶罷，丈曰："有事相借問，得麼?"師曰："幸自非言，何須諆諆?"（卷十一·歲上座）

"諆諆"義為沒禮貌的大聲說話。《袁州仰山慧寂禪師語錄》、《虛堂和尚語錄》卷六、《宗門拈古彙集》卷二八《鄂州巖頭全奯禪師》、《悟出達觀禪師語錄·慶元府阿育王山廣利禪寺語錄》等關於此段均記作"幸自非言，何須諳諳?"《祖庭事苑》卷七《八方珠玉集》："劄窒，當作諳諳，言無倫脊也。抵牾也。"

【卓卓寧彰/1】山曰："闍黎分上作麼生?"師曰："該通分上卓卓寧彰。"（卷六·鳳翔石柱禪師）

"卓卓寧彰"，義為十分明顯。《永覺元賢禪師廣錄》卷二八："前二有正無偏，第三有偏無正，第四偏正俱無，故俱非其人也，卓卓寧彰者，偏不全偏也。"

3.1.2 生理類

【安健/1】諸人幸值色身安健，不值諸難，何妨近前著些工夫，體取佛意好!（卷五·清平令遵禪師）

"安健"，義為健康。《天如惟則禪師語錄》卷七："收吾弟書，報老母安健，此為第一喜。"《大詞典》引葉聖陶《未厭集·苦辛》為例，太晚。

【没量大/3 ‖ 太小生/1】師辭南泉，泉門送，提起師笠曰："長老身材没量大，笠子太小生?"（卷四·黃檗希運禪師）

"没量大"，義為無限大。《法演語錄》卷中："中間有箇没量大漢，金鎖玄關留不住，聖凡位裏莫能收。"《維摩詰經講經文》："如斯設無遮大會，論情没量大因緣。"

"太小生"義為太小，"生"為後綴。《祖堂集》卷十六，第四世洪州黃檗希運禪師："師問黃檗：'笠子太小生?'黃檗云：'雖然小，三千大千世界總在裏許。'"

【孤形/1】師七歲出家，時屬野多妖鬼，魅惑於人。師孤形制伏。曾無少畏，故得降魔名焉。（卷二·降魔藏禪師）

"孤形"，義為獨自、一箇人。《二刻拍案驚奇》卷三："是時正是七月七日，權翰林身居客邸，孤形吊影，想著'牛女銀河'之事，好生無聊。"

【央庠/1】更衣謁雪竇明覺禪師，覺意其可任大法，誚之曰："央庠座主。"（卷十九·保寧仁勇禪師）

"央庠"，義為迷迷糊糊，頭腦糊塗。如：《續黔僧語錄》："學道不可性急，即勉強求悟，要人許可言句，自義為諦當，恐終無濟於事，又不可性緩，今年也如是，明年也如是，央庠度日，全無血性，恐驢年也未夢見在。"

【浪浪宕宕/1】問："如何是不動尊？"師曰："浪浪宕宕。"（卷六·木平善道禪師）

"浪浪宕宕"，義同"浪宕"，指遊蕩無定。明·馮夢龍《掛枝兒·花》："好似水面上的楊花也，浪宕沒定準。"《法苑珠林》卷五六《貧賤篇·述意部》："身被百結之縷，鄉里既無田宅，雒陽又闕主人，浪宕隨時巉岏度日。"

【毛毿毿/1】問："如何是道者？"師曰："毛毿毿地。"（卷六·渤潭山明禪師）

"毿"同"毿"，唐·白居易《蘇州柳》："金谷園中黃嬝娜，曲江亭畔碧毿娑。"清·全祖望《明監紀推官葉虞錢公墓誌銘》："追騎至，樞曹得脫走，而推官被執，帽落，髮毿毿周臂。"義為毛髮或枝條等細長物披散的樣子。唐·玄應《一切經音義》卷二十引《通俗文》："毛長曰毿毿。"《玉篇·毛部》："毿，毛長兒。"

【直朮/1】曰："如何是不受潤者？"師曰："直朮撐太陽。"（卷七·保福超悟禪師）

《說文·儿部》："兀，高而上平也。"從"兀"之字多有"高"義。如："堯"，《說文·垚部》："堯，高也。從垚在兀上，高遠也。""阢"，《說文·阜部》："石山帶土也。從阜從兀，兀亦聲。""朮"即"高"，"直朮"，義為高高直立的。

3.1.3 性格類

【恩讓/1】家有三子，唯師最小。炳然殊異，性唯恩讓。（卷三·南嶽懷讓禪師）

"恩讓"，義為性格溫和謙讓。《佛祖綱目》卷三十《懷讓禪師示出家》："偕親詣存慰其家，三子讓居幼，性惟恩讓，故名懷讓。"

【草草忽忽/1】山曰："住！住！且莫草草忽忽。雲月是同，谿山各異。截斷天下人舌頭卽不無，闍黎争教無舌人解語?"（卷六·洛浦元安禪師）

"草草忽忽"，義為馬虎、草率。如：《續傳燈錄》卷十六《安州興國契雅禪師》："僧問：'請師不於語默裏答話。'師以拄杖卓一下。僧云：'和尚莫草草忽忽。'師曰：'西天斬頭截臂。'"

【草草匆匆/1】若未有這箇作家手脚，切不得草草匆匆，勘得脚跟下不實，頭没去處，却須倒喫香嚴手中鑁柄，莫言不道。（卷十六·香嚴智月禪師）

"草草匆匆"，義為草率、急躁。《普照國師語錄》卷上："日用尋常，著著有出身之處。其或未然，不得草草匆匆。"《捃黑豆集》卷六《寧波天童山翁木陳道忞禪師》："你還知麼? 祖師門下，會與不會，總須喪身失命，自後不得草草匆匆。"

【乾爆爆/1】師曰："雲門尋常乾爆爆地，錐劄不入。到這裏，也解拖泥帶水。諸人祇今要見這一頭麼? 天色稍寒，各自歸堂。"（卷十四·淨慈慧暉禪師）

"乾爆爆"，義為乾巴巴的。《宏智禪師廣錄》卷一《真州長蘆崇福禪院》："靈苗發種覺樹敷春，冷湫湫處却要溫和，乾爆爆時還須津潤。"

3.2 物體性狀類

【堆堆疊疊/1】好事堆堆疊疊來，不須造作與安排。（卷二十·烏巨道行禪師）

"堆堆疊疊"，義為一箇接著一箇，比喻數量多。《禪林寶訓順硃》卷四："住持有三不可，一凡百事宂繁，堆堆疊疊，打屏不開，不可懼他。"

【堂堂密密/1】雪峯謂眾曰："堂堂密密地。"師出，問："是甚麼堂堂密密?"峯起立曰："道甚麼!"師退步而立。（卷七·鏡清道怤禪師）

"堂密"指堂與室。比喻距離近。《爾雅·釋山》："山如堂者，密。"

郭璞注："形如堂室者。"邢昺疏："言山如堂室者名密。"喻指某物質地密，縫隙小。禪籍喻指禪旨圓潤成一體。如：《摭黑豆集》卷八《杭州仁和圓照茆溪行森禪師》："師云：'怪不得前日唐老兒說你。'進云：'堂堂密密處，求和尚放一線。'"

【渾底/1】問："百花未發時如何？"師曰："黃河渾底流。"（卷十五·德山緣密禪師）

"渾底"，義為水不清澈、渾濁。如：《朱子語類》卷四："譬之水，清底裏面纖毫皆見，渾底便見不得。"

【尾顛纖/1】問："明頭來時如何？"師曰："頭大尾顛纖。"（卷十九·徑山宗杲禪師）

"尾顛纖"，又可寫作"尾顛先"，如《宗鑒法林》卷三六："五峰頭卓朔，雙徑尾顛先。"還可寫作"尾顛"，如《見入圓諡禪師語錄》："通玄一路，千聖不傳。狗吃麻糍，腳爪尾顛。""尾"即尾巴，"顛"即頭頂。晉·陸機《文賦》："如失機而後會，恒操末以續顛。""末"即尾，"顛"即頭，義為把結尾和開頭連接起來。

【潑藍/1】集仙王質問："如何是祖師西來意？"師曰："青山影裏潑藍起，寶塔高吟撼曉風。"（卷二·法華志言大士）

"潑藍"，義為一片墨綠。如：《南嶽總勝集》卷上《碧雲峯》："在紫金臺下鶴鴻臺，西南望雲陽如潑藍黛。"《禪宗雜毒海》卷三《相士》："風搖翠竹聲敲玉，雨洗羣峯色潑藍。妙相堂堂祇者是，先生有口怎生談"

【蔍蔌/1 ‖ 狼忙/1】一日普請罷，書偈曰："茶芽蔍蔌初離焙，筍角狼忙又吐泥。山舍一年春事辦，得閑誰管板頭低。"（卷十七·歸宗志芝庵主）

"蔍蔌"用來形容嫩茶纖細柔順下垂的樣子。唐·李賀《春坊正字劍子歌》："挼絲團金懸蔍蔌，神光欲截藍田玉。"詩中用來形容絲穗順滑下垂的樣子。

"狼忙"，義為急忙、著急。《續傳燈錄》卷十二《澧州夾山自齡禪師》："大眾，五千餘卷詮不盡，三世諸佛讚不及，令人却憶賣油翁，狼忙走下繩床立。"

【𥕢𥕢磕磕/1】拈拄杖曰："且道這箇是甚麼標？會麼？拈起則有文

有彩，放下則糲糲磕磕。直得不拈不放，又作麼生?"（卷十五·靈隱雲知禪師）

"糲"為糙米，《史記·刺客列傳》："故進百金者，將用爲大人麤糲之費。"司馬貞索隱："糲猶麤米也，脫粟也。""糲糲磕磕"義為粗糙、不光滑。

【懞懞鬆鬆/1】又問："懞懞鬆鬆，兩人共一椀作麼生會?"師曰："百雜碎。"（卷十七·隆慶慶閑禪師）

"懞懞鬆鬆"，同"籠鬆"，義為蓬鬆散亂、不緊湊。宋·胡仔《苕溪漁隱叢話後集·東坡五》："王建詩云：'一樹籠鬆玉刻成，飄廊點地色輕輕。'"

3.3 結構關係類

【總皆/2】雖然如此，回顧東西，總皆是佛。（卷一·釋迦牟尼佛）

"總皆"，是同義複詞，義為全、都。《陀羅尼集經》卷八《軍茶利使者法印呪》："一切鬼神，總皆被縛，不敢作惡。"《景德傳燈錄》卷二十六《福州嚴峯師尤禪師》："乃至諸佛國土，天上人間，總皆如是。"

【更若/9】所以道四十九年明不盡，標不起，到這裏合作麼生? 更若忉忉，恐成負累。珍重!（卷六·大光居誨禪師）

"更若"表假設的連詞，義為"如果還……"。《黃龍慧南禪師語錄·遷住歸宗語錄》："紫霄峯上黑雲靉靆，鄱陽湖裏白浪滔天。一氣無作而作，萬法不然而然。更若擬誼思量，迢迢十萬八千。"

【爭合/4】僧後舉似洞山，山曰："闍黎爭合恁麼道?"曰："和尚作麼生?"山曰："得。"（卷四·大慈寰中禪師）

"爭合"，義為怎麼能。《天童和尚闢妄救略說》卷四，洪州百丈山懷海禪師："師凡作務執勞，必先於眾，主者不忍，密收作具，而請息之。師曰：'吾無德，爭合勞於人。'既徧求作具。不獲則亦不食。"

3.4 時間類

【禩/1】年十八，依靈山希拱，圓具後習台教三禩，棄謁圓悟於鐘阜。（卷十九·護國景元禪師）

"禩"，《說文·示部》："禩，祀或從異。"義為歲、年。《尚書·伊訓》："惟元祀，十有二月，乙丑，伊尹祠于先王。"蔡沈集傳："夏曰歲，商曰祀，周曰年，一也。"唐·柳宗元《封建論》："今矯而變之，垂二百祀。"關於"裸",《大詞典》引明·張居正《賀朱鎮山重膺殊恩序》為例,較晚。

【幾就/1】鏡清問:"如何是即今底?"師曰:"何更即今?"清曰:"幾就支荷。"師曰:"語逆言順。"(卷七·鵝湖智孚禪師)

"幾就"義為:幾乎就……。《四庫全書總目提要》卷三《青陽集》:"其第二書謂往時泰不華、蠻子海牙並力攻蘄、黃,賊幾就滅。"

3.5 數量類

【欠少/12】問:"如何是祖師西來意?"師曰:"此土不欠少。"(卷十·棲賢慧圓禪師)

"欠少",義為缺少。《根本說一切有部毘奈耶雜事》卷二四:"遂遭風日之所吹暴,果遂乾枯,巢中欠少。"《大慧普覺禪師語錄》卷二三《示妙明居士》:"即今問我者,是汝寶藏,一切具足,更無欠少,使用自在,何假外求。"

【較不得/2】化曰:"適來若是別人,三十棒一棒也較不得。何故?為他旻德會一喝不作一喝用。"(卷十一·澄心旻德禪師)

"較不得",義為使不得、不用。《宗鑒法林》卷十五《襄州龐蘊居士》:"且道是賓家弄巧成拙,主家弄巧成拙?若揀得出,三十棒一棒也較不得;若揀不出,明年更有新條在。"

【淨盡/1】問:"正因為甚麼無事?"師曰:"我不曾停留。"乃曰:"假饒重重剥得,淨盡無停留,權時施設,亦是方便接人。若是那邊事,無有是處。"(卷四·香嚴義端禪師)

"淨盡",同義複詞,義為全、都。《父子合集經》卷十六《六界差別品》:"彼時三千大千世界,悉皆散壞,淨盡無餘。"《宏智禪師廣錄》卷四《明州天童山覺和尚上堂語錄》:"師云:'淨盡無所依,通身不隔越。'僧云:'恁麼則白衣拜相去也。'"

第二節　詞語新義考釋

對於新義,首先指舊詞新義,即該詞在唐宋以前就已經存在,但該義祇在唐宋以後的文獻中使用;其次是首見於禪籍的新詞的意義,因為它們是詞彙新成員,自然就伴隨著新義。但在實際操作中,要判定一箇詞是否始見於禪籍比判定一箇舊成員是否具有新義難度要大得多，所以在具體討論中不再強調某詞是否僅始見於禪籍。① 在確定詞的新義時，我們參考了《大詞典》《大字典》《唐五代語言詞典》《宋語言詞典》《禪宗詞典》《禪宗大詞典》等比較權威的大型辭書。

1. 名物類

1.1 人鬼器官部位類

【形象/2】乃盜為釋子形象，潛入王宮。（卷一·二十四祖師子尊者）

"形象"，義為相貌、模樣。《虛空藏菩薩神咒經》："於離車出現身受生，或作沙門形象威儀，或作婆羅門形象威儀。"《大詞典》未收該義項。

【野人/2】師告眾曰："野人作多色伎倆，眩惑於人。只消老僧不見不聞，伊伎倆有窮，吾不見不聞無盡。"（卷二·壽州道樹禪師）

"野人"，義為妖人。前文講到此"野人"可以"化作佛形及菩薩、羅漢、天仙等形，或放神光，或呈聲響。"《博山參禪警語》卷二《示疑情發得起警語》："故云：'野人伎倆有盡，老僧不見不聞無窮，若真參學人，縱白刃交加於前，無暇動念。'"《大詞典》未收該義項。

【溫人/1】時真歇居江心，聞師至，恐緣法未熟，特過江迎歸方丈。大展九拜，以誘溫人，由是翕然歸敬。（卷二十·龍翔士珪禪師）

"溫人"，義為有佛性但是還沒有頓悟的人。《大詞典》未收該義項。

【手板/1】問："古人東山西嶺青，意作麼生？"師曰："波斯鼻孔大。"曰："與麼則西天迦葉，東土我師。"師曰："金剛手板闊。"（卷十一·三交智嵩禪師）

"手板"，義為手掌、手面。《大詞典》引周立波《山鄉巨變》為例，較晚。現也有用作該義的用例，如：《婚姻休剋期》第四章："生活就是有人要打你手板，你不但不能躲，還得高興地哼著小曲，把另一隻手也伸過去。"

【家親/2】僧問："家貧遭劫時如何？"師曰："不能盡底去。"曰："為甚麼不能盡底去？"師曰："賊是家親。"（卷八·保福清豁禪師）

"家親"，義為自家人。如：《大涅槃經》卷六《如來性品》："國王

---

① 雷漢卿：《禪籍方俗詞研究》，巴蜀書社 2010 年版，第 597 頁。

大臣及家親屬，聞其所說，悉皆敬信。若我聲聞弟子之中欲行第一希有事者，當為世間廣宣如是大乘經典。"又可指已故的親人。如：《三國遺事》卷五《神呪》："家親請法流寺僧亡名來轉經，大鬼命小鬼，以鐵槌打僧頭仆地，嘔血而死。"《大詞典》引元·無名氏《貨郎旦》為例，較晚。

【小客/1】問僧："近離甚麼?"僧曰："請師試道看。"師曰："將謂是舶上商人，元來是當州小客。"（卷九·芭蕉慧清禪師）

"小客"，義為小生意人、小商人。《蘇軾集》卷五二《奏議六首》："欲乞特敕兩路，應販鹽小客，截自三百斤以下，並與權免收稅，仍官給印本空頭關子，與灶戶及長引大客，令上曆破使逐旋書填月日姓名斤兩與小客，限十日內更不行用。"

1.2 稱謂類

【同學/12】汝却後六劫，當遇同學，獲無漏果。（卷一·五祖提多迦尊者）

"同學"，義為共同學習佛法之人。佛禪文獻習見，如：《佛般泥洹經》卷上："當日勝樂經，不厭苦，不擇食，不擇牀臥，以道自勸樂，法可久。當敬同學，當持同學作兄弟。"《宋高僧傳》卷八《唐荊州當陽山度門寺神秀傳》："初秀同學能禪師與之德行相埒，互得發揚無私於道也。"

【同流/3】師欲遊五臺，問寒山、拾得曰："汝共我去遊五臺，便是我同流。若不共我去遊五臺，不是我同流。"（卷二·天台豐干禪師）

"同流"，義為志同道合者。《新華嚴經論》卷九："設是阿難，亦是同流，皆以常樂我淨大智慧之真。"《虛堂和尚語錄》卷二《婺州雲黃山寶林禪寺》："爾若向無人行處，尋得一條路子，蕩蕩地臨機自由自在，便是我同流。"

【同事/7】却歸侍者寮，哀哀大哭。同事問曰："汝憶父母邪?"師曰："無。"曰："被人罵邪?"師曰："無。"（卷三·百丈懷海禪師）

"同事"，義為共同學習佛法禪旨的人。佛禪文獻用例頗多，如：《大乘本生心地觀經》卷二《報恩品》："第三佛身，有大恩德。定通變現，一切諸佛，悉皆同事。"《大慧普覺禪師語錄》卷二六《答李參政別紙》："四攝法中以同事攝為最彊，左右當大啟此法門，令其信入。"

【同列/3】後訪一同列，見佛龕前經卷，乃問曰："此何書也？"（卷十八・丞相張商英居士）

"同列"，同一行列、同等地位的人。禪籍喻指共同修禪的人。《大慧普覺禪師宗門武庫》："每見訶罵不已，乃謂同列曰：'我須與這老漢理會一上。'"

【化下/1】塔曰："鄂州使君名甚麼？"師曰："化下不敢相觸忤。"（卷九・清化全怤禪師）

"化下"，第一人稱稱謂詞，相當於"在下"，如：《雲門匡真禪師廣錄》卷上《對機三百二十》："有官問：'千子圍繞，何者為的？'師云：'化下住持，已奉來問。'"

1.3 山川地理類

【背陰/1】問："如何是廣德山？"師曰："當陽花易發，背陰雪難消。"（卷十四・廣德智端禪師）

"背陰"，義為陽光照不到的地方。《法苑珠林》卷四五《審學部》："勤學第一道，勤問第一方。道逢羅剎難，背陰向太陽。"《希叟和尚廣錄》卷七："當暗中有明，當明中有暗。揭翻明暗路岐，猶是弄光影漢。畢竟如何？爍破髑髏無朕迹，背陰山子向陽多。"《大詞典》引元・李文蔚《燕青博魚》為例，較晚。

【形山/6】乾坤之內，宇宙之間，中有一寶，秘在形山。（卷十四・丹霞子淳禪師）

"形山"，本義當指深山，如：《漢魏南北朝墓誌彙編》："鑴石銘記，芳傳不朽。其辭曰：'跨風誕應，接物昇沈，巨變莫測，細入難尋。形山匪秀，量海非深，秘引三車，說辯八音。'"禪籍喻指色身、肉身。《碧巖錄》卷七："又云：'即凡心而見佛心，形山即是四大五蘊也。'"《宏智禪師廣錄》卷八："木人捧出形山寶，罷拈虎鬚歸去來。荊棘林中任起倒，午日麗天光杲杲。"《續傳燈錄》卷十二《鄧州丹霞子淳禪師》："丹霞今日擘開宇宙打破形山，為諸人拈出，具眼者辨取。"

1.4 俗塵悟障類

【羅縠難/1】問曰："前件看心者，復有羅縠難。"師曰："看心有羅縠，幻心何待看？況無幻心者，從容下口難。"（卷二・牛頭山法融禪師）

"羅縠"，是指一種疏細的絲織品。漢・趙曄《吳越春秋・勾踐陰謀外傳》："飾以羅縠，教以容步。"《燕丹子》卷下："羅縠單衣，可掣而絕；八尺屏風，可超而越。"宋·莊季裕《雞肋編》卷上："蘇州以黃草心織布，色白而細，幾若羅縠。"唐·玄應《一切經音義》卷十："羅縠，似羅而疏、似紗而密者也。"佛經有"隔羅縠"之說，《祖庭事苑》卷一："隔羅縠，《華嚴疏》云：'菩薩智與如來智，如明眼人隔輕縠覩眾色像，此言菩薩與佛見性不同。'""羅縠難"義為被羅縠所障，不能見性。

【栲栳/3】咸通七載初參道，到處逢言不識言。心裏疑團若栲栳，三春不樂止林泉。（卷四·漳州羅漢和尚）

"栲栳"，本指用柳條或竹篾編成的盛物器具，性狀像斗。例中是用來形容人心情糾結的樣子，禪籍中又可喻指俗塵雜念、妨礙悟道的東西。《無異元來禪師廣錄》卷十二《壽昌和尚贊》："七處道場，千指圍繞，擲如意珠，傾出栲栳，者一句子，終朝賣弄。將是曰非，以輕為重。"

【節文/2】保福問長慶："祇如魯祖，節文在甚麼處？被南泉恁麼道。"（卷三·魯祖寶雲禪師）

"節文"，手指關節處，如：《大佛頂如來放光悉怛多般怛羅大神力都攝一切呪王陀羅尼經大威德最勝金輪三昧呪品》："又要百億諸佛同心印：以無名指，二小指相又於掌內，二大指并竪，二中指並摘竪，二頭指各捻於中指背上節文。"喻指義為關鍵的地方。《虛堂和尚語錄》卷二《婺州雲黃山寶林禪寺語錄》："師云：'五祖恐者僧信根未深，囑之又囑。'且道節文在甚麼處？"

【數量/4】滁州定山神英禪師，因椑樹省和尚行腳時參問："不落數量，請師道。"師提起數珠曰："是落不落？"（卷九·定山神英禪師）

"數量"，指事物的多少，禪籍可喻指俗塵之物。《黃龍慧南禪師語錄·筠州黃蘗山法語》："日用千差，隨緣自在，汝等諸人，為甚不見？蓋為情存數量，見在果因，未能逾越聖情。"

【私曲/2】僧問："師唱誰家曲？宗風嗣阿誰？"曰："鳳嶺無私曲，如今天下傳。"（卷十四·道吾契詮禪師）

"私曲"，義為偏頗不公正、有悖於禪旨的簡人的錯誤主張。《宏智禪師廣錄》卷五："師云：'明明皎皎無私曲，直下承當不涉緣。'僧云：'淨裸裸赤洒洒去也。'"

【宿愆/1】師問："汝其誰乎？"曰："護戒神也。"師曰："吾患有宿

愆未殄，汝知之乎?"（卷十·五雲志逢禪師）

"宿愆"，義為以前的過失。如：《碧巖錄》卷十《重刊圓悟禪師碧巖集疏》："一日有客造門曰：'君可內省宿愆。'忽猛憶兒時見燕窠三子，伺其母出。各以一葵藜吞之，斯須共斃，母還悲鳴而去，常自悔責。"《大詞典》引明·唐順之《與劉寒泉通府書》為例，較晚。

【行運/1】問："如何是道人?"師曰："行運無蹤跡，起坐絕人知。"曰："如何即是?"師曰："三爐力盡無煙燄，萬頃平田水不流。"（卷五·道場如訥禪師）

"行運"，義為行動，行為。如：《祖庭事苑》卷二："如是眾僧者，乃是勝智之叢林。一切諸善行運，集在其中。"

1.5 機用方時類

【功力/2】潭州雲蓋山志元圓淨禪師，遊方時問雲居曰："志元不奈何時如何?"居曰："祇為闍黎功力不到。"（卷六·雲蓋志元禪師）

"功力"，禪籍可喻指參禪之心、參禪向佛的工夫。如：《圓悟佛果禪師語錄》卷四："敢問大眾，且過往八孺人，承箇什麼功力，還委悉麼?國土動搖迎勢至，寶華彌滿送觀音。"

【方術/2】師曰："吾與汝相識年深，有何方術相救?"（卷七·保福從展禪師）

"方術"，義為方法、策略。《修行本起經》卷下《遊觀品》："即召群臣，各使建議，設何方術?當令太子不出學道。"《大詞典》引康有為《大同書》為例，較晚。

【省力/5】"又道：'彈指圓成八萬門，剎那滅却三祇劫，也須體究。'若如此用多少省力!"（卷十·清涼文益禪師）

魯祖三昧最省力，纔見僧來便面壁。若是知心達道人，不在揚眉便相悉。（卷十四·梁山善冀禪師）

"省力"，可指力氣。《黃檗斷際禪師宛陵錄》："萬般事須是閑時辦得下。忙時得用多少省力?休待臨渴掘井，做手脚不辦，遮場狼藉。"又可指不費或少費力氣。《大慧普覺禪師語錄》卷二九《答黃知縣》："老漢常為人說此話，得力處乃是省力處，省力處乃是得力處。"

【火色/1】問："萬里無雲時如何?"師曰："猢猻忍餓。"曰："乞師拯濟。"師曰："甚麼火色。"（卷十二·廣法源禪師）

"火色"，火候，指情況、時機。《虛堂和尚語錄》卷九："僧云：'如何是賓主話？'師云：'鈍鳥籬邊蒙不去。'僧云：'可謂冷暖箇中看火色，祖師心印為親傳。'"《大詞典》該義項引清·蔣士銓《空谷香·報選》為例，較晚。

【時節/55】明曰："此事唯念念不捨，久久純熟，時節到來，自然證入。"（卷二十·侍郎張九成居士）

"時節"，義為時機。《圓悟佛果禪師語錄》卷九："豈不見古人道：'欲識佛性義，當觀時節因緣。'時節若至，其理自彰。"

1.6　禪事禪理類

【基業/3】法性本基業，夢境成差互。實相微細身，色心常不悟。（卷二·牛頭山法融禪師）

"基業"，義為人的心性本源，如：《普曜經》卷六《普曜經諸天賀佛成道品》："下方億百千，皆為一品類。普度諸眾生，所可作基業。"《光弘明集》卷七《辯惑篇》："然濟知有遺教，則知有蘭若之徒。未知教有張弛，豈委三寶基業，但佛德宏大。"《佛果克勤禪師心要》卷上："若是本色真正道流，要須超情離見別有生涯，終不向死水裏作活計，方承紹得他家基業。"

【的當/4】曰："禪師適來說真如有變易，如今又道不變易，如何卽是的當？"（卷三·大珠慧海禪師）

舉："李刺史問藥山：'何姓？'山曰：'正是時。'李罔測。乃問院主：'某甲適來問長老何姓，答道正是時，的當是姓甚麼？'主曰：'祇是姓韓。'山聞曰：'若六月對他，便道姓熱也。'"（卷十四·大洪守遂禪師）

"的當"，義為正確、標準。《汾陽無德禪師語錄》卷下《拄杖歌》："九州四海任升騰，卓然直下金輪際。實堅貞堪倚仗，頭尾迴旋指的當。解脫文殊疆界分，本色衲僧擗脊棒。"又可義為究竟、到底。《憨山老人夢遊集》卷五《示劉存赤》："若以念佛一聲，蘊在胸中。念念追求，審實起處落處，定要見箇的當下落。"

【意度/4】諸人若未曾見知識卽不可，若曾見作者來，便合體取些子意度，向巖谷間木食草衣恁麼去，方有少分相應。（卷五·三平義忠禪師）

“意度”，義為佛法、禪旨。如：《鎮州臨濟慧照禪師語錄》：“人信不及，便乃認名認句，向文字中求意度佛法。”

【利害/4】玄覺云：“前兩度見，後來為甚麼不見，且道利害在甚麼處？”（卷二·南陽慧忠國師）

“利害”，義為最重要的、最關鍵的。如：《萬松老人評唱天童覺和尚頌古從容庵錄》卷一《第十一則雲門兩病》：“然後要見雲門意旨、天童眼目，這裏便是計利害處。”

2. 行為類

2.1 五官肢體行為類

2.1.1 手部動作類

【叉手/47】於是夜子時，有一天人名曰淨居，於窗牖中叉手白言：“出家時至，可去矣。”（卷一·釋迦牟尼佛）

“叉手”，古代的一種拱手禮，“其基本手勢是兩手相握，左手在上、右手在下。用於見面、作別或者答話、問話之前所行之手勢”①。《法演語錄》卷上：“（禪師）遂叉手云：‘孟春猶寒，伏惟首座、大眾泊諸知事，尊體起居萬福！’”

【擘/21】江西北蘭讓禪師，湖塘亮長老問：“承聞師兄畫得先師真，暫請瞻禮。”師以兩手擘胷開示之。亮便禮拜。（卷三·北蘭讓禪師）

問：“如何是不落階級底人？”師曰：“胎中童子眉如雪。”問：“如何是不睡底眼？”師曰：“昨夜三更擘不開。”（卷十四·廣德義禪師）

“擘”有敞開、打開、張開、剖開義。如：《出曜經》卷二八《心意品》：“猶甘美漿，愚謂辛苦。豈須聖人，擘口與之，執意迷誤，難革如斯。”《鎮洲臨濟慧照禪師語錄》：“師見僧來，展開兩手，僧無語。師云：‘會麼。’云：‘不會。’師云：‘渾崙擘不開，與爾兩文錢。’”

還有“照著、衝着”義，如：《瑞州洞山良价禪師語錄》：“雲峰以拄拄擘口打云：‘我亦曾到洞山來。’”

【攝衣/3】屬祖圓寂，稟遺命謁青原，乃攝衣從之。（卷五·石頭希遷禪師）

---

① 李豔琴：《從〈祖堂集〉看“叉手”一詞的確義及其他》，《寧夏大學學報》2011 年第 5 期。

"攝衣"，字面義為提起衣襟。《大詞典》引宋·蘇軾《後赤壁賦》："予乃攝衣而上，履巉巖，披蒙茸，踞虎豹，登虬龍……二客不能從焉。"由字面義引申，禪籍喻指誠心誠意，十分虔誠。《中阿含經》卷二《中阿含七法品七車經》："過三月已，補治衣竟。攝衣持鉢，從生地出，向王舍城，展轉進前。至王舍城，住王舍城竹林精舍。"《續高僧傳》卷二七《釋僧崖》："禪師置刀於地，攝衣作禮曰：'崖法師來，為我作師，我請為弟子。'"

【合綵/1】遂旋里。合綵為師子皮，時被之，因號端師子。（卷十二·西余淨端禪師）

"合綵"，義為把各種彩色的飾料縫合在一起。《佛祖綱目》卷三六《淨端禪師住湖州西余》："後見弄師子，益有警悟，遂合綵為師子皮披之，因號端師子。住西余，西余去湖州密邇，每雪朝，著綵衣入城，小兒爭譁逐之。"

【推排/1】良由諸人不肯承當，自生退屈，所以便推排一人半箇先達出來，遞相開發，也祇是與諸人作箇證明。（卷十五·開先善暹禪師）

"推排"，義為推出、安排。《冥報記》卷下："僧令人送至其家，家內正黑，義不敢入，使者推之，遂活。覺在土中，甚輕虛，以手推排得出。"

2.1.2 腿腳動作

【踏破/16】問僧："近離甚處？"曰："江西。"師曰："踏破多少草鞋？"僧無對。（卷四·睦州陳尊宿）

"踏破"，義為踩破、踩爛、穿壞。《齊民要術》卷三："正月地釋，驅羊踏破地皮。"《宏智禪師廣錄》卷七《禪人寫真求贊》："眉毛垂眼尾，鼻孔壓唇皮。默默機輪何處轉，玉人踏破吠瑠璃。"禪籍用"踏破草鞋"喻指行腳僧人到處遊方參問，而不知佛向內心求。《圓悟佛果禪師語錄》卷七："一等是踏破草鞋，何不向祖佛提不起處承當？天人著眼不及處擔荷。"

【安坐/16】祖付法已，安坐歸寂。四眾建塔。（卷一·十六祖羅睺羅多尊者）

"安坐"，佛禪文獻中可指"打坐"，閉目盤腿，雙手結印并放在一定的位置，斷除妄想雜念。《修行本起經》卷二《出家品》："於是菩薩，安坐入定，棄苦樂意，無憂喜想，心不依善，亦不附惡。"《景德傳燈錄》卷二《第十六祖羅睺羅多者》："至彼見僧伽難提安坐入定，尊者與眾伺之，經三七日方從定起。"

2.1.3 五官動作類

【比見/1】邂逅靈源禪師，日益厚善，從容言話間，師曰："比見都下一尊宿語句，似有緣。"（卷十九·龍門清遠禪師）

"比見"，義為剛才聽到、最近見到。《修禪要訣》："問：'比見學禪者多有失心，令既已無所復用，因癈萬行，虛度一生，下情以此，但欲餘修，且不修禪得不？"《穆菴康和尚語錄附記》："比見康穆菴語，尾書曰郊臺，何也？"

【酬獎/1】更逞遊山翫水，撥草瞻風，人前説得石點頭，天上飛來花撲地，也好與三十棒。且道坐夏賞勞，如何酬獎？（卷十六·岳林真禪師明）

"酬獎"，義為辦理、處理、應對。如：《續傳燈錄》卷二一《明州嶽林真禪師》："人前說得石點頭，天上飛來花撲地。也好與三十棒，且道坐夏賞勢，如何酬獎？"

【笑殺/7】上堂："若作一句商量，喫粥飯阿誰不會？不作一句商量，屎坑裏蟲子笑殺闍黎。"（卷二十·天童曇華禪師）

"笑殺"之"殺"同"煞"，極甚之辭。《華嚴七字經題法界觀三十門頌》卷下："色空同一味，笑殺杜禪和，當局者迷，傍觀者哂。"《楊岐方會和尚後錄》："師云：'三盞兩盞猶閑事，醉後郎當笑殺人。'師乃云：'一切法皆是佛法。'"《古尊宿語錄》卷四四《寶峰雲庵真淨禪師住金陵報寧語錄》："九年空面壁，撫掌不回頭，笑煞傍觀，如今莫有傍觀底麼？"

【目為/13】復有鵲巢於其側，自然馴狎，人亦目為鵲巢和尚。（卷二·鳥窠道林禪師）

"目為"，義為稱為。如：《黃龍慧南禪師語錄》："三十餘年，示此三問，往往學者多不湊機，叢林共目為三關"

2.1.4 軀幹動作類

【共坐/1】問："如何是本來人？"師曰："共坐不相識。"（卷三·大同廣澄禪師）

"共坐"，義為坐在一起。如：《佛說大方廣善巧方便經》卷一："我若得此光聚王菩薩來我舍中，共坐一處，彼能令我發生阿耨多羅三藐三菩提心。阿難，時光聚王菩薩知彼女人心所念已，即於夜分往詣彼舍，與其女人共坐一處，廣為宣說無數法門。"《經律異相》卷一《忉利天》："風吹花香逆風行聞二千里。當樹花時，諸天共坐樹下，以為歡樂。"

2.2 心理感受類

2.2.1 思考測驗類

【體會/8】俄爾萬回公來，見師猖狂，握手言論，傍侍傾耳，都不體會。（卷二·嵩岳慧安國師）

"體會"，禪籍喻指領悟禪法。如：《撫州曹山元證禪師語錄》："人人有一坐具地，佛出世侵他不得，恁麼體會修行，莫趁快利。欲知此事，饒令成佛成祖去也。"

【開曉/1】少選開曉，釋然自得。（卷二·中條智封禪師）

"開曉"，義為領悟、頓悟。如：《方廣大莊嚴經》卷二《降生品》："爾時佛告諸比丘，菩薩為諸天人演說正法，勸勉開曉令其悅豫。"《天目明本禪師雜錄》："眾聖慈悲，廣施方便開曉群迷，令其由信門入。"

【淹遲/1】師恥乎年長，求法淹遲，勵志遊方，無所不至。（卷二·壽州道樹禪師）

"淹"有"遲，遲緩"義。晉·陶潛《搜神後記》卷二："若保八十之半，便有餘矣，一周病差，何足爲淹！"《陳書·陸瓊傳》："新安王文學陸瓊，見識優敏，文史足用，進居郎署，歲月過淹。""淹""遲"同義連用，禪籍喻指領悟禪法慢。如：《宋高僧傳》卷九《唐壽春三峯山道樹傳》："遂誓出塵，自慨年近不惑，求法淹遲。禮本部明月山大光院惠文為授業。"

【試驗/1】時有西天大耳三藏到京，云得他心通。肅宗命國師試驗。（卷二·南陽慧忠國師）

"試驗"，在東漢時期就已有用例，如：《太平經》卷五十有"移行試驗類相應占訣第六十八"。禪籍指勘驗是否通悟佛法。《禪宗頌古聯珠通集》卷八《祖師機緣》："國師因代宗命試驗西天大耳三藏，師問曰：'汝得他心通邪？'曰：'不敢。'"

【收拾/6】山囑曰："公如此用心，何愁不悟？爾後或有非常境界，

無量歡喜，宜急收拾。若收拾得去，便成法器。若收拾不得，則有不寧之疾，成失心之患矣。"（卷十六·簽判劉經臣居士）

"收拾"，禪籍中可指體悟、參悟。《禪門諸祖師偈頌》卷二《臨濟正宗記》："穩洪無諍之風，怙怙不較勝負，只欲入深山幽谷，敩古老火種刀耕，向钁頭邊收拾。"

2.2.2 學習指示類

【蘊習/1】祖訶曰："禮不投地，何如不禮！汝心中必有一物，蘊習何事邪？"（卷二·洪州法達禪師）

"蘊習"，義為參學、學習。《新華嚴經論》卷二四："四明十地，長養蘊習，悲智功圓。五明十一地，普賢行滿。即普賢行品是。"又可簡稱"蘊"，如：卷二《南陽慧忠國師》："有僧到參禮，師問：'蘊何事業？'曰：'講金剛經。'"

【自作/5】且曰："不成即罪歸佛子。"妖既自作，禍亦旋踵。（卷一·二十四祖師子尊者）

雲岩問："和尚每日區區為阿誰？"師曰："有一人要。"岩曰："因甚麼不教伊自作。"師曰："他無家活。"（卷三·百丈懷海禪師）

"自作"在本書中出現 5 次，2 次獨立成詞，3 次以"自作自受"成語的格式出現。按例子出現順序來看意思，卷一"自作"義為自己從事某種活動。卷三"自作"義為自己去參究，是禪籍義。

【著力/26】上堂："無異思惟，諦聽諦聽。昨日寒，今日寒，抖擻精神著力看，著力看，看來看去轉顢頇，要得不顢頇，看。參！"（卷十六·元豐清滿禪師）

"著力"，義為用心、用力、盡力。如：《念佛鏡》卷二《臨終正念往生文》："恰如賊去關門，濟何事也？死門事大，須是自家著力始得。"《大慧普覺禪師語錄》卷二六《答陳少卿》："每遇鬧中躲避不得處，常自點檢。而未有著力工夫，只這躲避不得處，便是工夫了也。若更著力點檢，則又却遠矣。"

【下口/5 ‖ 下口處/4】一日問曰："闍黎在老僧此間，不曾問一轉話？"師曰："教某甲向甚麼處下口？"（卷四·大隨法真禪師）

上堂："若會此箇事，無有下口處。"問："如何是祖師西來意？"師曰："井底寒蟾，天中明月。"（卷六·棲賢懷祐禪師）

"下口"，字面義為下嘴，禪籍喻指參禪，如《碧巖錄》卷三："所以驗人端的處，下口便知音。古人垂一言半句，亦無他，只要見爾知有不知有，他見人不會。""下口處"喻指參禪的法門、途徑。如《圓悟佛果禪師語錄》卷一："若向下去，三乘五性頓漸偏圓；若向上去，不唯覓下口處不得。"

【下脚/7】問："如何是道場？"師曰："下脚不得。"（卷十一‧汾陽善昭禪師）

"下脚"，字面義指走動時把腳踩下去。禪籍喻指參禪。《楊岐方會和尚語錄‧潭州道吾真禪師語要》："普化明打暗打，布袋橫撒豎撒。石室行者踏碓，因甚忘却下脚。"同時，禪籍中"下手"義同"下脚"，如《筠州洞山悟本禪師語錄》："師一日問學峯：'做什麼來？'峯云：'斫槽來。'師曰：'幾斧斫成？'峯云：'一斧斫成。'師曰：'猶是這邊事，那邊事作麼生？'峯云：'直得無下手處。'"

【指南/11】問："師歸丈室，將何指南？"師曰："昨夜三更失却牛，天明起來失却火。"（卷三‧南泉普願禪師）

"指南"，義為指示、接引學人悟禪。《大方廣佛華嚴經隨疏演義鈔》卷五六："無間解脫為二，此二應非斷惑。正在無間道故，若爾何者指南？"《楊岐方會和尚語錄‧潭州道吾真禪師語要》："上堂：'直上直下，如何指南？十字縱橫，作麼生提綱？'良久云：'風散亂雲長空靜，夜深明月照窓前。'"

【指示/116】問："學人未曉時機，乞師指示。"師曰："參差松竹煙籠薄，重疊峯巒月上遲。"（卷六‧同安常察禪師）

"指示"，義同"指南"條。禪籍語錄習見，如：《虛堂和尚語錄》卷一《諸山勸請疏》："山僧今日出世，亦無禪道佛法為人，只一味有口喫飯。忽有箇漢出來道'謝和尚指示'，拈拄杖便打。何故？一不做，二不休，不風流處也風流。"

【提接/1】問："昔日覺城東際，象王迴旋，五眾咸臻。今日太守臨筵，如何提接？"師曰："眨上眉毛著。"（卷八‧報恩宗顯禪師）

"提接"，義同"指南"條。《景德傳燈錄》卷二二《泉州招慶院省僜淨修大師》："昔日覺城東際，象王迴旋；今日閩嶺南方，如何提接？"

【照燭/7】問："如何是慧日祥光？"師曰："此去報慈不遠。"曰：

"恁麼則親蒙照燭。"師曰："且喜沒交涉。"（卷十・永明道潛禪師）

"照燭"本義為照耀、光照。如：《方廣大莊嚴經》卷六《出家品》："爾時菩薩放大光明，照燭一切無邊世界，所可度者皆得度脫，有苦眾生皆得離苦。"禪籍義又可同"指南"條。如：《佛祖歷代通載》卷十七《杭州永明寺道潛禪師》："問：'如何是惠日祥光？'師曰：'此去報慈不遠。'曰：'恁麼則親蒙照燭也。'師曰：'且喜沒交涉。'"

【激發/4】問："自遠趨風，請師激發。"師曰："他不憑時。"（卷六・棲賢懷祐禪師）

"激發"，禪籍義為指引、激揚（禪機）；闡揚（宗旨）。如：《圓悟佛果禪師語錄》卷一七："師云：'奇特因緣，須以奇特激發；殊勝大事，須以殊勝舉揚。'"

【陶寫/1】幼不茹葷，長無經世意。儻宗鍾愛之，然百計陶寫，終不能回。（卷六・龍湖普聞禪師）

"陶寫"，義為勸說、引導。如：《為霖禪師還山錄》卷四《玄錫禪師語錄序》："潛入博山，投無異老人剃落，師事雪關和尚，著弊垢衣，修頭陀行，鎮國百計陶寫，莫能轉其志，繼而掩關不語。"

【提綱/11】問："教意請師提綱。"師曰："但問將來，與你道。"曰："請和尚道。"師曰："佛殿裏燒香，三門頭合掌。"（卷四・睦州陳尊宿）

"提綱"，禪籍義為指示、指點、啓發、接引。如：《雲門匡真禪師廣錄》卷上："問：'從上來事，請師提綱。'師云：'朝看東南，暮看西北。'"

【謇却/1】曹却來進前語，師曰："若言我不道，卽瘖却我口。若言我道，卽謇却我舌。"（卷四・烏石靈觀禪師）

"謇却"之"却"為助詞，不表意義；"謇"，《玉篇・言部》："謇，吃也。"《北史・李崇傳附李諧》："因瘦而舉頤，因跛而緩步，因謇而徐言。""謇却"，即口吃義。

【合取/18】師曰："以無住為本，見卽是主。"祖曰："這沙彌爭合取次語。"（卷二・菏澤神會禪師）

問："桶裏是甚麼？"師曰："這老漢合取口作恁麼語話。"（卷三・南泉普願禪師）

"合取"一詞，有 17 例表示合上、蓋上。《雲門匡真禪師廣錄》卷上："問：'如何是不挂脣吻一句？'師云：'合取狗口。'"有 1 例（卷二所用例）表示體會、理解。如：《虛堂和尚語錄》："一明三目機銖兩，為什麼？終身不得，放浪雲山，無適無莫，為什麼？經年泰定，且如來制中，合取那一等上科，為後人法式。"

【唱和/4】玄覺云："為復唱和語，不肯語？"（卷三·魯祖寶雲禪師）

"唱和"，義為肯定、呼應。《碧巖錄》卷三："打鼓弄琵琶，相逢兩會家。雲門能唱和，長慶解隨邪。"

2.2.3 悟困屈阻類

【放蕩/1】南嶽芭蕉庵大道谷泉禪師，泉州人也。受法汾陽，放蕩湖湘，後省同參慈明禪師。（卷十二·芭蕉谷泉禪師）

"放蕩"，禪籍中義為在外遊蕩追求佛法，作行腳僧。如：《大慧普覺禪師語錄》卷十九《示東峯居士》："古德所謂放蕩長如癡兀人。他家自有通人愛。"

【執事/5】靈源明皎潔，枝派暗流注。執事元是迷，契理亦非悟。門門一切境，回互不回互。回而更相涉，不爾依位住。（卷五·石頭希遷禪師）

師至彼無所參問，唯嗜睡而已。執事白通曰："堂中有僧日睡，當行規法。"（卷十四·投子義青禪師）

"執事"，有 2 例義為執著於某事。如：《宗鏡錄》卷三三："法學之輩，執事迷理，何須孜孜修習理法？"3 例表示僧職。如：《賢愚經》卷十一《無惱指鬘品》："有一比丘，為僧執事，將僧人畜，載致穀米，道中逢雨，隱避無處，穀米囊物，悉被澆浸。"

【難消/5】師見杏山，僧眾相隨，潛入碓坊碓米。杏曰："行者接待不易，貧道難消。"（卷五·石室善道禪師）

問："如何是廣德山？"師曰："當陽花易發，背陰雪難消。"（卷十四·廣德智端禪師）

"難消"在本書中有兩箇義項，一義為難以消受。如：《四分律行事鈔資持記》中一下："由上律云：'損益皆與，既是有益，理不當與。在文不了，故續決之。'若下通上律意，俗知僧物難消，必無虛受。僧知污家非法必無妄與。但有緣須給微亦通之。"另一義為難以融化，難以消化。唐宋之前就有用例，如：《妙法蓮華經文句》卷一下："擾動喪時，故一坐食。多食難消，生睡懈怠。少食饑縣乏力，故節量食。"

【截舌/6】問："古人拈槌豎拂，意旨如何？"師曰："報恩截舌有分。"（卷八·報恩寶資禪師）

"截舌"，字面義是截掉舌頭，如：《六度集經》卷四《戒度無極章》："愚者饕餮，心無遠慮，猶若慳子貪刀刃之鮮蜜，不知有截舌之患。吾今裁食，爾等則焉。"禪籍喻指不亂說話，不通過說話而傳授禪法。如：《明覺禪師語錄》卷一《住明州雪竇禪寺語》："僧問：'承師有言：三更過鐵門。意旨如何？'師云：'忠言不避截舌。'僧禮拜。"

【失利/18】僧曰："久向鏡清，猶有這箇在？"師曰："鏡清今日失利。"（卷七·鏡清道怤禪師）

"失利"，禪籍中喻指在機鋒對話中失敗或處於劣勢。《圓悟佛果禪師語錄》卷一："僧問：'入門一句作麼生道？'師云：'引得一箇上鉤來。'進云：'爭奈吞却萬象。'師云：'無孔鐵槌。'進云：'學人今日失利。'師云：'三點兩點愁殺人。'"

【相屈/1】僧問："願開甘露門，當觀第一義。不落有無中，請師垂指示。"師曰："大眾證明。"曰："恁麼則莫相屈去也。"（卷十·上藍守訥禪師）

"相屈"，義為相請。《菩薩本行經》卷上："王語婆羅門言：'久聞有德，故遠相屈。唯願大仙為說經法。'答言：'我學以來，積年勤苦。大王云何直爾欲聞？'"《冥報記》卷下："前謂曰：'聞君才學，欲相屈為記室耳，能為之乎？'"

【裨販/1】語未卒，陽熟視，罵曰："是惡知識，敢裨販我！"（卷十二·石霜楚圓禪師）

"裨販"在例句中語境義為學話、模仿人說話。禪籍中多數用為販賣義，如：《石田法薰禪師語錄》卷三《示總書記法》："苟不然者，驢負麟角，羊蒙虎皮，以黃頭碧眼為奇貨，賣弄裨販，不足污人唇齒。"《大詞典》引清·王士禎《香祖筆記》為例，較晚。

【點汙/2】霞問："師何不教訓行者，得恁麼無禮？"師曰："淨地上不要點汙人家男女。"（卷三·古寺和尚）

"點汙"，義為污染，使本性不再清淨。《古尊宿語錄》卷三六《投資和尚語錄》："師云：'你與麼問，有什麼益？'問：'如何是不點汙？'師云：'啞。'"

【流浪/4】一切學道人，隨念流浪，蓋為不識真心。（卷二·保唐無住禪師）

"流浪"，禪籍中喻指向外追求佛法，而不知自悟。《圓悟佛果禪師語錄》卷十二："自己分上，有如是靈光，有如是自在，一切眾生流浪情塵不能解脫。"

2.4 營作毀壞類

【盛化/6】後遇北宗盛化，便誓摳衣。（卷二·降魔藏禪師）

盛化：初糸秀禪師，後因兩宗盛化，秀之徒眾往往譏議南宗曰："能大師不識一字，有何所長？"（卷二·吉州志誠禪師）

"盛化"，義為興盛、流行。如：《天童山景德寺如淨禪師續語錄·觀音導利興聖寶林寺》："乃住持天童山景德禪寺，問答提唱無有怖畏，再興陽廣山頭宗風，法嗣出世者六人，即六處盛化。"《釋氏稽古略》卷三《宣宗》："師嗣溈山祐禪師，法道盛化，人皆宗之曰溈仰宗，寂初住王莽山。"

【營作/2】我家父母素信三寶，而常縈疾瘵，凡所營作，皆不如意；（卷一·十九祖鳩摩羅多尊者）

"營作"，義為勞作。如：《佛說白衣金幢二婆羅門緣起經》卷下："又一類人，廣布田種，施作農事，養活其命，以彼營作田種事故。"《宋高僧傳》卷十九《唐南嶽山明瓚傳》："尋於衡巖閑居，眾僧營作，我則晏如。"

【作梗/1】皇朝開寶初，王師平南海劉氏，殘兵作梗，祖之塔廟，鞠為煨燼，而真身為守塔僧保護，一無所損。（卷一·六祖慧能大鑒禪師）

"作梗"，義為叛亂、作亂、破壞。如《北史·魏收傳》："其後鎮將刺史，乖失人和，羣氏作梗，遂為邊患。"《奴才小史·穆彰阿》："宣宗亦念其忠，特以穆彰阿作梗，故林不免於罪，而是事遂一主於和。"

2.5 生育類

【抱子/8】懷胎玉兔，曉過西岑。抱子金雞，夜棲東嶺。（卷十四·石門元易禪師）

"抱子"有生子義，如：《詩·大雅·抑》："借曰未知，亦既抱子。"又可指懷抱孩子，如佛經中用例：《六度集經》卷四《戒度無極章》："商人喜曰：'斯必天也，群馳歸命。'妻即抱子尋跡哀慟。"《法眼禪師語錄》卷中《舒州白雲山海會演和尚》："冰鎖瀑泉聲細碎，風搖危木影攣拳。狂猿抱子藏深洞，羸鶴將鶵逐老仙。""抱子"，孵卵。又可稱"抱窩"。筆者家鄉常說，比如："你家老母雞抱窩了沒?"《大詞典》漏收該義項。

3. 性狀類

3.1 人物性狀類

3.1.1 情緒類

【憤悱/2】唯禪定師達磨達者，聞四眾被責，憤悱而來。（卷一·二十四祖師子尊者）

"憤悱"，義為氣憤、生氣。如：《明覺禪師語錄》卷一《住明州雪竇禪寺》："天魔外道是辜恩德漢聲，聞一乘是自欺誑人，爾見如此不平之事，便合憤悱驅將去，喝將去。"又可重疊為"憤憤悱悱"，如：《大般若經第五會》："蓋聞申申夭夭，宴居而欲流誨。憤憤悱悱，離座而思請益。"

【死急/9】田放手曰："一步易，兩步難。"師曰："有甚麼死急?"田曰："若非此箇，師不免諸方點檢。"（卷五·歙州茂源禪師）

"死急"，義為極其急迫。《雲門匡真禪師廣錄》卷上："千鄉萬里拋却父母師資，作這去就，這箇打野榾漢，有什麼死急行脚去。"《進代》引清·王士禎《池北偶談·張商英》為例，較晚。

3.1.2 生理類

【詞氣/1】後一日宴坐，覩異僧身長丈餘，神姿爽拔，詞氣清朗。（卷二·牛頭山智巖禪師）

"詞氣"，義為精神狀態。《續高僧傳》卷三十《釋慧常》："道英喉頰偉壯，詞氣雄遠。"《南宋元明禪林僧寶傳》卷十《楚石愚菴夢堂三》："名馳當世，學冠諸老，與噩夜話，詞氣盡索，退而雅稱曰：'此翁齒牙帶戟，不可與爭衡也。'"

3.1.3 秉性類

【切/2】僧舉前語，座曰："和尚近日可謂為人切。"（卷八·棗樹二

世和尚）

　　"切"，義同"老婆心""老婆心腸""老婆心切"，是禪師在接引學人時，唯恐其不能領悟，不惜違背禪宗禪旨，運用言句施設急切施為，一片慈悲心腸。例如：《景德傳燈錄》卷二一《招慶道匡》："問：'學人根思遲回，乞師曲運慈悲，開一線道。'師曰：'遮箇是老婆心。'"《宏智禪師廣錄》卷一："後雲巖忌日，洞山掛真，僧問：'雲巖道祇這是，未審還知有也無？'山云：'若不知有，爭解恁麼道？若知有，爭肯恁麼道？'師云：'老婆心腸……'"《續傳燈錄》卷二二《黃庭堅》："一日侍堂山行次，時巖桂盛放，堂曰：'聞木樨花香麼？'公曰：'聞。'堂曰：'吾無隱乎爾？'公釋然，即拜之曰：'和尚得恁麼老婆心切。'"

　　【快利/1】皷山自住三十餘年，五湖四海來者向高山頂上看山翫水，未見一人快利，通得箇消息。（卷七·皷山神晏國師）

　　"快利"，義為聰明伶俐、有悟性。禪家稱根器好，悟性高。《景德傳燈錄》卷十八《福州皷山興聖國師》："皷山自住三十餘年，五湖四海來者，向高山頂上看山翫水，未見一人快利通得。如今還有人通得也，不昧兄弟，珍重。"

　　【有力/6】從前佛法付囑國王大臣及有力檀越，今日郡尊及諸官僚特垂相請，不勝荷愧。（卷八·龍華彥球禪師）

　　"有力"本書中出現6次，4次表示有力氣、力氣大；2例表示禪籍喻指悟性高、根器好。卷十一《首山省念禪師》："入院上堂曰：'佛法付與國王大臣有力檀越，令其佛法不斷絕，燈燈相續，至於今日。大眾且道，續箇甚麼？'"

　　【微細/9】喜怒哀樂，微細流注。（卷二·圭峯宗密禪師）

　　"微細"本書有6例義為細小、微小；3例義為慢慢的、仔細的。如：《雪巖和尚語錄》卷四《示轉菴圓上人》："到遮裏，却須剔起眉毛。於十二時中，行來坐去，冷地自家，微細揣摩，披剝始得。"

　　3.2 修飾補充類

　　【緊不就/1】問："如何是密室？"師曰："緊不就。"曰："如何是密室中人？"師曰："不坐上色牛。"（卷六·湖南文殊禪師）

　　"緊不就"之"不就"修飾補充"緊"。"不就"義為不合，合不攏。"緊不就"即關不緊，關不嚴實。禪師從反面來回答學僧所問問題。

【可量/3】一取一捨，如衣壞絮行草棘中，適自纏繞。今一笑頓釋所疑，欣幸可量！（卷二十·參政李邴居士）

"可量"在本書中有兩次表可以測量，可以估量；一次是用來修飾補充"欣幸"，"可量"表在可控範圍之內。該句話是李邴居士給宗杲禪師寫的信，說自己頓悟之後的喜悅之情。所以宗杲禪師看後也有回信："示諭自到城中，穿衣吃飯，抱子弄孫，色色仍舊。既亡拘滯之情，亦不作奇特之想，宿習舊瘴，亦稍輕微。三復斯語，歡喜踴躍。此乃學佛之驗也。倘非過量，大人於一笑中百了千當，則不能知吾家有不傳之妙云云。"前有"可量"，後有"過量"，"過量"則過猶不及，不是真正的禪悟。所以"可量"是指在可控範圍內的極甚之詞。"欣幸可量"義為很高興。

【徑直/3】問："古人面壁，意旨如何？"師便打。問："不假言詮，請師徑直。"（卷八·報慈光雲禪師）

"徑直"，禪籍中義為直接開示、直接接引學人。《宏智禪師廣錄》卷五："兄弟，看他古德，不守一隅，將一言半句提誘後人，甚是徑直。若是大丈夫漢，向這裏一喝便盡，一屙便了。"

3.3 物體性狀類

【莽然/1】師不得已而言曰："東巖寺之障，莽然無樹，北岫有之，而背非屏擁。汝能移北樹於東嶺乎？"（卷二·嵩嶽元珪禪師）

"莽然"，義為雜草茂盛的樣子。如唐·蕭穎士《過河濱和文學張志尹》："滄桑一以變，莽然翳荊榛。"宋·張孝祥《六州歌頭》詞："長淮望斷，關塞莽然平。"

3.4 結構關係類

【為當/11】師問百丈："汝以何法示人？"丈豎起拂子。師曰："祇這箇，為當別有？"丈拋下拂子。（卷三·江西馬祖道一禪師）

"為當"表疑問，義為難道、到底。如：《福力太子因緣經》卷二："又復言曰：'我今欲與諸兄潛適他國，隨所住處，證驗其事，為當色相人多修邪？或復精進工巧智慧福力人多修邪？'"《楞嚴經》卷一："今汝推中，中何為在？為復在處，為當在身？"

【未委/6】又一日出門，見人舁喪，詔郎振鈴云："紅輪決定沉西去，

未委冥靈往那方?"(卷三·盤山寶積禪師)

"未委",義為不知道,多表疑問。如:宋·嶽飛《申省招安寇盜狀》:"湖東路見今盜賊嘯聚,動以數萬……除見措置剿殺外,其間若有能改行自新之人,未委合與不合招安?"《眾許摩訶帝經》卷二:"輔相大臣共議斯事,未委何人可當灌頂王位?"也表一般的否定,如《海東高僧傳》卷二:"對曰:'至行魔之所妨,何憂妖鬼言乎?'是夕其神來訊,彼答:'師恐其怒也,謬曰未委耳,何敢不聽?'"

【斯則/4】所以道:說法有所得,斯則野干鳴。說法無所得,是名師子吼。(卷二·南陽慧忠國師)

"斯則",義為就是、稱為。《長阿含經》卷四《遊行經》:"自今日始,聽諸比丘捨小小戒,上下相呼,當順禮度,斯則出家敬順之法。"

3.5 時間類

【他時/8】他時聞風吹殿鈴聲,祖問曰:"鈴鳴邪? 風鳴邪?"(卷一·十七祖僧伽難提尊者)

"他時",義為後來、以後、將來。《起信論疏筆削記》卷三:"但得見聞,自然成種;他時顯發,必至解脫。"《明覺禪師語錄》卷二:"閑寄十年助辭筆,縱誇步驟當此時。豈免龍鍾笑他日,他時誰也流機變。午夜寒蟾生水面,別有清光何處來?"義同"他時後日""他時異日"。如:卷四《壽山師解禪師》:"但一時卻從前虛妄,攀緣塵垢,心如虛空相似。他時後日,合識得些子好惡。"卷十六《法昌倚遇禪師》:"你他時異日,有把茆蓋頭,人或問你,作麼生祗對?"

【同條/4】頭曰:"雪峯雖與我同條生,不與我同條死。要識末後句,祗這是。"(卷七·雪峯義存禪師)

"同條",義為同時。如:《圓悟佛果禪師語錄》卷十九:"同條生,兩鏡相照無能名;不同條死,鐵樹華開亘今古。"

【半夏/1】師半夏上黃檗山,見檗看經。師曰:"我將謂是箇人,元來是唵〔或作揞〕黑豆老和尚。"住數日,乃辭,檗曰:"汝破夏來,何不終夏去?"(卷十一·臨濟義玄禪師)

"中國佛教習俗,從陰曆四月十五日(一說十六日)至七月十五日,禁止僧尼外出,謂外出易傷害昆蟲草木,應在寺院內坐禪參習,稱為

‘安居’。亦稱‘坐夏’、‘度夏’、‘過夏’、‘禁足’。”① 坐夏期內外出稱為破夏，例中“半夏”應是指時間，義為坐夏這三箇月的中間。是說臨濟義玄禪師在坐夏中破夏而上黃檗山，所以後面才有黃檗所語“汝破夏來，何不終夏去?” 《禪宗大詞典》釋為“安居其中稱‘半夏’”② 可商榷。

3.6 數量類

【佩/2】窈窈窕窕，飄飄颾颾。向南北東西，折得梨花李花，一佩兩佩。（卷十九·保寧仁勇禪師）

“佩”為量詞，義同把、束、塊。《唐代墓誌彙編續集》：“一佩魚符兮政馥馨香，郡人相慶兮重得龔黃。”

【多色/1】野人作多色伎倆，眩惑於人。（卷二·壽州道樹禪師）

“多色”，義為多種、各種，形容數量多。如：《大方廣佛華嚴經疏》卷二九：“此三既爾，下八例知，次三約類，謂有多色類。乃至無量，種種不同，未至無量，但可名多。”有“色色”義為樣樣、件件的用例，如：卷二十《李邴居士》：“自到城中，著衣喫飯，抱子弄孫，色色仍舊。既無拘執之情，亦不作奇特之想。”

① 袁賓、康健主編：《禪宗大詞典》，崇文書局 2010 年版，第 3 頁。
② 袁賓、康健主編：《禪宗大詞典》，崇文書局 2010 年版，第 11 頁。

第二章

《五燈會元》詞語研究(中)

第一節　《五燈會元》方俗詞

1. 方俗詞的界定

首先要說明的是，我們這裏要討論的是"詞"而不是"語"，所以不涉及"俗語"的概念而重在"俗語詞"，有的學者又叫口語詞等。現就各家觀點列舉一二：

郭在貽認為："所謂俗語詞，指的是古代文獻中所記錄下來的古代的口語詞和方言詞之類（二者有時難以截然劃清界限）。"① "俗語詞包括方言詞和口頭語詞（方言詞有時也就是口頭語詞，二者不宜截然分開）。"② 黃徵認為："漢語俗語詞是漢語詞彙史上各箇時期流行於口語中的新產生的詞語和雖早有其詞但意義已有變化的詞語。"③ 顧之川認為："方言詞也就是口語詞的一種，祇是方言詞往往祇在某一箇地區使用，是某箇地域的口語詞；而口語詞則不受地域限制，往往在更廣泛的地域之內流行。"④ 徐時儀認為："俗語詞就是古白話系統中的白話詞，也就是口語詞……但不包括諺語之類的句子。"⑤ 此論把諺語排除在外，注意到了俗語和俗語詞的重要差別。雷漢卿認為："漢語俗語詞是漢語'俗語'的下位概念，

---

① 郭在貽：《郭在貽語言文學論稿·俗語詞研究概說》，浙江古籍出版社 1992 年版，第 251 頁。

② 郭在貽：《訓詁學》（修訂本），中華書局 2005 年版，第 109 頁。

③ 黃徵：《漢語俗語詞研究中的幾箇理論問題》，《杭州大學學報》1992 年第 2 期。

④ 顧之川：《明代漢語詞彙研究》，河南大學出版社 2000 年版，第 123 頁。

⑤ 徐時儀：《古白話詞彙研究論稿》，上海教育出版社 2000 年版，第 26 頁。

具體包括兩箇方面：一是漢語史各箇階段出現在漢語書面文獻中的新興詞語……二是指一箇已有的舊詞於某一特定的歷史階段在特定文獻中產生了新的用法（意義）的詞。"此論精當，把"俗語"和"俗語詞"區分開來。又談到"所謂'口語詞'就是出現在特定書面形式中的俗語詞，是曾經流行於某一特定地區的口語，由於流行於口頭，所以就稱口語詞。又由於一度出現在某一方言地區，又叫'方言詞'。""考慮到俗語詞具有'方言'、'口語'這兩種特性，我們將俗語詞稱之為'方俗詞'。"① 張湧泉認為："所謂俗語詞，主要是指古代民間的口頭語詞。"② 此論把俗語詞稱為口頭語詞，應該是既包括口語詞也含方言詞。曾昭聰認為："俗語詞即比較通行的一般性的方言俗語中俚俗性質較重的口語詞。""具有口語性與俚俗性、同時代性"③ 等特點。

在綜合比較以上各家觀點的基礎上，我們採用雷漢卿的觀點，稱之為方俗詞，該類詞不包括成語、諺語、歇後語、名言警句等。

1. 名物類

1.1 人鬼神器官部位類

【缽囉娘/1】問："一代時教是箇切腳，未審切那箇字？"師曰："缽囉娘。"（卷十九·五祖法演禪師）

《法演語錄》卷中、《古尊宿語錄》卷二一《舒州白雲山海會演和尚語錄》該段中該詞語錄作"缽囉穰"，雷漢卿在《禪籍方俗詞研究》中將之放入"附錄：禪籍方俗詞待問錄"中，寫作"缽囉穰"大概是由於"孃""穰"二字形相近而致。"缽囉娘"義為羅裡吧嗦的婆娘。如：《黔南會燈錄》卷八《貴陽觀音普濟大闡禪師》："上堂：'慈雲山中打鼓，觀音庵裏上堂，拄杖子踔跳上搋搖堆頭，撞著峨嵋普賢，願王說些老婆禪，疊疊堆堆使多聞。阿難陀結集不來，賺得昔年譯經底鳩摩那翻梵語為唐言，報導囉囉哩哩缽囉娘。"

【怛薩/1】所以道，放行也怛薩舒光，把住也泥沙匿曜。且道放行

---

① 雷漢卿：《禪籍方俗詞研究》，巴蜀書社 2010 年 11 月，第 160 頁。

② 張湧泉：《敦煌文獻俗語詞研究的材料和方法》，《中國典籍於文化》2012 年第 1 期。

③ 曾昭聰：《明清俗語辭書的範圍及其所錄俗語詞的特點與研究意義》，《煙台大學學報》2012 年第 1 期。

是？把住是？（卷十二·大潙慕哲禪師）

"怛薩"，全稱怛薩阿竭阿羅訶三耶三佛，佛指十號之一，如來之梵語，簡稱怛薩、怛薩阿竭等。如：《祖庭事苑》卷一《雲門錄下》："此言如來。《演義》云：'若依法身如來者，即諸法如義；若依報身，即乘如實道，來成正覺；若依化身，則乘薩婆若乘，來化眾生，故曰如來。'"

【和伎者/1】祖曰："心如工伎兒，意如和伎者，爭解講得？"（卷三·西山亮座主）

"和伎者"，義為伎人扮演的角色。《楞伽阿跋多羅寶經注解》卷四（下）："心謂如來藏心，隨緣變造，如伎兒之化現；意即意根，復起意識，識起善惡。如和伎者，五識取塵，意識同起，是為伴侶。妄想分別，如觀伎人也。"

【好手/31】師曰："老僧又作麼生？"曰："素非好手。"（卷五·孝義性空禪師）

僧問："香嚴上樹話，意旨如何？"師曰："描不成，畫不就。"曰："李陵雖好手，爭奈陷番何！"（卷二十·東林道顏禪師）

"好手"字面義為好的手段，能力強的人。如上例卷二十所舉用例。另，禪籍喻指悟性高、根器好的僧人。如：《從容庵錄》三《第三十八則臨濟真人》："夫善竊者鬼神莫知，既被雪峯覷破，臨濟不是好手。"

【見解人/1‖行解人/1】見解人多，行解人萬中無一箇。（卷六·涌泉景欣禪師）

"見解人"，義為有想法、有主張的人；"行解人"義為把思想觀點付諸行動的人。《鎮洲臨濟慧照禪師語錄》："如上上根器來，我便境法人俱不奪。如有出格見解人來，山僧此間便全體作用不歷根器。"《止觀輔行傳弘決》卷五："不應對上，無行解人說妙解行。"

【勤巴子/1】晚歲放疏慵，却與俗和同。勤巴子使人勘驗，擲香貼便顯家風。（卷十九·大隨元靜禪師）

"勤巴子"，義為辛勤、勤勞的人。"巴子"不表義。"中原官話。山東濟寧有'憨巴子'，義為傻子。"① 又可稱"憨巴"，"〈名〉傻子。中原

① 許寶華、[日]宮田一郎：《漢語方言大詞典》，中華書局1999年版，第7176頁。

官話。山東曲阜、費縣。"① "西南官話。勤巴苦奔：勤勤懇懇，辛辛苦苦。勤巴苦挣：勤苦挣錢。勤巴苦做：勤苦勞動，勤勞苦干。"② 《大慧普覺禪師宗門武庫·宣州明寂珵禪師》："問曰：'和尚若不起此疾，教某依附誰，可以了此大事?' 曰：'有箇勤巴子，我亦不識他，爾若見之，必能成就此事。若見他了不得，便修行去，後世出來參禪。'"

【少父/3】鏡清問："如何是少父?"師曰："無標的。"（卷十三·幽棲道幽禪師）

"少父"義為年輕的父親。《妙法蓮華經·從地湧出品》第十五："世尊，如此之事，世所難信。譬如有人，色美髮黑，年二十五，指百歲人，言是我子。其百歲人，亦指年少，言是我父，生育我等，是事難信……爾時彌勒菩薩欲重宣此義，而說偈言：佛得道甚進，所成就甚多，願為除眾疑，如實分別說。譬如少壯人，年始二十五，示人百歲子，髮白而面皺，是等我所生。子亦說是父，父少而子老，舉世所不信。"

【思大口/1】問："如何是思大口?"師曰："出來向你道。"（卷八·白龍道希禪師）

"思大口"，出自禪宗公案，"思大"是指南嶽慧思禪師，本書有記載，卷二《南嶽慧思禪師》："南嶽慧思禪師，武津李氏子。因誌公令人傳語曰：'何不下山教化眾生？目視雲漢作甚麼?'師曰：'三世諸佛，被我一口吞盡。何處更有眾生可化?'"

【甀人/1】清曰："詩速秘却，略借劍看。"師曰："曩首甀人攜劍去。"（卷十一·風穴延沼禪師）

"甀"為陶製的蒸食炊器。"甀人"義為陶製的像人形狀的甀器。《周禮·考工記·陶人》："陶人為甀，實二鬴，厚半寸，脣寸，七穿。"《明覺禪師語錄》卷五《送惠儔禪者》："劍客茫茫不要呈，甀人往往須擒下。"

1.2 衣食器物類

1.2.1 衣食類

【餺羅鎚子/1】僧問："一氣還轉得一大藏教也無?"師曰："有甚餺

---

① 許寶華、［日］宮田一郎：《漢語方言大詞典》，中華書局1999年版，第7175頁。

② 許寶華、［日］宮田一郎：《漢語方言大詞典》，中華書局1999年版，第6417—6418頁。

羅鎚子，快下將來。"（卷四·睦州陳尊宿）

"饆羅"即"饆饠"，食品名。原指抓飯，後也指餅類。唐·段成式《酉陽雜俎·酒食》："韓約能作櫻桃饆饠，其色不變。""饆羅鎚子"義為鐵質的鎚子形狀的食品。如：《高峰龍泉院因師集賢語錄》卷十四《化設地獄齋疏》："飢火燒心難忍，饆羅鎚子請君快下將來，鉄酸餡兒與他從頭咬破。"

【天酥陁飯/1】曰："未審喫箇甚麽？"師曰："天酥陁飯非珍饌，一味良羹飽卽休。"（卷十一·汾陽善昭禪師）

"天酥陁"，義為甘甜的雪山之水。《大乘本生心地觀經》卷八《大乘本生心地觀經發菩提心品》："其心渴乏，殆無所堪，忽得雪山甘美之水天酥陀等，頓除熱惱身意泰然。"《起世因本經》卷二《鬱多囉究留品》："成熟之飯無有糠糩，清淨香美不假羹臛，眾味具足白如花聚，其色猶如天酥陀味。""天酥陁飯"即用甘甜的雪山水做出來的美味飯食。

1.2.2 器物類

【茶店/1】師與巖頭、雪峰過江西，到一茶店喫茶次，師曰："不會轉身通氣者，不得茶喫。"（卷十三·欽山文邃禪師）

"茶店"，義為喝茶的店鋪。如：《續清涼傳》卷上："歌樓茶店，恒轉四諦法輪。酒肆屠沽，普現色身三昧。"

【茶杯/1】公設心六度，不為子孫計。因取華嚴善知識，日供其二回食，以飯緇流。又嘗供十六大天，而諸位茶杯悉變為乳。（卷二十·侍郎張九成居士）

"茶杯"，喝茶的杯子。如：《徑石滴乳集》卷五："介曰：'百丈野狐話，你作麽生會？'士乃覆却茶杯。介曰：'只如不落不昧，又作麽生？'士以茶杯仰上而立。"

【茶爐/1】公問："茶爐下是甚麽？"朗曰："捧爐神。"（卷八·太傅王延彬居士）

"茶爐"，義為燒茶水的爐子。如：《虛堂和尚語錄》卷七《賀契師庵居》："正席雲山萬象回，道人毒眼為誰開？呼童放竹澆花外，修整茶爐待客來。"

【膠盆/3 ‖ 膠盆子/1】英曰："莫塗糊人好！"師曰："你又刺頭入膠盆作甚麽？"（卷十六·法昌倚遇禪師）

如有真正學人便喝，先拈出一箇膠盆子，善知識不辨是境，便上他境上作模作樣，便被學人又喝，前人不肯放下，此是膏盲之病，不堪醫治，喚作賓看主。（卷十一·臨濟義玄禪師）

"膠盆""膠盆子"，義為用膠黏合的盆子。遇水容易散開。《從容庵》卷二《第十九則雲門須彌》："我愛韶陽新定機，一生與人拔釘楔，為甚有時也開門？掇出膠盆，當路鑿成陷穽。試揀辨看。"

【藥銚/1】上堂："與我相似，共你無緣。打翻藥銚，傾出爐煙。還丹一粒分明在，流落人間是幾年。咄！"（卷十六·淨慈道昌禪師）

"藥銚"，義為煎藥的鍋。《四分律刪繁補闕行事鈔》卷下《鉢器制聽篇》："畜剃刀若煮藥銚，若銅釜、鐵釜、土釜及三種瓶，煎餅銅杓銅鐏。"《列祖提綱錄》卷十七《病起提綱》："骨酸疼攢簇難，一番熱了一番寒，覓他起處竟不得，藥銚風爐盡打翻。"

1.3 天文地理類

【羅睺星/1】有偈曰："狗子無佛性，羅睺星入命。不是打殺人，被人打殺定。"（卷二十·南書記）

"羅睺星"又作羅護，星名。以能障蔽日月而使蝕，故印度傳說謂之阿修羅王。《大日經疏》卷四："羅睺是交會蝕神。"《希麟音義》卷六："羅睺或云羅護，此云暗障，能障日月之光明，即暗曜也。"能障蔽日月日月，所以引申指災星，又可簡稱"羅星"，《宗鑑法林》卷四六《漳州保福從展禪師》："保福入艸求人，早已通身泥水，者僧羅星入命，難免吉少凶多。"

【少皡之墟/1】秀懸記之曰："汝與少皡之墟有緣。"（卷二·降魔藏禪師）

"少皡"傳說中上古時期東夷族的首領，"少皡之墟"即指少皡的居處。《左傳·定公四年》："因商奄之民，命以伯禽而封少皡之墟。"《春秋左傳注》引杜預注云："少皡墟，曲阜也，在魯城內。"郭沫若也認為"'少皡之墟'在今山東曲阜縣。"① 李洪甫從考古的角度論證為"'少皡之墟'在古代海州，即今江蘇連雲港市範圍的羽山——雲臺山地區，而

---

① 郭沫若：《中國史稿》，人民出版社 1976 年版，第 112 頁。

並不在曲阜"①。

1.4 智能意念類

【大我慢/1】夫沙門者，具三千威儀，八萬細行。大德自何方而來，生大我慢？（卷二·永嘉玄覺禪師）

"大我慢"，義為極端的自高自大，如：《過去現在因果經》卷四："迦葉見佛從船底入，而無穿漏，歎其希有，心自念言：'年少沙門，乃有如是自在神力，然故不如我得真阿羅漢也。'佛即語言：'迦葉，汝非阿羅漢，亦復非是阿羅漢向，汝今何故起大我慢？'"《宗門武庫·法雲杲和尚》卷六："十二時中，不曾照管，微細流注，生大我慢，此是業主鬼來借宅，如此而欲舍利流珠，諸根不壞，其可得乎？"

【當念/3】所以道：無邊剎境，自他不隔於毫端；十世古今，始終不離於當念。（卷十·嚴峯師术禪師）

"當念"，當下產生的念想。如：《虛堂和尚語錄》卷十："無上法王，於當念中，巍然不動，現瑞呈祥，使定光不前。"

【都緣/3】都緣是你自家無量劫來妄想濃厚，一期聞人説著，便生疑心。（卷十五·雲門文偃禪師）

"都緣"，義為都是緣於、都是因為。如：《六度集經》卷四《普明王經》："眾生蠢蠢，都緣幻居，聲響俱空，國土亦如。"《雲門匡真禪師廣錄》卷下："罔象談真旨，都緣未辨明。守他山鬼窟，不免是精靈。"

【虧闕/3】無軫上座問："祇如巖頭道：'洞山好佛，祇是無光。'未審洞山有何虧闕，便道無光？"（卷七·羅山道閑禪師）

"虧闕"，義為不足、缺點、缺損。如：《唐六典》卷二七："丞掌判寺事。凡車輿、儀仗有虧闕，則移於主司，以修補之。"《佛祖統紀》卷五四："詔僧道戒行虧闕者悉令罷道。"

1.5 社會事物類

【金鎖難/6】故導師云："法本不相礙，三際亦復然。無為無事人，猶是金鎖難。"（卷三·盤山寶積禪師）

"金鎖難"，於"鐵鎖難"相對而言，"鐵鎖系指束縛苦惱人的煩惱、

---

① 李洪甫：《"少皞之墟"辨》，《徐州師範學院學報》1981 年第 1 期。

妄念，金鎖指的是束縛清淨無為道人的開悟，即對‘無’的開悟”①。只有擺脫了金鎖難才會達到真正的開悟。《祖庭事苑》卷五《懷禪師後錄》："金鎖難：智度論云：‘譬在囹圄，桎梏所拘，雖復蒙赦，更繫金鏁。人為愛繫，如在囹圄，雖得出家，更著禁戒，如繫金鏁。’"《永嘉真覺大師證道注》："不可毀，不可讚，五色麒麟步天岸，若於言下錯承當，無為猶被金鎖難。"

【謳阿/1】師曰："聽老僧一偈：以字不是八不成，森羅萬象此中明。直饒巧説千般妙，不是謳阿不是經。"（卷十五·披雲智寂禪師）

"謳阿"二字來自華嚴字母一合音中"阿"字的註音字，喻指說唱。

1.6 動物類

【犴狳/1】曰："如何紹得？"師曰："犴狳無風，徒勞展掌。"（卷七·皷山神晏國師）

"犴"，作為動物來講，一說是一種野狗，形如狐狸。一說為產於我國東北及蒙古、俄羅斯等地的駝鹿。"狳"是傳說中的一種怪獸，似豹而紅色，長著五條尾巴。"犴狳"泛指動物。

2. 行為類

2.1 五官肢體行為類

2.1.1 手部動作類

【擯出/2】世尊因自恣日文殊三處過夏。迦葉欲白椎擯出，纔拈椎，乃見百千萬億文殊。迦葉盡其神力，椎不能舉。（卷一·釋迦牟尼佛）

"擯出"，義為趕出去、攆出去。如：《長阿含經》卷十三《阿摩晝經》："其王四子少有所犯，王擯出國到雪山南，住直樹林中。"《撫州曹山元證禪師語錄·三種墮》："為初心知有自己本分事，迴光之時，擯出色聲香味觸法。"

【旋收/1】上堂："旋收黃葉燒青煙，竹榻和衣半夜眠。粥後放參三下鼓，孰能更話祖師禪？"（卷十五·上方齊岳禪師）

"旋收"，義為快速收起、很快地收集。如：《虛堂和尚語錄》卷七《韜光室》："懶光栽花傍竹籬，旋收巖葉氅寒衣。不知陵谷幾遷變，時見斷雲相逐歸。"《希叟和尚語錄·慶元府瑞巖山開善禪寺語錄》："三月青

---

① ［日］秋月龍珉：《禪海珍言》，汪正求譯，灕江出版社1991年版，第45頁。

春彈指過，九旬朱夏又從頭。茶抽雀舌郎忙摘，麥弄鰕鬚逐旋收。"

【摘茶/5】師摘茶次，士曰："法界不容身，師還見我否？"師曰："不是老師，泊荅公話。"（卷三・則川和尚）

"摘茶"，采摘茶葉。如：《雲門匡真禪師廣錄》卷中："舉：'趙州問僧："什麼處去？"僧云："摘茶去。"師云："閉口。"'"

【取菜/1】師入園取菜次，乃畫圓相，圍却一株。語眾曰："輒不得動著這箇。"眾不敢動。（卷三・歸宗智常禪師）

"取菜"，義為摘菜。《根本說一切有部苾芻尼毘奈耶》卷十七《噉蒜學處》："時吐羅難陀尼，亦往取菜并取其蒜。"《景德傳燈錄》卷十四《鄧州丹霞天然禪師》："師訪龐居士，見女子取菜次，師云：'居士在否？'女子放下籃子，斂手而立。"

【執水/1】問："如何是救離生死？"師曰："執水苟延生，不聞天樂妙。"（卷六・洛浦元安禪師）

"執水"，義為手端水盆。如：《唯識二十論述記》卷下："小水虫等依無隔水應不難見，執水一故，如無隔水。"《景德傳燈錄》卷三十《潭州龍會道尋遍參三昧歌》："馬師奮迅呈圓相，執水投針作後規。把鏡持幡看先匠，廣陵歌誰繼唱。"

2.1.2 五官動作類

【口辯/1】師曰："祇恁麼，祇恁麼，所以如此。"山曰："大有人不肯。"師曰："作麼取汝口辯？"山便禮拜。（卷三・魯祖寶雲禪師）

"口辯"，義為辯論。如：《大般涅槃經疏》卷二三《德王品》："自有人身左能右能，口辯通敏能主能客，自有人專一無二。"《古尊宿語錄》卷二一《舒州白雲山海會演和尚語錄》："柳綠桃紅，祖師巴鼻。眼親手辦，未是惺惺。口辯舌端，與道轉遠。"

【急著眼/4】師曰："聞石霜有毬子話，是否？"曰："和尚也須急著眼始得。"（卷五・夾山善會禪師）

"急著眼"，義為仔細看、認真看。《圓悟佛果禪師語錄》卷三："進云：'恁麼則瀟湘江上月，照破碧巖秋。'師云：'也須急著眼始得。'"

【摩觸/3】上堂，僧問："髑髏常干世界，鼻孔摩觸家風，如何是髑髏常干世界？"（卷十・天台德韶國師）

"摩觸"，義為觸碰、撫摸。如：《起世經》卷五《諸龍金翅鳥品》：

“時諸盲人各各以手摩觸其象，爾時象師復語眾盲：‘汝觸象已，以實報王。’”《憨山老人夢遊集》卷三四《調獅尊者贊》：“法窟爪牙，誰敢摩觸。吾師神通，視為玩物。”

2.1.3 軀體動作類

【走盤/1】忽於狼藉堆頭，捨得蜣蜋糞彈。明明不直分文，萬兩黃金不換。等閑拈出示人，祇為走盤難看。（卷十七・秘書吳恂居士）

“盤”有“盤繞；盤旋”義。《後漢書・安帝紀》：“帝自在邸第，數有神光照室，又有赤蛇盤於牀第之間。”唐・韓偓《早發藍關》詩：“路盤暫見樵人火，棧轉時聞驛使鈴。”《紅樓夢》第四十二回：“王太醫便盤著一條腿兒坐下，歪著頭診了半日。”魯迅《朝花夕拾・藤野先生》：“頭頂上盤著大辮子，頂得學生制帽的頂上高高聳起。”“走盤”，義為滾動。如：《禪宗決疑集・離塵精進門》：“但覺一字疑情於心中活潑潑地，如珠走盤縱橫無礙。到此不知有身在地上行，亦不知有世間之事動靜寒溫。”

【麁行/1】師剗草次，有講僧來參，忽有一蛇過，師以鉏斷之。僧曰：“久向歸宗，元來是箇麁行沙門。”（卷三・歸宗智常禪師）

“麁行”，義為粗魯的行為。如：《緇門警訓》卷八《慈受禪師訓童行》：“三通浴鼓入堂時，觸淨須分上下衣。語笑高聲皆不可，莫將粗行破威儀。”《指月錄》卷三《四祖優波毱多尊者》：“尼曰：‘佛在日六羣比丘甚是粗行，數來我舍，尚不如是，尊者紹祖位人，得與麼粗行。’者休去。”

2.1.4 使令類

【廣作/2】山辭，師曰：“多學佛法，廣作利益。”山曰：“多學佛法即不問，如何是廣作利益？”師曰：“一物莫違。”（卷三・南源道明禪師）

“廣作”，義為大範圍地做某事、多做某事。《魏書》卷五八：“又於城中去城十步，掘地至泉，廣作地道，潛兵湧出，置爐鑄鐵，持以灌賊。”《增壹阿含經》卷四《護心品》：“爾時，世尊聞長者阿那邠持於四城門中廣作惠施，復於大市布施貧乏，復於家內布施無量。”《宗鏡錄》卷十三：“若心外見法，而生分別，直饒廣作勝妙之事，亦非究竟。”

【急須/2】還知麼？急須努力，莫容易，事持片衣口食，空過一生。

（卷四·黃檗希運禪師）

"急須"，義為迫切需要。如：《宋書》卷六五："河、濟之間，應置戍捍，其中四處，急須修立，甕口故城，又是要所，宜移太原，委以邊事。"《增壹阿含經》卷十一《善知識品》："梵志曰：'賢女，此事無苦，王不奈汝何，我今急須此五枚華，我得此華，汝得貴價。'"

【理化/2】曰："還理化也無？"師曰："名聞三界重，何處不歸朝？"（卷七·瑞巖師彥禪師）

"理化"，義為教化、感化。如：《旅泊菴稿》卷二《鼓山一脈闍黎歸真感應記》："良由眾生血氣剛強，恣心造業，難以理化。"

【苦屈/4】纔見老和尚開口，便好把特石礨口塞，便是屎上青蠅相似，鬧嗃將去，三箇五箇，聚頭商量，苦屈兄弟。（卷十五·雲門文偃禪師）

"苦屈"，義為辛苦。安慰之語。如：《太子須大拏經》："今我布施，譬亦若吐，終不還受。速乘象還去，謝汝國王。苦屈使者，遠相勞問。"

2.2　心理感受類

2.2.1　困頓不悟類

【隔津/2】師令侍者傳語："長老遠來不易，猶隔津在。"（卷五·漸源仲興禪師）

"隔津"，字面義為隔著河。如：《華山畿》："隔津歎，牽牛與織女，離淚溢河漢。啼相憶，淚如漏刻水，晝夜流不息。"引申指隔閡，禪籍喻指沒有悟道。《禪宗頌古聯珠通集》卷十一《祖師機緣》："氣直語直，眼親手親。峯巒競秀，紅紫爭春。神通妙用施呈盡，要見國師猶隔津。"

【落空/10】律師法明謂師曰："禪師家，多落空。"師曰："却是座主家落空。"明大驚曰："何得落空？"（卷三·大珠慧海禪師）

"落空"，義為心裏沒有著落。宋·蘇軾《次韻答元素》："蓬蓬未必都非夢，了了方知不落空。"禪籍喻指沒有真正達到悟道的境界。如：《潭州溈山靈祐禪師語錄》："師云：'子莫落空不？'志和云：'某甲若見有空可落，何曾是放身命處？'"

【奈何/45】彼各告言："十力弟子，所作神變，我輩凡陋，何能去之？"波旬曰："然則奈何？"（卷一·四祖優波毱多尊者）

曰："罷却干戈，束手歸朝時如何？"師曰："慈雲普潤無邊刹，枯樹

無華争奈何?"（卷四·靈雲志勤禪師）

潭州雲蓋山志元圓淨禪師，遊方時問雲居曰："志元不奈何時如何?"居曰："秖爲闍黎功力不到。"（卷六·雲蓋志元禪師）

有異比丘振錫而至，謂師曰："會中有大士六人，奈何不説法?"（卷十一·汾陽善昭禪師）

"奈何"，在本書中有 4 箇義項，按所舉例子爲序，一表怎麽樣；二表怎麽辦；三表辦法，禪籍可喻指沒有頓悟，沒有領悟禪法；四表爲什麽。佛經中"奈何"是地獄的名字，《長阿含經》卷十九《第四分世記經地獄品》："又彼二山中間復有十地獄：一名厚雲，二名無雲，三名呵呵，四名奈何，五名羊鳴，六名須乾提，七名優鉢羅，八名拘物頭，九名分陀利，十名鉢頭摩……云何名奈何? 其地獄中受罪眾生，苦痛酸切，無所歸依，皆稱奈何，故名奈何。"

【荒疎/1】問："如何是和尚家風?"師曰："莫訝荒疎。"（卷十·靈隱文勝禪師）

"荒疎"，義爲怠慢、懈怠。《潙山警策注》："言行荒疎，虛霑信施。信施本爲福田，荒疎則彼此無益。"《愚菴和尚語錄》卷六："明明佛敕曹溪是，世降俗末，名存實亡，大法凋瘵，無甚今日。山僧，道慚涼薄，行愧荒疎，誓欲深藏巖壑，隱遯過時。"

【陸沉/1】不是境，亦非心，喚作佛時也陸沉。箇中本自無階級，切忌無階級處尋。（卷十六·慧林懷深禪師）

"陸沉"，義爲隱居、才氣收斂。《禪林寶訓音義》："陸沉：言無水而沉也。當顯而反隱，陸沉於眾，不願人知也。"《禪林寶訓順硃》卷四："懦弱也，韜藏也，晦不明也。韜晦，言當陸沉的意思。"《禪林寶訓筆說》："寧與世違而不圖顯，著曰陸沉。賤役者，人所差爲，難行之事。謂至於執爨負舂，不以爲勞。陸沉賤役，不以爲恥。"

【鬧亂/1】曰："爲甚麽道無爲無事人逍遙實快樂?"師曰："爲鬧亂且要斷送。"（卷八·永隆慧瀛禪師）

"鬧亂"，義爲打擾、煩擾。《阿毘達磨大毘婆沙論》卷一七一《定蘊第七中攝納息》："見天陰慘寒切風雨，多人鬧亂，大眾聚集。"《續高僧傳》卷二八《釋法泰》："泰勤誦持一夜一遍，時彪法師彼寺講，夜欲看讀，恒嫌泰鬧亂其心，自欲往請令稍下聲。"又寫作"惱亂"，《祖堂集》卷一一《福清》："來年更有新條在，惱亂春光卒未休。"

【慚恥/1】問："如何是點額魚？"師曰："不透波瀾。"曰："慚恥時如何？"師曰："終不仰面。"（卷十三·同安丕禪師）

"慚恥"，義為慚愧、羞恥。如：《一切經音義》卷三一《太子墓魄經》："忸怩：《通俗文》：'惡恥，謂之忸怩也。'""忸怩"有羞愧義，如：《尚書·五子之歌》："鬱陶乎予心，顏厚有忸怩。"孔傳："忸怩，心慚。"《中阿含經》卷十五《中阿含王相應品轉輪王經》："爾時，亦有人生惡恥羞愧，厭惡不愛。彼人七日刀兵劫時，便入山野，在隱處藏，過七日已，則從山野於隱處出，更互相見，生慈愍心，極相愛念。"

2.2.2 努力參啓類

【勤措/1】亦不覩惡而生嫌，亦不觀善而勤措。亦不捨智而近愚，亦不抛迷而就悟。（卷一·初祖菩提達磨大師）

"勤措"，義為勤快、辛勤，苦苦修行。如：《南石和尚語錄》卷三《樂善室贈陳均錫》："居士已知如是意，更究熊峰真旨趣。既不覩惡曾生嫌，亦不觀善加勤措。菩提解脫心無著，生死輪迴豈纏縛。"

【啓帑/1】郡人朱紹安聞而加歡，欲啓帑度之。（卷十·淨土惟正禪師）

"帑"可指藏金帛的府庫。《舊唐書·鄭絪傳》："罷郡，有錢千緡，寄州帑。後郡數陷，盜不犯鄭使君寄庫錢。""啓帑"禪籍指打開記載僧籍的簿。如：《雲臥紀談》卷下："入杭之北山資聖，師事本如，郡人朱紹安欲啟帑金，為補僧籍，掉頭不諾。"

【不歷/9】師曰："還見觀音麼？"曰："見。"師曰："左邊見，右邊見？"曰："見時不歷左右。"（卷七·保福從展禪師）

師自爾足不歷城邑，手不度財貨，不設臥具，不衣繭絲。日唯一食，終日宴坐。（卷十·瑞鹿本先禪師）

"不歷"，義一為不管、不問、不顧。如：《雲門匡真禪師廣錄》卷上："問：'千聖不傳，古今不歷。如何是和尚接人一句？'師云：'觸忤老兄，得麼？'"二為不涉足、不經歷。如：《往生淨土懺願儀》："不歷長劫即得無生者，當學是法。"

【鑒照/5】曰："祇如像成後，為甚麼不鑒照？"師曰："雖然不鑒照，謾他一點不得。"（卷三·南嶽懷讓禪師）

“鑒照”，義為鑒識照察。如：《一切經音義》卷六六：“鑒照：上，監陷反。《考聲》云：‘鑑，照也，明也。’鄭箋詩云：‘鑒者，所以察形也。’《爾雅》：‘鑒，謂之鏡也。’《說文》云：‘大盆也，可以取明於水月也。從金監聲。’”《保寧仁勇禪師語錄》：“明珠歷掌，別者還稀。寶鏡當臺，何人鑒照？鋒前一路，截斷眾流。言下千差，隨波逐浪。”

【秘惜／2】後因諸天、梵天及十六王子再三勸請，方始說之。却不是秘惜，祇為不敢埋沒諸人。（卷十五・九峰鑒韶禪師）

“秘惜”，義為愛惜、捨不得。如：《列祖提綱錄》卷二三《夢菴信禪師》：“此一瓣香，人天未委得處何來？幸有證明，徒勞秘惜。”

【隔戶／1】僧問：“遠遠投師，請師一接。”師曰：“不隔戶。”（卷六・南臺寺藏禪師）

“隔戶”，義為隔著窗戶。唐・杜甫《絕句漫興九首》之九：“隔戶楊柳弱嫋嫋，恰似十五女兒腰。誰謂朝來不作意，狂風挽斷最長條。”《法苑珠林》卷十七《觀音驗・晉竇傳》：“沙門支道山，時在護營中，先與傳相識，聞其執厄，山至獄所候視之。隔戶共語，傳謂山曰：‘今日困厄，命在漏刻，何方相救？’”《聊齋誌異》卷九《愛奴》：“漸親出，隔戶與先生語，往往零涕。”

2.3 事物關係類

2.3.1 人與法關係類

【影響／6】凡人但見仁夭暴壽、逆吉義凶，便謂亡因果、虛罪福，殊不知影響相隨，毫釐靡忒。（卷一・十九祖鳩摩羅多尊者）

師于言下豁然契悟，前二十年所得心都無影響。（卷二・河北智隍禪師）

本書中“影響”有兩箇義項，一為影子和回聲。如：《尚書・大禹謨》：“惠迪吉，從逆凶，惟影響。”《六度集經》卷六《精進度無極章》：“禍之與福，猶影響焉。走身以避影，撫山以關響。”二為印象，事情的經過、概況。如：《孽海花》第七回：“原來寶廷的事，雯青也知些影響，如今更詳細問他，寶廷從頭至尾述了一遍。”《林泉老人評唱丹霞淳禪師頌古虛空集》卷六《第九十五則投子拈香》：“根根塵塵而不涉干戈，莽莽蕩蕩而了無邊徼。所以道十二處忘閑影響，三千界放淨光明。”

另外，禪籍中“影響”還可喻指有慧根的人。如：《林泉老人評唱投子青和尚頌古空谷集》卷六《第九十五則大陽玄旨》："上士見金如土，下士見土如金。作家宗師，天然有在。可謂截瓊枝寸寸是寶，折栴檀片片皆香。若是影響之流，將謂調戲。"

【相到/10】有人問："如何是解脫？"師曰："諸法不相到，當處解脫。"曰："恁麼即斷去也。"師曰："向汝道諸法不相到，斷甚麼！"（卷二·南陽慧忠國師）

"相到"，義為到達、碰觸、相關。《陀羅尼集經》卷四《十一面三昧印第一》："以二大指二小指，直豎頭合，余指稍典，頭不相到，虛掌，豎頭指來去。"《圓悟佛果禪師語錄》卷十四《示禪人》："到本分地上大休大歇，口鼻眼耳初無相知，手足項背各不相到。然後向寒灰死火上，頭頭上明。枯木朽株間，物物斯照。"

2.3.2 人與物關係類

【撮略/2】禪偈撮略，就此方一類之機。（卷二·圭峯宗密禪師）

"撮略"，義為摘取、收集。《大方廣佛華嚴經》卷三五《賢首品》："然此經上下菩提心義，文理淵博，見其撮略故，取而用之，引而證之。"《廣弘明集》卷三《歸正篇》："子歆探其指要，著為七略，其一篇即六篇之總最，故以撮略為名。"

【常干/3】上堂，僧問："髑髏常干世界，鼻孔摩觸家風。如何是髑髏常干世界？"（卷十·天台德韶國師）

"常干"，義為常干涉。如：《五燈全書》卷七八《寶安二隱謐禪師》："拈拄杖曰：'惟有拄杖子，休戚常干涉。且作麼生是干涉底句？三箇奴郎夜簸錢，究竟不知誰是賊。'"佛經中又可指如往常一樣乾燥。《新華嚴經綸》卷二二："寶多羅樹者，此樹似菱欄堅如鐵，葉長稠密，設多時大雨如屋常幹。"

3. 性狀類

3.1 人物性狀類

【塊然/1】師曰："吾觀身無物，觀法無常，塊然更有何欲邪？"（卷二·嵩嶽元珪禪師）

"塊然"，義為確實、實實在在的樣子。《摩訶止觀》卷八："定者，色入已心如木石塊然直住；亂者，色入已狡擲攀緣。"《宗鏡錄》卷三二："夫三界之有，是菩提之用。本末相遍，空有融通。豈同豁爾之無，塊然之有。"

【太俗生/1 ‖ 太僧生/1】有僧問訊，叉手而立。師曰："太俗生！"其僧便合掌。師曰："太僧生！"僧無對。（卷三·南泉普願禪師）

"太俗生"，義為俗人的氣息太重；"太僧生"義為僧人的氣息太重。"太"為程度副詞，加重語氣；"生"為後綴，不表義，二者組成"太……生"結構，語錄習見。《宗門拈古彙集》卷二二："我若作相國，只消道箇太俗生。且看石霜老漢還留得下麼？"《石溪心月禪師語錄》卷上《住臨安府景德靈隱禪寺語錄》："一九二九，相逢不出手，今冬和氣可人，山僧出手，與諸人相見去也。若合掌太僧生，若叉手太俗生，畢竟作麼生相見？"

【太區區生/1】掃地次，道吾曰："太區區生！"師曰："須知有不區區者。"（卷五·雲巖曇晟禪師）

"區區"，又可寫作"駈駈（驅驅）"，如：《祖堂集》卷十二《荷玉和尚》："雲嵒掃地次，叫寺主，問：'何得自駈駈（驅驅）？'嵒云：'有人不駈駈（驅驅）。'"[1]"太區區生"義為很辛苦、太勞碌。如：《敦煌變文集·妙法蓮華經講經文》："如此富貴多般，早是累生修種，何得於此終日驅驅，求甚事意？"《汾陽無德禪師語錄》卷三《行腳歌》："勿使身心有散亂，道難行塵易漫。頭頭物物須明見，區區役役走東西。"

【太懵懂生/1】曰："說甚七佛，千佛出世也救某甲不得。"師曰："太懵懂生！"（卷五·石霜慶諸禪師）

"懵懂"，義為迷迷糊糊、糊塗的樣子，如：《宏智禪師廣錄》卷一《真州長蘆崇福禪院語錄》："雲開也星象排珠，月上也江光鋪練。懵懂還如癡兀人，他家自有通人辨。""太懵懂生"，義為很糊塗、迷糊得厲害。

【骨氣/1】有相者覩其殊表，謂之曰："骨氣非凡，當為法王之輔佐也。"（卷三·西堂智藏禪師）

"骨氣"，義為氣質。如《世說新語·品藻第九》：時人道阮思曠："骨氣不及右軍，簡秀不如真長，韶潤不如仲祖，思致不如淵源，而兼有諸人之美。"《徑石滴乳集》卷五《文學朱燮憲居士》："汝骨氣猛利，志性果敢，可名真毅焉。"

---

① 張美蘭：《祖堂集校注》，商務印書館 2009 年版，第 317 頁。

【須索/1】師曰："他喫飯時不肯喫飯,百種須索;睡時不肯睡,千般計較。所以不同也。"律師杜口。(卷三·大珠慧海禪師)

"須索",義為索要、要求、索取。《宋高僧傳》卷十九《唐虢州閺鄉阿足師傅》:"後產男,既愚且騃,手足拳攣,語言謇澀,唯嗜飲食,殆與平人有異,口如溪壑,終日無厭,年可十七,父母鐘愛,縱其須索。"

【也大無端/1】所以達磨西來,九年面壁,始遇知音。大陽今日也大無端。珍重!(卷十四·大陽警玄禪師)

"也大無端",義為很無知。《續傳燈錄》卷二十《廬山圓通可僊禪師》:"古今三世儼爾目前,曲直條然是非有辨,能和光同塵隨邪逐惡,恁麼說話也大無端。忽有箇傑出叢林烜赫禪者,為眾竭力,出來掀倒禪床,喝散大眾,將長老推向階下,也許他有些氣息。"

【素非/4】師曰："老僧又作麼生?"曰:"素非好手。"(卷五·孝義性空禪師)

"素非",義為本來就不是。如:《袁州仰山慧寂禪師語錄》:"黃檗云:'不道無禪,只是無師。'問師:'作麼生?'師云:'鵝王擇乳,素非鴨類。'"

【哩哩囉/1】民如野鹿,上如標枝。十八子,知不知?哩哩囉,邏囉哩。(卷十八·欽山普初禪師)

"哩哩囉"與"邏囉哩"義同,皆為羅裡吧嗦、廢話多。如:《列祖提綱錄》卷二六《佛眼遠禪師》:"上堂:'君命重宣降薛蘿,不容靜處薩婆訶,襴衫席帽寒酸甚,又向人前唱哩囉,哩哩囉。'拍一拍。'囉哩囉。'"

3.2 物體性狀類

【太高生/2】遷至彼,未呈書便問:"不慕諸聖,不重己靈時如何?"嶽曰:"子問太高生,何不向下問?"(卷五·青原行思禪師)

"太高生",義為太高深。如:《圓悟佛果禪師語錄》卷四:"一向孤峯獨宿,目視雲霄。雖則不埋沒宗風,無乃太高生。一向十字路口,土面灰頭,利物應機。雖則埋沒自己,無乃太屈辱生。"

【太深遠生/1】後謁忠國師,問侍者:"國師在否?"曰:"在即在,不見客。"師曰:"太深遠生!"(卷五·丹霞天然禪師)

"太深遠生"，義為太深長。《碧巖錄》卷六："說什麼太深遠生，有什麼共語處？"

【也大奇/13】師大悟，起來拊掌呵呵大笑曰："也大奇，也大奇！百千三昧無量妙義，秖向一毫頭上，識得根源去。"（卷三·水潦和尚）

"也大奇"，義為很奇怪。如：《敦煌變文·醜女緣起》："只首思量也大奇，朕今王種豈如斯？醜陋世間人總有，未見今朝惡相儀。"《密庵和尚語錄·密菴和尚住衢州西烏巨山乾明禪院語錄》："今朝六月十五，祝聖陞堂擊鼓。木童火裏吹笙，石女雲中作舞。也大奇也大奇，天無四壁，地絕八維。五湖四海來入貢，衲僧聞見眼如眉。"

【狼忙/2】一日普請罷，書偈曰："茶芽藦蕺初離焙，筍角狼忙又吐泥。山舍一年春事辦，得閑誰管板頭低。"（卷十七·歸宗志芝庵主）

"狼忙"，義為急忙。如：《禪宗頌古聯珠通集》卷十一《祖師機緣》："狸奴夜靜自舒張，引手過頭露爪長。王老室中巡邏了，狼忙走出恐天光。"

【平地/22】不如密多聞語，作禮而退。祖現於神變，化三昧火自焚，平地舍利可高一尺。（卷一·二十五祖婆舍斯多尊者）

師曰："當時霍光賣假銀城與單于，契書是甚麼人做？"曰："某甲直得杜口無言。"師曰："平地教人作保。"（卷九·京兆府米和尚）

"平地"，書中 21 例表平整的地面，1 例義為平白無故的、毫無理由的。元·無名氏《十樣錦》套曲："誰想驀然平地浪波生，怎知道禍從天降。"

3.3 數量類

【一貼/1】僧作圓相拋向後，乃禮拜。師喚侍者："取一貼茶與這僧。"

"一貼"為數量詞。如：《溈山警策句釋記》卷上《八業果時熟》："此是圭峰一貼發汗散。諸仁者，好自檢驗看，切勿蹉過也。"

【大有人/20】師曰："秖恁麼，秖恁麼，所以如此。"山曰："大有人不肯。"師曰："作麼取汝口辯？"山便禮拜。（卷三·魯祖寶雲禪師）

"大有人"，義為有很多人，如：《律相感通傳·初問佛事》："昔周時，此土大有人住，故置此塔。"《雲門匡真禪師廣錄》卷上："師云：'三家村裏老婆盈衢溢路，會麼？'學云：'不會。'師云：'非但汝不會，大有人不會在。'"

3.4 時間程度類

3.4.1 時間類

【太早生/1】制空禪師謂師曰："日出太早生。"師曰："正是時。"（卷三·西堂智藏禪師）

"太早生"，義為很早。如：《妙法蓮華經宣贊》卷一："阿修羅等皆大歡喜，何太早生?"《佛海瞎堂禪師語錄》卷四《為陳宣教除靈》："自古聖賢歸寂滅，由來三昧本無聲。皇天若欲興儒釋，何喪斯文太早生。"

【太遲生/4】雲巖來參，師作挽弓勢。巖良久，作拔劍勢。師曰："來太遲生!"（卷三·歸宗智常禪師）

"太遲生"，義為太晚。如：《洞山悟本禪師語錄之餘》："師問：'此人什麼處去也?'巖良久云：'作麼，作麼?'師曰：'太遲生也。'"

【曩劫/2】曩劫至今，固無變易。猶如日輪，遠進斯照。雖及眾色，不與一切和合。靈燭妙明，非假鍛煉。（卷三·章敬懷暉禪師）

"曩劫"，義為很久以前、時間久遠。《大方廣佛華嚴經》卷七九《入法界品》："一切眾寶以為莊嚴，一一寶中皆現彌勒曩劫修行。"《景德傳燈錄》卷二四《襄州普寧院法顯禪師》："僧問：'曩劫共住，為什麼不識親疏?'師曰：'誰?'曰：'更待某甲道。'師曰：'將謂不領話。'"

3.4.2 程度類

【大似/65】長慶棱云："大似不知。"（卷二·南陽慧忠國師）

"大似"，義為很像、好比。《大慧普覺禪師語錄》卷二五："如此說話，於了事漢分上，大似一柄臘月扇子。"《廬山蓮宗寶鑑》卷十《辨明大小二乘》："我學上乘，却又不識本性彌陀，唯心淨土之旨，不著於事相，又墮於頑空，大似深村草裏生盲之人。"

【差殊/5】尚恐學者之難明也，又復直示宗源之本末，真妄之和合，空性之隱顯，法義之差殊，頓漸之異同，遮表之回互，權實之深淺，通局之是非。（卷二·圭峯宗密禪師）

"差殊"，義為差別、不同、區別。如：《北史》卷十八："若差殊不同，偽情自露，然後繩以典刑，人誰不服?"《佛本行集經》卷十一《姨母養育品》："一切人民，皆並歡喜。猶如天上，無有差殊。"《景德傳燈錄》卷十三《黃蘗希運禪師傳心法要》："眾生諸佛更無差殊，但能無心便是究竟。"

【直欲/2】師把西堂鼻孔拽，堂作忍痛聲曰："太煞！拽人鼻孔，直欲脫去。"師曰："直須恁麽捉虛空始得。"（卷三·石鞏慧藏禪師）

"直欲"義為簡直、差點、想要。《大寶積經》卷七九《富樓那會第十七之三大悲品第六》："王便念言：'是婆羅門不須財物，今來直欲破我大施，我若不以身分與者，我則自破大會施事。'"

【也大須/1】頭曰："真物不可得，汝心見量，意旨如此，也大須護持。"（卷五·大顛寶通禪師）

"也大須"，義為很有必要、很需要、應該。義同"大須"，如：卷五《大顛寶通禪師》："應機隨照，泠泠自用。窮其用處，了不可得。喚作妙用，乃是本心。大須護持，不可容易。"

3.5 範圍關係類

【溥濟/1】曰："如何是向上事？"師曰："溥濟不收。"（卷十三·疏山證禪師）

"溥濟"，義為普遍、同樣、一致。如：《禪林寶訓順硃》卷二："溥濟也，徧也。"《大明高僧傳》卷二《京都寶集寺沙門釋妙文傳九》："自爾教乘法席益盛，性相並驅，僧俗溥濟。"

【比為/3】老僧久處深山，比為藏拙，何期今日入到萬壽門下，可謂藏之不得。（卷十·萬壽德興禪師）

"比為"，義為好比、比如。《根本說一切有部毘奈耶》卷二《不淨行學處》："我從本舍多持財物，遠共徒侶來此經求。比為欲情在婬女舍，所有財貨皆並喪亡。"《宋高僧傳》卷十一《唐大溈山靈祐傳》："山與郡郭十舍而遙，夐無人煙比為獸窟。"

第二節 《五燈會元》禪林行業語

1. 禪林行業語的界定

"禪宗是一種中國化的佛教。而這種'中國化'，與其說是對印度佛教的改造，不如說是語言上對印度佛教的革命。"① 這是禪宗語言的獨特

① 周裕鍇：《〈禪宗語言〉引言》，浙江人民出版社 1999 年版。

性的成因之一，也正是禪宗引人注目的特點之一。禪宗從中唐以後，到五代，至北宋初期，發展到鼎盛，這一時期，禪宗社團人數眾多，而每箇社團都會產生自己的行業語，從而禪宗社團內部的行業語也異常發達。對於該社團的行業語如何定義，各家觀點不一。

于穀認為："禪宗同行詞語是在禪宗發展過程中逐漸形成並日益積累增多的。禪宗文獻中保存著大量的禪宗同行詞語。禪宗同行詞語多半帶有濃厚的口語色彩。""同行語具有特殊詞義，是同行內部約定俗成的結果。"① 周裕鍇認為："所謂'行話'，是指禪宗同行內部約定俗成的行業語言。""禪宗的行話有的出自祖師的話頭，有的出自唐宋時期的口語"，"有的行話來源於通俗的比喻，但在禪師們的反復使用中，逐漸成為禪宗的行業用語"。② 張子開認為："'同行詞語'一辭，似乎未能反映出禪宗這類詞彙的獨創性"，"中國佛教僧人真正以山林作為棲居處，當始於禪宗。而早期禪宗，即自達摩以來的楞伽師們，一直堅持頭陀苦行"。"一般而言，'叢林'指禪宗寺院。故又稱為'禪林'，林喻修行者眾多而如林中之樹。'禪林'亦指禪宗、禪門。'叢林'又稱'禪院'、'禪寺'、'十方叢林'、'功德叢林'。然後世其他佛教宗派的寺院，亦仿稱'叢林'。於是，'叢林'遂成為寺院的泛稱。""中國禪宗僧侶創造了數千箇新鮮的詞彙，在整箇佛教界獨樹一幟，這些新創造的詞彙，可稱之為'叢林語'"。③ 雷漢卿認為："意義禪化的一般方俗詞就是指普通俗語詞通過比喻、引申等方式沾染了禪義，其意義被禪化，成為禪宗行業語。"④

綜合以上各位學者的觀點，可知禪林行業語具有通俗性、口語性、社團性、繼承創新性等特點，所以我們不妨如此定義：禪林行業語就是在禪宗發展過程中，禪宗社團內部約定俗成的行業用語，這類詞有的來自於世俗文獻，但是沾染了禪義，有的吸收了當時的口語成份并加以改造，或者是社團內部自造的新詞。

---

① 于穀：《禪宗語言和文獻》，江西人民出版社 1995 年版，第 53—57 頁。
② 周裕鍇：《禪宗語言》，浙江人民出版社 1999 年版，第 270—278 頁。
③ 張子開：《禪宗語言的種類》，《宗教學研究》2008 年第 4 期。
④ 雷漢卿：《禪籍方俗詞研究》，巴蜀書社 2010 年 11 月，第 261 頁。

2. 禪林行業語的來源

禪林行業語的來源有多重途徑，概括來說，主要有來自於世俗文獻、佛經文獻、當時的口語和僧團內部自創四箇方面，下面分別論述。

2.1 來自於世俗文獻，經禪宗改造而成為禪林行業語

該類是指在傳統的世俗文獻中已經在使用，但是禪宗納入本社團使用之後，經過社團內部改造——主要是沾染了禪義，而成為禪林行業語。例如：

【默然】該詞從先秦到現在，歷代文獻中皆有使用，是漢語中的常用詞，在世俗典籍中主要是指 "沉默不語的樣子"。例如：

《韓非子·南面第十八》："人主使人臣言者必知其端以責其實，不言者必問其取捨以為之責，則人臣莫敢妄言矣，又不敢默然矣，言默則皆有責也。"《漢書》卷八八《列傳第五八》："是時上方好文辭，見申公對，默然。"《三國志》卷四〇《蜀書一〇》："超羈旅歸國，常懷危懼，聞兼言大驚，默然不答。兼退，具表兼辭，於是收兼付有司。"《南齊書》卷四〇《列傳第二一》："子懋默然，顯達因辭出便發去，子懋計未立，還鎮尋陽。"《舊唐書》卷一三三《列傳第八三》："懷光默然，無以難晟，又不欲侵刻神策軍發自於己，乃止。"瞿秋白《文藝雜著·那箇城》："沉沉的垂枝，一動不動覆著默然不語的大地。"

《五燈會元》中，"默然" 一詞共出現 39 次，該詞在《五燈會元》中用法十分靈活，既有與世俗典籍意義相同者，又有其獨特含義者①，其用義可分為：

①沉默不語。有 3 例。例如：

言已，雲生足下。至大王前，默然而住。時王正問宗勝，忽見波羅提乘雲而至，愕然忘其問答。（卷一·初祖菩提達磨大師）

當魏孝明帝孝昌三年也，寓止于嵩山少林寺，面壁而坐，終日默然。人莫之測，謂之壁觀婆羅門。（卷一·初祖菩提達磨大師）

由是終日默然，深究先德洪規。一日覽雲門語，忽然發悟。自此韜

---

① 到底是該作為義位列出來還是只是其語境義，學界觀點不一，愚以為禪宗語錄作為漢語史上一類重要文獻，與 "默然" 類似的大量詞語在禪宗語錄中經常出現，意義也相對穩定，理應在辭書中給予立項。

藏，不求名聞。（卷十五·薦福承古禪師）

②指默認、認同。出現 3 例。如：

祖詰而化之，四眾皆默然心服。唯禪定師達磨達者，聞四眾被責，憤悱而來。（卷一·二十四祖師子尊者）

迦葉乃白眾言："此阿難比丘多聞總持，有大智慧，常隨如來，梵行清淨。所聞佛法，如水傳器，無有遺餘。佛所讚歎，聰敏第一。宜可請彼集修多羅藏。"大眾默然。迦葉告阿難曰："汝今宜宣法眼。"（卷一·摩柯迦葉尊者）

是時山河大地，六種震動，雪山有五百仙人，覩茲瑞應，飛空而至，禮尊者足，胡跪白言："我於長老，當證佛法，願垂大慈，度脫我等。"尊者默然受請，即變殑伽河悉為金地，為其仙眾說諸大法。（卷一·阿難尊者）

③禪宗不著文字、不立文字，把語言文字看作"葛藤""露布"，不屑糾纏其中，所以有時候以"默然"作為傳法布道的一種方式。有 18 例。擇例如下：

世尊一日陞座，默然而坐。阿難白椎曰："請世尊說法。"世尊云："會中有二比丘犯律行，我故不說法。"阿難以他心通觀是比丘，遂乃遣出。世尊還復默然。阿難又曰："適來為二比丘犯律，是二比丘已遣出，世尊何不說法？"世尊曰："吾誓不為二乘聲聞人說法。"便下座。（卷一·釋迦牟尼佛）

士曰："秖此一問，氣急殺人！"師默然。士曰："弄巧成拙。"（卷五·大同濟禪師）

問："不問二頭三首，請師直指本來面目。"師默然正坐。問："賊來須打，客來須看，忽遇客賊俱來時如何？"師曰："屋裏有一綳破草鞋。"（卷九·芭蕉慧清禪師）

④與③正好相反，以默然表示領悟了不著文字、不著言語的禪法精義，是悟道的一種方式。出現 12 例，擇例如下：

問："維摩默然，意旨如何？"師曰："黯黑石牛兒，超然不出户。"（卷六·大安興古禪師）

有僧纔入門，師便喝。僧默然，師便打，僧却喝。師曰："好箇草賊。"（卷十一·虎溪庵主）

僧出曰："為眾竭力，禍出私門。未審放過不放過？"師默然。問："古人道：'生也不道，死也不道。'意旨如何？"師良久。（卷十三・曹山光慧禪師）

⑤還有因為沒有領悟佛法、禪宗要義而用"默然"來表示。出現3例。例如：

世尊在靈山會上，拈花示眾。是時眾皆默然，唯迦葉尊者破顏微笑。（卷一・釋迦牟尼佛）

一日告眾曰："吾武德中游廬山，登絕頂，望破頭山，見紫雲如蓋，下有白氣，橫分六道，汝等會否？"眾皆默然。忍曰："莫是和尚他後橫出一枝佛法否？"祖曰："善。"（卷一・四祖道信大醫禪師）

師共一僧語，旁有僧曰："語底是文殊，默底是維摩。"師曰："不語不默底莫是汝否？"僧默然。師曰："何不現神通？"曰："不辭現神通，祇恐和尚收作教。"（卷九・仰山慧寂禪師）

【結茅】又可作"結茆"，《大詞典》收錄，釋義為："編茅為屋。謂建造簡陋的屋舍。"南朝宋・鮑照《觀圃人藝植詩》："抱鍤壠上餐，結茅野中宿。"宋・蘇軾《新居》詩："結茅得茲地，翳翳村巷永。"清・張岱《陶庵夢憶・表勝庵》："爐峯石屋，爲一金和尚結茆守土之地。"

《五燈會元》中共出現11次，9次作"結茅"，2次作"結茆"。意義皆為：道業有所成者，選擇僻靜之所搭建簡陋房舍，以供參禪修道，進而特指建立禪院，傳法佈道。例如：

後歸東洛，遇秀禪師，言下知微。乃卜壽州三峰山，結茅而居。（卷二《壽州道樹禪師》）

師尤不喜俗務，擬潛往閩川投訪禪會，屬路歧艱阻，遂回天台山結茅。尋遇韶國師開示，頓悟本心，乃辭出山。（卷十《報恩永安禪師》）

以數院迎之，不就。歸舊里，結茆號眾妙園。宿衲士夫，交請開法。（卷二十《竹原宗元庵主》）

【結庵】義與"結茅"相同。例如：《南齊書・竟陵王子良傳》："密邇寇庭，下無安志。編草結庵，不違涼暑；扶淮聚洛，靡有生向。"《五燈會元》中出現8例。例如：

西域崛多三藏者，天竺人也。於六祖言下契悟。後遊五臺，見一僧結庵靜坐。（卷一《西域崛多三藏》）

時門人齊靜卜南陽丹霞山結庵，三年間玄學者至盈三百眾，建成大院。（卷五《丹霞天然禪師》）

【下口】《大詞典》收錄，列兩箇詞條。下口：指江河下遊出口處。北魏·酈道元《水經注·洞過水》："（洞過水）西入於汾，出晉水下口者也。"下口還可指佐餐。《水滸傳》第三回："但是下口肉食，只顧將來，擺一桌子。"或指佐餐的食品。《水滸傳》第十五回："阮小七道：'有什麼下口？'小二哥道：'新宰得一頭黃牛，花糕也似好肥肉。'"

《五燈會元》中"下口"共出現9例，從用例來看，既不是指江河下遊的出口處，也不是指佐餐或佐餐的食品。而是表示體悟佛法禪義的切入口。例如：

纔相見，士便問："久向大梅，未審梅子熟也未？"師曰："熟也。你向甚麼處下口？"士曰："百雜碎。"師伸手曰："還我核子來。"士無語。（卷三·大梅法常禪師）

問著即參差，答著即交互。大德擬向甚麼處下口？然則如是，事無一向，權柄在手，縱奪臨機，有疑請問。（卷九·承天辭確禪師）

問："甚麼人不被無常吞？"師曰："祇恐他無下口處。"曰："恁麼則一念通玄箭，三屍鬼失也。"（卷十六·慧林懷深禪師）

2.2　來自於佛經文獻，經禪宗改造而成為禪林行業語

禪宗作為中國化了的佛教，自然會從佛教語言中吸收一些詞語為其所用，成為禪林行業語。例如：

【師子兒】師子：又作獅子。獅子為百獸之王，故諸經論中每以獅子比喻佛之無畏與偉大。《無量壽經》上："人雄師子，神德無量。"《智度論》曰："又如師子四足獸中獨步無畏能伏一切。佛亦如是，於九十六種外道中一切降伏，故名人師子。"①《大涅槃經》卷中："至雙樹下，右脅著床，累足而臥，如師子眠，端心正念，爾時雙樹忽然生花。"禪家將那些聰明伶俐的僧人認為是佛的後代，稱為"師子兒"。《五燈會元》中出現21例，皆表此義，例如：

主曰："忝講得經論二十餘本。"師曰："莫是師子兒否？"主曰："不敢。"師作噓噓聲。（卷三·馬祖道一禪師）

---

① 丁福保：《佛學大詞典》，中國書店2011年版。

年曰："上座臨行，豈無為人底句？"師曰："重疊關山路。"年曰："與麼則隨上座去也。"師噓一聲。年曰："真師子兒，大師子吼。"（卷十二·石霜楚圓禪師）

上堂："我祖別行最上機，縱橫生殺絕猜疑。雖然塞斷群狐路，返擲須還師子兒。眾中還有金毛炟赫、牙爪生獰者麼？試出哮吼一聲看。"（卷十七·萬善紹慈禪師）

【白牛車】佛教認為修行等級有差異，聲聞乘羊車，緣覺乘鹿車，菩薩乘牛車。這就是所謂的三車，牛車乃是最上乘法，菩薩乘坐。見於《妙法蓮華經·譬喻品》："牛車為大乘，即菩薩乘。""白"乃純色，與"牛車"相連，指最上乘的佛法、禪法。見於《壇經·機緣品》："無念念即正，有念念成邪；有無俱不計，長御白牛車。"《五燈會元》中出現5次。如：

又經說三車，大牛之車與白牛車如何區別？願和尚再垂宣說……佛本為凡夫說，不為佛說。此理若不肯信者，從他退席。殊不知坐却白牛車，更於門外覓三車。（卷二·洪州法達禪師）

僧問："如何是和尚得力處？"師曰："不居無理位，豈坐白牛車。"（卷六·大通存壽禪師）

卷二《洪州法達禪師》中的用例把"牛車"與"白牛車"區別開來，"白牛車"指最高之微妙禪法。其他語錄中也有用例。如：

《法演禪師語錄》卷上："共唱胡笳曲，分開五葉花。幸逢諸道友，同上白牛車。"

【上色牛】與"白牛車"意義正好相反，"牛"被"上色"，不再"白"，意為心性為俗塵所染，不能見性。《五燈會元》中出現1例，如：

曰："如何是密室中人？"師曰："不坐上色牛。"（卷六·湖南文殊禪師）

該詞用例不多，在後代文獻《宗鑒法林》《五燈嚴統》《五燈全書》中也引用了文殊禪師的這段對話。

【止啼/黃葉/止啼黃葉/黃葉止啼/黃葉止啼錢/認葉止啼/將黃葉以止啼】禪宗化用佛教典故。該典故出自《大涅槃經·嬰兒行品第九》："如彼嬰兒啼哭之時。父母即以楊樹黃葉而語之言：'莫啼莫啼，我與汝金。'嬰兒見已，生真金想，便止不啼。然此楊葉實非金也。木牛木馬木男木女，嬰兒見已，亦復生於男女等想，即止不啼。實非男女，以作如是男女想故。名曰嬰兒。如來亦爾。"以楊樹之黃葉為金，哄使小兒停止啼哭，譬喻佛指天上極樂世界，引導眾生向善去惡。禪宗喻指此類施設皆非正途，都是虛幻假象，不是領悟禪旨的根本。"止啼"出現 4 次，如：

問："十二分教是止啼之義。離却止啼，請師一句。"師曰："孤峯頂上雙角女。"（卷四·國清院奉禪師）

且佛法是建立教，禪道乃止啼之説，他諸聖出興，盡為人心不等，巧開方便，遂有多門。（卷七·皷山神晏國師）

"黃葉"共出現 17 例，有 1 例可以理解為與"止啼"同義，如：

尋常老僧道，目覩瞿曇，猶如黃葉，一大藏教是老僧坐具。祖師玄旨是破草鞋，寧可赤脚，不著最好。

其他 16 例就是本義，指"枯黃的樹葉"，略舉 3 例，如：

問："和尚年多少？"師曰："始見去年九月九，如今又見秋葉黃。"曰："恁麼則無數也。"師曰："問取黃葉。"（卷九·清化全怤禪師）

問："和尚年多少？"師曰："秋來黃葉落，春到便開花。"（卷十三·報慈藏嶼禪師）

往後，上堂："世尊不説説，迦葉不聞聞。"卓拄杖曰："水流黃葉來何處？牛帶寒鴉過遠村。"（卷二十·淨慈彥充禪師）

"止啼黃葉"出現 1 例，如：

師曰："老僧適來造次。"曰："某甲不是嬰兒，徒用止啼黃葉。"（卷六·同安常察禪師）

"黃葉止啼"出現 1 例，如：

所以假設方便，奪汝麁識。如將黃葉止啼，有甚麼是處，亦如人將百種貨物，與金寶作一鋪貨賣。（卷九·仰山慧寂禪師）

"黃葉止啼錢"出現 2 例，如：

河中府公畿和尚，僧問："如何是道？如何是禪？"師以偈示之曰："有名非大道，是非俱不禪。欲識箇中意，黃葉止啼錢。"（卷四·京兆公畿和尚）

紫羅帳合君臣隔，黃閣簾垂禁制全。為汝方隅宮屬戀，遂將黃葉止啼錢。（卷五·石霜慶諸禪師）

"認葉止啼"出現 1 例，如：

擲下拄杖，召大眾曰："虛空翻筋斗，向新羅國裏去也。是你諸人，切忌認葉止啼，刻舟尋劍。"（卷十二·淨因繼成禪師）

"將黃葉以止啼"出現 1 例，如：

上堂："拈槌豎拂，祖師門下，將黃葉以止啼。説妙談玄，衲僧面前，望梅林而止渴。"（卷二十·雙林德用禪師）

2.3 來自於當時口語，經禪宗改造而成為禪林行業語

禪林行業語不光吸收了傳統的世俗典籍和佛經文獻的詞語，還有相當一部份是從當時的世俗口語中吸取進來，經過一段時間的內部整合而成為具有禪義的禪林行業語。例如：

【點兒‖點兒郎】意為聰明人、聰慧人。例如：北齊·顏之推《顏氏家訓·教子》："齊武成帝子琅邪王，太子母弟也，生而聰慧……帝每面稱之曰：'此點兒也，當有所成！'"《北齊書》卷一二《列傳第四》："又言於帝曰：'阿兄懦，保能率左右？'帝每稱曰：'此點兒也，當有所成。'以後主為劣，有廢立意。"王梵志詩第二十首："學他造罪身自惧，羨□□福是點兒。"第二七五首："點兒苦讀經，發願離濁惡。"《變文集》卷三《燕子賦》："點兒別舍誚，轉急且抽頭。"

《五燈會元》中"點兒"出現 2 例，"點兒郎"出現 1 例，此義在聰明人、聰慧人的基礎上進一步引申指具有禪根、慧根之人，如：

僧問："如何是山中人？"師曰："汝試邀掠看。"曰："若不點兒，幾成邀掠。"師曰："汝是點兒？"曰："和尚是甚麼心行？"師曰："來言不豐。"（卷七·保福從展禪師）

問："糧不畜一粒，如何濟得萬人飢？"師曰："俠客面前如奪劍，看君不是點兒郎。"（卷七·隆壽紹卿禪師）

其他禪宗語錄中同樣也有用例，擇舉 2 例為證，如：

垂示云：休去歇去。鐵樹開花。有麼有麼，點兒落節。直饒七縱八橫，不免穿他鼻孔。且道諵詋在什麼處？試舉看。（《圓悟佛果禪師語錄》）

翠岩真云："甘贊行者點兒落節，黃檗施財何曾夢見？"（《宗門拈古彙集》）

【點眼】點睛：謂畫龍點睛之義。初指描畫眼睛，喻指十分重要的步驟。晉·王嘉《拾遺記·秦始皇》："始皇元年，騫霄國獻刻玉善畫工名

裔……又畫爲龍鳳，騫翥若飛。皆不可點睛，或點之，必飛走也。"唐·張彥遠《歷代名畫記》卷七："武帝崇飾佛寺，多命僧繇畫之……金陵安樂寺四白龍不點眼睛，每云：'點睛即飛去。'人以爲妄誕，固請點之。須臾，雷電破壁，兩龍乘雲騰去上天，二龍未點睛者見在。"禪宗中也有用例，引申指點撥而使之醒悟、開悟、頓悟。① 如：

上堂："東家李四婆，西家來乞火。門外立少時，嗔他停滯我。惡發走歸家，虛心屋裏坐。可憐群小兒，終日受饑餓。有眼不點睛，空鎖髑髏破。"（卷十五·智門光祚禪師）

但是更多的是換"睛"爲"眼"，謂之"點眼"，《五燈會元》中出現5例，如：

頭曰："大庾嶺頭一鋪功德成就也未？"師曰："成就久矣，祇欠點眼在。"頭曰："莫要點眼麼？"師曰："便請。"頭乃垂下一足。玄覺云："且道長髭具眼祇對？不具眼祇對？若具眼，爲甚麼請他點眼？若不具眼，又道成就久矣，具作麼生商量？"（卷五·長髭曠禪師）

泪悟還蜀，囑依妙喜，仍以書致喜曰："顏川彩繪已畢，但欠點眼耳。他日嗣其後，未可量也。"（卷二十·東林道顏禪師）

在其他語錄中"點眼"也很常見，略舉2例：

兩堂上座總作家，其中道理有分拏。賓主歷然明似鏡，宗師爲點眼中花。（《汾陽無德禪師語錄》）

髭云："成就久矣。只欠點眼在。"石頭云："莫要點眼麼？"髭云便請。石頭垂下一足。（《法演禪師語錄》）

2.4 禪宗自己獨創的禪林行業語

禪宗僧侶在參禪悟道的過程中獨創了一些新鮮詞語，這些詞語有的通過語錄滲透到世俗文獻而保留下來，有的則退出了歷史的舞臺。現略舉數例如下：

【棒喝】該詞是禪宗最爲典型的自創詞語之一，"棒"與"喝"來自於禪宗中的兩處著名公案，德山宣鑒禪師常以"棒"打接引學人，臨濟義玄禪師常以當頭一"喝"來啟悟初學，故有"德山棒、臨濟喝"之說，棒喝齊加，使參學者不要拘泥於當下，促其覺悟。體現了禪宗不立文字、

---

① 《漢語大詞典》收錄"點眼"列出：1. 圍棋术语。2. 点眼药。義項明顯不完整。

不著言語的教義觀。在《五燈會元》中，"棒喝"一詞出現了9次，如：

上堂："茫茫盡是覓佛漢，舉世難尋閑道人。棒喝交馳成藥忌，了亡藥忌未天真。"（卷十二·淨因繼成禪師）

問："德山臨濟，棒喝已彰，和尚如何為人？"師曰："放過一著。"（卷十五·雪竇重顯禪師）

該詞後代文獻也很常見，如：

坐定，余曰："二生門外漢，不知佛理，亦不知佛法，望老和尚慈悲，明白開示。勿勞棒喝，勿落機鋒，只求如家常白話，老實商量，求箇下落。"（《陶庵夢憶·天童寺僧》）

這一回話，喚做"顯孝寺堂頭三喝"。正是：欲知因果三生事，只在高僧棒喝中。（《喻世明言》第二十九卷）

話本說徹，權作散場。總因一片婆心，日向癡人說夢。此中打破關頭，棒喝何須拈弄？（《二刻拍案驚奇》卷十九）

達摩浮海來，一花開五葉，語言與文字，一喝付抹殺，十年勤面壁，一燈傳立雪，直指本來心，大聲用棒喝。（清·黃遵憲《人境廬詩草》卷六《錫蘭島臥佛》）

"當頭棒喝""當頭一棒"這類成語也由此衍生，後代文獻沿用至今，如：清·梁章鉅《歸田瑣記·楹聯剩話》："仁人之言，亦積無限陰功，便是當頭棒喝矣。"袁鷹《悲歡·用生命和血寫成的詩》："這聲音如晴天霹靂，當頭棒喝，使叛徒們心驚膽戰，無地自容。"《鏡花緣》上："無奈到了爭名奪利關頭，心裏不由就覺發迷，倒象自己永世不死，一味朝前奔命，將來到了昏迷時，怎能有人當頭一棒，指破迷團？或者那位提俺一聲，也就把俺驚醒。"

【一宿覺】《五燈會元》卷二《永嘉玄覺禪師》記載，玄覺禪師去曹溪參拜六祖慧能，初次見面，師與祖對話談禪，玄覺所對契合佛法禪義，"祖歎曰：'善哉！善哉！少留一宿。'時謂'一宿覺'矣。"該公案在《壇經·機緣品》中就已經有記載："師曰：'善哉！少留一宿。'時謂一宿覺。後著《證道歌》，盛行於世，謚曰無相大師，時稱為真覺焉。"

《五燈會元》中"一宿覺"一詞共出現5次，4次就是代指玄覺禪師，例如：

峯問："甚處人？"曰："溫州人。"峯曰："恁麼則與一宿覺是鄉人

也。"曰:"祇如一宿覺是甚麼處人?"峯曰:"好喫一頓棒,且放過。"(卷七·鏡清道怤禪師)

還有 1 例已經轉指參悟禪法速度快、頓悟的意思,如:

溫州雙峰普寂宗達佛海禪師,僧問:"如何是永嘉境?"師曰:"華蓋峰。"曰:"如何是境中人?"師曰:"一宿覺。"(卷十六·雙峰宗達禪師)

在其他文獻中,此類用法就比較常見了,如:

問僧:"甚處來?"僧云:"般柴來。"師云:"般得多少轉一宿覺。"僧云:"二十轉。"(《古尊宿語錄》卷十八《雲門文偃匡真禪師廣錄下》)

問釋氏有一宿覺、言下覺之説如何?曰……古人云"共君一夜話,勝讀十年書",若於言下即悟,何啻讀十年書?(《二程遺書》卷十八)

歸來且看一宿覺,未暇遠尋三朵花。(宋·蘇軾《三朵花》詩)

【盤結草庵】指禪僧建立寺院,教化接引學人。與"結茅"義近。《五燈會元》出現 2 例。如:

潙山至晚問首座:"今日新到在否?"座曰:"當時背却法堂,著草鞋出去也。"山曰:"此子已後向孤峯頂上盤結草庵,呵佛罵祖去在!"(卷七《德山宣鑒禪師》)

頭曰:"我將謂你他日向孤峯頂上盤結草庵,播揚大教,猶作這簡語話?"(卷七《雪峯義存禪師》)

該詞禪宗語錄中十分常見。略舉數例,如:

首座云:"當時背却法堂,著草鞋出去也。"師云:"此子已後向孤峰頂上盤結草庵,呵佛罵祖去在!"(《潭州潙山靈祐禪師語錄》)

因緣事偶,感應道交,有時孤峰頂上盤結草庵,呵佛罵祖去。有時下妙高頂來,別峰相見去。諸人還體悉得麼?(《虛堂和尚語錄》)

頭曰:"我將謂你他日向孤峰頂上盤結草庵,播揚大教,猶作這簡語話。"峰曰:"我實未穩在。"(《楞嚴經·宗通》)

一把茅蓋頭、把茅蓋頭、菅覆頂等都是此義,從"草""茅""菅"來看,當時禪師初創時寺院是很簡陋的,都是以茅草搭蓋而成,這既是禪僧農禪居住環境的體現,又是禪師傳道布教的方式。

3. 禪林行業語類舉

禪林行業語作為一種社團語言,其內容豐富多彩,有各種形式,包括各種內容，下面就能體現禪宗思想、禪籍特色的各類詞語作一類舉。

3.1 讚賞語

禪籍中有很大一部份詞語是對佛法修為高超或者參禪勇猛精進修禪者的誇獎讚賞，這些讚賞詞語也體現出基本的禪宗思想。如：

【本色齩豬狗手脚/1】"'齩豬狗手脚'取老虎齩豬齩狗之義，比喻以破除罔見、截斷情識的激烈手段接引學人的傑出禪師。"① "本色"喻指本性，放在"齩豬狗手脚"前起加強修飾的作用。例如：若未有箇入頭處，遇著本色齩豬狗手脚，不惜性命，入泥入水相為。（卷十五·雲門文偃禪師）

【赤梢鯉魚/1】本指魚鱗和魚尾泛紅的一種魚。禪籍中用來讚揚出類拔萃的禪僧。例如：濟明日升堂曰："臨濟門下有箇赤梢鯉魚，搖頭擺尾，向南方去，不知向誰蘁家甕裏淹殺。"（卷六·洛浦元安禪師）在其他文獻中，又稱為"赤梢鱗"，如：《萬松老人評唱天童覺和尚頌古從容庵錄》三五則："擺尾赤梢鱗，徹底無依解轉身，截斷舌頭饒有術，拽回鼻孔妙通神。"

【本來面目/14】指人本有之心性、本性。例如：乃曰："盧行者當時大庾嶺頭謂明上座言：'莫思善，莫思惡，還我明上座本來面目來。'……"（卷十·觀音從顯禪師）

【脚踏實地/3】比喻做事要認真踏實，禪籍中喻指初學參悟禪法不得投機取巧，要從本性出發才能頓悟禪旨。例如：懷禪師曰："但恁麼信去，喚作脚踏實地而行。終無別法，亦無別道理。"（卷十二·淨因繼成禪師）

【本色衲僧/5】義為真正的、本色當行的禪僧。例如：師曰："將謂是本色衲僧，元來秖是義學沙門。"便打趁出。（卷四·黃檗希運禪師）

【歡喜踴躍/2】指學人頓悟禪法之後歡喜雀躍的樣子。例如：魔王合掌三唱，華鬘悉除。乃歡喜踴躍，作禮尊者而說偈曰："稽首三昧尊，十力聖弟子。我今願回向，勿令有劣弱。"（卷一·四祖優波毱多尊者）

【金剛圈/2】本是指一種用來做武器的金屬圈，禪家比喻接引學人的

①　周裕鍇：《禪宗語言》，浙江人民出版社 1999 年版，第 276 頁。

峻烈機鋒、手段。① 例如：室中問僧："栗棘蓬你作麼生吞？金剛圈你作麼生透？"（卷十九·楊歧方會禪師）

【老婆心切/5】"指禪師接引學人時，以慈悲為懷，多用言句施設，急切希望學人覺悟。禪家本來提倡不立文字，直指人心，但許多禪師為了啓發根機遲鈍的學人，仍不得不頻繁使用言句解說和動作棒喝等手段，這與心腸慈軟、教子心切、說話囉蘇的老婦人有類似之處，所以稱'老婆心切'。"② 例如：愚曰："黃檗有何言句？"師曰："某甲三度問佛法的的大意，三度被打。不知某甲有過無過？"愚曰："黃檗與麼老婆心切，為汝得徹困，更來這裏問有過無過？"（卷十一·臨濟義玄禪師）

【猛利底人/2】禪籍中喻指勤於修禪，禪旨精進、禪法高超之人。例如：問："如何是猛利底人？"師曰："石牛步步吼深潭，紙馬聲聲火中叫。"（卷六·同安常察禪師）

【戰將/3】本指能征善戰的將軍，禪籍中喻指機鋒峻烈的禪僧。例如：師曰："大眾，看這一員戰將，若是門庭布列，山僧不如他。若據入理之談，也較山僧一級地。"（卷五·夾山善會禪師）

類似的詞語在禪籍文獻中還有很多，有的也是上述詞語的變體，如：本色鉗錘、鳳凰兒、老婆心、栗棘蓬、猛利者、明眼人、明眼作家、身心踴躍、師子兒、通身踴躍、向上人、踴躍、踴躍歡喜、作家禪客、作家師僧、作家戰將、作家宗師、飽戰作家。

3.2 批評語

禪籍中禪師對一些找不到參禪門徑或者參禪反應遲鈍或者悟性不高的學人提出批評，這些批評語也是禪籍中特有的。如：

【八字不著人/1】形容事情還沒有眉目，禪籍中指參悟佛法不要拘泥於當下。例如：上堂："此事最希奇，不礙當頭說。東鄰田舍翁，隨例得一橛。非唯貫聲色，亦乃應時節。若問是何宗，八字不著人。"擊禪牀，下座。（卷十九·南華知昺禪師）

【傍家行腳/3】"傍家"指挨家挨戶。"傍家行腳"指禪僧到各處禪院尋訪問道，此種做法是背離禪宗即心即佛、佛向內心求的參悟方式，

---

① 雷漢卿：《禪籍方俗詞研究》，巴蜀書社 2010 年版，第 269 頁。
② 周裕鍇：《禪宗語言》，浙江人民出版社 1999 年版，第 275 頁。

是向外求佛的做法。例如：問："上座傍家行腳，是甚麼心行？這童子養來二三年了，幸自可憐生，誰教上座教壞伊。快束裝起去。"（卷六·亡名古宿）

【打野榸/1】"砍野外的榿柧→向外馳求"①。例如：明招曰："朗上座喫却招慶飯了，却向外邊打野榸。"朗曰："上座作麼生？"招曰："非人得其便。"（卷八·太傅王延彬居士）

【馳求/15】本義指四處奔走，禪籍中喻指向外尋求佛法禪旨，不得正法。例如：乃曰："兄弟，佛是塵，法是塵，終日馳求，有甚麼休歇。但時中不用挂情，情不挂物，無善可取，無惡可棄。莫教他籠罩著，始是學處也。"（卷四·香嚴義端禪師）

【擔枷過狀/2】帶著枷鎖告狀。禪籍喻指參禪應自求解脫，而不應對外馳求。例如：問："如何是道？"師曰："出門便見。"曰："如何是道中人？"師曰："擔枷過狀。"（卷十二·翠巖可真禪師）

【骨堆上添土/1】"骨堆"，義為墳墓、墳堆②。在墳墓上再添土，比喻多此一舉。例如：頭鑽荊棘林，將謂眾生苦。拜掃事如何，骨堆上添土。（卷十六·長蘆宗賾禪師）

【碣斗/1】又作"碣斗"，如：《定慧明光佛頂國師語錄御序》："又有箇頌子舉示大眾：'雲門屎橛洞山麻，開口心肝露一些。碣斗禪和親辨的，且容撒手便歸家。'""碣"義為特立之石，"碣斗"喻指黠慧狡猾之徒為貫徹其說而強加罔辯。例如：乃問僧："此箇聖僧年多少？"僧曰："恰共和尚同年。"師喝曰："這碣斗不易道得。"（卷十五·大梵圓禪師）

【認影迷頭/4】出自佛經典故。"佛教成語。據《楞言經》卷四所載，室羅城有箇愚癡的人演若達多，一天早晨照鏡子，看到自己的頭面眉眼，感到很高興，但是離開鏡子卻怎麼也看不到自己的頭面眉眼，又十分怨恨，竟認為有鬼魅作怪而狂奔亂跑。這就是'認影迷頭'的故事。故事以癡者自己的本頭比喻人的本來真性（佛性），以鏡中影像比喻虛妄不實之相，指出世間愚癡之人看不到自己真性，卻認假象為真。亦作

---

① 雷漢卿：《禪籍方俗詞研究》，巴蜀書社 2010 年版，第 264、556 頁。

② 袁賓、康健：《禪宗大詞典》，崇文書局 2010 年版，第 320 頁。

'迷頭認影'。"① 禪籍用來指學人不明本性即佛性，而是佛向外邊求。例如：上堂："祖師西來，特唱此事。自是諸人不薦，向外馳求。投赤水以尋珠，就荊山而覓玉。所以道：從門入者，不是家珍。認影迷頭，豈非大錯。"（卷六·黃山月輪禪師）

【眼搭䐑/1】"䐑"，指眼中黃色的分泌物，俗稱眼屎。"眼搭䐑"即眼中粘著眼屎的意思。禪籍喻指學人懵懵懂懂，不明禪旨。例如：上堂，以拄杖向空中攪曰："攪長河為酥酪，蝦蟹猶自眼搭䐑。"（卷十九·南華知昺禪師）

【合頭語/2】合乎機緣、合乎理路的語句，禪宗主張不著文字，模仿前人語句的學人將會陷入言辭義理而不能自悟。例如：上堂曰："燈籠上作舞，露柱裏藏身。深沙神惡發，崑崙奴生嗔。"喝一喝曰："一句合頭語，萬劫墮迷津。"（卷十八·大潙海評禪師）

該類批評語在禪籍文獻中十分常見，既有詞，也有大量的俗成語、俗諺語，如：馳求走作、抱橋柱澡洗、打野榸漢、擔頭覓頭、牀上安牀、勾賊破家、老老大大、離波求水、墮坑落塹、老婆禪、料掉不相干、料掉沒交涉、料掉無交涉、眉上更安眉、平地倒騎驢、平地起骨堆、騎驢覓驢、騎牛覓牛、且喜沒交涉、拖泥帶水、頭上安頭、頭上更安頭、頭上更增頭、"頭上著枷，腳下著杻"、"頭上著枷，腳下著匣"、土上加泥、土上更加泥、無孔鐵錘、徐六擔板、"徐六擔板，只見一邊"、須彌頂上戴須彌、雪上加霜、雪上更加霜、"以字不成，八字不是"、賊過後張弓、走作、拆東籬補西壁、擔板漢、把纜放船、泥裏洗土塊。

3.3 啟悟語

對於一些悟性不高或者需要禪師指引的學人，禪法高超的禪師會不惜動用各種施設進行啟悟，或者是對於一些禪師，由於他們接引學人的手段高超，不露痕跡，禪宗都會運用一些詞語描寫他們。如：

【鳴指/10】本是指彈響手指的動作，禪籍用來指接引學人的動作語，體現了禪宗不立文字、不著言語的宗旨。例如：師鳴指三下。僧曰："同安今日嚇得忘前失後。"（卷六·同安常察禪師）

---

① 劉堅、江藍生主編，袁賓等編著：《宋語言詞典》，上海教育出版社 1997 年版，第 237 頁。

【飲啄/5】本指飲水啄食。禪籍喻指體悟禪機。例如：有偈示眾曰："大道虛曠，常一真心。善惡莫思，神清物表。隨緣飲啄，更復何為？"終於本院，遺塔存焉。（卷四·平田普岸禪師）

【嗒啄/1】"鳥用嘴鵒啄→施呈言句機巧加以思量卜度。"① 例如：曰："此人意作麼生？"師曰："此人不落意。"曰："不落意，此人聾！"師曰："高山頂上，無可與道者嗒啄。"（卷十三·白水本仁禪師）

【白拈賊/3】"本指在白天行竊的小偷。""禪宗指在接引學人、交流禪機時手段奇特而不落痕跡的禪師。"② 例如：僧擬議，濟拓開曰："無位真人是甚麼乾屎橛？"巖頭不覺吐舌。雪峯曰："臨濟大似白拈賊。"（卷十一·定上座）

【打之繞/2】字面義為繞來繞去，像之字形。禪籍喻指不能直接領悟禪旨者。例如：殿脊老蚩吻，聞得呵呵笑。三門側耳聽，就上打之繞。譬如十日菊，開徹阿誰要？（卷十八·天童了朴禪師）

【截斷眾流/11】源自漢譯佛經。本指"切斷修行者的煩惱妄想"③。禪籍中喻指見識超群，不同凡響。例如：上堂："善慧遺風五百年，雲黃山色祇依然。而今祖令重行也，一句流通徧大千。大眾，且道是甚麼句？莫是函蓋乾坤、截斷眾流、隨波逐浪底麼？……"（卷十六·寶林懷吉禪師）

【放一線道/7】是說禪師在接引學人或交流禪機時，在不違背禪宗要旨不立文字的前提下，略開方便法門，引導學人參禪悟道。例如：上堂："一問一答，如鐘含響，似谷應聲。蓋為事不獲已，且於建化門中，放一線道。若據衲僧門下，天地懸殊，且道衲僧有甚麼長處？"（卷十二·南峯惟廣禪師）

【看風使帆/1】禪籍喻指根據學人資質的高低不同而採取不同的施教方法，即因才施教。例如：上堂："看風使帆，正是隨波逐浪。截斷眾流，未免依前滲漏。量才補職，寧越短長；買帽相頭，難得恰好。直饒上不見天，下不見地，東西不辨，南北不分，有甚麼用處？任是純鋼打

---

① 雷漢卿：《禪籍方俗詞研究》，巴蜀書社 2010 年版，第 556 頁。
② 雷漢卿：《禪籍方俗詞研究》，巴蜀書社 2010 年版，第 262—263 頁。
③ 高列過：《"截斷眾流"辯證》，《浙江學刊》2013 年第 1 期。

就，生鐵鑄成，也須額頭汗出。不恁麼，如何商量?"（卷十六·法雲法秀禪師）

【鷂子過新羅/4】"鷂子"乃"鷂"的俗稱，一種猛禽。"新羅"即今朝鮮半島。形容機會稍縱即逝，難以捕捉。禪籍喻指禪機不容思索，否則會轉瞬即逝。例如：問曰："承聞和尚有三種色語，是否?"眼曰："是。"師曰："鷂子過新羅。"便歸眾。（卷十五·奉先深禪師）

【美食不中飽人喫/5】字面義為再好吃的美食對於已經吃飽的人來說也無法引起食慾。禪籍喻指佛性自由，不必外求。例如：師曰："和尚教某何為?"通曰："何不參禪去?"師曰："美食不中飽人喫。"通曰："爭奈大有人不肯上座。"（卷十四·投子義青禪師）

類似的用來描述啟悟學僧的用語禪籍中也是十分豐富，各種類型的詞語都有，如：點鐵成金、棒喝、啐啄同時、啗啄、官不容針、"官不容針，私通車馬"、一轉語、寸絲不掛、私通車馬、一線道、眨上眉、眨上眉毛、"圖他一斗米，失卻半年糧""為人須為徹，殺人須見血""我早侯白，伊更侯黑""路逢劍客須呈劍，不是詩人莫說詩"。

3.4 參悟語

禪籍中有些是對學人參悟方式或者參悟境界進行描繪的詞語，這類參悟語禪林行業語的重要組成部份，如：

【話頭/25】引起機鋒對決開頭的話題。例如：聖曰："一千五百人善知識，話頭也不識。"師曰："老僧住持事繁。"（卷七·雪峯義存禪師）

【瞥地/9】形容時間十分短暫，禪籍喻指頓悟。例如：來日浴出，師過茶與山，山於背上拊一下曰："昨日公案作麼生?"師曰："這老漢今日方始瞥地。"山又休去。（卷十一·守廓侍者）

【把火行/1】表面義為"手持火把行走"，禪籍喻指初學修禪學道好比摸著石頭過河。例如：山曰："盡情向汝道了也!"師曰："和尚是把火行。"（卷七·保福從展禪師）

【打成一片/2】禪籍中是說修禪人在頓悟之後所達到的那種塵世俗念、世法義理眾皆平等無別的境界。例如：師謂眾曰："老僧四十年，方打成一片。"言訖而逝，塔於本山。（卷十五·香林澄遠禪師）

【放身命處/3】參禪悟道所追求的終極境界。例如：百丈問："如何是佛法旨趣?"師曰："正是汝放身命處。"（卷三·江西馬祖道一禪師）

【末後一句/8】字面義指最後的一句，禪宗喻指最終的具有終極意義的、啟悟學人的句子。例如：泉州後招慶和尚，僧問：“末後一句，請師商量。”師曰：“塵中人自老，天際月常明。”（卷八·後招慶和尚）

【啞子喫苦瓜/1】禪籍喻指禪法是無法用語言來解說的。例如：僧問：“如何是默默相應底事？”師曰：“瘂子吃苦瓜。”（卷十四·洞山微禪師）

【一字入公門，九牛車不出/2】字面義是說一旦一紙訴狀送入衙門，再想擺脫官司就不可能了。禪籍中喻指禪旨應內心求取，而不應往外尋求。例如：問：“無為無事人，猶是金鎖難。未審過在甚麼處？”師曰：“一字入公門，九牛車不出。”（卷十七·黃龍慧南禪師）

類似用來描寫參悟的詞語還有很多，例如：投機、問頭、截舌、截舌有分、結舌、結舌有分、發明心地、羚羊掛角、拈椎豎拂、起心動念、瞬目揚眉、向上一句、向上關捩子、行住坐臥、揚眉瞬目、“一人傳虛，萬人傳實”、應機接物。

3.5 罵詈語

對於一些不開竅的參禪僧，禪師會對其大加斥罵，以促其頓悟；或者為了體現禪宗不迷信偶像，強調自我本性，不惜運用呵佛罵祖的語言等，這類詞語我們稱其為罵詈語。例如：

【鈍根/4】反應不快、悟性遲鈍的人。師曰：“達磨西來，單傳心印。曹溪六祖，不識一字。今日諸方出世，語句如山，重增繩索。”乃拍禪牀曰：“於斯薦得，猶是鈍根。若也未然，白雲深處從君臥，切忌寒猿中夜啼。”（卷十八·月珠祖鑒禪師）

【節目/8】本義是指樹木枝幹交接處的堅硬而紋理糾結不順部分。禪籍喻指拘泥於俗塵雜念而不能悟道。例如：時有僧出曰：“不敢妄生節目。”師曰：“也知闍黎不分外。”（卷五·本生禪師）

【繫驢橛/4】栓毛驢的木橛，以防驢子亂走動，禪宗用來比喻拘泥於言句而不得自由，不能參悟。例如：上堂：“山僧門庭別，已改諸方轍。為文殊拔出眼裏楔，教普賢休嚼口中鐵，勸人放開髂〔枯駕切〕蛇手，與汝斫却繫驢橛，駐意擬思量。”（卷十二·金山曇穎禪師）

【飯袋子/3】禪籍喻指不明自心即佛，而一心往外馳求之人。例如：師至明日，却上問訊：“昨日蒙和尚放三頓棒，不知過在甚麼處？”門曰：

"飯袋子，江西湖南便恁麼去？"師於言下大悟。（卷十五・洞山守初禪師）

【干屎橛/8】指雲門文偃禪師的機鋒公案語。多數用以截斷學人當下妄想而使其頓悟禪法。例如：上堂："洞山麻三斤，將去無星秤子上定過，每一斤恰有一十六兩，二百錢重，更不少一氂。正與趙州殿裏底一般，祇不合被大愚鋸解秤錘，却教人理會不得。如今若要理會得，但問取雲門干屎橛。"（卷二十・開善道謙禪師）

【野盤僧/2】在外到處馳求走作，向外尋求佛法的人。例如：問："如何是清涼山中主？"師曰："一句不遉無著問，迄今猶作野盤僧。"（卷十一・風穴延沼禪師）

【不快漆桶/4】悟性遲鈍的人。例如：師與雪峯遊龍眠，有兩路，峰問："那箇是龍眠路？"師以杖指之。峰曰："東去？西去？"師曰："不快漆桶！"（卷五・投子大同禪師）

【伎死禪和/2】指死守伎倆手段不知變通而不能自證本性的禪僧。例如：遂卓拄杖，喝一喝曰："還知先師落處麼？伎死禪和，如麻似粟。"（卷二十・薦福休禪師）

【噇酒糟漢/2】"噇"指無節制地大吃大喝，"酒糟"指造酒剩下的渣滓。"噇酒糟漢"禪籍喻指只知道胡吃海喝的酒囊飯袋之徒。例如：師却復坐曰："汝等諸人盡是酒糟漢。恁麼行腳，取笑於人。但見八百一千人處便去，不可圖他熱鬧也。（卷四・黃檗希運禪師）

【拭瘡疣紙】"瘡疣"指身體排泄的污穢之物，"拭瘡疣紙"指用來擦抹此類污穢之物的紙。禪籍用此指把學人從執著的言辭義理中解脫出來。例如：等覺妙覺是破執凡夫，菩提涅槃是系驢橛，十二分教是鬼神簿、拭瘡疣紙。四果三賢、初心十地是守古塚鬼，自救不了。（卷七・德山宣鑒禪師）

類似的"污言穢語"在禪籍文獻中也是十分常見，比如還有：鈍漢、皮袋、漆桶、石女兒、擔屎漢、沒毛驢、門外漢、老凍儂、老古錐、老臊胡、老禿奴、鈍根阿師、呵佛罵祖、盲枷瞎棒、守古塚鬼、骹骨頭漢、野狐精。

3.6 格鬥語

禪籍公案中，發問者和應答者之間就好比敵我雙方在戰鬥，期間就會運用到格鬥的一些術語來描繪這種機鋒對話，而這些格鬥語收到禪宗思想的影響沾染了禪義，也變成了禪林行業語的一部份，如：

【索戰/1】本指戰爭中一方向另一方叫陣，禪籍中用來喻指禪僧機鋒對決中一方向另一方發起攻勢。例如：師以手作撥眉勢，曰："和尚又何得恁麼？"師曰："是我恁麼，你便不恁麼。"僧無對。師曰："索戰無功，一場氣悶。"良久，乃問曰："會麼？"曰："不會。"（卷十三·欽山文邃禪師）

【法戰/2】禪僧之間的機鋒往來可以稱之為法戰。例如：曰："克賓維那法戰不勝，罰錢伍貫，設饡飯一堂。"次日，師自白椎曰："克賓維那法戰不勝，不得喫飯。"即便出院。（卷十一·興化存獎禪師）

【吹毛劍/18】斬斷一切俗塵雜念的極端施設手段。例如：問："如何是吹毛劍？"師曰："珊瑚枝枝撐著月。"（卷十五·巴陵顥鑒禪師）

【活人劍/5】禪師接引學人的手段如同刀劍一樣，既可以救人亦可殺人。例如：乃曰："石霜雖有殺人刀，且無活人劍。巖頭亦有殺人刀，亦有活人劍。"（卷七·巖頭全奯禪師）

【單刀直入/4】拋開一切外在的情識雜念，當下頓悟。例如：一日，嚴上堂，曰："大眾，今日若是臨濟、德山、高亭、大愚、鳥窠、船子兒孫，不用如何若何，便請單刀直入，華嚴與汝證據。"（卷十一·守廓侍者）

【垛生招箭/2】"垛"指草垛，可以指戰爭中防護的工具，一旦沒了就會招來箭矢。禪籍中用來喻指在機鋒對答中，如果被對方發現破綻，就有可能遭受機鋒之箭。例如：上堂："與麼來者，現成公案。不與麼來者，垛生招箭。不與麼來者，徐六擔板，迅速鋒鋩，猶是鈍漢。萬里無雲，青天猶在。"（卷十五·德山緣密禪師）

【腦後一錘/1】字面義為在腦後打一錘，禪籍喻指禪師接引初學的手段，截斷學人的情識妄想，促其頓悟。例如：上堂："先師尋常用腦後一錘，卸却學者胸中許多屈曲。當年克賓維那，曾中興化此毒。往往天下叢林，喚作超宗異目……"（卷二十·薦福休禪師）

【殺人不眨眼/4】指禪師接引學人時機鋒峻烈，嚴守禪宗不立文字、不著言辭的要旨，猶如強盜殺人不眨眼。例如：翰至，不起不揖，翰怒訶曰："長老不聞殺人不眨眼將軍乎？"師熟視曰："汝安知有不懼生死和

尚邪?"翰大奇,增敬而已。(卷八·圓通緣德禪師)

【負笈攻文,不閑弓矢/1】本指讀書的同時不要耽誤練習弓矢之術。禪籍中用來喻指在讀經書的同時還要多加練習禪門機鋒。例如:僧曰:"如何是道?"師曰:"汝試道看。"曰:"彼自無瘡,勿傷之也。"師曰:"負笈攻文,不閑弓失。"(卷六·同安常察禪師)

【太平本是將軍致,不使將軍見太平/3】"不使"有時作"不許",本義是説太平之時本是將軍打下來的,但是有了太平之後將軍卻看不到,本是指君主對功高蓋主之將的處理方式。禪籍中喻指在參禪悟道時,禪者的指引十分重要,但是要想真正頓悟禪機,就要連這種悟導的佛法也要忘掉。例如:曰:"既是成功,為甚麼不處?"師曰:"不見道,太平本是將軍致,不使將軍見太平。"(卷八·保福清豁禪師)

禪籍中類似的格鬥禪林行業語還有不少,例如:吹毛、殺人刀、敗將不戰、一刀兩段、斬頭截臂、斬頭覓活、斬頭求活、單重交拆、傷鋒犯手、兵行詭道、"兵隨印轉,將隨符行"、陣敗説兵書、"將頭不猛,帶累三軍"、"先以定動,後以智拔"、降將不斬、"放下屠刀,立地成佛"。

3.7 農禪話語

"禪宗力圖以本土色彩濃郁的農禪話語來取代外來佛教的經典話語,充滿鄉土氣息。"① 這種農禪話語也是禪宗語言使用上的一大特色。如:

【普請/47】禪宗指眾多僧人一起勞動。例如:普請钁地次,忽有一僧聞鼓鳴,舉起钁頭,大笑便歸。師曰:"俊哉!此是觀音入理之門。"(卷三·百丈懷海禪師)

【夜茶/1】夜晚喝茶,禪籍喻指僧人拘泥於外在的事物而不自悟。例如:上堂:"……可謂來時他笑我,不知去後我笑他。唐言梵語親分付,自古齋僧怕夜茶。"(卷二十·東禪思岳禪師)

【鐵酸豏/1】"酸豏"指蔬菜餡兒的包子,"鐵酸豏"字面義為鐵製的蔬菜包子。禪籍喻指"超越言句義理的禪機"②。例如:及到浮山會裏,直是開口不得。後到白雲門下,齩破一箇鐵酸豏,直得百味具足。且道豏子一句作麼生道?(卷十九·五祖法演禪師)

---

① 雷漢卿:《禪籍俗成語淺論》,《語文研究》2012 年第 1 期。
② 雷漢卿:《禪籍方俗詞研究》,巴蜀書社 2010 年版,第 273 頁。

【把茅蓋頭/1】字面義為一把茅草蓋在頭上。禪宗喻指禪師建立并主持寺院，接引教化學人。例如：師問："如何是祖師意?"山曰："闍黎，他後有把茅蓋頭。忽有人問，如何祗對?"（卷十三·雲居道膺禪師）

【著衣喫飯/22】禪籍喻指穿衣吃飯中皆含佛性，即平常心是道。例如：問："如何是易?"師曰："著衣喫飯，不用讀經看教，不用行道禮拜，燒身煉頂，豈不易邪?"（卷四·千頃楚南禪師）

【夜半放白牛/1】"白牛"意為清淨之牛，喻指佛法。禪籍用義同於"夜半放烏雞"。禪籍喻指禪理是不可語言，難於捉摩，一旦起念即落思維。例如：問："靈機未運時如何?"師曰："夜半放白牛。"（卷十三·疎山匡仁禪師）

【一日不作，一日不食/2】字面義指一天不勞動就一天不吃飯。體現了禪宗平常心是道的宗旨。例如：一日，慶見，乃曰："爾每日口嘮嘮地作麼?"師曰："一日不作，一日不食。"（卷八·招慶道匡禪師）

【一粒粟中藏世界，半升鐺內煮山川/2】字面義為一粒米中包藏著整箇世界，半升的鍋裡可以煮的下天下山川。比喻小事物可以反映大道理，禪籍喻指佛法無處不在。例如：呂毅然出，問："一粒粟中藏世界，半升鐺內煮山川。且道此意如何?"（卷八·呂巖洞賓真人）

吃飯睡覺、拉屎撒尿、豬狗驢馬等各種日常事務、實物，一旦放入禪籍當中，受到禪義的影響，都可以歸入農禪話語，還有類似的詞語如：木鵝、木馬、齋茶、飯頭、點茶、茶飯、茶堂、茶銚、茶筵、茶盞、喫茶、鑊草、麄茶澹飯、驢胎馬腹、泥豬疥狗、披毛戴角、屙屎送尿、鬼神茶飯、畫餅充饑、把茆蓋頭、"饑來吃飯，困來即眠"、"饑來喫飯，困來打睡"、夜半放烏雞。

第三章

《五燈會元》詞語研究(下)

第一節　《五燈會元》同素異序詞語

　　一些漢語詞在一定條件下可以字序對換,這些詞組成的字素相同,只是字素之間的位置進行了變化,有的人稱這類詞為"同素詞"①、"字序對換的雙音詞"②、"同素異序同義詞"③、"顛倒詞"④、"同素逆序詞"⑤等,本書中采取比較通用的叫法⑥,稱為同素異序詞。我們從《五燈會元》中搜集到 36 組雙字格同素異序詞和 28 組四字格同素異序成語,下面就其在《五燈會元》中的使用情況做一分析。

　　1.《五燈會元》同素異序詞及同素異序成語的語法分佈

　　我們從《五燈會元》中共爬梳出雙音節同素異序詞 36 組,73 箇;四字格同素異序詞語 28 組,57 箇詞語。

　　動詞最多,共 15 組,分別是:尋訪 5/訪尋 1;付囑 35/囑付 7;化緣 7/緣化 2;歸依 7/依歸 1;奉迎 1/迎奉 1;檢點 17/點檢 19;久立 51/立久 2;輔佐 2/佐輔 1;糊塗 1/塗糊 2;舒卷 2/卷舒 11;抑屈 1/屈抑 1;污染 7/染污 4;賺悮 1/悮賺 1;猜疑 1/疑猜 1;聞名 6/名聞 7。

　　其次是名詞,共 14 組,分別是:露布 9(路布 2)/布露 1;伴侶 9/

　　① 丁勉哉:《同素詞的結構形式和意義的關係》,《學術月刊》1957 年 2 月。
　　② 鄭奠:《古漢語中自序對換的雙音詞》,《中國語文》1964 年第 6 期;張永綿《近代漢語中自序對換的雙音詞》,《中國語文》1980 年第 2 期。
　　③ 曹先擢:《並列式同素異序同義詞》,《中國語文》1979 年第 6 期。
　　④ 張德鑫:《談顛倒詞》,《漢語學習》1995 年第 6 期。
　　⑤ 曹廷玉:《近代漢語同素逆序同義詞探析》,《暨南學報》2000 年第 3 期。
　　⑥ 黃玉淑:《〈夷堅志〉同素異序詞研究》,碩士學位論文,廣西師範大學,2007 年,第 3 頁。

侶伴 1；名利 2/利名 1；手脚 13/脚手 4；格物 3/物格 2；因果 28/果因 1；東西 51/西東 5；爪牙 6/牙爪 3；由來 10/來由 14；知見 47/見知 8；深淺 5/淺深 7；子弟 2/弟子 122；弟兄 1/兄弟 31；親疏 7/疏親 3。

再就是形容詞，有 4 組：平坦 4/坦平 2；辛苦 6/苦辛 1；貴賤 2/賤貴 1；鹵莽 2/莽鹵 3；

連詞 1 組：雖然 119/然雖 37。

代詞 1 組：如何 5216/何如 14。

變換後詞性有變化的有 1 組：熱鬧 1/鬧熱 1。

四字格同素異序詞語多數爲成語，從語法結構來看，在我們所搜集到的四字格同素異序成語中，多數都是聯合結構，少數爲偏正結構、兼語結構、主謂結構。分列如下：

聯合結構 22 組：冰消解瓦 1/瓦解冰消 5/冰消瓦解 2；迷頭認影 4/認影迷頭 4；成家立業 1/立業成家 1；飲氣吞聲 4/吞聲飲氣 1；拖泥帶水 9/帶水拖泥 1；惺惺寂寂 1/寂寂惺惺 1；隨波逐浪 12/逐浪隨波 1；風行草偃 2/草偃風行 3；虛生浪死 2/浪死虛生 1；千差萬別 6/萬別千差 4；三三兩兩 3/兩兩三三 2；斬釘截鐵 1/截鐵斬釘 1；有眼無足 2/有足無眼 2；歡喜踴躍 2/踴躍歡喜 1；七穿八穴 4/七穴八穿 1；攀緣起倒 1/起倒攀緣 1；瞬目揚眉 5/揚眉瞬目 16；千了百當 1/百了千當 3；東西南北 14/南北東西 5；三頭六臂 1/六臂三頭 2；五湖四海 1/四海五湖 2；密密堂堂 1/堂堂密密 2。

兼語結構 2 組：拗直作曲 1/拗曲作直 2；點鐵成金 4/點金成鐵 2。

次序變換後語法結構也發生了變化的有 4 組，如：

森羅萬象 19/萬象森羅 10，前爲動賓結構，後爲主謂結構；止啼黃葉 1/黃葉止啼 3、不快漆桶 3/漆桶不快 1，前爲偏正結構，後爲主謂結構；手忙脚亂 1/脚手忙亂 1，前爲聯合結構，後爲主謂結構。

2.《五燈會元》雙字格同素異序詞

"詞素次序一經顛倒，彼此間的構詞關係隨著發生變化，同素詞的結構方式是多種多樣的，因而同素詞的意義和用法也是相當複雜的。"① 本

---

① 丁免哉：《同素詞的結構形式和意義關係》，《學術月刊》1957 年。

部份就《五燈會元》中雙字格同素異序詞的結構類型和意義分佈①進行細緻的分析。

2.1　結構相同，意義相同

2.1.1　聯合式—聯合式

同義義素複合詞：組成複合詞的兩箇義素之間意義相同或相近。

【尋訪5/訪尋1】尋找訪問。

唐貞觀中，四祖遥觀氣象，知彼山有奇異之人，乃躬自尋訪。（卷二·牛頭山法融禪師）

父既失子，即擯禪利多出國，訪尋其子，不知所在。（卷一·十七祖僧伽難提尊者）

【依歸1/歸依7】信仰佛教者的入教儀式。因對佛、法、僧三寶表示歸順依附，故稱。

師聞偈悔謝，即誓依歸。（卷二·吉州志誠禪師）

上堂："龜毛為箭，兔角為弓。那吒忿怒，射破虛空。虛空撲落，傾湫倒嶽。牆壁瓦礫放光明，歸依如來大圓覺。"（卷十七·雲居元祐禪師）

【檢點17/點檢19】

一為"清點、檢查"義。如：

師在雙嶺受請，與英勝二首座相別，曰："三年聚首，無事不知。檢點將來，不無滲漏。"（卷十六·法昌倚遇禪師）

上堂："諸上座，多少無事，十二時中在何世界安身立命？且子細點檢看。何不覓箇歇處？因甚麼却與別人點檢。若恁麼去，早落第二頭也。"（卷八·天龍院秀禪師）

二為"辨識"義。如：

設或於此便休去，一場狼藉不少，還有檢點得出者麼？如無，山僧今日失利！（卷二十·西禪守淨禪師）

此語還有疑訛也無？若有，且道甚麼處不得？若無，他又道最苦是新羅。還點檢得出麼？他道行則不無，有覺卽乖。（卷十三·洞山良價禪師）

三有"指責"義。如：

---

① 本部份僅限於《五燈會元》中用例的分析，對於意義相同的用例，本書只舉一例。

師指香臺曰："面前是甚麼?"曰:"請師子細。"師曰:"不妨遭人檢點。"(卷十三·九峰普滿禪師)

師曰:"即今即得,去後作麼生?"者曰:"誰敢問著某甲?"師曰:"大于還得麼?"者曰:"猶要別人點檢在。"(卷四·東山慧禪師)

【輔佐2/佐輔1】輔助佐理,從旁幫助。例如:

有相者覩其殊表,謂之曰:"骨氣非凡,當為法王之輔佐也。"(卷三·西堂智藏禪師)

仰曰:"但去,已後有一人佐輔汝。此人祇是有頭無尾,有始無終。"(卷十一·臨濟義玄禪師)

【鹵莽2/莽鹵3】說話做事輕率、欠考慮。例如:

先曹山云:"俱胝承當處鹵莽,祇認得一機一境,一等是拍手拊掌,是他西園奇怪"。(卷二·金華俱胝和尚)

凝眸昔日家風,下足舊時岐路。勸君休莫莽鹵,眨上眉毛須薦取。(卷十四·天章樞禪師)

【糊塗1/塗糊2】作弄、侮辱。例如:

喫粥了也未?趙州無忌諱。更令洗缽盂,太煞没巴鼻。悟去由來不丈夫,這僧那免受糊塗。(卷二十·石亭祖璿禪師)

召大眾曰:"此一瓣香,熏天炙地去也。"印曰:"今日不著便,被這漢當面塗糊。"(卷十九·提刑郭祥正居士)

【污染7/染污4】禪籍喻指受俗塵影響而使本性不得清淨。例如:

問:"如霜如雪時如何?"師曰:"猶是污染。"曰:"不污染時如何?"師曰:"不同色。"(卷九·徑山洪諲禪師)

山僧今日撒屎撒尿,這邊放,那邊屙。東山西嶺笑呵呵。幸然一片清涼地,剛被熊峯染污他。染污他,莫啾唧,泥牛木馬盡呵叱。(卷十四·熊耳慈禪師)

【抑屈1/屈抑1】本指壓抑、委屈,引申指冤枉、冤屈。例如:

我恁麼為汝,却成抑屈人,還知麼?(卷八·安國慧球禪師)

問:"如何是學人進前一路?"師曰:"誰敢謾汝?"曰:"豈無方便?"師曰:"早是屈抑也。"(卷八·龍興宗靖禪師)

【賺悞1/悞賺1】欺騙、蒙蔽。例如:

若祇貴答話揀辨,有甚麼難,但恐無益於人,翻成賺悞。(卷十·天

台德韶國師）

且道祖師禪有甚長處？若向言中取則，悮賺後人，直饒棒下承當，辜負先聖。（卷十二·石霜楚圓禪師）

【疑猜1/猜疑1】疑惑、懷疑。例如：

等閑放下，佛手掩不住。持地收來，大地絕纖埃。向君道，莫疑猜。（卷十八·疏山了常禪師）

我祖別行最上機，縱橫生殺絕猜疑。雖然塞斷群狐路，返擲須還師子兒。（卷十七·萬杉紹慈禪師）

【牙爪3/爪牙6】本指動物鋒利的爪子和牙齒。例如：

一者祖師巴鼻，二具金剛眼睛，三有師子爪牙，四得衲僧殺活拄杖。（卷十七·渤潭善清禪師）

禪宗中還可用來比喻深諳佛法的僧徒。例如：

"又曰：'這箇且置，諸方老宿意作麼生？'"潙歎曰："此是從上宗門中牙爪。"（卷九·仰山慧寂禪師）

曰："白象何在？"師曰："爪牙已具。"（卷十八·中巖蘊能禪師）

【平坦2/坦平4】沒有高低凸凹，平整，多指地勢。也可喻指順利、順當。如：

師於貞元四年正月中，登建昌石門山，於林中經行，見洞壑平坦。（卷三·江西馬祖道一禪師）

一夕，天光下屬，見一路坦平，不覺徐行。（卷一·十七祖僧伽難提尊者）

【雖然119/然雖37】連詞，即使、即使如此。

《五燈會元》中"雖然"的使用情況可細分為：

"雖然如此"類，共出現30例，如：

師辭南泉，泉門送，提起師笠曰："長老身材沒量大，笠子太小生？"師曰："雖然如此，大千世界總在裏許。"（卷四·黃檗希運禪師）

"雖然如是"類，共出現52例，如：

浦回舉似臨濟，濟曰："我從來疑著這漢。雖然如是，你還識德山麼？"（卷七·德山宣鑒禪師）

"雖然"單用共出現4例，如：

言雖或同，未足以為同也。雖然，儒道聖人，固非不知之，乃存而

不論耳。（卷十四·大洪報恩禪師）

其他形式用例如：

真理雖然頓達，此情難以卒除。（卷二·圭峯宗密禪師）

道了，將钁頭埝地三下。檗曰："雖然如何，子已喫吾三十棒了也。"師又埝地三下，噓一噓。檗曰："吾宗到汝，大興於世。"（卷十一·臨濟義玄禪師）

《五燈會元》中"然雖"的使用情況同樣可以細分為：

"然雖如此"類，共出現 11 例，如：

洞山云："堂時若不是五洩先師，大難承當。然雖如此，猶涉在途。"長慶云："險。"（卷三·五洩靈默禪師）

"然雖如是"類，共出現 23 例，如：

祇恐不是玉，是玉也大奇。然雖如是，且道山僧轉身一句作麼生道，還委悉麼？（卷六·法海立禪師）

其他有 3 例，如：

從上諸聖方便門不少，大抵祇要諸仁者有箇見處。然雖未見，且不參差一絲髮許，諸仁者亦未嘗違背一絲髮許。（卷十·淨德智筠禪師）

慣向高樓驟玉馬，曾於急水打金毬。然雖恁麼，爭奈有五色絲條繫手脚，三鑞金鎖鎖咽喉，直饒錘碎金鎖，割斷絲條，須知更有一重礙汝在。（卷十四·大洪守遂禪師）

【伴侶9／侶伴1】同伴，禪宗中可指共同參習佛法之人。例如：

僧問："既到妙峯頂，誰人為伴侶？"師曰："到。"曰："甚麼人為伴侶？"師曰："喫茶去。"（卷八·閩山令含禪師）

鶴毛鷹觜鷺鶿身，却共烏鴉為侶伴。（卷十四·大陽警玄禪師）

【利名1／名利2】"名"指名聲或名位，"利"指利祿或利益。例如：

師曰："某方將脫世網，不著三界，豈復刺頭於利名中邪？請移授從兄珏。"（卷十四·圓通德止禪師）

夫為人師，若涉名利，別開異端，則自他何益？如世大匠，斤斧不傷其手。（卷二·南陽慧忠國師）

【脚手 4/手脚 13】①

一指手和脚，泛指四肢。例如：

上堂："達磨大師，九年面壁。未開口已前，不妨令人疑著。却被神光座主一覷，脚手忙亂……"（卷十四·華嚴慧蘭禪師）

然雖恁麽，爭奈有五色絲條繫手脚，三鐺金鎖鎖咽喉，直饒錘碎金鎖，割斷絲條，須知更有一重礙汝在。（卷十四·大洪守遂禪師）

二比喻行動、行為、動作。例如：

一代時教，整理時人脚手。凡有其由，皆落今時，直至法身非身，此是教家極則。（卷五·石霜慶諸禪師）

道我四事具足，方可發心。祇恐做手脚不迭，便是隔生隔世去也。（卷十四·芙蓉道楷禪師）

三意為角色。例如：

崇壽稠云："還有人定得此道理麽？若定不得，只是箇弄精魂脚手。佛性義在甚麽處？"（卷三·中邑洪恩禪師）

若未有箇入頭處，遇著本色骰豬狗手脚，不惜性命，入泥入水相為。（卷十五·雲門文偃禪師）

四意為本領、手段、能耐。例如：

曰："還露脚手也無？"師曰："這裏是甚麽處所？"（卷七·報恩懷岳禪師）

若是本分，手脚放去，無收不來底。一一放光現瑞，一一削跡絕蹤。機上了不停，語中無可露。（卷十八·薦福道英禪師）

【弟兄 1/兄弟 31】本指哥哥和弟弟，引申指關係親密、志同道合之人，禪宗中多泛指共同參習佛法之人。例如：

僧問："多子塔前，共談何事？"師曰："一回相見一回老，能得幾時為弟兄？"（卷十八·延慶叔禪師）

乃屈指曰："一二三四五，六七八九十，十一十二十三十四。諸兄弟今

---

① 《禪宗詞典》"脚手"未收，收錄"手脚"；《禪宗大詞典》"手脚"未收，收錄"脚手"。二詞典對該組所收錄詞解釋相同：一為本事、手段；二為角色。分別在第 97 頁和第 206 頁。雷漢卿《禪籍方俗詞研究》257 頁收錄"脚手"，釋為：（1）比喻行動、行為；（2）角色。沒收錄"手脚"。

日是幾?"良久曰:"本店買賣,分文不賒。"(卷二十·劍門安分庵主)

反義義素複合詞:組成複合詞的兩箇字素意義相反。

【賤貴 1/貴賤 2】富貴與貧賤,指地位的尊卑。例如:

秋風起,庭梧墜,衲子紛紛看祥瑞。張三李四賣囂虛,拾得寒山爭賤貴。(卷十五·靈隱雲知禪師)

若會佛意,不在僧俗男女貴賤,但隨家豐儉安樂便得。(卷五·清平令遵禪師)

【親疏 7/疏親 3】指關係遠近,引申指理解、領悟的深淺。例如:

後於廬山棲賢閱浮山遠禪師削執論云:"若道悟有親疏,豈有旃檀林中却生臭草。"豁然契悟。(卷十九·華嚴祖覺禪師)

覺性圓明無相身,莫將知見妄疏親。念異便於玄體昧,心差不與道為鄰。(卷十三·曹山本寂禪師)

【深淺 5/淺深 7】指水的深淺程度,引申指悟道之深淺、覺悟之高低。例如:

曰:"恁麼則含生有望?"師曰:"脚下水深淺?"(卷十五·雙泉師寬禪師)

如今必有辨浮沉、識深淺底漢,試出來定當水脉看。(卷十七·黃龍祖心禪師)

入海不到底,不知滄溟之淺深。既知寬廣,又知淺深。一踏踏飜四大海,一搣搣倒須彌山。(卷十七·黃龍慧南禪師)

子湖訥禪師,未知師所造淺深,問曰:"子所住定,蓋小乘定耳?"(卷八·烏巨儀晏禪師)

【舒卷 2/卷舒 11】舒展和捲縮。例如:

上堂:"塵劫已前事,堂堂無背面。動靜莫能該,舒卷快如電。莫道凡不知,佛也覷不見。決定在何處?合取這兩片。薦不薦,更為諸人通一線。"(卷十八·烏回良范禪師)

自餘逗機方便,靡徇時情,逆順卷舒,語超格量。(卷五·清平令遵禪師)

【果因 1/因果 28】謂因緣和果報。佛教認為萬物有輪回之說,種何因就會得何果,即善有善報,惡有惡報。

五八六七果因轉,但用名言無實性。(卷二·壽州智通禪師)

凡人但見仁夭暴壽、逆吉義凶，便謂亡因果、虛罪福，殊不知影響相隨，毫釐靡忒。（卷一·十九祖鳩摩羅多尊者）

【辛苦6/苦辛1】辛勤勞苦。

師曰："山頭和尚喫許多辛苦作麼？"（卷七·玄沙師備禪師）

寒山子勞而無功，更有箇拾得，道不識這箇意，修行徒苦辛。（卷十七·洞山梵言禪師）

2.1.2 偏正式—偏正式

【迎奉1/奉迎】迎接。

師因至莊所，莊主預備迎奉。（卷三·南泉普願禪師）

世尊九十日在忉利天，為母說法，及辭天界而下，時四眾八部，俱往空界奉迎。（卷一·釋迦牟尼佛）

【立久2/久立51】該組詞有兩箇義項，一為站立很久。二是禪林語，禪師上堂說法前或說法結束時對大眾說的禮貌語，有安慰、道別之義。"久立"多與"珍重"並列而語，《五燈會元》中有24例。①

一"站立很久"義。例如：

又僧侍立久，師乃曰："祖祖佛佛，只說如人本性本心，別無道理。會取，會取。"僧禮謝。（卷二·嵩嶽破竈墮和尚）

光堅立不動，遲明積雪過膝。祖憫而問曰："汝久立雪中，當求何事？"（卷一·初祖菩提達磨大師）

二"禪師上堂說法前或說法結束時對大眾說的禮貌語，有安慰、道別之義"。例如：

上堂，大眾立久，乃謂之曰："祇恁麼便散去，還有佛法道理也無？試說看！……"（卷十·清涼文益禪師）

便是千聖出頭來，也安一字不得。久立，珍重！（卷七·玄沙師備禪師）

2.2 結構相同，意義不同

【布露1/露布9（路布2）】

① 《禪宗詞典》《禪宗大詞典》收錄"久立"：禪師上堂說法結束時對大眾說的禮貌語，含有安慰和道別的意思。該條釋義一為義項不全，二為釋義不準確。分別在第49頁和第224頁。"立久"失收。

“布露”意為“公佈”。《五燈會元》中出現 1 例，如：

問：“將身御險時如何？”師曰：“布露長書寫罪原。”（卷十一·風穴延沼禪師）

世俗典籍也有用例，如：

臣請太尉告宗廟，布露天下，具禮儀別奏。（《三國志·蜀志·先主甘后傳》）

今子發而揚之，使前人之奧祕布露顯明，則後之人而又何憚耶！（唐·柳宗元《時令論下》）

“露布（路布）”指不緘封的文書（亦謂公佈文書）、軍旅文書和泛指佈告、通告之類→外在的言句、言詞。因其是公開的書面文字，禪宗用來喻指經過雕琢修飾的文句、言詞。①

雖然如是，因風撒土，借水獻花。有箇葛藤露布，與諸人共相解摘看。（十六·靈曜良禪師）

上堂：“我宗無語句，徒勞尋路布。現成公案已多端，那堪更涉他門户。覿面當機直下提，何用波吒受辛苦。咄！”（卷十二·丞熙應悦禪師）

【熱鬧 1／鬧熱 1】

“熱鬧”在《五燈會元》中意為“熱鬧的景象”，名詞。如：

汝等諸人盡是酒糟漢。恁麼行脚，取笑於人。但見八百一千人處便去，不可圖他熱鬧也。（卷四·黃檗希運禪師）

“鬧熱”在《五燈會元》中意為“使場面活躍、精神愉快”，動詞。如：

所謂一毛現神變，一切佛同説經於無量劫，不得其邊際，便恁麼去鬧熱門庭卽得，正眼觀來。（卷十九·徑山宗杲禪師）

2.3 結構相同，意義有同有異

【西東 5／東西 50】（聯合式—聯合式）②

①相同義項

_____

① 雷漢卿：《禪籍方俗詞研究》，巴蜀書社 2010 年版，第 563 頁。
② 《禪宗詞典》《禪宗大詞典》“東西”條：走動，外出，離開。《祖堂集》卷四，藥山：“師曰：‘你來去為阿誰？’，對曰：‘替渠東西。’”（渠：他。）又卷六，洞山：“專甲家風，只如此也。肯與不肯，終不抑勒闍梨，一任東西。”詞典所收義項不全。

二詞都可以用作方位詞，指東邊與西邊。如：

洎將示化，乃述偈曰："八十年來辨西東，如今不要白頭翁。非長非短非大小，還與諸人性相同。無來無去兼無住，了却本來自性空。"（卷三・五臺隱峯禪師）

地湧金蓮華，自然捧雙足。東西及南北，各行於七步。（卷一・釋迦牟尼佛）

泛指四方義。如：

師乃有頌曰："大道絕同，任向西東。石火莫及，電光罔通。"（卷十一・臨濟義玄禪師）

有僧上法堂，顧視東西，不見師。乃曰："好箇法堂，祇是無人。"（卷四・長慶大安禪師）

②不同義項

"西東"特指禪悟之障礙。如：

師曰："寶蓋挂空中，有路不曾通。儻求言下旨，便是有西東。"（卷六・寶蓋山約禪師）

"東西"特指禪宗要義。如：

竺土大僊心，東西密相付。人根有利鈍，道無南北祖。（卷五・石頭希遷禪師）

"東西"意為走動、外出、離開。如：

曰："如何是道中人？"師曰："一任東西。"（卷十五・雲門法球禪師）

【由來 10/來由 14】（聯合式—聯合式）

①義項相同

二詞皆表"原因、緣由、根據、來歷"。其中"由來"只有 1 例表該義，"來由"皆表該義。如：

擁毳對芳叢，由來趣不同。髮從今日白，花是去年紅。（卷十・清涼文益禪師）

有僧從外來，師便喝。僧曰："好箇來由！"師曰："猶要棒在。"僧珍重便出。（卷三・蒙谿和尚）

藏曰："行脚人著甚麼來由，安片石在心頭？"師窘無以對，即放包依席下求決擇。（卷十・清涼文益禪師）

②義項不同

"由來"又可表"原來、本來"義。該義項有 9 例，例如：

師嘗有偈示曰："□□莫繫念，念成生死河。輪回六趣海，無見出長波。"忠答曰："念想由來幻，性自無終始。若得此中意，長波當自止。"（卷二·牛頭山智威禪師）

"由來"還可表示"歷來"義。如：

乃示頌曰："聖主由來法帝堯，御人以禮曲龍腰。有時閙市頭邊過，到處文明賀聖朝。"（卷十三·洞山良價禪師）

2.4 結構、意義有同有別

【見知 7／知見 47】①

①聯合式—聯合式

禪悟障礙的見解、知識。

師曰："某甲尚未見他，作麼生知他著實處？"士曰："祇此見知，也無討處。"（卷二·芙蓉太毓禪師）

如今目前，見有山河大地、色空明暗種種諸物，皆是狂勞花相，喚作顛倒知見。（卷七·玄沙師備禪師）

②被動式—聯合式

見知：意為受到知遇。如：

東京淨因自覺禪師，青州王氏子。幼以儒業見知於司馬溫公。（卷十四·淨因自覺禪師）受到知遇。

知見：意為知識、見解、禪法。如：

嵩謂師曰："楊大年內翰知見高，入道穩實，子不可不見。"（卷十二·石霜楚圓禪師）

2.5 結構不同，意義相同或相近

【何如 12／如何 5216】（述賓式—主謂式）

怎麼樣；不如、比不上。多數用來提問或表示疑問。

---

① 《禪宗詞典》《禪宗大詞典》："見知"條：指成為禪悟障礙的見解、知識。所引例證同為：《五燈會元》卷一四，大陽警玄："我昔初機學道迷，萬水千山覓見知。明今辨古終難會，直說無心轉更迷。"該詞條問題一為義項不全，二為例證有誤。"轉更迷"之"迷"本作"疑"。分別在該詞典第 85 頁、第 202 頁。

"何如"：表怎麼樣。例如：

曰："此師神力何如？"曰："此師遠承佛記，當於此土廣宣玄化。"（卷一・二十二祖摩拏羅尊者）

"何如"：不如、比不上。例如：

曰："選官去。"禪者曰："選官何如選佛？"（卷五・丹霞天然禪師）

"如何"一詞十分常見，共出現 5216 例，我們以卷三中出現的用例為參考，看一下該詞的使用情況，卷三"如何"共出現 135 次。

句首提問："如何是……？"出現 72 次，例如：

問："如何是西來意？"師便打曰："我若不打汝，諸方笑我也。"（卷三・江西馬祖道一禪師）

句首提問："如何……？"出現 26 次，例如：

一曰："如何即是？"師曰："如牛駕車。車若不行，打車即是，打牛即是？"（卷三・南嶽懷讓禪師）

句中提問："……如何……？"出現 4 次，例如：

師却舉順宗問尸利禪師："大地眾生如何得見性成佛？"利曰："佛性猶如水中月，可見不可取。"（卷三・鵝湖大義禪師）

句尾提問："……時如何？"出現 10 次，例如：

曰："啼止時如何？"師曰："非心非佛。"（卷三・南嶽懷讓禪師）

句尾提問："……如何？"出現 20 次，例如：

又問："如水無筋骨，能勝萬斛舟。此理如何？"師曰："這裏無水亦無舟，說甚麼筋骨？"（卷三・江西馬祖道一禪師）

單獨成句，出現 2 次。例如：

師問："汝是阿誰？"曰："普願。"師曰："如何？"曰："也尋常。"（卷三・泐潭常興禪師）

另外，還有 1 例不用來表疑問，如：

問："如何是西來意？"師曰："不見如何。"

【名聞 7 ／聞名 6】（主謂式—述賓式）

有名、名聲、名望；聽到名聲。

達磨達蒙祖開悟，心地朗然。祖既攝五眾，名聞遐邇。（卷一・二十四祖師子尊者）

僧問："青青翠竹，盡是真如。如何是真如？"師曰："點鐵成金客，

聞名不見形。"（卷十五·奉國清海禪師）

【格物3/物格2】（述賓—主謂式）

推究事物之理或事物之理得到推究。例如：

尋奉祠還里，至徑山，與馮給事諸公議格物。慧曰："公祇知有格物，而不知有物格。"公茫然，慧大笑……公聞頓領深旨。題不動軒壁曰："子韶格物，妙喜物格。欲識一貫，兩箇五百。"慧始許可。（卷二十·侍郎張九成居士）

【付囑35/囑付7】（動補—偏正式）

禪家傳授道法稱為付囑或囑付。

顯慶元年，邑宰蕭元善請住建初，師辭不獲免，遂命入室上首智岩付囑法印，令以次傳授。（卷二·牛頭山法融禪師）

山禽枝上語諄諄。再三瑣瑣碎碎，囑付叮叮嚀嚀。你且道，他叮嚀囑付箇甚麼？（卷十九·靈隱慧遠禪師）

2.6 結構不同，意義不同

【緣化2/化緣7】（偏正式—述賓式）在《五燈會元》所出現的用例中，二詞結構意義不同。

緣化：僧徒向人求佈施，佈施之人可與佛結山緣，故稱緣化。《五燈會元》中就出現2例，皆表此義。例如：

唐永徽中，徒眾乏粮，師往丹陽緣化。（卷二·牛頭山法融禪師）

有住庵僧緣化什物，甘曰："有一問，若道得即施。"（卷四·甘贄行者）

化緣：教化之因緣，佛教謂佛祖、菩薩等因教化眾生的因緣而來到人世，因緣盡即離去，後也指僧人生平。《五燈會元》中共出現7例，皆表此義。如：

至第六度，以化緣已畢，傳法得人，遂不復救之，端居而逝。（卷一·初祖菩提達摩大師）

2.7 結構不同，意義有同有異

【子弟2/弟子122】（聯合式—偏正式）

①相同義項。皆可以用來稱佛教、道教的徒眾，亦是徒眾、信徒的自稱。例如：

公於宣和四年十一月黎明，口占遺表，命子弟書之。（卷十八·丞相

張商英居士）

說法住世四十九年，後告弟子摩訶迦葉："吾以清淨法眼、涅槃妙心、實相無相、微妙正法，將付於汝，汝當護持。"（卷一·釋迦牟尼佛）

②"子弟"又可指年輕的後輩。例如：

良久曰："八千子弟今何在，萬里山河屬帝家。"（卷十六·道場慧印禪師）

《五燈會元》同素異序詞結構意義分佈統計表

類別	結構意義相同	結構相同，意義不同	結構相同，意義有同有異	結構意義有同有異	結構不同，意義相同或相近	結構不同，意義不同	結構不同，意義有同有異	合計
數量	25	2	2	1	4	1	1	36
比率	0.69	0.055	0.055	0.03	0.11	0.03	0.03	1

由上表可知，兩字格同素異序詞在字序變換前後，結構和意義沒有變化的占到近70%，其他形式只是零星出現，沒有起到主導作用。

3.《五燈會元》四字格同素異序成語

漢語四字格成語在先秦就已經存在，"它的內部結構可以多種多樣。有聯合結構，前後兩部份是並列關係；有偏正關係，前後兩部份是修飾和被修飾的關係；有表述結構，前後兩部份是主語和謂語的關係；有支配結構，前後兩部份是動詞和賓語的關係；有緊縮結構，前後兩部份是因果、假設、轉折等關係的緊縮複句"①。下面就《五燈會元》中出現的同素異序的四字格成語進行結構和意義上的分析。

3.1《五燈會元》中的四字格同素異序成語

"禪籍俗成語還有同素異序的現象。'同素異序'就是通常所說的字序對換，是構成成分順序有別的等義詞。"②《五燈會元》中的四字格同素異序成語雖然在字序上有所變換，但是意義上變化不大。

---

① 向熹：《簡明漢語史》（修訂本）（上），商務印書館2010年版，第445頁。

② 雷漢卿：《禪籍方俗詞研究》，巴蜀書社2010年版，第329頁。

【森羅萬象 19/萬象森羅 10】指世界萬物展現出來的各種各樣的現象。

古佛心源，明露現前，匝天徧地，森羅萬象，自己家風，佛與眾生本無差別。（卷八·資福智遠禪師）

從古至今，十方虛空，萬象森羅，六趣四生，三世諸佛，一切聖賢，八萬四千法門，百千三昧無量妙義，契理契機，與天地萬物一體，謂之法身。（卷十二·淨因繼成禪師）

【成家立業 1/立業成家 1】成立家庭，建立事業。禪宗中用來指參透佛法，修成正果。

問："牛頭未見四祖時如何？"師曰："成家立業。"曰："見後如何？"師曰："立業成家。"（卷十·定山惟素山主）

【冰消瓦解 2/瓦解冰消 5/冰消解瓦 1】字面義是冰塊消融、瓦塊打碎，比喻指事物消失或崩潰。禪籍又可喻指頓悟見徹之時。

師書曰："寄語江西老古錐，從教日炙與風吹。兒孫不是無料理，要見冰消瓦解時。"（卷六·天竺證悟法師）

師曰："還見龍王麼？"曰："和尚試道看。"師曰："我若道，卽瓦解冰消。"（卷十一·鐵佛智嵩禪師）

截斷眾流曰："堆山積嶽來，一一盡塵埃。更擬論玄妙，冰消解瓦摧。"（卷十五·普安道禪師）

【飲氣吞聲 4/吞聲飲氣 1】指不敢喘氣、不敢作聲。

若恁麼去，直得天無二日，國無二王，釋迦老子，飲氣吞聲。一大藏教，如蟲蝕木。（卷十六·明因慧贇禪師）

直教文殊稽首，迦葉攢眉，龍樹馬鳴吞聲飲氣。目連鶖子且不能為，為其如此？諦觀法王法，法王法如是。（卷十二·衡嶽奉能禪師）

【迷頭認影 4/認影迷頭 4】意為愚癡者迷失真性而認假為真。

若向言中取則，句裏明機，也似迷頭認影。若也舉唱宗乘，大似一場寐語。（卷十二·大愚守芝禪師）

譬如演若達多認影迷頭，豈不擔頭覓頭。（卷十·報恩匡逸禪師）

【南北東西 5/東西南北 14】四方，泛指到處、處處。

見聞覺知，正是解脫之本。譬如師子反躑，南北東西且無定止。汝等諸人，若也不會，且莫孤負釋迦老子。（卷十二·琅邪慧覺禪師）

遂曰："來時無物去時空,南北東西事一同。六處住持無所補,"師良久,監寺惠當進曰:"和尚何不道末後句?"師曰:"珍重! 珍重!"言訖而逝。(卷十六·法雲法秀禪師)

【千差萬別6/萬別千差4】形容種類多,差別大。

僧問:"如何是無異底事?"師曰:"千差萬別。"僧再問,師曰:"止! 止! 不須説,且會取千差萬別。"(卷十·報慈文遂導師)

遂有省,即呈以偈曰:"從來姿韻愛風流,幾笑時人向外求。萬別千差無覓處,得來元在鼻尖頭。"(卷二十·尚書莫將居士)

【斬釘截鐵1/截鐵斬釘1】比喻十分堅定果斷。

上堂:"南北一訣,斬釘截鐵。切忌思量,颺成途轍。"(卷十七·黃龍智明禪師)

平高就下,勾賊破家。截鐵斬釘,狐狸戀窟。總不恁麽,合作麽生?(卷十八·長靈守卓禪師)

【惺惺寂寂1/寂寂惺惺1】寂靜清醒貌。

僧問:"如何是奪人不奪境?"師曰:"惺惺寂寂。"曰:"如何是奪境不奪人?"師曰:"寂寂惺惺。"(卷十八·九仙法清禪師)

【三頭六臂1/六臂三頭2】字面義為一人有三箇頭、六隻胳膊,比喻神通廣大,本領非凡。

曰:"如何是主中主?"師曰:"三頭六臂擎天地,忿怒那吒撲帝鐘。"(卷十一·汾陽善昭禪師)

不是循途守轍,亦非革轍移途。透得則六臂三頭,未透亦人間天上。(卷十九·昭覺克勤禪師)

【拖泥帶水9/帶水拖泥1】本是用來形容在泥濘道路上行走的樣子,用來比喻辦事不利索,拖拖拉拉。禪宗中喻指陷入言辭義理,不能乾脆爽利地接引學人或領悟禪法。

師曰:"雲門尋常乾爆爆地,錐劄不入。到這裏,也解拖泥帶水。諸人祇今要見這一頭麽? 天色稍寒,各自歸堂。"(卷十四·淨慈慧暉禪師)

一向恁麽來,未免灰頭土面,帶水拖泥,唱九作十,指鹿為馬。(卷二十·西禪文璉禪師)

【有眼無足2/有足無眼2】字面義為有眼睛而沒腳,或有腳而沒眼睛。禪宗中用來比喻理解事物不全面,沒有完全地領悟禪法。

若也單明自己，不悟目前，此人有眼無足。若悟目前，不明自己，此人有足無眼。（卷十七·黃龍祖心禪師）

若也單明自己，不悟目前，此人有眼無足。若也祇悟目前，不明自己，此人有足無眼。（卷二十·西禪守淨禪師）

【拗直作曲 1／拗曲作直 2】字面義指把直得弄彎曲或把彎曲的折成直的。禪宗中寓意皆為錯誤地理解禪法。

問："如何是諸佛師？"師曰："不可更拗直作曲邪。"（卷四·長沙景岑禪師）

世尊不説説，拗曲作直。迦葉不聞聞，望空啓告。馬祖卽心卽佛，懸羊頭賣狗肉。（卷二十·天童咸傑禪師）

【手忙脚亂 1／脚手忙亂 1】形容做事慌亂沒有條理。禪宗語錄中比喻沒有找到領悟禪法的途徑。

曰："如何是境中人？"師曰："手忙脚亂。"（卷十一·鎮州大悲和尚）

上堂："達磨大師，九年面壁。未開口已前，不妨令人疑著。却被神光座主一覷，脚手忙亂……"（卷十四·華嚴慧蘭禪師）

【隨波逐浪 12／逐浪隨波 1】字面義為隨著波浪飄蕩。喻指禪家接引學人，因材施教，對於根器低下之人，難免利用言語進行教誨。"隨波逐浪"又可專指"雲門三句"之一，雲門宗接引學人的方式之一，隨緣接物，應病與藥。

事不獲已，與諸人葛藤。一切眾生，祇為心塵未脱，情量不除，見色聞聲，隨波逐浪。流轉三界，汩没四生。（卷十二·慶善普能禪師）

昔日雲門有三句，謂函蓋乾坤句，截斷眾流句，隨波逐浪句。（卷十八·九頂惠泉禪師）

末代宗師，盡皆拱手。華嚴今日不可逐浪隨波，擬向萬仞峯前點出普天春色。（卷十四·華嚴慧蘭禪師）

【五湖四海 1／四海五湖 2】泛指全國各地。

作麼生是不跨石門句？皷山自住三十餘年，五湖四海來者向高山頂上看山翫水，未見一人快利，通得箇消息。（卷七·皷山神晏國師）

僧便問："祇如百尺竿頭如何進步？"師曰："朗州山，澧州水。"曰："不會。"師曰："四海五湖皇化裹。"（卷四·長沙景岑禪師）

【三三兩兩 3/兩兩三三 2】三兩箇聚在一起，形容數量少。

曰："如何是寒時寒殺？"師曰："三三兩兩抱頭行。"（卷十一·法華和尚）

僧問："達磨未來時如何？"師曰："三家村裏，兩兩三三。"（卷十五·淨源真禪師）

【虛生浪死 2/浪死虛生 1】虛度時光，無所作為。

還會麼？若未會，須是扣己而參，直要真實，不得信口掠虛，徒自虛生浪死。（卷十八·慈雲彥隆禪師）

問："如何是學人自己？"師曰："乘槎斫額。"曰："莫祇這便是。"師曰："浪死虛生。"（卷十五·雪竇重顯禪師）

【風行草偃 2/草偃風行 3】喻指事物的發展順其自然，進展順利。

挑日月於拄杖頭上，為甚麼有眼如盲？直得風行草偃，響順聲和，無纖芥可留，猶是交爭底法。（卷十二·雲峯文悅禪師）

將逐符行，二六時中淨躶躶，不用鐵旗鐵鼓，自然草偃風行。（卷十八·普賢元素禪師）

【止啼黃葉 1/黃葉止啼 3】

師曰："老僧適來造次。"曰："某甲不是嬰兒，徒用止啼黃葉。"師曰："傷鼈恕龜，殺活由我。"（卷六·同安常察禪師）

所以假設方便，奪汝麁識。如將黃葉止啼，有甚麼是處，亦如人將百種貨物，與金寶作一鋪貨賣。（卷九·仰山慧寂禪師）

【漆桶不快 1/不快漆桶 3】

復曰："會麼？"曰："不會。"師曰："漆桶不快。"（卷十二·萬壽慧素禪師）

師指庵前一片石，謂雪峯曰："三世諸佛在裏許。"峯曰："須知有不在裏許者。"師曰："不快漆桶！"（卷五·投子大同禪師）

【歡喜踊躍 2 /踊躍歡喜 1】

魔王合掌三唱，華鬘悉除。乃歡喜踊躍，作禮尊者而說偈曰："稽首三昧尊，十力聖弟子。我今願回向，勿令有劣弱。"（卷一·四祖優波毱多尊者）

師既蒙啟發，踊躍歡喜，以偈贊曰："經誦三千部，曹谿一句亡。未明出世旨，寧歇累生狂。羊鹿牛權設。初中後善揚。誰知火宅內，元是

法中王。"祖曰："汝今後方可為'念經僧'也。"（卷二·洪州法達禪
師）

【點鐵成金 4/點金成鐵 2】

僧問："青青翠竹，盡是真如。如何是真如？"師曰："點鐵成金客，
聞名不見形。"（卷十五·奉國清海禪師）

師曰："還知齊雲點金成鐵麼？"曰："點金成鐵，前之未聞。至理一
言，敢希垂示。"（卷七·龍華靈照禪師）

【瞬目揚眉 5/揚眉瞬目 16】

問："拈椎豎拂卽不問，瞬目揚眉事若何？"師曰："趙州曾見南泉
來。"（卷十二·琅邪慧覺禪師）

祖曰："我有時教伊揚眉瞬目，有時不教伊揚眉瞬目，有時揚眉瞬目
者是，有時揚眉瞬目者不是。子作麼生？"（卷五·藥山惟儼禪師）

【攀緣起倒 1/起倒攀緣 1】攀緣外境，禪家認為是妄心。

曰："如何是妄心？"師曰："攀緣起倒是。"（卷六·九峯道虔禪師）

曰："如何是妄？"師曰："起倒攀緣。"（卷十三·九峰普滿禪師）

【密密堂堂 1/堂堂密密 2】禪法無處不在。

上堂："道由悟達，不在語言。況是密密堂堂，曾無間隔，不勞心
意，暫借回光。日用全功，迷徒自背。"

峯曰："於汝作麼生？"師曰："孤負殺人！"雪峯謂眾曰："堂堂密
密地。"（卷七·鏡清道怤禪師）

【千了百當 1/百了千當 3】參禪悟道之事已圓滿完成。

祖笑曰："不道你不是千了百當底人，此語祇似先師下底語。"師曰：
"某何人，得似端和尚！"（卷十九·大隨元靜禪師）

問："百了千當時如何？"師和聲便打。（卷十一·鎮州談空和尚）

【七穿八穴 4/七穴八穿 1】已通徹通悟。

上堂："有時孤峰頂上嘯月眠雲，有時大洋海中飜波走浪，有時十字
街頭七穿八穴。諸人還相委悉麼？樟樹花開盛，芭蕉葉最多。"（卷十
六·嵋山寧禪師）

上堂："結夏時左眼半斤，解夏時右眼八兩。謾云九十日安居，贏得
一肚皮妄想。直饒七穴八穿，未免山僧拄杖。雖然如是，千鈞之弩，不
為鼷鼠而發機。"（卷二十·薦福休禪師）

3.2 內部序列變異方式分類

就字序變換①而言，由於兩字格只有兩箇音節、兩箇語素，所以其變化只能是簡單地由 AB 式變為 BA 式，而四字格同素成語的變換方式則豐富得多。《五燈會元》中同時使用的同素異序成語我們搜集到 28 對，57箇成語。下面就其序列變化類列如下：

第一類：ABCD/CDAB：迷頭認影 4/認影迷頭 4；成家立業 1/立業成家1；飲氣吞聲 4/吞聲飲氣 1；拖泥帶水 9/帶水拖泥 1；隨波逐浪 12/逐浪隨波 1；風行草偃 2/草偃風行 3；虛生浪死 2/浪死虛生 1；千差萬別 6/萬別千差 4；斬釘截鐵 1/截鐵斬釘 1；森羅萬象 19/萬象森羅 10；東西南北 14/南北東西 5；三頭六臂 1/六臂三頭 2；五湖四海 1/四海五湖 2；歡喜踊躍 2／踊躍歡喜 1；攀緣起倒 1/起倒攀緣 1；瞬目揚眉 5/揚眉瞬目 16；密密堂堂1/堂堂密密 2；止啼黃葉 1/黃葉止啼 3；漆桶不快 1/不快漆桶 3。

四字格同素異序成語字序變異統計表

格式	ABCD/CDAB	ABCD/CDAB/ABDC	AABB/BBAA	ABCD/CABD	ABCD/ADCB	ABCD/CBAD	統計
數量	19	1	2	1	4	1	28
比率	68.5%	3.5%	7%	3.5%	14%	3.5%	100%

第二類：ABCD/CDAB/ABDC：冰消瓦解 2/瓦解冰消 5/冰消解瓦 1。

第三類：AABB/BBAA：惺惺寂寂 1/寂寂惺惺 1；三三兩兩 3/兩兩三三 2。

第四類：ABCD/CABD：手忙腳亂 1/腳手忙亂 1。

第五類：ABCD/ADCB：拗直作曲 1/拗曲作直 2；有眼無足 2/有足無眼 2；七穿八穴 4/七穴八穿 1；點鐵成金 4/點金成鐵 2。

第六類：ABCD/CBAD：千了百當 1/百了千當 3。

同素異序成語多數以 2 箇為一組，且變化形式主要以 ABCD→CDAB

①　在結構分析上，我們以現代漢語中的常用格式作為標準格式，比如：冰消瓦解/冰消解瓦/瓦解冰消，其結構為 ABCD/ABDC/CDAB。

為主，三箇為一組的是少數。另外，由上可知，其中第一類、第二類以及第三類同素異序成語的變化皆為 AB 為一單位，CD 為一單位①，共 22 箇，占到總數的 78.5%，說明同素異序成語多數是以雙音節為單位進行變換的，也正好從側面證明了漢語雙音節化的傾向是極為明顯的。

3.3 字序變化前後其結構關係的變化情況

關於字序變換前後同素異序成語內部的結構變化情況，我們從其第一層結構和第二層結構兩箇方面展開論述。

（一）第一層結構：聯合結構—聯合結構：

第二層結構：動賓式—動賓式：成家立業 1／立業成家 1；飲氣吞聲 4／吞聲飲氣 1；隨波逐浪 12／逐浪隨波 1；斬釘截鐵 1／截鐵斬釘 1；有眼無足 2／有足無眼 2；拖泥帶水 9／帶水拖泥 1；瞬目揚眉 5／揚眉瞬目 16。"成家""立業"皆為支配式，該類其他 6 組同樣如此。

偏正式—偏正式：虛生浪死 2／浪死虛生 1；千差萬別 6／萬別千差 4；三頭六臂 1／六臂三頭 2；五湖四海 1／四海五湖 2；風行草偃 2／草偃風行 3；七穿八穴 4／七穴八穿 1。"虛"和"浪"分別用來修飾"生"和"死"，該類其他 4 組亦然。

聯合式—聯合式：東西南北 14／南北東西 5；惺惺寂寂 1／寂寂惺惺 1；三三兩兩 3／兩兩三三 2；歡喜踴躍 2／踴躍歡喜 1；密密堂堂 1／堂堂密密 2；千了百當 1／百了千當 3。該類"東西""南北"可以看出是聯合而成；"惺惺""寂寂""三三""兩兩"可以看成是聯合或字素的疊加。

主謂式—主謂式—［主謂—動賓］式：冰消瓦解 2／瓦解冰消 5／冰消解瓦 1。該組特殊在變換後的"冰消解瓦"，"冰消"為主謂式沒變，而"解瓦"為動賓式。

動賓式—聯合式（聯合式—動賓式）：攀緣起倒 1／起倒攀緣 1；"攀緣"義為心念執著於塵俗事物，為支配式；"起倒"字面義為起來倒下，禪籍也喻指心涉外境，與"攀緣"義近，但是結構上我們從字面義的角度看成是聯合式。

動賓式—動賓式：迷頭認影 4／認影迷頭 4，"迷頭""認影"為動

_____

① 除了第二類的"冰消解瓦"，但"冰消"沒有變化，為了統計上的方便，我們也歸入該類。

賓式。

（二）第一層結構：聯合結構—主謂結構：手忙腳亂 1/腳手忙亂 1；

第二層結構為：主謂式—聯合式，"手忙""腳亂"為表述式；"腳手"為名詞性聯合，"忙亂"為動詞性聯合。

（三）第一層結構：動賓結構—主謂結構：

第二層結構為：聯合式—偏正式（偏正式—聯合式）：森羅萬象 19/萬象森羅 10。"森羅"為聯合式；"萬象"，"萬"修飾"象"，是偏正式。

動賓式—偏正式（偏正式—動賓式）：止啼黃葉 1/黃葉止啼 3；

（四）第一層結構：主謂式—偏正式

第二層結構：偏正式—偏正式：漆桶不快 1/不快漆桶 3；

（五）第一層結構：兼語式—兼語式

點鐵成金 4/點金成鐵 2；拗直作曲 1/拗曲作直 2，前一箇"直"既作賓語又作主語，後一箇"曲"也是既作賓語又作主語。

4. 《五燈會元》同素異序詞語在現代漢語中的使用情況調查

"詞彙對社會的變化極為敏感，生產的發展，新事物的出現，制度的沿革，風習的改變，無一不在詞彙中迅速反映出來。即使社會事物沒有大的變動，詞彙本身也會產生新陳代謝的變化。"① 《五燈會元》中使用的同素異序詞經過一千餘年的發展，同樣也發生了這樣那樣的變化，下面就《五燈會元》中所出現的同素異序詞與現代漢語②相比做一統計。

4.1 雙字格同素異序詞的使用情況

4.1.1 AB 和 BA 都保留下來了，又可以分為三類

①AB 和 BA 用義沒有改變

熱鬧 1/鬧熱 1；尋訪/訪尋；由來 10/來由 14；鹵莽 2/莽鹵 3；如何 5216/何如 14；

②AB 或 BA 意義發生了變化

【歸依/依歸】歸依（同"皈依"）/依歸（出發點和歸宿；依託、依

---

① 向熹：《簡明漢語史》（修訂本）（上），商務印書館 2010 年版，第 348 頁。
② 以中國社會科學院語言研究所詞典編輯室編《現代漢語詞典》（第 6 版）作為參考，同時以《漢語大詞典》作為某詞義項出現時間的參考。意義沒有變化的我們只是單列詞條，意義變化了的則在詞條後註明變化後的義項。

輩）。

【伴侶9/侶伴1】伴侶：同在一起生活、工作或旅行的人，多指夫妻或夫妻中的一方。侶伴：伴侶。

③AB 和 BA 用義皆發生了變化

【弟兄1/兄弟31】弟兄：弟弟和哥哥。

兄弟：〈口〉①弟弟②稱呼年紀比自己小的男子（親切口氣）。③謙稱，男子跟輩分相同的人或對眾人說話時的自稱。

二者都丟失了禪義。另外，"兄弟"又增加了義項。

【子弟2/弟子122】子弟：①弟弟、兒子、侄子等，泛指子侄輩。②指年輕的後輩。丟失禪義，增加了義項一。

弟子：學生；徒弟。丟失禪義，增加"學生"義。

4.1.2 AB 或 BA 流傳下來

第一種意義沒變。

下面幾對同素異序詞，前面一箇保留下來，而且意義沒有變化，後面一箇消失了：

平坦4/坦平2；化緣7/緣化2；奉迎1/迎奉1；檢點17/點檢19；輔佐2/佐輔1；舒卷2/卷舒11；猜疑1/疑猜1；聞名6/名聞7；露布9（路布2）/布露1；名利2/利名1；格物3/物格2；因果28/果因1；雖然119/然雖37。

第二種意義變化。

【囑付7/付囑35】囑咐：告訴對方記住應該怎樣，不應該怎樣。

【糊塗1/塗糊2】糊塗：①不明事理，對事物的認識模糊或混亂。②內容混亂的。③〈方〉模糊。

【污染7/染污4】污染：有害物質混入空氣、土壤、水源等而造成危害。

【手腳13/腳手4】手腳：①指舉動或動作。②爲了實現某種企圖而暗中採取的行動（含貶義）。

【東西51/西東5】東西：①泛指各種具體的或抽象的事物。②特指人或動物（多含厭惡或喜愛的感情）。

【爪牙6/牙爪3】爪牙：爪和牙是猛禽、猛獸的武器，比喻坏人的党羽。丟失了禪義，幷增加了引申義。

【深淺 5/淺深 7】深淺：①深淺的程度。②指分寸。丟失禪義，增加了"分寸"義。

【親疏 7/疏親 3】親疏：關繫的親近和疏遠。丟失禪義。

【貴賤 2/賤貴 1】貴賤：①價錢的高低。②地位的高低。③〈口〉表示無論如何。增加了副詞意義。

【辛苦 6/苦辛 1】辛苦：①身心勞苦。②客套話，用於求人做事。增加了義項。

4.1.3 AB 和 BA 在現漢中沒有使用

都沒有保留，有四對：久立 51/立久 2；抑屈 1/屈抑 1；賺悮 1/悮賺 1；知見 47/見知 8；

4.1.4《五燈會元》中只出現了 AB 式或 BA 式①

跟現代漢語相比，對於 AB 式或 BA 式，《五燈會元》中只指出現了其中一箇詞形。如：

【梳粧（梳妝）0/粧梳 1】婦女梳洗打扮。

問："洞山麻三斤，意旨如何?"師曰："八十婆婆不粧梳。"（卷十五·自巖上座）

【力氣 0/氣力 18】精力、力氣、體力。

有偈示眾曰："三十年來住子湖，二時齋粥氣力麄。無事上山行一轉，借問時人會也無。"（卷四·子湖利蹤禪師）

【難產 0/產難 1】孕婦分娩困難。

殃崛摩羅因持缽至一長者門，其家婦人正值產難，子母未分。（卷一·釋迦牟尼佛）

【話語 0/語話 26】一說的話、言語，名詞；二說話，動詞。

一日，為眾僧行粥次，馬祖問："桶裏是甚麽?"師曰："這老漢，合取口作恁麽語話。"（卷三·南泉普願禪師）

問僧："甚處來?"曰："石上語話來。"師曰："石還點頭也無?"僧無對。師自代曰："未語話時却點頭。"（卷五·雲巖曇晟禪師）

【代替 0/替代 3】交替、輪流。

禪德直須自看，無人替代。（卷三·盤山寶積禪師）

---

① 該類只是出現了同素異序中的一箇，在統計中沒有算入同素異序詞。

【樸素 0/素樸 1】色澤不鮮艷，素淡。

常有野人，服色素樸，言譚詭異，於言笑外化作佛形及菩薩、羅漢、天僊等形，或放神光，或呈聲響。（卷二·壽州道樹禪師）

【報告 0/告報 5】告知、告訴。

上堂：“從上諸聖，為一大事因緣故出現於世，遞相告報。是汝諸人還會麼？若不會，大不容易。”（卷八·報慈慧朗禪師）

【洗澡 0/澡洗 4】

既消遣不下，却似抱橋柱澡洗，要且放手不得。（卷二十·梁山師遠禪師）

【替換 0/換替 2】

暑運推移，日南長至。布裩不洗，無來換替。（卷十八·雲巖天游禪師）

【泄漏 0/漏泄 11】

縱向這邊行履，也應未得十全。良由杜口毗耶，已是天機漏泄。（卷十四·丹霞普月禪師）

【扶牢 0/牢扶 1】扶穩。

師召侍者：“與老僧牢扶梯子。”遂點之。（卷十四·天衣法聰禪師）

【負荷 0/荷負 2】擔負、承擔。

須知佛佛祖祖，了無一法為人。子子孫孫，直下全身荷負。（卷十四·光孝思徹禪師）

【食堂 1/堂食 0】僧人吃飯的地方。

曰：“雖在彼中，且不曾上他食堂。”（卷五·藥山惟儼禪師）

【增加 0/加增 1】

若論佛法兩字，是加增之辭，廉纖之說。（卷十五·育王懷璉禪師）

【羽毛 0/毛羽 3】鳥獸的羽毛。

師曰：“直須識取把針人，莫道鴛鴦好毛羽。”（卷十九·華嚴祖覺禪師）

【灑脫 0/脫灑 6】領悟、通達。

遂參福嚴雅和尚，又曰：“祇是箇脫灑衲僧。”由是終日默然，深究先德洪規。（卷十五·薦福承古禪師）

《五燈會元》同素異序詞在現代漢語中使用情況數據統計

形式	AB 式、BA 式							
	都保留	保留一箇	沒保留	總計	出現一箇	沒保留	總計	出現一箇
意義	意義沒變	一箇變化	都變化	沒變	變化			
數量	5	2	2	13	10	4	36	16

在 36 對同素異序詞中，只有 4 組完全消失，所佔比例很小，說明漢語詞形在歷史的發展過程當中具有比較高的穩定性；從其意義方面來看，有 5 組在詞形和意義上都沒有變化，2 組中每組有一箇沒有變化，而只保留了一箇詞形且該詞形的詞義沒有變化的有 13 箇。意義發生變化的包括兩種詞形都保留的有 2 組，其中每組中的一箇詞意義沒有變化，只保留了一箇詞形且意義發生變化的有 10 組，可知，在意義上，沒有發生變化的比例要大於發生變化的比例。可見，就該時期同素異序詞和其在現代漢語中詞形、意義上的變化來說，穩固性是其最大的特點，但是其中變化幅度也是不小的。

4.2 四字格同素異序成語的使用情況

4.2.1 保留了其中一箇詞形

四字格同素異序成語中，共有 10 組是保留了其中的一箇詞形在現代漢語中繼續應用，保留下來的這 10 箇成語，有 6 箇的意義沒有發生變化，如：【千差萬別】形容種類多，差別大；【斬釘截鐵】比喻十分堅定果斷；【三頭六臂】字面義為一人有三箇頭，六隻胳膊，比喻神通廣大，本領非凡；【五湖四海】泛指全國各地；【三三兩兩】三兩箇聚在一起，形容數量少；【點鐵成金】比喻把不好的或平凡的事物改變成很好的事物。

有 4 箇的意義發生了變化，變化主要體現在禪義的消失上，如：

【成家立業】成立家庭，建立事業。禪籍中用來指參透佛法，修成正果。

【冰消瓦解】像冰一樣融化、瓦一樣破碎，形容完全消釋或崩潰。禪籍又可喻指頓悟見徹之時。

【拖泥帶水】本是用來形容在泥濘道路上行走的樣子，用來比喻辦事不利索，拖拖拉拉。禪籍中喻指陷入言辭義理，不能乾脆爽利地接引學人或領悟禪法。

【手忙脚亂】形容做事慌亂沒有條理。禪宗語錄中比喻沒有找到領悟禪法的途徑。

以上 4 箇成語都是禪義消失，字面義和引申義和現代漢語中的使用情況相同。

4.2.2 詞形完全消失

還有 18 組，《現代漢語詞典》沒有收錄，如下：迷頭認影 4/認影迷頭 4；飲氣吞聲 4/吞聲飲氣 1；隨波逐浪 12/逐浪隨波 1；風行草偃 2/草偃風行 3；虛生浪死 2/浪死虛生 1；森羅萬象 19/萬象森羅 10；東西南北 14/南北東西 5；歡喜踊躍 2/踊躍歡喜 1；攀緣起倒 1/起倒攀緣 1；密密堂堂 1/堂堂密密 2；漆桶不快 1/不快漆桶 3；瞬目揚眉 5/揚眉瞬目 16；止啼黃葉 1/黃葉止啼 3；惺惺寂寂 1/寂寂惺惺 1；拗直作曲 1/拗曲作直 2；有眼無足 2/有足無眼 2；七穿八穴 4/七穴八穿 1；千了百當 1/百了千當 3。

4.2.3 只出現一種詞形

與現代漢語，《五燈會元》中只出現了一種詞形，而現代漢語中的慣用詞形就是由此變換而來，如下（前為現在的慣用詞形，後為《五燈會元》中所用詞形）：

【粉身碎骨 0/粉骨碎身 1】

問："如何是佛法的的大意？"師曰："東方甲乙木。"曰："恁麼則粉骨碎身也。"（卷十五·福昌重善禪師）

【天南海北 0/海北天南 1】

曰："念念相應後如何？"師曰："海北天南各自行，不勞魚雁通消息。"（卷十四·廣德周禪師）

【四面八方 0/四方八面 8】

揭簾趨出，衝口說偈曰："徹！徹！大海乾枯，虛空迸裂。四方八面絕遮攔，萬象森羅齊漏泄。"（卷十八·上封本才禪師）

【生擒活捉 0/活捉生擒 1】

有句無句，明來暗去。活捉生擒，捷書露布。（卷十四·護國欽禪師）

【攪行奪市 0/攪奪行市 1】跨行業抢生意。比喻越权夺职。

因雪峯指火曰："三世諸佛在火焰裏轉大法輪。"師曰："近日王令稍

嚴。"峯曰："作麼生？"師曰："不許攙奪行市。"（卷七·玄沙師備禪師）

第二節 《五燈會元》中的俗語

1. 俗語的界定

關於俗語的界定，從二十世紀開始，眾多學者就其名稱、性質、範圍、特點展開討論，到目前為止，仍然沒有達成共識。先看幾部辭書和有關學者的定義：

《辭海》對"俗語"定義為："流行於民間的通俗語句帶有一定的方言性。指諺語、俚語及口頭上常用的成語等。"① 《漢語大詞典》對"俗語"定義為：民間流傳的说法；通俗流行並已定型的语句；方言土语；指当地的习惯称呼。② 《中國俗語大詞典》對"俗語"定義為："俗語是群眾所創造的、並在群眾口語中流傳、結構相對定型的通俗而簡練的語句。"③ 《中國俗語大辭典》對"俗語"定義為："將俗語作為一箇上位概念，包括成語、諺語、慣用語、歇後語，還包括熟語在內。不包括方言詞、俗語詞、來自書面語系統的成語和來自名家名篇的名言警句。"④ 《古代漢語知識辭典》："俗語，同'諺語'條。諺語，也叫'鄙語''俗修''俗言''俗語''俗話'。是人民口頭上廣泛流傳的一種現成語句。諺語通俗簡練，意思完整，大都總結了人民生活鬥爭的經驗。"⑤ 曲樸認為："漢語俗語是指包括口語性成語和諺語、格言、歇後語、慣用語、俚語等在內的定型化或趨於定型化的簡練慣用語彙和短語。"⑥ 徐琳認為："俗語是群眾創造的，並在群眾口語中流傳、相對定型的通俗而簡練的語句。具有群眾性、口語性和通俗性的特點。由詞和詞組合而成，是大於詞的

---

① 《辭海》上冊，上海辭書出版社 1979 年版，第 564 頁。
② 漢語大詞典編輯委員會：《漢語大詞典》第 1 卷，漢語大詞典出版社 1994 年版，第 1403 頁。
③ 溫端政：《〈中國俗語大詞典〉前言》，《語文研究》1989 年第 1 期。
④ 溫端政：《〈中國俗語大辭典〉序言》，上海辭書出版社 2011 年版。
⑤ 向熹主編：《古代漢語知識辭典》，四川辭書出版社 2007 年版。
⑥ 曲樸：《俗語古今》，河北人民出版社 1991 年版，第 5 頁。

語言單位；具有相對固定的結構；可以充當句子成份或單獨成句。"① 雷
漢卿在其《禪籍方俗詞研究》一書在總結前人學者關於"俗語"的認識
的基礎上得出"我們認為古代學者把俗語、方俗詞、成語、諺語、慣用
語、歇後語等統統視為'俗語'是無可厚非的，因為'俗語'是一箇種
概念，'俗語詞'、'口語詞'、'方俗詞'等是它的屬概念，屬於現代意
義上的'詞'的層面。後來的研究者之所以對'俗語'的範圍和'俗語
詞'兩箇概念各持己見莫衷一是，其癥結就在於沒有明確地將'俗語'
和'俗語詞'兩箇概念區分開來"②。該論斷切中肯綮，看到了問題的關
鍵所在。

我們認為俗語和俗語詞是兩箇不同的概念，一箇是"語"，另一箇是
"詞"，"語"是由"詞"按照一定的語法結構構成。俗語是由群眾創造，
並在口頭流傳，意義上通俗且言簡意賅，富於口語化；結構上隨著歷時
的演變而趨於定型，但是有時候又略有變化；是大於詞又小於句子的這
麼一級語法結構；在具體的語境中又可以充當句子成份或單獨成句。本
章我們所討論的俗語包括俗成語、俗諺語和歇後語三種。

2. 俗成語

對於成語的定義，我們選取幾家比較有代表性觀點：

《漢語大詞典》認為：慣用的古語；指長期慣用，結構定型，意義完
整的固定詞組。大多由四字組成。③ 黃廖本認為"成語是一種相沿習用含
義豐富具有書面語色彩的固定短語"，"具有意義整體性；結構凝固性；
風格典雅性"④ 的特徵。馬國凡認為："成語是人們習用的、具有歷史性
和民族性的定型詞組；漢語成語以單音節構成成份為主，基本形式為四
音節。"⑤ 史式認為："凡在語言中長期沿用，約定俗成，一般具有固定的
結構形式與組成成份，有其特定含義，不能望文生義，在句子中的功能
相當於一箇詞的定型詞組或短句，謂之語。"⑥ 劉潔修認為成語是"人們

① 徐琳：《唐宋禪籍俗語研究》，博士學位論文，四川大學，2011 年。
② 雷漢卿：《禪籍方俗詞研究》，巴蜀書社 2010 年版，第 160 頁。
③ 漢語大詞典編輯委員會：《漢語大詞典》，漢語大詞典出版社 1994 年版。
④ 黃伯榮、廖序東主編：《現代漢語》（增訂第四版），高等教育出版社 2009 年版。
⑤ 馬國凡：《成語》，內蒙古人民出版社 1973 年版。
⑥ 史式：《漢語成語研究》，四川人民出版社 1979 年版。

長期以來習用的、形式簡潔而意思精闢的、定型的詞組或短語"，"說它習用的，是就多數成語而言，其中有一些成語可能只在歷史的某一箇時期之內比較流行；說它是定型的，是就當代多數人趨向一致的習慣用法而言，並不因此而排除變異性和靈活性；說它是詞組，是就其結構成份而言；說它是短句，是說成語中包括一部份簡短的語句。""大多數的俗語，尤其是哪些方言俗語，都不應看作成語。"① 溫端政認為雅成語有三箇特點，"一是來源於書面系統"，二是"多文言成分，包括文言實詞和文言虛詞"，三是"通行範圍上，多為知識分子所使用"。②

　　以上針對成語的定義，概括來講其特徵有結構定型、意義完整簡練、人們習用等。

　　漢語語彙有雅俗之分，成語作為語彙的一類，同樣也有雅俗之分，以上關於成語的定義，多半是針對傳統的雅成語而言，對於俗成語，溫端政認為："俗成語來源於口語系統，有的來自古代口語系統，有的來自近代或現代口語系統；在構成成份上多白話成份；多通行於群眾的口語。"③ 李小平認為："俗成語，就是歷代口頭創作、口頭運用的口語色彩很濃的成語。""漢語方言熟語系統中凡是'二二相承的表述語和描述語'都應當稱作成語。"④ 雷漢卿認為俗成語"主要來源於民間口語系統或雖見於書面語系統但仍來源於某一時期特定的方言、口語的結構固定、語義完整的四字詞語"⑤。就我們所搜集到的《五燈會元》中的俗成語而言，其特點基本符合上述諸家的觀點，但是就結構上來說，禪籍俗成語有其特殊的地方，即有部分成語的結構還不是那麼穩定，比如："騎驢覓驢"中間可加入其他成份，作"騎驢更覓驢"，又可更換字詞變為"騎牛覓牛"；"黃葉止啼"，又可作"止啼黃葉、黃葉止啼、認葉止啼、黃葉以止啼"；還有，通過上文的同素異序成語可知，其中有大量的俗成語詞素之間是可以自由調換的。鑒於此，我們認為，俗成語是由人們口頭創造或來源於書面語系統但是在人們口頭經常使用；結構上大多較為固定，

---

①　劉潔修：《成語》，商務印書館 2000 年版，第 3、18 頁。

②　溫端政：《中國諺語大全·前言》，上海辭書出版社 2004 年版，第 5 頁。

③　溫端政：《中國諺語大全·前言》，上海辭書出版社 2004 年版，第 6 頁。

④　李小平：《論漢語方言成語的性質》，《語文研究》2009 年第 1 期。

⑤　雷漢卿：《禪籍俗成語淺論》，《語文研究》2012 年第 1 期

但也有不少略有变化；意義上比較簡練，並在群眾中使用較為廣泛的四字詞語；同時有些俗成語有其行業性、時代性。

2.1 俗成語的結構

對於成語的結構分析，各家意見不一，我們摘引幾種比較有代表性的觀點如下：

史式認為成語的結構可以分為七類，即"主謂結構（主語＋謂語）、動賓結構（動語＋賓語）、動補結構（動語＋補語）、動賓補結構（動語＋賓語＋補語）、偏正結構、兼語結構。聯合結構比較複雜，内部又可以分為不同關係的聯合，即：交叉關係，並列關係，對比關係，承接關係，因果關係，目的關係六種"①。符淮青認為成語的語法構造分為"主謂結構、述賓結構、述補結構、述賓補結構、兼語結構、並列結構"②。黃伯榮、廖序東認為："四字格的成語有下列五種基本結構：並列結構、偏正結構、動賓結構、補充結構、主謂結構。此外還有連謂結構；兼語結構；緊縮結構；重疊結構。有的成語今天已經無法分析它的結構。"③雷漢卿認為："禪籍俗成語的構成方式亦可分為複合式、重疊式、複句結構和特殊結構四種類型。"④

我們從《五燈會元》中收集到各類成語共 221 箇，結合以上諸家的觀點，并根據其實際情況，我們把這些成語的結構歸納為主謂結構、偏正結構、聯合結構、動賓結構、動補結構、連謂結構、兼語結構和複句結構。

主謂結構：一葉翳空、戊在丙丁、空過一生、犛牛愛尾、子承父業、蠅子放卵、言不干典、黃葉止啼、禍不單行、一言不措、罪不重科、頭上安頭、雪上加霜、牀上安牀、土上加泥、白衣拜相、文不加點、名不浪得、羚羊掛角、邯鄲學唐步、天花亂墜、單刀直入、火風相逼、郢人圖堊、餓虎投崖、一箭雙雕、桀犬吠堯、善犬帶牌、寸絲不挂、高枕無憂、眼中添屑、眼中著屑、路不拾遺、語不投機、名不虛傳、功不浪施、

---

① 史式：《漢語成語研究》，四川人民出版社 1979 年版，第 350—366 頁。
② 符淮青：《現代漢語詞彙》（增訂本），北京大學出版社 2004 年版，第 200 頁。
③ 黃伯榮、廖序東主編：《現代漢語》（增訂四版），高等教育出版社 2007 年版，第 268 頁。
④ 雷漢卿：《禪籍俗成語淺論》，《語文研究》2012 年第 1 期。

枯木生花、狹路相逢、後生可畏、家賊難防、眾口難調、葉落歸根、信手拈來、好肉剜瘡、肉上剜瘡、剜肉作瘡、虛空剜窟、頑石點頭、飛蛾赴火、狂狗趁塊、韓盧逐塊、一刀兩段、汗流浹背、眾盲摸象、狗尾續貂、樹高招風、笑裏有刀、言語道斷、滴水難消、迴光返照。

偏正結構：捨父逃走、不可思議、不知所措、春池拾礫、默然心服、不日而就、席地而坐、返本還源、如蟲禦木、如影隨形、如雞抱卵、如刀畫水、如虎戴角、如火與火、隔靴搔癢、勞而無功、不二之言、渙若冰釋、泮然冰釋、陳蕃之榻、款出囚口、百尺竿頭、本来面目、大千世界。

聯合結構：詭名挾佃、埋兵掉鬪、片衣口食、重子輕父、徧現俱該、日居月諸、抽釘拔楔、天崩地陷、貴耳賤目、齒茂氣完、避溺投火、疋馬單鎗、匹馬單鎗、匹馬單槍、駕肩接跡、呵佛罵祖、龍頭蛇尾、喪身失命、龜毛兔角、冰消瓦解（冰消瓦解‖瓦解冰消）、安身立命、手舞足蹈、亘古亘今、拈椎豎拂（拈槌豎拂）、展鈔牒科、成家立業、殘羹餿飯、手忙脚亂、道聽途言、賊首頭犯、瞬目揚眉、奪角衝關、生男育女、飲氣吞聲、吞聲飲氣、墮坑落塹、樹倒藤枯、灰頭土面、披毛戴角、灰飛煙滅、陞堂入室、張眉努目、驢唇馬嘴、粉骨碎身、風恬浪静、歐頭柳脚、斬釘截鐵、談玄説妙、入聖超凡、耳聞目視、拖泥帶水、帶水拖泥、殘羹餿飯、三三兩兩、閉目藏睛、行住坐臥、京三卞四、百種千般、千差萬別、千了百當、七手八脚、落二落三、錯七錯八、徹骨徹髓、蓋天蓋地、見神見鬼、敲磚打瓦、超宗異目、異目超宗。

動賓結構：與蛇畫足、止啼黃葉、浪得高名、截斷眾流、揚下屠刀、不拘文字、如喪考妣、徒施巧妙。

動補結構：憧憧不絕、當仁不讓、饑不擇食、忍俊不禁、忍痛不禁、抑不得已。

連謂結構：望塵拜伏、騎驢覓驢、截耳臥街、認葉止啼、認影迷頭、閉門造車、塞耳偷鈴、掩耳偷鈴、鑒貌辨色、知過必改、入鄉隨俗、敲骨取髓、敲骨打髓、刺血濟饑、布髮掩泥、投崖飼虎、依模畫樣。

兼語結構：認奴作郎、認龜作鼈、弄巧成拙、點鐵成金、把土成金、畫餅充饑、將錯就錯、壓良為賤、作賊人心虛、指鹿為馬、畫餅充饑、望梅止渴、剜肉成瘡、捏目生花、勾賊破家、將勤補拙。

複句結構：小出大遇、革昧防失、認筌執象、抛甎引玉、背明投暗、水到渠成、水長船高、無風浪起（無風起浪）、棄本逐末、打草蛇驚、"前言不構，後語難追"、刻舟求劍、魯般門下、殊途同歸、家貧路富、自作自受、知而故犯、勞而無功、擔雪填井、離波求水、守株待兔、對牛彈琴、迎刃而解、似是還非、相席打令、相簦打簦、預搔待癢、水到渠成、立地成佛、立地構取、立地放尿、道頭會尾、滴水冰生、掘地討天、掘地覓天、貴買賤賣、拗直作曲、撥草瞻風、動弦別曲、見兔放鷹、看風使帆、買帽相頭、抱贓叫屈。

2.2 俗成語的語義

無論是雅成語還是俗成語，其意義一般都是由字面義和引申義組成，而對禪籍中使用的成語來講，最有特點的在於其禪義和零意義的應用上，但是這些禪義也是在字面義的基礎上產生的，應該屬於引申義的一種，只是由於禪義具有其特殊性，所以我們單列出來。

2.2.1 俗成語語面義

語面義是"根據俗成語的組成成分及其語法關係可以直接推斷出來的意義"①。相對於禪義和字面義的使用來說，俗成語在禪籍中使用字面義的情況相對要少得多。略舉幾例如下：

【天花亂墜】本出自佛經典故。《法華經·序品》："爾時世尊，四眾圍繞，供養恭敬尊重讚歎，爲諸菩薩說大乘經……佛說此經已，結加趺坐，入於無量義處三昧，身心不動。是時天雨曼陀羅華、摩訶曼陀羅華、曼殊沙華、摩訶曼殊沙華，而散佛上及諸大眾。"卷八《報恩清護禪師》："僧問：'諸佛出世，天花亂墜。和尚出世，有何祥瑞？'師曰：'昨日新雷發，今朝細雨飛。'"

【灰頭土面】佛教語。謂菩薩爲度化眾生而隨機應現各種混同凡俗的化身。卷十八《楊州齊諡首座》門人嘗繪其像，請贊，爲書曰："箇漢灰頭土面，尋常不欲露現。而今寫出人前，大似虛空著箭。怨怨！可惜人間三尺絹。"

【當仁不讓】語出《論語·衛靈公》："當仁不讓於師。"朱熹集注："當仁，以仁爲己任也；雖師亦無所遜，言當勇往而必爲也。"後泛指遇

---

① 雷漢卿：《禪籍俗成語淺論》，《語文研究》2012 年第 1 期。

到應該做的事主動去做，絕不推諉。卷七《玄沙師備禪師》："諸方玄學有所未決，必從之請益。至與雪峯徵詰，亦當仁不讓。"

【語不投機】"機"指機鋒或時機。指禪宗稱謂說法不契合時機或對方的機鋒。卷十二《雲峯文悅禪師》："所以道，言無展事，語不投機，承言者喪，滯句者迷。汝等諸人，到這裏憑何話會？"

2.2.2 俗成語深層義

深層義"是對俗成語語面義進行抽象、概括而獲得的意義，更富有哲理性"①。這類深層義是在字面義的基礎上直接引申出來的，與在世俗文獻中的使用情況一樣，並不因在禪籍中使用而特殊。如：

【邯鄲學唐步】語出《莊子·秋水》，《漢書·敘傳上》記作："昔有學步於邯鄲者，曾未得其髣髴，又復失其故步，遂匍匐而歸耳。"後因用"邯鄲學步"比喻模仿不成，反把自己原有的長處失去了。卷七《鏡清道怤禪師》："問僧：'趙州喫茶話，汝作麼生會？'僧便出去。師曰：'邯鄲學唐步。'"

【與蛇畫足】典出《戰國策·齊策二》，字面義是蛇本沒有腳，結果卻畫上了。比喻做多餘的事，反而有害无益。卷四《靈鷲閑禪師》："上堂：'是汝諸人本分事，若教老僧道，即是與蛇畫足。'時有僧問：'與蛇畫足即不問，如何是本分事？'"

【剜肉成瘡】本想割肉醫瘡，但被割之處反成新瘡。比喻行事只顧一面，結果與預想適得其反。卷十二《西余拱辰禪師》："上堂：'理因事有，心逐境生。事境俱忘，千山萬水。作麼生得恰好去？'良久曰：'且莫剜肉成瘡。'"

【對牛彈琴】典出漢·牟融《理惑論》，比喻對不懂事理的人講道理或言事。常含有徒勞無功或諷刺對方愚蠢之意。卷十五《承天惟簡禪師》："問：'開口即失，閉口即喪。未審如何說？'師曰：'舌頭無骨。'僧曰：'不會。'師曰：'對牛彈琴。'"

2.2.3 俗成語禪義

俗成語禪義是指俗成語在禪籍中使用時由於沾染了禪宗的思想而體現出來的意義。由意義的演變途徑來看，該類又可分為兩種。第一種是

---

① 雷漢卿：《禪籍俗成語淺論》，《語文研究》2012 年第 1 期。

字面義—引申義—禪義，三者是順時發展的過程。例如：

【一葉翳空】字面義為一片樹葉擋住了天空。喻指目有所蔽，就看不見東西。禪籍喻指被世俗之物擋住而不能頓悟。卷一《初祖菩提達磨大師》："卽至祖所，禮拜問訊。祖曰：'一葉翳空，孰能剪拂?'宗勝曰：'我雖淺薄，敢憚其行?'"

【渙若冰釋】字面義為像冰融化一樣明亮的樣子。喻指突然明白了。禪籍指頓悟，直指本性。卷十《天台德韶國師》："師於坐側，豁然開悟。平生凝滯，渙若冰釋。遂以所悟聞于法眼。"

第二種是由字面義直接變演出禪義，或者說引申義隱含在禪義當中。例如：

【韓盧逐塊】"韓盧"指戰國時韓國善跑的名犬，代指狗；"塊"指土塊。字面義指狗追逐土塊。禪籍喻指參禪時"指抓不住本質、要害，只關注表面的、非本質的方面"①。卷二十《大溈法寶禪師》："上堂：'喚作竹篦則觸，不喚作竹篦則背。直須師子齩人，莫學韓盧逐塊。阿呵呵！會不會？金剛脚下鐵崑崙，捉得明州憨布袋。'"

【一刀兩段】字面義為一刀砍斷為兩段，比喻為當下頓悟，不涉及言語等各種施設。卷十五《承天惟簡禪師》："上堂：'一刀兩段，埋没宗風。師子飜身，拖泥帶水。直饒坐斷十方，不通凡聖，脚跟不好，與三十。'"

【認奴作郎】"在家庭中的尊長男子，對奴僕來說就是主人，所以'郎'可指主人。"②"認奴作郎"字面義就是指把奴僕當作了主人。禪籍中喻指參學者糊裡糊塗，不知本性，向外求佛，將各種言語施設，權益法門當作禪法。卷二《扣冰澡先古佛》："有僧燒炭，積成火龕。曰：'請師入此修行。'曰：'真玉不隨流水化，琉璃爭奪眾星明。'曰：'莫祇這便是麼?'曰：'且莫認奴作郎。'"

【立地放尿】"立地"，義為立即、馬上；"放尿"，義為撒尿。"立地放尿"指立即就撒尿了。禪籍喻指突然開悟，猛然頓悟。卷十九《金陵俞道婆》安首座至，婆問："甚處來?"安曰："德山。"婆曰："德山泰

---

① 高列過：《"韓盧逐塊"辯證》，《宗教學研究》2013 年第 2 期。
② 俞理明：《說"郎"》，《中國語文》1999 年第 6 期。

乃老婆兒子。"安曰:"婆是甚人兒子?"婆曰:"被上座一問,直得立地放尿。"

2.2.4 俗成語的零意義

零意義是指俗成語在禪籍會話語境中只有語言形式而不表意義,只是禪師在問答句中用來打斷學人的說話,使用中具有隨意性。也可以說是俗成語在禪籍中的一種特殊的語境義。我們先看"路不拾遺",在本書中該成語共出現 2 次,如:

僧問:"如何是道?"師曰:"路不拾遺。"(卷十二·雲峯文悅禪師)

僧問:"如何是義臺境?"師曰:"路不拾遺。"曰:"如何是境中人?"師曰:"桀犬吠堯。"(卷十五·義臺子祥禪師)

前一例中僧問的"道"是大道、道理、禪旨,而師轉移話題以道路來回答,但是二者之間還是有聯繫的。而後一例中出現的"路不拾遺""桀犬吠堯"在對話中沒有意義,只是禪師用來打斷學僧的提問,不要執著於言語施設,一味地敲磚打瓦,不是悟道的途徑。再看下面 1 例:

上堂,舉"臨濟和尚四喝"公案,乃召眾曰:"這箇公案,天下老宿拈掇甚多,第恐皆未盡善。焦山不免四棱著地,與諸人分明注解一徧。如何是踞地師子,咄!如何是金剛王寶劍,咄!如何是探竿影草,咄!如何是一喝不作一喝用,咄!若也未會,拄杖子與焦山吐露看。"卓一下曰:"笑裏有刀。"又卓一下曰:"毒虵無眼。"又卓一下曰:"忍俊不禁。"(卷二十·焦山師體禪師)

此段對話中接連出現了"笑裏有刀""毒虵無眼""忍俊不禁"三箇俗成語,相互之間,上下文之間都沒有任何聯繫,只是禪師不惜口業打斷聽法僧人的思維念想,引導學僧應當下頓悟。

這種形式的俗成語在類此的對話中可以說具有零意義,但是如果脫離了禪宗這種對話形式,他們的意義又是很可解的。

2.3 俗成語的運用

俗成語這一言簡意賅的語言形式,在禪籍中的運用是十分靈活的,它既可以當作一箇詞來使用,又可以獨立成句,有的又可以拆開來使用。

2.3.1 當成一箇詞來使用

禪籍中的俗成語在句子中有時候和一箇詞的作用相同,可以當成一箇詞來理解。例如:

【單刀直入】以要言之，則實際理地，不受一塵，萬行門中，不捨一法。若也單刀直入，則凡聖情盡，體露真常，理事不二，卽如如佛。（卷九·潙山靈祐禪師）

【亘古亘今】問："如何是三世諸佛道場？"師曰："莫別瞻禮。"曰："恁麼則亘古亘今。"（卷八·龍華契盈禪師）

【生男育女】上堂："巖頭和尚用三文錢索得箇妻，祇解撈蝦摝蜆，要且不解生男育女，直至如今，門風斷絕。大眾要識公妻麼？百丈今日不惜脣吻，與你諸人注破：蓬鬢荊釵世所稀，布裙猶是嫁時衣。"（卷十二·百丈惟政禪師）

以上例句中"單刀直入"可以理解成"直接"；"亘古亘今"可以理解成"長久"；"生男育女"可以看成是"生育"，這些例句中的俗成語都可以看成是複合詞在起作用。

2.3.2 獨立成句

禪籍中俗成語有不少是單獨使用的，其作用相當於一箇句子。例如：

【信手拈來】卷十四《大洪報恩禪師》："上堂，拈起拄杖曰：'昔日德山臨濟，信手拈來，便能坐斷十方，壁立千仞。直得冰河焰起，枯木花芳。諸人若也善能橫擔豎夯，徧問諸方；苟或不然，少林倒行此令去也。'"

【行住坐臥】卷二《牛頭山法融禪師》："任意縱橫，不作諸善，不作諸惡，行住坐臥，觸目遇緣，總是佛之妙用。"

【勞而無功】卷八《招慶道匡禪師》："師曰：'這裏無物，諸人苦恁麼相促相拶作麼，擬心早沒交涉，更上門上戶，千里萬里，今既上來，各著精彩，招慶一時拋與諸人，好麼？'乃曰：'還接得也無？'眾無對。師曰：'勞而無功。'"

以上例句中"信手拈來"和"行住坐臥"是禪師在上堂說法時運用的，而"勞而無功"是禪師和學僧之間對話過程中使用的，二者都是單獨成句，表達意思更加的簡練，而且像"行住坐臥"句中，前後都是四字格，還富有韻律。

2.3.3 各類活用情況

禪籍中俗成語在應用上可以說是靈活多變，可以變換單字，可以對調字序，可以加入其他成份等。

2.3.3.1 替換單字的情況

A 單字換後對意義沒有影響

【刻舟求劍】—【刻舟尋劍】

卷十二《淨因繼成禪師》："老僧恁麼舉了，祇恐你諸人見兔放鷹，刻舟求劍。何故？功德天、黑暗女，有智主人，二俱不受。"

卷十二《淨因繼成禪師》："擲下拄杖，召大眾曰：'虛空翻筋斗，向新羅國裏去也。是你諸人，切忌認葉止啼，刻舟尋劍。'"

一箇用"求"，另一箇用"尋"，二者都是尋求、尋找的意思。引申義喻指拘泥成法，固執不知變通。禪義指參禪只知外求而不知像內心求的行為，是禪宗所極力反對的做法。所以，這類變換對於其字面義、引申義和禪義都沒有影響。

【斬頭覓活】—【斬頭求活】

卷十九《東山覺禪師》："還知劍去久矣麼？設使直下悟去，也是斬頭覓活。東山事不獲已，且向第二頭鞠拶看。"

卷六《洛浦元安禪師》："若道這箇是，即頭上安頭；若道不是，即斬頭求活。"

一箇用"覓"，另一箇用"求"，二字意義相同，指尋覓、尋求。兩箇成語的字面義都是指把頭斬掉了還要去尋求活著。引申指愚癡而不可能實現的行為。

B 單字換後字面義略有差異，但是對引申義或禪義沒有影響

【塞耳偷鈴】—【掩耳偷鈴】

卷七《玄沙師備禪師》："冥冥漠漠，無覺無知，塞耳偷鈴，徒自欺誑。"

卷十六《淨眾梵言首座》："師曰：'國師恁麼道，大似掩耳偷鈴。何故？說有說無，盡是野干鳴。諸人要識師子吼麼？咄！'"

一箇用"塞"，另一箇用"掩"，"塞耳偷鈴"是指把某物塞進耳朵裏去偷鈴鐺。"掩耳盜鈴"義為用手捂住耳朵去偷鈴鐺。二者的字面義略有差別，但是其引申義都是指自欺欺人，禪義都是指不知自證自悟而一味地向外覓求。

【掘地討天】—【掘地覓天】

卷二十《華藏智深禪師》："上堂：'兜率降生，雙林示滅。掘地討

天，虛空釘橛。四十九年，播土揚塵。三百餘會，納盡敗缺。盡力布網張羅，未免喚龜作鼈。末後拘屍城畔，槨示雙趺。旁人冷眼，看來大似弄巧成拙。'"

卷十一《汾陽善昭禪師》："僧問：'如何是大道之源？'師曰：'掘地覓天。'曰：'何得如此？'師曰：'不識幽玄。'"

一箇用"討"，另一箇用"覓"。"掘地討天"字面義為向下挖掘大地，向上討要天空；"掘地覓天"字面義為向下挖掘大地，向上尋覓天空。都喻指不可能實現的荒唐行為。二字字面義略有不同，但是對引申義沒有影響。

C 單字換後意義不同

【忍俊不禁】—【忍痛不禁】

卷十二《大寧道寬禪師》："僧問：'飲光正見，為甚麼見拈花却微笑？'師曰：'忍俊不禁。'"

卷十七《寶峰克文禪師》："北俱盧洲火發，燒著帝釋眉毛，東海龍王忍痛不禁，轟一箇霹靂，直得傾湫倒嶽，雲黯長空。"

一箇用"俊"，一箇用"痛"，"忍俊不禁"義為忍不住笑；"忍痛不禁"義為忍不住痛。該例中二成語皆用的是字面義。

2.3.3.2 雙字替換的情況

A 這裏所說的"雙字"是指複音詞或者可以組成複音詞。雙字變換後字面義略有不同，但是引申義或禪義相同。例如：

【把定世界】—【把定要津】—【把定乾坤】—【把定三關】

卷十《淨德智筠禪師》："他古人道，沙門眼把定世界，函蓋乾坤，綿綿不漏絲髮。"

卷十二《泐潭景祥禪師》："曰：'人人有箇生緣，如何是和尚生緣？'師曰：'把定要津，不通凡聖。'"

卷十五《雪竇重顯禪師》："廣大門風，威德自在，輝騰今古，把定乾坤。千聖祇言自知，五乘莫能建立。"

卷二十《南巖勝禪師》："僧問：'放行五位即不問，把定三關事若何？'師曰：'橫按鏌鎁全正令。'"

"把定"義為截斷言句教說、知識情解，是禪家的本分施設。"世界""乾坤"自不必解釋，"要津"義為重要的渡口；"三關"指黃龍三關，禪宗著名公案。從字面意義來講，四箇俗成語的意義略有不同，但是就其禪義來講，都是指牢守本心，不立言句，扼斷語路，切斷種種學解知見，分別妄念。

【撐天拄地】─【撐門拄户】

卷十四《福應文禪師》："龜毛拂逼塞虚空，兔角杖撐天拄地。日射珊瑚林，知心能幾幾。"

卷十六《智海本逸禪師》："在衲僧也畫横肩上，渡水穿雲，夜宿旅亭，撐門拄户。"

"天"和"地""門"和"户"都可組成雙音節詞。兩箇俗成語在字面義上略有不同，但是其禪義都可指支撐禪宗門户。

B"雙字"替换后意義不同。例如：

【驢脣馬嘴】─【磨脣挵觜】

卷十五《雲門文偃禪師》："若是一般掠虚漢，食人涎唾，記得一堆一擔骨董，到處馳騁。驢脣馬嘴，誇我解問十轉五轉話。"

卷十五《九峰鑒韶禪師》："祇為不曾看讀古今因緣，及預先排疊勝妙見知等侯。陞堂便磨脣挵觜，將粥飯氣熏炙諸人。"

一箇選用"驢""馬"這組動物名稱；另一箇選用"磨""挵"這組動作動詞。"驢脣馬嘴"字面義是指驢的嘴脣和馬的嘴脣，引申指互不相干的兩種事物放在了一起，禪義喻指胡説、亂説；"磨脣挵觜"字面義為摸擦嘴脣，引申指説話没有節制，禪義喻指禪師不停地動用言語施設，違反了禪宗的思想。兩箇俗成語的意義明顯不同。

【漆桶不快】─【漆桶生光】

卷十二《萬壽慧素禪師》："復曰：'會麽？'曰：'不會。'師曰：'漆桶不快。'"

卷十一《風穴延沼禪師》："問：'不修禪定，為甚麽成佛無疑？'師曰：'金雞專報曉，漆桶夜生光。'"

"漆桶"是指刷上黑色染料的桶。"漆桶不快"禪籍中指愚頑、遲鈍者的訓斥之辭；"漆桶生光"字面義指黑色的桶發出光亮，禪籍喻指轉迷為悟。兩箇俗成語意思正好相反。

2.3.3.3 語序變换

關於語序變换這種情況，在同素異序詞一節中有比較詳細的論述，此不贅述。

2.3.4 俗成語的省略和擴充用法

A 省略用法

a 省略為一箇字的用法，此類用法比較少。例如：

【本來面目】—【本】

卷二《蒙山道明禪師》："盧曰：'不思善，不思惡，正恁麼時，阿那箇是明上座本來面目？'師當下大悟，徧體汗流，泣禮數拜。"

卷二《荷澤神會禪師》："祖曰：'知識遠來大艱辛，將本來否？若有本則合識主，試說看。'"

例句中的"本"可以看作"本來面目"的省稱，指人之本心本性，亦即人人所具之佛性。

b 省略為兩箇字的用法

【迴光返照】—【返照】

卷九《仰山慧寂禪師》："汝等諸人，各自迴光返照，莫記吾言。汝無始劫來，背明投暗，妄想根深，卒難頓拔。"

卷二《蒙山道明禪師》："師當下大悟，徧體汗流，泣禮數拜，問曰：'上來密語密意外，還更別有意旨否？'盧曰：'我今與汝說者，即非密也。汝若返照自己面目，密却在汝邊。'"

例句中的"返照"是"迴光返照"的縮減，取四字格的後兩箇字。義為收回向外尋求的眼光，觀照自身自心。

【黃葉止啼、止啼黃葉】—【止啼】

卷九《仰山慧寂禪師》："所以假設方便，奪汝麤識。如將黃葉止啼，有甚麼是處，亦如人將百種貨物，與金寶作一鋪貨賣。"

卷六《同安常察禪師》："師曰：'老僧適來造次。'曰：'某甲不是嬰兒，徒用止啼黃葉。'"

卷四《國清院奉禪師》："問：'十二分教是止啼之義。離却止啼，請師一句。'師曰：'孤峯頂上雙角女。'"

例句中的"止啼"是"黃葉止啼"或"止啼黃葉"的省稱，既可以說是取四字格的前兩箇字也可以是後兩箇字。無論是雙字格還是四字格都是"黃葉為金，止小兒之啼"的縮減稱呼，典出佛經故事。

【粉骨碎身】—【粉碎】

卷十五《福昌重善禪師》："問：'如何是佛法的的大意？'師曰：'東方甲乙木。'曰：'恁麼則粉骨碎身也。'"

卷十三《金峰從志禪師》："問僧：'你還知金峰一句子麼？'曰：'知來久矣。'師曰：'作麼生！'僧便喝。師良久，僧曰：'金峰一句，今日粉碎。'"

例句中的"粉碎"是"粉骨碎身"的省稱，取第一、第三箇字組成複音詞。義為身軀粉碎。

【冨冨塞塞】—【冨塞】

卷二十《延福慧升禪師》："盡十方世界，會十世古今，都盧在裏許，冨冨塞塞了也。"

卷二《南嶽慧思禪師》："獨行獨坐常巍巍，百億化身無數量。縱令冨塞滿虛空，看時不見微塵相。"

例句中的"冨塞"是"冨冨塞塞"的省稱，義為充滿、塞得滿滿的。

c 省略為三箇字的用法。

【眼中著屑、眼中添屑】—【眼中屑】

卷十六《天衣義懷禪師》："乃曰：'上來道箇不審，能銷萬兩黃金。下去道箇珍重，亦銷得四天下供養。若作佛法話會，滴水難消。若作無事商量，眼中著屑。且作麼生即是？'"

卷十七《法輪文昱禪師》："上堂，以拄杖卓一卓，喝一喝曰：'雪上加霜，眼中添屑。若也不會，北鬱單越。'"

卷二十《西禪守淨禪師》："最奇絕，眼中屑。既是奇絕，為甚麼却成眼中屑？"

例句中的"眼中屑"可以說是"眼中著屑""眼中添屑"的省稱，捨第三箇字而成。義為多於累贅有害的東西。

【捨父逃走】—【捨父逃】

卷二《北宗神秀禪師》："師有偈示眾曰：'一切佛法，自心本有。將心外求，捨父逃走。'"

卷六《蟠龍可文禪師》："問：'如何是佛？'師曰：'癡兒捨父逃。'"

例句中的"捨父逃"當是"捨父逃走"的省稱，捨第四箇字而成。禪義為外求禪旨，不知內求自證，不懂本性即禪。

B 擴充用法

本書中俗成語的擴充大體上有兩種，一是嵌入單音節或雙音節詞；二是把原成語拆分成兩部份，在拆分的部份或前或後加上一些成份組成兩句話。

a在運用中嵌入單音節或者雙音節詞，有副詞、連詞和動詞等。例如：

【頭上安頭】—【頭上更安頭】卷七《溈潭寶峰禪師》："師曰：'恁麼則闍黎知了也。'曰：'頭上更安頭。'"

【雪上加霜】—【雪上更加霜】卷三《大陽和尚》："師曰：'汝祗解瞻前，不解顧後。'曰：'雪上更加霜。'師曰：'彼此無便宜。'"

【狂狗趁塊】—【狂狗盡逐塊】卷十二《萬壽慧素禪師》："師曰：'一壞一不壞，笑殺觀自在。師子驀齩人，狂狗盡逐塊。'"

以上前兩例加入了副詞"更"，以單句的形式存在。這兩箇成語都可表示累贅、多餘、徒勞的行為。最後一例加入副詞"盡"，義為只管。

【白衣拜相】—【白衣須拜相】卷十三《曹山本寂禪師》："偈曰：'白衣須拜相，此事不為奇。積代簪纓者，休言落魄時。'"

【弄巧成拙】—【弄巧飜成拙】卷十五《禾山楚材禪師》："曰：'為甚麼不雕琢？'師曰：'弄巧飜成拙。'"

【一箭雙雕】—【一箭落雙雕】卷十一《風穴延沼禪師》："問：'一即六，六即一。一六俱亡時如何？'師曰：'一箭落雙雕。'"

【擔雪填井】—【擔雪去填井】卷十六《國清普紹禪師》："上堂：'靈雲悟桃花，玄沙傍不肯，多少癡禪和，擔雪去填井。今春花又開，此意誰能領？端的少人知，花落春風静。'"

以上4例都是在中間加入了動詞，"須"為須要；"飜"為變成；"去"用在動詞結構之間表示前者是後者的方法，後者是前者的目的。

【黃葉止啼】—【黃葉以止啼】卷二十《雙林德用禪師》："拈槌豎拂，祖師門下，將黃葉以止啼。説妙談玄，衲僧面前，望梅林而止渴。"

【避溺投火】—【避溺而投火】卷六《禾山師陰禪師》："曰：'恁麼則不覓去也。'師曰：'還同避溺而投火。'"

以上2例是在中間加入了連詞。"以"是表目的的連詞；"而"是表轉折的連詞。

【畫餅充飢】—【畫餅不可充饑】卷九《香嚴智閑禪師》："歸寮將

平日看過底文字從頭要尋一句酬對，竟不能得，乃自歎曰：'畫餅不可充饑。'"

以上例子加入雙音節詞助動詞"不可"，表示不可能，不能夠。

b 擴充時拆分成了兩句。例如：

【胡言漢語】—【胡言易辨，漢語難明】卷十九《太平慧勤禪師》："曰：'祇如達磨見武帝意旨如何？'師曰：'胡言易辨，漢語難明。'"

此例是把原成語一分為二，并各在其後加上"易辨""難明"，中間用逗號隔開，組成對偶句。

【拋甎引玉】—【比為拋甎，祇圖引玉】卷十五《連州寶華和尚》："師聞之，乃曰：'這老凍儂作怎麼語話。'容聞，令人傳語曰：'何以奴緣不斷。'師曰：'比為拋甎，祇圖引玉。'"

此例把原成語一分為二，但是是在分開後各複音詞的前面加上表原因的"比為"和表結果的"祇圖"，中間用逗號點斷，構成上表原因下表結果的對偶句。

【刻舟求劍】—【劍去遠矣，爾方刻舟】卷三《東寺如會禪師》："遂示眾曰：'心不是佛，智不是道。劍去遠矣，爾方刻舟。'時號東寺為禪窟焉。"

此例變化不同於以上兩例，並不是把原成語拆分，而是在原成語的基礎上改造成了表承接關係的兩句話。

3. 俗諺語

諺語有廣義和狹義之分，溫端政總結前人關於諺語的觀點為"古人所說的諺語，是指在群眾口語中廣泛流行并世代口耳相傳的通俗而簡練的語言單位。這就是現在人們所說的廣義的諺語，相當於'俗語'，不僅包括諺語，還包括慣用語、俗成語和歇後語"①。周裕鍇認為："就純形式而言，禪籍的俗諺可分為諺語和歇後語兩種。諺語是民間長期流傳的常言熟語，字面具有完整的意義。"② 此種分類是把"俗諺"作為一箇上位概念，諺語和歇後語作為其下位概念。

關於狹義的諺語的定義，我們選取幾家觀點如下：

---

① 溫端政：《漢語語彙學》，商務印書館 2005 年版，第 159 頁。
② 周裕鍇：《禪籍俗修管窺》，《江西社會科學》2004 年第 2 期。

吳占坤、馬國凡認為："諺語是通俗簡練、生動活潑的韻語或短句，它經常以口語的形式，在人民中間廣泛地沿用和流傳，是人民群眾表現實際生活經驗或感受的一種'現成話'。"① 王勤認為諺語"是人民群眾生活鬥爭的經驗總結，是具有傳授經驗和教訓勸誡功能，流傳於人民群眾口頭中現成話"②。溫端政認為諺語是"以傳授知識為目的的俗語"③。

本書中採用的是狹義的觀點，把諺語看成是俗語的一箇下位概念，與俗成語、歇後語並列存在。

3.1 俗諺語的結構

俗諺語在結構上來說是比詞組大又比句子小的這麼一箇語彙單位，只是相當於表示一箇意義完整的句子，但是並不是語法意義上的句子，它沒有語調，只有放入特定的語句中，賦予一定的語氣語調，才會變成句子。關於俗諺語的語法結構，我們根據其組成成份可以分成單句型俗諺語、複句型俗諺語和緊縮性俗諺語。

3.1.1 單句型俗諺語

3.1.1.1 非主謂句單句俗諺語

動詞性非主謂句單句俗諺語：急水上打毬子、水淺不是泊船處、百尺竿頭須進步、非父不生其子、捧上不成龍、破驢脊上足蒼蠅、泰山廟裏賣紙錢。

形容詞性非主謂句單句俗諺語：無縫塔前多雨水、羅公詠梳頭樣。

3.1.1.2 主謂句單句俗諺語

動詞性謂語句型：赤土塗牛妳、波斯喫胡椒、春日雞鳴、中秋犬吠、一口吸盡西江水、渴鹿趁陽燄、穿耳胡僧笑點頭、同坑無異土、須彌還更戴須彌、烏龜稽首須彌柱、嵩山道士詐明頭、牛頭尾上安、癡兒捨父逃、夫子入太廟、鬧市里弄猢猻、小人得見君子、丙丁童子來求火、喬翁賽南神、水底捺葫蘆、大丈夫膝下有黃金、須彌頂上戴須彌、驢鞍橋作阿爺下頷、良藥苦口利於病、東籬打西壁、東壁打西壁、東壁打倒西

---

① 吳占坤、馬國凡：《諺語》，內蒙古人民出版社 1980 年版，第 3 頁。

② 王勤：《諺語歇後語概論》，湖南人民出版社 1980 年版，第 8 頁。

③ 溫端政：《諺語》，商務印書館 1985 年版，第 11 頁。

壁、拆東籬補西壁、臭肉來蠅、禮防君子、大才藏拙戶、勸君不用鐫頑石、路上行人口似碑、賣金須是買金人、弄潮須是弄潮人、通身是口難分雪、一盲引眾盲、一葉落知天下秋、面黃不是真金貼、六耳不同謀、舌頭不出口、賊不打貧人家、賊不打貧兒家、肚上不貼榜、好手不張名、真鍮不博金、猛虎終不食伏肉、惡虎不食子、大海不宿死屍、私事不得官酬、對面不相識、對面不相見、好事不如無、好事不出門、家醜不外揚、嗔拳不打笑面、繪雉不成雞、多虛不如少實、真人面前不說假、遠親不如近鄰（近鄰不如遠親）、遠聞不如近見、八十老婆不言嫁、嗔拳不打笑面、獨掌不浪鳴、惡虎不食子、孤峰無宿客、師子窟中無異獸、黃泉無老少、禍不入慎家之門、家醜不外揚、迅雷不及掩耳、美食不中飽人喫、青山不礙白雲飛、時寒不出手、蝦跳不出斗、夜行莫踏白、金櫻樹上不生梨。

形容詞性謂語句型：春雨一滴滑如油、臂長衫袖短、鶴脛長鳧脛短、甘草甜黃檗苦。

名詞性謂語句型：火官頭上風車子、紅爐上一點雪、丫角女子白頭絲、一重山下一重人。

主謂謂語句型：作賊人心虛、自家肚皮自家畫、一條紅線兩人牽、一家有事百家忙。

3.1.2 複句型俗諺語

3.1.2.1 依靠語序組合而成的複句俗諺語

三言："日面佛，月面佛""藏頭白，海頭黑""不打水，魚自驚""騎虎頭，打虎尾""冬不寒，臘後看""乾三長，坤六短""功德天，黑暗女""懸羊頭，賣狗肉""冤有頭，債有主""春不耕，秋無望""拆東籬，補西壁""一葉落，天下秋"。

四言："竿木隨身，逢場作戲（逢場作戲）""龍蛇易辨，衲子難謾""蒲花柳絮，竹針麻線""郢人無汙，徒勞運斤""快馬一鞭，快人一言""土曠人稀，相逢者少""阿師老耄，不啻龐公""眼見如盲，口說如瘂""光前絕後，今古罕聞""初三十一，中九下七""心不負人，面無慚色""月似彎弓，少雨多風""以字不成，八字不是""春明門外，不問長安""祥雲競起，巖洞不虧""臺盤倚子，火爐窗牖""不隔毫氂，時人遠向""逢之不逢，逢必有事""上無片瓦，下無卓錐""肉重千斤，智無銖兩"

"不許夜行，投明須到""析骨還父，析肉還母""井底寒蟾，天中明月""驢事未去，馬事到來""幻人相逢，拊掌呵呵""雷霆一震，布鼓聲銷""南方水闊，北地風多""胡來胡現，漢來漢現""一人傳虛，萬人傳實""一犬吠虛，千猱哇實""閉門造車，出門合轍""巧匠施工，不露斤斧""毛吞巨海，芥納須彌""上天無路，入地無門""下坡不走，快便難逢（下坡不走）""袖頭打領，腋下剜襟""早知如是，悔不如是""早知如是，終不如是""早知如是，不見如是""官不容針，私通車馬（官不容針）""將頭不猛，帶累三軍""肥邊易得，瘦肚難求""求生不得，求死不得""家無小使，不成君子""言不再舉，令不重行""君子愛財，取之以道""一言已出，駟馬難追""一言出口，駟馬難追""上天無路，入地無門""十語九中，不如一默""有利無利，莫離行市""見怪不怪，其怪自壞""是怪不怪，其怪自壞""人平不語，水平不流""人無遠慮，必有近憂""人貧智短，馬瘦毛長""東家點燈，西家暗坐""雷聲浩大，雨點全無"。

五言："師子身中蟲，自食師子肉""五更侵早起，更有夜行人""十年賣炭漢，不知秤畔星""醜陋任君嫌，不挂雲霞色""大海從魚躍，長空任鳥飛""青山元不動，浮雲任去來""盲鶴下清池，魚從腳底過""彩氣夜常動，精靈日少逢""趙璧本無瑕，相如誑秦主""盲者依前盲，啞者依前啞""石上無根樹，山含不動雲""虛空無影像，足下野雲生""有眼無耳朵，六月火邊坐""不敬功德天，誰嫌黑暗女""髻中珠未解，石女斂雙眉""靈龜呈卦兆，失却自家身""靈龜無卦兆，空殼不勞鑽""一粒在荒田，不耘苗自秀""獻璞不知機，徒勞招刖足""青山常舉足，白日不移輪""枯樹無橫枝，鳥來難措足""空隨媒鴿走，虛喪網羅身""雨滋三草秀，片玉本來輝""真金不肯博，誰肯換泥丸""石牛沿古路，日裹夜明燈""梁殿不施功，魏邦絕心跡""客路如天遠，侯門似海深""鳥棲林麓易，人出是非難""海島龍多隱，茅茨鳳不棲""晴乾不肯去，直待雨淋頭""打水魚頭痛，驚林鳥散忙""三日不相見，莫作舊時看""待得雪消後，自然春到來""苦瓠連根苦，甜瓜徹蒂甜""不知天地者，剛道有乾坤""是處是彌勒，無門無善財""不是張華眼，徒窺射斗光""良馬不窺鞭，側耳知人意""春來草自青，月上已天明""罕逢穿耳客，多遇刻舟人""赤腳人趁兔，著靴人喫肉""擊水魚頭痛，穿林宿鳥驚"

"海枯終見底，人死不知心""日出隄陽坐，天寒不舉頭""水母元無眼，求食須賴蝦""巢父不牽牛，許由不洗耳""世亂奴欺主，年衰鬼弄人（年衰鬼弄人）""富嫌千口少，貧恨一身多""來説是非者，便是是非人""金木水火土，羅睺計都星""一九與二九，相逢不出手""家肥生孝子，國霸有謀臣"。

六言："主人擎拳帶累，闍黎拖泥涉水""上無片瓦蓋頭，下無卓錐之地""上無片瓦蓋頭，下無寸土立足"。

七言："兩箇泥牛鬭入海，直至于今絕消息""一透龍門雲外望，莫作黃河點額魚""夜半石人無影像，縱橫不辨往來源""虛空無掛針之路，子虛徒撚線之功""荷葉團團團似鏡，菱角尖尖尖似錐""風吹柳絮毛毬走，雨打梨花蛺蝶飛""奈河橋畔嘶聲切，劍樹林中去復來""師子窟中無異獸，象王行處絕狐蹤""欲得不招無間業，莫謗如來正法輪""路逢劍客須呈劍，不是詩人莫獻詩""路逢劍客須呈劍，不是詩人莫説詩""道泰不傳天子令，時清休唱太平歌""道泰不傳天子令，行人盡唱太平歌""三歲國家龍鳳子，百年殿下老朝臣""愁人莫向愁人説，説向愁人愁殺人""化鵬未遇不如鷗，畫虎不成反類狗""人逢好事精神爽，入火真金色轉鮮""落華有意隨流水，流水無情戀落華"。

多箇語節："金佛不度爐，木佛不度火，泥佛不度水""説得一丈，不如行取一尺；説得一尺，不如行取一寸""龍生龍，鳳生鳳，老鼠養兒沿屋棟""一葉落，天下秋；一塵起，大地收；一法透，萬法周""見與師齊，減師半德；見過於師，方堪傳授"。

前後句字數不同："三十年弄馬騎，今日被驢撲""東家人死，西家人助哀"。

3.1.2.2 依靠關聯詞組合而成的複句俗諺語

前後句首有關聯詞："寧可截舌，不犯國諱""祇解瞻前，不解顧後""從苗辨地，因語識人""若不下水，焉知有魚""將謂胡鬚赤，更有赤鬚胡（謂言鬍鬚赤 ‖ 將謂胡鬚赤）""將謂相悉，却成不委""若與空王為弟子，莫教心病最難醫""祇見錐頭利，不見鑿頭方（祇見錐頭尖，不見鑿頭利）""祇見雲生碧嶂，焉知月落寒潭""祇有湛水之波，且無滔天之浪""不是張家生，誰云李家子""謂言侵早起，更有夜行人（五更侵早起，更有夜行人）""將謂是箇爛柯仙，元來却是挐蒲漢"。

前後句尾有關聯詞："一處如是，千處亦然"。

前後句中有關聯詞："動則影現，覺則冰生""賊來須打，客來須看""春風如刀，春雨如膏""相罵無好言，相打無好拳""客路如天遠，侯門似海深""為人須為徹，殺人須見血""相煦以濕，相濡以沫"。

關聯詞在後句："學者勞形，如猿捉影""如世良馬，見鞭影而行（良馬見鞭影而行）""我早侯白，伊更侯黑""三十年弄馬騎，今日却被驢撲""傾山覆海晏然靜，地動安眠豈采伊""啼得血流無用處，不如緘口過殘春""好一釜羹，被一顆鼠糞汙却""入山不畏虎，當路却防人""三世諸佛不知有，狸奴白牯却知有"。

關聯詞在前句："眾角雖多，一麟足矣""既是大商，何求小利""三歲孩兒雖道得，八十老人行不得""少林雖有月，葱嶺不穿雲"。

3.1.3 緊縮型俗諺語

表轉折：判官斷案相公改、張公喫酒李公醉、家富小兒嬌、賊過後張弓、見面不如聞名、聞名不如見面、千聞不如一見、遠聞不如近見、好事不如無、脚瘦草鞋寬。

表目的：偷佛錢買佛香。

表順承：養子方見父慈、入水見長人、癡人面前且莫説夢、擔折知材重、得饒人處且饒人。

表原因：無風火不隨、春來草自青、地肥茄子嫩、打水魚頭痛、失錢遭罪、眼裏無筋一世貧、河裏失錢河裏摝。

3.2 俗諺語的語義

俗諺語的語義也是由語面義和深層義組成，而且多數俗諺語的引申義才是其所表達的重點，禪籍中的俗諺語由於受到禪籍這種特殊語料的影響，有些俗諺語又具有禪義和零意義這些意義形式。

3.2.1 俗諺語的語面義

俗諺的語面義是指根據俗諺所包含的詞及其語法關係可以直接推斷出來的意義。無論是在傳世文獻還是佛典禪宗文獻中，俗諺直接使用字面義的用例都比較少。例如：

【真人面前不説假】義為在行家面前不要弄虛作假，說假話，應該吐露真言。字面義直接表義。卷十六《智海本逸禪師》："開口是，合口是，眼下無妨更著鼻。開口錯，合口錯，眼與鼻孔都拈却。佛也打，祖也打，真人面前不説假。"

【析骨還父，析肉還母】字面義為那吒把自己的骨肉還給父母。如此剩下的就是那吒本來之自己，是種無物無我的本來身。禪僧不懂本來身之義，還問那吒的本來身是什麼樣的，可見該學僧還處於懵懂未悟的境界。故投子大同禪師以動作語啟示他，而不用其他任何文字言語。此處俗語的字面義直接表義。卷五《投子大同禪師》："問：'那吒析骨還父，析肉還母，如何是那吒本來身？'師放下拂子，叉手。"

【將謂相悉，却成不委】義為原以為理解頓悟了，却沒有理解開悟。是禪師對參禪僧的斥責語。卷十《清涼泰欽禪師》："師曰：'今日有甚麼事？'有僧出禮拜，師曰：'道者，前時謝汝請我，將甚麼與汝好？'僧擬問次，師曰：'將謂相悉，却成不委。'"

【見與師齊，減師半德；見過於師，方堪傳授】義為見識與老師的相同，那麼得到的德行只有老師的一半；只有見識超過了老師，才能去傳道授業。此乃禪師鼓勵學僧勇猛參禪，不要淺嘗則止。字面義直接表義。卷三《百丈懷海禪師》："師曰：'如是，如是！見與師齊，減師半德。見過於師，方堪傳授。子甚有超師之見。'檗便禮拜。"

3.2.2 俗諺語的深層義

俗諺語的深層義是指在俗諺本義的基礎上直接引申而得到的意義。該類用法在禪籍中和在世俗文獻中的用意是一樣的，在各種文獻中是比較常用的，也是最能體現俗諺價值的地方之一。例如：

【泰山廟裏賣紙錢】"泰山廟"作為廟宇，本身是供信士燒香燒紙祭拜的場所，由此內部因素引申為多此一舉，在行家面前賣弄本事。卷十二《文公楊億居士》："公書偈遺李都尉曰：'漚生與漚滅，二法本來齊。欲識真歸處，趙州東院西。'尉見遂曰：'泰山廟裏賣紙錢。'"

【上無片瓦蓋頭，下無卓錐之地】字面義為頂上沒有一片瓦可以遮蓋頭部，腳下連放錐子的一塊地方都沒有。"片瓦""卓錐"用來借指形容事物的小或少，整句俗諺通過借代引申為一無所有，連容身之地都沒有。卷二十《薦福悟本禪師》："大眾，這一隊不唧𠺕漢，無端將祖父田園私地結契，各據四至界分，方圓長短，一時花擘了也。致令後代兒孫，千載之下，上無片瓦蓋頭，下無卓錐之地。"

【若不下水，焉知有魚】字面義為如果不下到水裏面，怎麼會知道有沒有魚呢。比喻若不親自實踐，便不能了解實情。卷七《泉州東禪和尚》："僧問：'人王迎請，法王出世，如何提唱宗乘，即得不謬于祖風？'師曰：'還柰得麼？'曰：'若不下水，焉知有魚？'"

3.2.3 俗諺語的禪義

俗諺語的禪義是指俗諺語在禪籍中使用時，由於受到禪宗思想的感染而產生的帶有禪宗義理的引申義。我們把該類禪義分為兩類，一類是由本義在受到禪宗思想的感染后直接產生禪義。如：

【以字不成，八字不是】"以"字，是指寫在護符上端的"靦"字，是悉曇字湨字的變形，如果按中文的書寫來看，該字既不是"以"字，也不是"八"字。禪籍中引申指用任何方式都難以表達其本來面目的情形。卷四《睦州陳尊宿》："問：'以字不成，八字不是，是何章句？'師彈指一聲，曰：'會麼？'曰：'不會。'"

【驢事未去，馬事到來】"驢事""馬事"，比喻不好的事情，麻煩的事情。該諺語指一件麻煩事沒有了結，另一件又接著到來。禪籍中喻指禪法就在當下，不假外求。卷六《覆船洪荐禪師》："曰：'驢事未去，馬事到來。'師曰：'灼然作家。'僧拂袖便出。"

【赤土塗牛妳】字面義為把紅色的土塗抹在牛的乳房上。民間爲了給小牛斷奶，在母牛的乳房上塗上稀泥或帶苦味的東西，如此小牛多次吃到泥土或苦味之後就不再吃奶了。禪籍中喻指禪師借用方便權宜之計，暫時哄騙或誘惑無智之人。卷五《丹霞天然禪師》："士曰：'丹霞在麼？'女曰：'去也。'士曰：'赤土塗牛妳。'"

【師子身中蟲，自食師子肉】"師子"即獅子，佛典中喻指佛，指其勇猛無畏，法力無邊。該諺語字面義為師子身上的蟲子，吃師子身上的肉。禪籍中喻指作為佛的信徒，見性成佛，才是安身立命之處。卷三《西堂智藏禪師》："時有僧出，以手托地。師曰：'作甚麼？'曰：'相救！相救！'師曰：'大眾！這箇師僧猶較些子。'僧拂袖便走。師曰：'師子身中蟲，自食師子肉。'"

另一類是諺語在本義的基礎上產生引申義，而引申義又受到禪宗思想的感染而產生禪義。如：

【禮防君子】"禮防"指禮法。謂禮之禁亂，猶坊之止水。語出《禮記·經解》：“夫禮，禁亂之所由生，猶坊止水之所自來也。”陸德明釋文：“坊，本又作防。”“禮防君子”字面義為以禮法來防備君子。引申指對某些看起來很正常的事物、現象要做好防備。禪籍喻指佛家看破紅塵，對客觀事物都持戒備態度。卷十二《石霜楚圓禪師》：“問：‘既是護法善神，為甚麼張弓架箭？’師曰：‘禮防君子。’”

【賊過後張弓】字面義為盜賊走後才拉開弓。引申為事後補救，於事無補。禪籍用來斥責機思遲緩者。卷四《趙州從諗禪師》：“師乃把火於法堂內，叫曰：‘救火！救火！’驀開門捉住曰：‘道！道！’師曰：‘賊過後張弓。’”

【賣金須是買金人】字面義為賣金子的人也必須是買金子的人，喻指好東西要賣給識貨的人。禪籍中用來指禪師接引學人也要有箇前提條件，那就是學僧必須有慧根、有佛性。卷十六《崇壽江禪師》：“僧問：‘知師久蘊囊中寶，今日開堂略借看。’師曰：‘不借。’曰：‘為甚麼不借？’師曰：‘賣金須是買金人。’”

【路逢劍客須呈劍，不是詩人莫獻詩】字面義為路上遇到真正的劍客必須亮劍；遇到的不是真正的詩人就不要作詩。引申為見到內行知音才顯露真本領。禪宗常用於應接學人時的賓主問答。卷十一《風穴延沼禪師》：“清曰：‘不逐忘羊狂解息，却來這裏念篇章。’師曰：‘路逢劍客須呈劍，不是詩人莫獻詩。’”

3.2.4 俗諺語的零意義

俗諺語的零意義也是指俗諺有其語言形式，但是在禪籍的對話中受到禪宗思想的影響而丟失其語言意義。先看一組以“如何”作為提問詞的問答句，如下：

（1）【袖頭打領，腋下剜襟】卷十一《鎮州萬壽和尚》：“問：‘如何是丈六金身？’師曰：‘袖頭打領，腋下剜襟。’”

（2）【判官斷案相公改】卷四《饒州嶢山和尚》：“問：‘如何是丈六金身？’師曰：‘判官斷案相公改。’”

例（1）、例（2）的問答句中，禪師用不同的答句“袖頭打領，腋下剜襟”“判官斷案相公改”來回答相同的提問“如何是丈六金身”，可以說這兩句不同的答句在對話中是不產生意義的。如果說這是在不同的卷次中的對話的話，我們再看在同一段對話中連續的問答中俗諺的使用情況，例如：

（3）【賊不打貧兒家】卷四《湖南祇林和尚》："僧問：'十二年前為甚麼降魔？'師曰：'賊不打貧兒家。'曰：'十二年後為甚麼不降魔？'師曰：'賊不打貧兒家。'"

（4）【同坑無異土‖深耕淺種】卷十二《翠巖可真禪師》："住翠巖日，僧問：'如何是佛？'師曰：'同坑無異土。'問：'如何是祖師西來意？'師曰：'深耕淺種。'"

例（3）中，禪師用俗諺"賊不打貧兒家"這一句俗諺來回答學僧前後兩句意義完全相反的提問；例（4）中，禪師用"同坑無異土""深耕淺種"兩句俗諺回答學僧提出的"什麼是禪法"的問題。

再看 5 例問答句中俗諺的使用情況：

（5）【初三十一，中九下七】卷四《睦州陳尊宿》："問：'如何是向上一路？'師曰：'要道有甚麼難？'曰：'請師道。'師曰：'初三十一，中九下七。'"

（6）【出處非干佛，春來草自青】卷六《西川靈龕禪師》："僧問：'如何是諸佛出身處？'師曰：'出處非干佛，春來草自青。'"

（7）【春來草自青，月上已天明】卷十一《魯祖教禪師》："問：'如何是學人著力處？'師曰：'春來草自青，月上已天明。'"

（8）【人貧智短，馬瘦毛長】卷十九《五祖法演禪師》："問：'祖意教意，是同是別？'師曰：'人貧智短，馬瘦毛長。'"

（9）【無縫塔前多雨水】卷四《靈鷲閑禪師》："仰山問：'寂寂無言，如何視聽？'師曰：'無縫塔前多雨水。'"

上述例（5）—例（9），禪師都是運用了俗諺語來回答學僧的提問，而這些俗諺同例（1）—例（4）中俗諺的使用基本一致，那就是在對話中我們不好理解該俗諺語所要表達的具體意義。它們都是用來打斷學僧的提問，促使其跳出邏輯思維的樊籠，直接進入無人無我，萬物皆空的禪悟境界，真正領悟禪法的終極意義。

3.3 俗諺語的運用

3.3.1 用於問答句中的問句

3.3.1.1 完整的俗諺語用於問句

這裏的"完整"，是指沒有被拆分使用或者省略使用，而是一句完整的俗諺語應用於禪籍中，如：

【光前絕後，今古罕聞】義為罕見、罕聞。卷四《長沙景岑禪師》："至明日，三聖上問：'承聞和尚昨日答南泉遷化一則語，可謂光前絕後，今古罕聞。'師亦默然。"

【賊來須打，客來須看】字面義為盜賊來了要打，客人來了需要款待。引申指對待不同的事物要採取不同的措施。《卷九‧芭蕉慧清禪師》："問：'賊來須打，客來須看，忽遇客賊俱來時如何？'師曰：'屋裏有一緉破草鞋。'"

【從苗辨地，因語識人】從田苗的長勢可以判定田地的好壞，從一箇人的言語中可以認識他的為人。禪籍指從一箇人的言談之間可以判斷他是否頓悟了。卷五《投子大同禪師》："問：'從苗辨地，因語識人，未審將何辨識？'師曰：'引不著。'"

3.3.1.2 拆開後的俗諺語用於問句

把複句型的俗諺語拆開來，上句和下句分別用於前後兩句的問句中，例如：

【閉門造車，出門合轍】轍，車輪軋過的痕跡。義為只要按照一定的規則，即使關起門來做出來的車子也是可以使用的。卷五《潭州鹿苑和尚》："問：'如何是閉門造車？'師曰：'南嶽石橋。'問：'如何是出門合轍？'師曰：'拄杖頭鞋。'"

3.3.1.3 省略一部份的俗諺語用於問句

把俗諺語的一部份省略掉，只是使用其中的一部份應用在問句中，例如：

【無下口處】"蚊子上鐵牛，無汝下口處"是一句完整的俗諺語，字面義為蚊子在鐵牛身上，找不到可以下口的地方，禪籍喻指禪旨只能頓悟，而不能通過言語施設獲得，即方擬議即乖，方轉向即背。如：卷九《溈山靈祐禪師》："巖却問師：'百丈大人相如何？'師曰：'巍巍堂堂，煒煒煌煌。聲前非聲，色後非色。蚊子上鐵牛，無汝下觜處。'"《五燈會元》中有在問句中只是使用"無下口處"的省略用例，如：卷九《芭蕉令遵禪師》："僧問：'直得無下口處時如何？'師曰：'便須進一步。'"

3.3.2 用於問答句中的答句

3.3.2.1 完整的俗諺語用於答句

無論是單句型、複句型還是緊縮型的俗諺語，都有以整句用於答句的現象，例如：

【八十老婆不言嫁】老婆，義為年老的婦女。八十歲的老媽媽不再說嫁人。禪家喻指修習佛法要根據箇人的根性、素質，採用適當的方法。卷十六《石佛曉通禪師》："曰：'不漸不頓時如何?'師曰：'八十老婆不言嫁。'"

【既是大商，何求小利】既然要想成就大事業，就不必在一些細枝末節上糾纏不清，成大事者當有大氣度，放長線者方能釣大魚。要想頓悟，不能執著于看經。卷六《天蓋山幽禪師》："問：'學人擬看經時如何?'師曰：'既是大商，何求小利。'"

【眾角雖多，一麟足矣】普通野獸的犄角再多，也抵不過麒麟的一箇犄角，能擁有一箇麟角足矣。卷五《青原行思禪師》："師曰：'汝今識吾否?'曰：'識。又爭能識得?'師曰：'眾角雖多，一麟足矣。'"

3.3.2.2 拆開後的俗諺語用於答句

本來是複句型的俗諺語，在本書用例中被拆分開，在上下文的上句和下句分別用來回答學僧所提出的問題。例如：

【有錢千里通，無錢隔壁聾】這是一句俗諺語，字面義為有錢人辦事，遠隔千里都暢通無阻；沒錢人辦事，近鄰隔壁也裝聾不應。《古尊宿語錄》卷三八《襄州洞山第二代初禪師語錄》："問：'盡未來際，遍法界中。盡此一句時如何?'師云：'有錢千里通，無錢隔壁聾。'"在《五燈會元》中把該句拆開，用來打斷學僧的提問，促其當下頓悟。卷十二《百丈惟政禪師》："僧問：'牛頭未見四祖時，為甚麼百鳥銜花獻?'師曰：'有錢千里通。'曰：'見後為甚麼不銜花?'師曰：'無錢隔壁聾。'"

【巢父飲牛，許由洗耳】這是一句俗諺語，本是一箇典故，《山堂肆考》卷二十二，洗耳："皇甫謐《高士傳》：'許由，字武仲。堯聞其賢，欲致天下而讓焉。乃退而遁於中嶽，潁水之濱，箕山之下。堯又召為九州長，由不欲聞，洗耳於潁濱時，有巢父牽犢欲飲之，見由洗耳，問其故，對曰："堯欲召我，我惡其聲，是故洗耳。"巢父曰："子若處高岸深谷，人道不通，誰能見子? 子故浮游，欲聞求其名，譽污吾犢口。"牽犢上流飲之。'"禪籍中有使用的例子，如:《虛堂和尚語錄·嘉興府報恩光孝禪寺語錄》:"端平二年住此山，牽長補短，隨分過時。若是法身邊事，巢父飲牛，許由洗耳。"《五燈會元》中被拆開分別作為答句回答問題。卷十七《龜山曉津禪師》:"僧問:'如何是賓中賓?'師曰:'巢父飲牛。'曰:'如何是賓中主?'師曰:'許由洗耳。'"

【圖他一斗米，失却半年糧】喻指因小失大。如:《雲門匡真禪師廣錄》卷上《對機三百二十則》:"苦屈苦屈，圖他一斗米，失却半年糧。如此行脚有什麼利益?"《五燈會元》中把該俗諺語拆開來回答學僧的提問，且下句用來回答第一箇的提問，上句用來回答第二箇的提問，如:卷七《福清玄訥禪師》:"僧問:'如何是觸目菩提?'師曰:'闍黎失却半年糧。'曰:'為甚麼如此?'師曰:'祇為圖他一斗米。'"

3.3.2.3 省略一部份的俗諺語用於答句

這種用例是指只是運用俗諺語中的一部份來回答學僧的提問，但是意義和整句俗諺的意義相同，如:

【將謂鬍鬚赤，（更有赤鬚胡）】卷三《百丈懷海禪師》:"黃檗便問:'古人錯祇對一轉語，墮五百生野狐身。轉轉不錯，合作箇甚麼?'師曰:'近前來! 向汝道。'檗近前，打師一掌。師拍手笑曰:'將謂胡鬚赤，更有赤鬚鬍。'"字面義人人都只認為達摩的鬍鬚紅，想不到我這裏也有一箇紅鬍鬚的達摩。句中的含義是說百丈以為只有他自己頓悟，想不到黃檗也已經悟了真道。省略用例如:卷十二《石霜楚圓禪師》:"問:'有理難伸時如何?'師曰:'苦。'曰:'恁麼則舌拄上齶也。'師噓一聲。僧曰:'將謂鬍鬚赤。'"

【好事不出門，（惡事行千里）】卷九《壽州紹宗禪師》:"僧問:'如何是西來意?'師曰:'好事不出門，惡事行千里。'""對紹宗禪師這句禪語，可以有兩種解釋，第一:菩提達摩帶到漢土來的，並不是'好事'，而是'惡事'。第二:印度真正的優秀僧人并沒有離開故土，菩提達摩是因為在印度混的不好才千里迢迢跑到漢土來的。不論哪一種解釋，都是'呵佛罵祖'的話，表現了'禪宗'僧人不崇拜偶像的特點。"① 省略用例如:卷十四《石門元易禪師》:"曰:'為甚麼如此?'師曰:'好

---

① 朱瑞玟:《佛教成語》，漢語大詞典出版社 2006 年版，第 354 頁。

事不出門。'"

【蚊子上鐵牛,（無汝下觜處）】卷九《潙山靈祐禪師》:"師曰:'巍巍堂堂,煒煒煌煌。聲前非聲,色後非色。蚊子上鐵牛,無汝下觜處。'"禪籍義為禪旨不可言說。省略用例如:卷八《招慶道匡禪師》:"問:'如何是西來意?'師曰:'蚊子上鐵牛。'問:'如何是在匣劍?'師良久,僧罔措。"

3.3.3 問句與答句中皆用俗諺語

在上下文的對話中,學人與禪師都使用言簡意賅的俗諺語進行此問彼答,以此來完成機鋒的對答,例如:

【入山不畏虎,當路却防人‖君子坦蕩蕩】問句中俗諺義為進入山裏可以不害怕老虎,但是走在路上卻要防備壞人。喻指人心難測,不可不隨時提防;答句中俗諺義為君子為人做事都是坦坦蕩蕩,光明正大。如:卷十二《鹿門慧昭山主》:"楊億侍郎問曰:'入山不畏虎,當路却防人時如何?'師曰:'君子坦蕩蕩。'"

【不許夜行,投明須到‖恩大難酬】問句中俗諺義為不許夜間行走,但是天亮的時候必須趕到。由"夜"到"明",也就是由"大死"到"大活",由"癡"到"悟"的過程;問句中俗諺義為大的恩情難以償還。如:卷十七《法雲杲禪師》:"入室次,璣舉:'僧問投子:"大死底人却活時如何?"子曰:"不許夜行,投明須到。"意作麼生?'師曰:'恩大難酬。'"

【東家作驢,西家作馬‖相識滿天下】問句中俗諺字面義為既可以作為東邊一家的驢,也可以作為西邊一家的馬。禪義則體現了禪宗一貫主張的平常心是道;答句中俗諺字面義為到處都有認識的人,同樣也體現了平常心即道的觀點。卷十《資國圓進山主》:"問:'古人道:"東家作驢,西家作馬。"意旨如何?'師曰:'相識滿天下。'"

3.3.4 上堂說法訓示中使用

3.3.4.1 上堂說法起首句使用俗諺語

禪師上堂說法時,打頭的一句就運用俗諺語,給人的印象十分深刻,例如:

【龍生龍,鳳生鳳。老鼠養兒沿屋棟】字面義為龍生下的是龍,鳳生下的是鳳,老鼠生養的小老鼠只會沿著屋角橫樑跑。比喻有什麼樣的父母就會有什麼樣的兒子，也指有什麼樣的宗師，就會有什麼樣的信徒。卷十七《光孝深禪師》："上堂曰：'龍生龍，鳳生鳳。老鼠養兒沿屋棟。達摩大師不會禪，歷魏游梁乾打閧。'"

【冬不寒，臘後看】氣象諺，義為冬天寒不寒冷，要等到臘月後才知道。禪籍中喻指學人修行境界的高低必須經過勘驗之後才能知道。卷十一《智異山和尚》："新羅國智異山和尚，一日示眾曰：'冬不寒，臘後看。'便下座。"

【為人須為徹，殺人須見血】禪師接引學人的用語，義為引導啓發未悟之人時要徹底，不能半途而廢。卷二十《淨慈彥充禪師》："遂呈頌曰：'為人須為徹，殺人須見血。德山與巖頭，萬里一條鐵。'林然之。"

3.3.4.2 上堂說法中間使用俗諺語

禪師在上堂說法時，不只是上面所說的在一上堂的起首語就運用俗諺，在說法中間也會隨時很嫺熟地使用俗諺語。例如：

【養子方見父慈】自己養了兒子才知道父母的慈愛。比喻有親身體會以後，才知道事物的本源情況。卷十六《報本法存禪師》：若據今日，正令當行，便好一棒打殺，那堪更容立在座前。雖然如是，養子方見父慈。

【河裏失錢河裏摝】比喻在哪兒丟失的就在哪兒找回。卷十九《楊歧方會禪師》："示眾云：'身心清淨，諸境清淨。諸境清淨，身心清淨。還知楊歧老人落處麼？河裏失錢河裏摝。'"

【化鵬未遇不如鷗，畫虎不成反類狗】字面義不言而喻，引申用來指模仿不到家，反而變得不倫不類。卷十六《大梅法英禪師》："提朱履曰：'達磨攜將一隻歸，兒孫從此赤脚走。借他朱履代麻鞋，休道時難事掣肘。化鵬未遇不如鷗，畫虎不成反類狗。'"

3.3.5 俗諺語的靈活使用

3.3.5.1 非问答對話句中使用俗諺語

在一般性的對話當中，禪師或者學僧也會使用俗諺語來進行機鋒的對決，例如：

【一條紅線兩人牽】一條紅線把兩箇人連到了一起，比喻兩人志趣相投，成為朋友。卷十二《法華全舉禪師》："曰：'上座還知麼？'師曰：'路逢劍客須呈劍，不是詩人不獻詩。'曰：'作家詩客！'師曰：'一條紅線兩人牽。'"

【竿木隨身，逢場作戲】原指江湖藝人遇到合適的場地就表演，比喻遇到機會，偶爾湊湊熱鬧。卷三《江西馬祖道一禪師》："師曰：'甚麼處去?'曰：'石頭去。'師曰：'石頭路滑。'曰：'竿木隨身，逢場作戲。'"

【三十年弄馬騎，今日却被驢撲】比喻老手上當、受騙。卷四《鄂州茱萸和尚》："師曰：'老老大大，何不覓箇住處?'州曰：'向甚處住?'師曰：'老老大大，住處也不知。'州曰：'三十年弄馬騎，今日却被驢撲。'"

【趙璧本無瑕，相如誑秦主】禪籍中喻指佛性本自有，不應往外求。卷四《靈雲志勤禪師》："問：'摩尼珠不隨眾色，未審作何色?'師曰：'白色。'曰：'恁麼則隨眾色也。'師曰：'趙璧本無瑕，相如誑秦主。'"

3.3.5.2 俗諺語使用中形式的變換

同樣的一句俗諺語，在禪籍中有時會表現出不同的使用形式，但是其意義基本相同，例如：

【上無片瓦，下無卓錐‖上無片瓦蓋頭，下無卓錐之地‖上無片瓦蓋頭，下無寸土立足】初指貧窮無依，沒有容身之處。《荀子·非十二子》："無置錐之地而王公不能與之爭名。"《漢書·食貨志》："富者田連阡陌，貧者無立錐之地。"《新唐書·五行志》："頭無片瓦，地有殘灰。"禪籍喻指達悟之人，心中一無所有。變體較多，如：卷五《船子德誠禪師》："吾曰：'某甲終不説，請和尚却往華亭船子處去。'山曰：'此人如何?'吾曰：'此人上無片瓦，下無卓錐。和尚若去，須易服而往。'"卷二十《薦福悟本禪師》："上堂：'釋迦掩室於摩竭……大眾，這一隊不唧溜漢，無端將祖父田園私地結契，各據四至界分，方圓長短，一時花擘了也。致令後代兒孫，千載之下，上無片瓦蓋頭，下無卓錐之地。'"卷十七《夾山曉純禪師》："上堂：'有箇漢自從曠大劫，無住亦無依，上無片瓦蓋頭，下無寸土立足。且道十二時中，在甚麼處安身立命?若也知得，朝到西天，暮歸東土。'"

【巢父不牽牛，許由不洗耳】在上文"3.3.2.2 拆開後的俗諺語用於答句"一部份，我們列舉了"巢父牽牛，許由洗耳"這一俗諺，同時在該俗諺中又可加入否定副詞作"巢父不牽牛，許由不洗耳"，如：卷十三《西川存禪師》："僧問：'學人解問訛句，請師舉起訝人機。'師曰：'巢父不牽牛，許由不洗耳。'"禪師如此運用，也是旨在斬斷學僧的思維執念，促其當下頓悟。

3.3.5.3 俗諺語的上句用在問句，下句用在答句

俗諺語在使用上，把一整句俗諺語拆開，上句用在問句當中作提問語，而禪師則用俗諺語的下句來回答。例如：

【急水上打毬子，念念不停留】該俗諺連用的用例如：《禪宗頌古聯珠通集》卷二十："急水打毬子，念念不停留。未能全六識，先見轉雙眸。紹續門風只這是，不須向外更尋求。"毬子必須在水上快速打動，才不會沉沒。同樣，人的意念不停思考，才是活生生的。這也正體現了禪宗的禪旨，即心生種種法生，心滅種種法滅，學人應做到"應無所住，而生其心"。《五燈會元》中拆開用例如：僧却問投子："急水上打毬子，意旨如何？"子曰："念念不停留。"（卷四・趙州從諗禪師）

4. 歇後語

歇後語作為俗語的一箇重要組成部份，歷來被人們喜聞樂道，在人民群眾口頭上經常使用。對什麼叫歇後語，學者的認識也不盡相同，下面我們簡列幾種有代表性的觀點：

《漢語大詞典》定義為"用歇後法構成的一種熟語。分兩種體式：（1）對於某一現成語句，省卻其後面部分詞語，只用前一部分來表示被省卻詞語的意思。（2）由兩部分組成：前文是比喻語，後文是解釋語，運用時可隱去後文，以前文示意"[1]。《現代漢語詞典》（第六版）認為歇後語是"由兩箇部分組成的一句話，前一部份像謎面，後一部分像謎底，通常只說前一部分，而本義在後一部分"[2]。黃伯榮、廖序東定義為"歇後語是由近似於謎面、謎底的兩部份組成的帶有隱語性質的口頭固定短語。前一部分是比喻或說出一箇事物，像謎語里的'謎面'；後一部分像'謎底'，是真意所在。兩部分之間有間歇，間歇之後的部份有時不說出來，讓人猜想它的含義，所以叫歇後語"[3]。劉叔新認為歇後語是"固定語中在構造上很有特色的一類。都分前後兩箇結構部分，中有明顯的停

---

① 羅竹風主編：《漢語大詞典・卷六》，漢語大詞典出版社 1990 年版，第 1459 頁。

② 中國社會科學院語言研究所詞典編輯室編：《現代漢語詞典》第 6 版，商務印書館 2012 年版，第 1439 頁。

③ 黃伯榮、廖序東主編：《現代漢語》（增訂第四版），高等教育出版社 2009 年版，第 269 頁。

頓分開。前一部分是箇比喻性的或含蓄的引子，像箇謎面；後一部分點出真實意思，像箇謎底，與前一部分形成對釋關係"①。周裕鍇認為"就純形式而言，禪籍的俗修可分為諺語和歇後語兩種……歇後語是一種特殊的諺語，其特點是從字面上省去挑明意義的後半部份（字、詞、句）"②。

以上觀點總結來說，一是從結構上來說歇後語由前後兩部份組成，歇後語因"歇後"而停頓，有的甚至省去後半部份；二是從語義上來說前面部份是引子，後面才是說話的重點。其實歇後語並不是真正的"歇後"，據調查"《紅樓夢》、《儒林外史》、《西遊記》、《暴風驟雨》、《李自成》等520多部文藝作品中所用的4893條歇後語的統計，後一箇語節'歇'去的只有375條，占不到十二分之一"③。

另外，溫端政認為："歇後語是漢語中由含有引注關係的兩箇部份組成的、結構相對固定的、具有口語特色的熟語。"④ 此觀點還是比較認同的，只是我們認為歇後語是俗語的一類，歇後語的上位概念是俗語，歇後語是俗語的下位概念。

4.1 歇後語的結構

歇後語一般由引語和注語兩部份組成，有時候注語隱而不說。關於歇後語的結構，我們就從引語、注語、引語與注語二者的關係以及歇後語結構的靈活性四箇方面來論述。

4.1.1 歇後語引語的結構

就我們所搜集到的在《五燈會元》中使用的歇後語而言，它們的語法結構主要有主謂結構、動賓結構、偏正結構、聯合結構、連動結構五種，以主謂結構、偏正結構、動賓結構為多。

4.1.1.1 主謂結構

引語主謂結構中的謂語部份，有動賓結構組成的、動賓式複合詞組成的、動詞前有修飾語的等三種情況。

---

① 劉叔新主編：《現代漢語教程》，高等教育出版社2002年版，第83頁。
② 周裕鍇：《禪籍俗修管窺》，《江西社會科學》2004年第2期。
③ 溫端政：《漢語語彙學》，商務印書館2005年版，第361頁。
④ 溫端政：《歇後語》，商務印書館2010年版，第20頁。

謂語部份是動賓結構的，如：一翳在眼——空華亂墜；敗將投王——不存性命；眾盲摸象——各說異端；長蛇偃月——（未見輸贏）；徐六擔板——祗見一邊；葉公畫龍——龍現卽怖；枯木上生花——別迎春色；枯木生華——物外春；蠟人向火——薄處先穿；雪覆蘆花——通身莫辨；瘂子得夢——向誰說；泥牛入海——無蹤跡；風吹耳朵——無聞；一盲引眾盲——相將入火坑；八十老人入場屋——不是小兒嬉；楊廣失橐馳——到處無人見；蚊子上鐵牛——無汝下觜處；昆侖奴著鐵袴——打一棒行一步；布袋裏盛錐子——（快者先出）；大蟲裹紙帽——好笑又驚人；貓兒戴紙帽——（好笑又驚人）；耕夫制玉漏——不是行家作；金風吹玉管——那箇是知音；瘂子吃苦瓜——默默相應；野狐吞老鼠——快活；石羊遇石虎——相看早晚休；鴉吞螺獅——眼睛突出；干木奉文侯——知心有幾人；一人在十字街頭——亦無向背。

謂語部份是動賓式複合詞的，如：矮子看戲——隨人上下。

謂語動詞前有修飾限定語的，如：夜行莫踏白——不是水便是石；師子未出窟——爪牙已露；同聲相應——鷦鳩樹上啼；半夜烏龜火裏行——虛空無背面；玉犬夜行——不知天曉。

4.1.1.2 動賓結構

在動賓結構式的歇後語中，動詞前一般都加有修飾成份，分別表處所、表方式、表條件和表原因。

動詞前有表處所的修飾語，如：百尺竿頭弄影戲——不唯瞞你又瞞天；急水上打毬子——念念不停留；路見不平——（拔刀相助）；

動詞前有表方式的修飾語，如：管中窺豹——但見一斑；夢幻空花——何勞把捉；熨斗煎茶——銚不同。

動詞前有表條件的修飾語，如：屋破見青天——通上徹下；日落投孤店——道中人；順風使帆，上下水皆可。

動詞前有表原因的修飾語，如：因齋慶贊——去留自在。

4.1.1.3 偏正結構

“偏正”中的“正”部份，基本都是以名詞來充當的中心詞，而“偏”部份，則相對豐富得多，我們來看修飾語的使用情況。

表處所的修飾語，如：布袋裏老鴉——雖活如死；布袋裏弓箭——（快者先出）；盤裏明珠——不撥自轉；三門外松樹子——見生見長；屎裏蛆兒——頭出頭没。

表狀態的修飾語，如：入市烏龜——得縮頭時且縮頭；落湯螃蟹——手腳忙亂；無星秤子——如何辨得斤兩。

表時間的修飾語，如：半夜枕頭——要須摸著；千年桃核——（原是舊時人｜仁）。

表數量的修飾語，如：百尺竿頭——進取一步。

方位詞前加名詞，如：髑髏前——見鬼人無數。

"之"字結構，如：聽響之流——徒勞側耳。

4.1.1.4 聯合結構

由兩箇動賓結構組成，如：掩鼻偷香——空招罪犯；貴買賤賣——分文不直；臨嫁醫瘿——卒著手腳不辦；掩尾露牙——終非好手；當斷不斷——兩重公案；逆風舉棹——誰是好手。

4.1.1.5 連動結構

連動結構有兩例，一是"賊過後張弓——（虛費功）"表示時間和動作上接連展開；二是"抱橋柱澡洗——放手不得"表示動作上同時展開，即"抱橋柱"和"澡洗"同時進行。

4.1.1.6 緊縮結構

由關聯詞連接，如：金屑雖貴——落眼成翳。

4.1.2 歇後語注語的結構

《五燈會元》中歇後語注語的結構中，有一比較簡單的用例"野狐吞老鼠——快活"，即注語是一雙音節詞，其他的注語都是一些"結構"組成的，如主謂結構、動賓結構、偏正結構、聯合結構、連動結構、複句結構、動補結構、兼語結構、緊縮結構，現分列如下：

4.1.2.1 主謂結構

謂語部份由動賓結構充當，如：百尺竿頭——自進一步；金風吹玉管——那箇是知音；逆風舉棹——誰是好手；無星秤子——如何辨得斤兩；干木奉文侯——知心有幾人；眾盲摸象——各説異端。

謂語部份由偏正結構充當，如：一翳在眼——空華亂墜；貴買賤賣——分文不直；蠟人向火——薄處先穿；半夜烏龜火裏行——虛空無背面；雪覆蘆花——通身莫辨；師子未出窟——爪牙已露；楊廣失橐駞——到處無人見；順風使帆——上下水皆可。

謂語部份由單箇動詞充當，如：鵓鳩樹上啼——同聲相應；猛虎巖前嘯——同氣相求；熨斗煎茶——銚不同；鴉吞螺獅——眼睛突出。

謂語部份由聯合結構充當，如：落湯螃蟹——手腳忙亂。

4.1.2.2 動賓結構

關於動賓結構式注語，有的就是單純的動賓結構，有的在其動詞前加否定副詞、形容詞或關聯詞，現分列如下：

單純的動賓結構，如：髑髏前——見鬼人無數；泥牛入海——無蹤跡；無星秤子——有甚辨處；百尺竿頭——進取一步。

動詞前加否定副詞，如：風吹耳朵——無聞；敗將投王——不存性命；鵶啄鐵牛——無下口處；耕夫制玉漏——不是行家作；八十老人入場屋——不是小兒嬉；玉犬夜行——不知天曉；蚊子上鐵牛——無汝下觜處。

動詞前加形容詞，如：掩鼻偷香——空招罪犯；一度著蛇咬——怕見斷井索；枯木上生花——別迎春色。

動詞前加關聯詞，如：百尺竿頭——須進步；管中窺豹——但見一斑；徐六擔板——祇見一邊；當斷不斷——反招其亂；一人在十字街頭——亦無向背；金屑雖珍寶——在眼亦為病。

4.1.2.3 偏正結構

偏正結構中的中心詞多數都是由名詞和動詞擔任。

中心詞為名詞，如：當斷不斷——兩重公案；掩尾露牙——終非好手；日落投孤店——道中人；熨斗煎茶——不同銚；枯木生華——物外春。其中的"公案""好手""人""銚""春"都是名詞。

中心詞為動詞，如：聽響之流——徒勞側耳；半夜枕頭——要須摸著；急水上打毬子——念念不停留；夢幻空花——何勞把捉；夢幻空華——徒勞把捉；瘂子吃苦瓜——默默相應；瘂子得夢——向誰説。其中的"側耳""摸著""停留""把捉""相應""説"都是動詞。

4.1.2.4 聯合結構

注語中的聯合結構共有 4 箇，一箇是由連詞"又"把兩箇動詞連在一起，如：大蟲裏紙帽——好笑又驚人；另一箇是由主謂結構的詞組組成，如：屎裏蛆兒——頭出頭没；其餘兩箇是由動賓結構的詞組組成，如：三門外松樹子——見生見長，屋破見青天——通上徹下。

4.1.2.5 連動結構

注語中的連動結構有 4 箇，如：昆侖奴著鐵袴——打一棒行一步；金屑雖貴——落眼成翳；盤裏明珠——不撥自轉；一盲引眾盲——相將入火坑。"打"與"行"，"落"與"成"，"撥"與"轉"，"相將"與"入"組成動作或因果上的連動。

4.1.2.6 複句結構

注語中的複句結構有兩箇，一箇是"葉公畫龍——龍現即怖"，用"即"連接；另一箇是"布袋裏老鴉——雖活如死"，用"雖……如……"套用。

4.1.2.7 動補結構

注語是動補結構的有：金屑雖貴——眼裏著不得；抱橋柱澡洗——放手不得；臨嫁醫瘦——卒著手脚不辦；因齋慶贊——去留自在；石羊遇石虎——相看早晚休。

4.1.2.8 兼語結構

兼語結構有一箇，如：矮子看戲——隨人上下。"人"既是"隨"的賓語，也是"上下"的主語。

4.1.2.9 緊縮結構

緊縮結構有 3 箇，如：夜行莫踏白——不是水便是石；百尺竿頭弄影戲——不唯瞞你又瞞天；入市烏龜——得縮頭時且縮頭。分別由"不是……便是……""不唯……又……""得……且……"緊縮而成。

4.1.3 歇後語引語和注語之間的結構

從歇後語引語和注語之間前後的邏輯事理關係來看，大體有以下九種類型，分別如下：

4.1.3.1 順承關係

引語和注語之間是連續發生的動作或事情，前後次序不能變動，如：百尺竿頭——進取一步；百尺竿頭——須進步；百尺竿頭——自進一步；一盲引眾盲——相將入火坑；落湯螃蟹——手脚忙亂；三門外松樹子——見生見長；當斷不斷——兩重公案；當斷不斷——反招其亂；石羊遇石虎——相看早晚休。

4.1.3.2 因果關係

寬泛一點來講，既有引語引出一件事或一種行為，而注語說明其產生的結果，也包括引語和注語是原因和結果的關係，如：一翳在眼——空華亂墜；管中窺豹——但見一斑；掩鼻偷香——空招罪犯；矮子看戲——隨人上下；因齋慶贊——去留自在；臨嫁醫瘻——卒著手脚不辦；泥牛入海——無蹤跡；鴉吞螺獅——眼睛突出；雪覆蘆花——通身莫辨；野狐吞老鼠——快活。

4.1.3.3 轉折關係

歇後語注語不是順著引語的意思說下去，而是出現了轉折，轉到另外一箇意思上去，如：金屑雖貴——落眼成翳；金屑雖珍寶——在眼亦為病；金屑雖貴——眼裏著不得；葉公畫龍——龍現卽怖。

4.1.3.4 判斷關係

注語是對引語所描述的事情、事物的一種判斷，這種判斷既有肯定的，也有否定的。肯定的判斷，如：蠟人向火——薄處先穿；夢幻空華——徒勞把捉；千年桃核——（原是舊時人｜仁）；日落投孤店——道中人。否定的判斷，如：半夜烏龜火裏行——虛空無背面；夜行莫踏白——不是水便是石；敗將投王——不存性命；耕夫制玉漏——不是行家作；八十老人入場屋——不是小兒嬉；百尺竿頭弄影戲——不唯瞞你又瞞天；掩尾露牙——終非好手；一人在十字街頭，亦無向背。

4.1.3.5 假設關係

引語可以理解成是一種假設出現或存在的某種情況，注語是對這種假設後可能出現情況的說明，如：却似抱橋柱澡洗——要且放手不得；一度著蛇咬——怕見斷井索；急水上打毬子——念念不停留。

4.1.3.6 反問關係

引語說出一種現象或一件事物，注語則以反問的形式提出某種疑問，如：祇如百尺竿頭——如何進步；百尺竿頭——如何進步；夢幻空花——何勞把捉；金風吹玉管——那箇是知音；逆風舉棹——誰是好手；無星秤子——如何辨得斤兩；無星秤子——有甚辨處；痙子得夢——向誰說；干木奉文侯——知心有幾人。

4.1.3.7 條件關係

引語提出某種條件，而注語說明在這種條件下所產生的某種結果，如：盤裏明珠——不撥自轉；入市烏龜——得縮頭時且縮頭；髑髏前——見鬼人無數；玉犬夜行——不知天曉。

4.1.3.8 遞進關係

引語說出某種現象或者事物，而注語在引語的基礎上又更進了一步，如：楊廣失橐馳——到處無人見；師子未出窟——爪牙已露；瘂子吃苦瓜——默默相應。

4.1.3.9 說明關係

"說明關係"這一類，是指注語是對引語的一種解釋說明，如：賊過後張弓——（虛費功）；賊去後關門——（虛費功）；眾盲摸象——各說異端；聽響之流——徒勞側耳；徐六擔板——祇見一邊；蚊子上鐵牛——無汝下觜處；鴉啄鐵牛——無下口處；昆侖奴著鐵裤——打一棒行一步；半夜枕頭——要須摸著；猛虎巖前嘯——同氣相求；鵓鳩樹上啼——同聲相應；布袋裏弓箭——（快者先出）；布袋裏盛錐子——（快者先出）；布袋裏老鴉——雖活如死；大蟲裏紙帽——好笑又驚人；貓兒戴紙帽——（好笑又驚人）；貴買賤賣——分文不直；順風使帆——上下水皆可；枯木上生花——別迎春色；枯木生華——物外春；屎裏蛆兒——頭出頭沒；屋破見青天——通上徹下。

4.1.4 歇後語結構的靈活性

《五燈會元》中的歇後語無論是引語、注語，還是引語和注語之間，在結構上都存在著很大的靈活性。

4.1.4.1 引語的靈活性

有的歇後語注語是一樣的，引語所表現的意思基本相同，但是在文字的使用上略有變動，如：賊過後張弓——（虛費功）；賊去後關門——（虛費功）；布袋裏弓箭——（快者先出）；布袋裏盛錐子——（快者先出）；大蟲裏紙帽——好笑又驚人；貓兒戴紙帽——（好笑又驚人）。

有的還表現在常用字詞之間的變換使用，如：一翳在眼——空華亂墜；一翳在目——空華亂墜。"眼"和"目"這組常用詞變化使用。

再看下面兩組：蚊子上鐵牛——無汝下觜處；鴉啄鐵牛——無下口處；一人在十字街頭——亦無向背；十字街頭八字立——亦無向背。前一組是"蚊子"和"鴉"之間的變換，而且前一箇用的是動詞"上"，後一箇用動詞"啄"；後一組的核心詞"十字街頭"沒有變，前一箇有主語"一人"，後一箇隱含了主語"人"。

4.1.4.2 注語的靈活性

一是省略注語的情況比較常見，如：蚊子上鐵牛，事不獲已，聽響之流，夜行莫踏白，當斷不自斷等。

二是引語相同，注語變換繁多，如：百尺竿頭——進取一步，百尺竿頭——須進步，百尺竿頭——自進一步，百尺竿頭——如何進步，祇如百尺竿頭——如何進步；當斷不斷——兩重公案，當斷不斷——反招其亂；夢幻空花——何勞把捉，夢幻空華——徒勞把捉；無星秤子——如何辨得斤兩，無星秤子——有甚辨處；熨斗煎茶——銚不同，熨斗煎茶——不同銚；枯木上生花——別迎春色，枯木生華——物外春。

4.1.4.3 引語和注語之間的靈活性

一是引語和注語之間都有變化，例如"金屑雖貴——落眼成翳"，可以省略成只有引語"金屑雖貴"；可以糅合成"金屑眼中翳""金屑落眼"等形式；還可以引語和注語都略有變化成"金屑雖珍寶——在眼亦為病""金屑雖貴——眼裹著不得"。

二是引語和注語之間加入關聯詞，如"抱橋柱澡洗——（放手不得）"，變化為"却似抱橋柱澡洗——要且放手不得"。

三是引語和注語之間可以顛倒，且增加一些關聯詞語，例如"眾盲摸象——各說異端"，可以變化為"門人各說異端——大似眾盲摸象"。

四是引語和注語的字面形式不同，但是表達的意義相同，如：鵓鳩樹上啼——同聲相應；猛虎巖前嘯——同氣相求。

4.2 歇後語的語義

歇後語的語義重點是由注語表達出來，前面的引語只是起到某種輔助功能，所以整箇歇後語的語義應是由引語的輔助意義加注語所表達的重點意義組成。就《五燈會元》中的歇後語而言，我們從其語面義、深層義、禪義和零意义四箇方面來論述。

4.2.1 歇後語的語面義

歇後語的語面義是指由歇後語中組成引語和注語的詞及其語法關係所反映出來的基本意義。看下面一組講解或者提問關於佛法禪旨大意且使用了歇後語的用例：

（1）【夜行莫踏白，不是水便是石】卷十九《玄沙僧昭禪師》："上堂：'天上無彌勒，地下無彌勒，且道彌勒在甚麼處?'良久曰：'夜行莫踏白，不是水便是石。’”

（2）【夜行莫踏白】卷十六《靈隱正童禪師》：“僧問：‘如何是道？’師曰：‘夜行莫踏白。’”

（3）【道中人：日落投孤店】卷七《玄泉山彥禪師》：“僧問：‘如何是道中人？’師曰：‘日落投孤店。’”

（4）【屋破見青天：通上徹下】卷十一《谷隱薀聰禪師》：“曰：‘屋破見青天，意旨如何？’師曰：‘通上徹下。’”

例（1）是禪師上堂說法，剩下的三例是學僧與禪師之間的對話，例（1）和例（2）用的是同一箇歇後語，例（2）省略了注語。“夜行莫踏白，不是水便是石”是一句體現生活經驗的歇後語，即夜晚行走時發白的地方要麼是水窪，要麼是石頭，提醒人們注意。例（2）學僧問的“道”是佛禪大道，而禪師用道路之“道”來回答，即使用該歇後語的語面義來答復學僧的提問。例（3）也是學僧問的“佛法之道”，而禪師用“日落投孤店”，指出天黑了投店住宿的人是在外走遠道的。例（4）同樣，也是學僧本來是問“屋破見青天”所體現出的禪義，但是禪師用語面義進行啟悟。

4.2.2 歇後語的深層義

歇後語的深層意義是指在其語面義的基礎上引申派生出來的意義，“是以歇後語的后部份為載體，通過后部份的表述，完成歇後語的表義功能，而歇後語的前部份往往通過隱喻來實現”①。深層義在歇後語的使用中更為頻繁，有些歇後語雖然出自佛經，但是其用義和在世俗文獻中的用義相同。例如：

（1）【眾盲摸象，各說異端】卷八《清溪洪進禪師》：“僧問：‘眾盲摸象，各說異端。忽遇明眼人，又作麼生？’師曰：‘汝但舉似諸方。’”

（2）【門人各說異端，大似眾盲摸象】卷十八《黃龍道震禪師》：“上堂：‘少林冷坐，門人各說異端，大似眾盲摸象。神光禮三拜，依位而立。達磨云：“汝得吾髓。”這黑面婆羅門，腳跟也未點地在。’”

“眾盲摸象”一詞最早見於《大乘玄論》卷一，該典故早在《涅槃經》卷三十二和《長阿含經》卷十九中就有記載，語面義不言而喻，由

---

① 馬利軍、張積家：《歇後語的內部關係研究》，《語言文字應用》2011 年第 11 期。

此引申指各人對事物的認識不全面，眾說紛紜，莫衷一是。

歇後語的語用功能意義，即其深層義。

再舉幾例如下：

（3）【管中窺豹，但見一斑】卷十七《道吾仲圓禪師》："不是心，不是佛，不是物。古人恁麼道，譬如管中窺豹，但見一斑。"

（4）【八十老人入場屋，不是小兒嬉】卷十三《雲居道膺禪師》："第一莫將來，將來不相似，言語也須看前頭。八十老人入場屋，不是小兒嬉，不是因循事。"

（5）【同聲相應：鵓鳩樹上啼】卷十七《五峯本禪師》："僧問：'同聲相應時如何？'師曰：'鵓鳩樹上啼。'"

（6）【同氣相求：猛虎巖前嘯】卷十七《五峯本禪師》："曰：'同氣相求時如何？'師曰：'猛虎巖前嘯。'"

例（3）典出《世說新語·方正篇》，語面義為從細管中觀察豹子，只能看到豹子的斑點。深層義由引語和注語聯合引申為見解不全面，不深刻，不徹底。例（4）語面義為八十歲的老人入科場，不是小孩子戲要。深層義主要通過注語體現為認真，嚴肅義；例（5）、例（6）屬於同義歇後語，比喻志趣相投、思想相進，能夠互相溝通、產生共鳴。

4.2.3 歇後語的禪義

歇後語與俗成語、俗諺語一樣，在禪籍中使用時，由於受到禪宗思想的影響，也會產生禪義。禪籍中的歇後語的禪義有的直接由語面義引申得來，即該歇後語只有兩層意義，一為語面義，二為禪義，例如：

（1）【一盲引眾盲，相將入火坑】卷五《丹霞天然禪師》："夜裏暗雙陸，賽彩若為生：阿你須自看取，莫一盲引眾盲，相將入火坑。夜裏暗雙陸，賽彩若為生？無事珍重！"

（2）【大蟲裏紙帽，好笑又驚人】卷二十《徑山寶印禪師》："且截斷葛藤一句作麼生道？大蟲裏紙帽，好笑又驚人。"

例（1）中，該歇後語語面義為一箇盲人牽引一群盲人，導致一起走入火坑。在禪籍中，以上例來說，丹霞天然禪師用瞎子比喻那些不知內證、內求佛法，而一心向外馳求的行腳僧，譏諷他們的行為只可能使他們離正道越來越遠，背離了禪宗的要旨。例（2）中的歇後語語面義為老虎頭上戴著紙帽裝作人，樣子既好笑又讓人感到害怕。禪籍中喻指那些對佛法禪旨不懂裝懂，未能領悟禪法的人。

還有一類歇後語，據有三層意義，即一為語面義，二為深層義，三為禪義。例如：

（3）【矮子看戲，隨人上下】卷十九《五祖法演禪師》："忽有箇漢出來道：'長老你恁麼道，也則白雲萬里。' 這箇説話，喚作矮子看戲，隨人上下。三十年後，一場好笑。且道笑箇甚麼？笑白雲萬里。"

（4）【却似抱橋柱澡洗，要且放手不得】卷二十《梁山師遠禪師》："又有般底，一向衹作自己會，棄却古人用處，唯知道明自己事，古人方便却如何消遣？既消遣不下，却似抱橋柱澡洗，要且放手不得。"

例（3）中，該歇後語語面義為矮子看戲時，隨著別人看戲時因高興上下晃動而上下晃動，也可以理解成別人怎麼樣他就怎麼樣。引申指沒有主見，人云亦云，隨聲附和。如：《朱子語類》卷二十七："其有知得某人詩好，某人詩不好者，亦只是見已前人如此説，便承虛接嚮説取去，如矮子看戲相似，見人道好，他也道好。乃至問著他哪裏好處，原不曾識。"在禪籍中，此歇後語是佛家禪宗用來比喻參禪悟道沒有自己的見解，別人怎麼説佛禪，自己也怎麼附和。例（4）中，該歇後語語面義為好比一箇人抱著柱子洗澡，不能放手。比喻不知變通、固守教條、死板之人。如：《朱子語類》卷一二六："若論學，唯佛氏直截，如學周公孔子，乃是抱橋柱澡洗。"禪宗反對執著於一切外相，認為如此對領悟禪法是毫無幫助的。

4.2.4 歇後語的零意義

歇後語的零意義是指歇後語在禪籍對話體中，受到禪宗思想的影響，而使得歇後語只剩下語言形式而不具有意義。這種零意義受到語體及語料性質的限制，一旦脱離就會恢復它的意義。這與禪義相同，也是禪籍中所特有的一種語言現象。例如：

（1）【蠟人向火——薄處先穿】卷十八《育王法達禪師》："僧問：'不落階級處請師道？' 師曰：'蠟人向火。' 曰：'畢竟如何？' 師曰：'薄處先穿。'"

（2）【入市烏龜——得縮頭時且縮頭】卷十六《大同旺禪師》："僧問：'如何是祖師西來意？' 師曰：'入市烏龜。' 曰：'意旨如何？' 師曰：'得縮頭時且縮頭。'"

例（1）和例（2）都是學僧向禪師請教佛法大意的對話，學僧先發問，禪師以歇後的引語（蠟人向火‖入市烏龜）作答，而禪師的作答并沒有使學僧頓悟，學僧繼續發問，禪師大發老婆禪心，再以歇後語的注語（薄處先穿‖得縮頭時且縮頭）作答。禪師的此類回答，多是用來打斷學人的執著，提醒學人不要執著於外在的言語施設，如此才產生了零意義。

4.3 歇後語的運用

4.3.1 問答句中用於上句作為提問用語

4.3.1.1 在問句中作為話頭引子出現，如：

（1）【眾盲摸象，各説異端】卷八《清溪洪進禪師》："僧問：'眾盲摸象，各説異端。忽遇明眼人，又作麼生？'師曰：'汝但舉似諸方。'"

（2）【楊廣失纍駞，到處無人見】楊廣即隋煬帝。該句歇後語的意義重點體現在注語上，沒人見過，不知道到什麼地方去尋找。卷十八《白藻清儼禪師》："僧問：'楊廣失纍駞，到處無人見。未審是甚麼人得見？'師以拂子約曰：'退後退後，妨他別人所問。'"

4.3.1.2 直接用歇後語提問，如：

（3）【百尺竿頭，如何進步】卷六《茶陵郁山主》："論及宗門中事，教令看僧問法燈：'百尺竿頭，如何進步？'燈云：'惡。'"

（4）【干木奉文侯，知心有幾人】"干木文侯"乃一典故，在《淮南子·修務訓》和《祖庭事苑》卷六中有詳細記載，干木是戰國時魏國的賢人，而文侯能敬重賢能之人，用來喻指知音難尋。卷十一《風穴延沼禪師》："問：'干木奉文侯，知心有幾人？'師曰：'少年曾決龍蚰陣，老倒還聽稚子歌。'"

4.3.1.3 問句中的歇後語前或後有限制或連接性成份，如：

（5）【祇如百尺竿頭如何進步】卷四《長沙景岑禪師》："僧便問：'祇如百尺竿頭如何進步？'師曰：'朗州山，澧州水。'曰：'不會。'"

（6）【長蛇偃月——（未見輸贏）】卷十五《大容諲禪師》："問：'長蛇偃月即不問，匹馬單槍時如何？'師曰：'麻江橋下，會麼？'"

4.3.2 問答句中用於下句作為回答用語

4.3.2.1 直接單用歇後語作為答語，如：

（1）【一翳在眼，空華亂墜】卷四《芙蓉靈訓禪師》："師曰：'如何保任？'宗曰：'一翳在眼，空華亂墜。'"

（2）【昆侖奴著鐵袴，打一棒行一步】比喻那些不知自參自證的人。卷十《天台德韶國師》："問：'古者道，敲打虛空鳴轂轂，石人木人齊應諾。六月降雪落紛紛，此是如來大圓覺。如何是敲打虛空底？'師曰：'昆侖奴著鐵袴，打一棒行一步。'"

4.3.2.2 歇後語前有連接性成份，如：

（3）【賊過後張弓】卷十九《昭覺克勤禪師》："曰：'忽被學人掀倒禪牀，拗折拄杖，又作箇甚麼伎倆？'師曰：'也是賊過後張弓。'"

（4）【聽響之流，徒勞側耳】卷八《報恩宗顯禪師》："問：'不涉思量處，從上宗乘，請師直道。'師良久。僧曰：'恁麼則聽響之流，徒勞側耳。'"

（5）【金屑雖貴，眼裏著不得】卷八《羅漢桂琛禪師》："師曰：'南方知識，有何言句示徒？'曰：'彼中道，金屑雖貴，眼裏著不得。'"

例（3）"賊過後張弓"前加"也是"起到了強調的作用，例（4）"聽響之流，徒勞側耳"前加"恁麼則"有強調及引出下文的作用，例（5）"金屑雖貴，眼裏著不得"前有"彼中道"起引出下文的作用。

4.3.2.3 歇後語作為複句中的一句，與其他句子聯合使用表義，如：

（6）【蚊子上鐵牛，無汝下觜處】卷九《潙山靈祐禪師》："巖却問師：'百丈大人相如何？'師曰：'巍巍堂堂，煒煒煌煌。聲前非聲，色後非色。蚊子上鐵牛，無汝下觜處。'"

（7）【蚊子上鐵牛】卷五《藥山惟儼禪師》："祖曰：'你見甚麼道理便禮拜？'師曰：'某甲在石頭處，如蚊子上鐵牛。'"

（8）【金屑雖珍寶，在眼亦為病】卷三《興善惟寬禪師》："曰：'垢即不可念，淨無念可乎？'師曰：'如人眼睛上，一物不可住。金屑雖珍寶，在眼亦為病。'"

4.3.2.4 歇後語的引語和注語拆開分別連續用作兩問句的答句，聯合表義，如：

（9）【鴉吞螺獅——眼睛突出】比喻能力不夠，硬要取得某種成果，因此必須分外努力。卷四《婺州蘇溪和尚》："僧問：'如何是定光佛？'師曰：'鴨吞螺師。'曰：'還許學人轉身也無？'師曰：'眼睛突出。'"

（10）【半夜烏龜火裏行——虛空無背面】卷十六《華亭觀音和尚》：

"僧問：'如何是佛？'師曰：'半夜烏龜火裏行。'曰：'意作麼生？'師曰：'虛空無背面。'"

4.3.3 問答句中上句和下句同時使用

4.3.3.1 歇後語的的注語用於提問，引語用於回答，如：

（1）【鵓鳩樹上啼——同聲相應】卷十七《五峯本禪師》："僧問：'同聲相應時如何？'師曰：'鵓鳩樹上啼。'"

（2）【日落投孤店——道中人】卷七《玄泉山彥禪師》："僧問：'如何是道中人？'師曰：'日落投孤店。'"

（3）【瘂子吃苦瓜——默默相應】喻指佛法自求內證，外求不可得。卷十四《洞山微禪師》："僧問：'如何是默默相應底事？'師曰：'瘂子吃苦瓜。'"

4.3.3.2 歇後語的引語作為話頭，用來提問，注語用於回答，如：

（4）【師子未出窟——爪牙已露】卷二十《西禪文璉禪師》："僧問：'師子未出窟時如何？'師曰：'爪牙已露。'"

4.3.4 上堂說法中使用

4.3.4.1 上堂說法開頭或中間引用歇後語，如：

（1）【百尺竿頭弄影戲，不唯瞞你又瞞天】卷十八《道場居慧禪師》："上堂：'百尺竿頭弄影戲，不唯瞞你又瞞天。自笑平生岐路上，投老歸來沒一錢。'"

（2）【臨嫁醫瘦，卒著手腳不辦】卷十九《白雲守端禪師》："上堂：'承天自開堂後，便安排些葛藤來山南東葛西葛，却為在歸宗開先萬杉打疊了也。今日到三峽會裏，大似臨嫁醫瘦，卒著手腳不辦。幸望大眾不怪。伏惟珍重！'"

4.3.4.2 上堂說法中，用"大似""如""譬如"等詞引起或連接歇後語的，如：

（3）【門人各說異端，大似眾盲摸象】卷十八《黃龍道震禪師》："上堂：'少林冷坐，門人各說異端，大似眾盲摸象。神光禮三拜，依位而立。達磨云："汝得吾髓。"這黑面婆羅門，脚跟也未點地在。'"

（4）【鵶啄鐵牛，無下口處】卷十七《壽寧善資禪師》："上堂：'若論此事，如鵶啄鐵牛，無下口處，無用心處。更向言中問覓，句下尋思，縱饒卜度將來，翻成戲論邊事。'"

（5）【管中窺豹，但見一斑】卷十七《道吾仲圓禪師》："上堂：'不是心，不是佛，不是物。古人恁麼道，譬如管中窺豹，但見一斑。'"

4.3.4.3 上堂說法自問自答，歇後語用於答句，如：

（6）【夜行莫踏白，不是水便是石】卷十九《玄沙僧昭禪師》："上堂：'天上無彌勒，地下無彌勒，且道彌勒在甚麼處？'良久曰：'夜行莫踏白，不是水便是石。'"

（7）【大蟲裹紙帽，好笑又驚人】卷二十《徑山寶印禪師》："上堂：'……且截斷葛藤一句作麼生道？大蟲裹紙帽，好笑又驚人。'"

4.3.4.4 上堂說法中，用歇後語提出疑問，如：

（8）【逆風舉棹，誰是好手】卷十二《大寧道寬禪師》："上堂：'……到這裏喚作順水放船，且道逆風舉棹，誰是好手？'"

（9）【無星秤子，如何辨得斤兩】卷十二《本覺若珠禪師》："上堂：'說佛說祖，埋沒宗乘。舉古談今，淹留衲子。撥開上路，誰敢當頭。齊立下風，不勞拈出。無星秤子，如何辨得斤兩？若也辨得，須彌祇重半銖。若辨不得，拗折秤衡，向日本國與諸人相見。'"

4.3.5 非問答句對話體及敘述體中的應用

在一些非問答式的對話及敘述式的話語中，也會使用歇後語，如：

（1）【葉公畫龍，龍現卻怖】卷十七《清隱清源禪師》："及因雲峰指見慈明，則一字無用，遂設三關語以驗學者，而學者如葉公畫龍，龍現卻怖。"

（2）【敗將投王，不存性命】卷六《覆船洪荐禪師》："僧近前叉手立。師曰：'敗將投王，不存性命。'"

（3）【掩鼻偷香，空招罪犯】卷五《本生禪師》："僧無語。師曰：'掩鼻偷香，空招罪犯。'"

（4）【掩尾露牙，終非好手】卷六《洛浦元安禪師》："師曰：'這畜生！'僧便喝。師曰：'掩尾露牙，終非好手。'"

結　語

　　本書對《五燈會元》從文獻學及漢語史的角度進行了較為全面而深入的分析、歸納、總結。文獻研究方面，以影宋寶祐本為底本，明嘉興本、清乾隆本、日本卍續本為對校本，再加上中華本為參校本，對 5 箇版本進行了逐字逐句的校勘比對，找出了中華本中存在的大量的錯誤或者不准確的地方，并按照產生錯誤的原因進行相對深入的分析，進而進行歸類。由此可知，中華書局蘇淵雷點校本雖然是目前較為通行通用且最早的點校本，但是其中的錯誤也是隨處皆是，說不上是一箇很好的版本。爲了給學界提供更加可信可靠的校勘本，以利於對《五燈會元》從各箇學科、各箇角度進行更加深入的研究，這就十分有必要在糾正其各類錯誤的基礎上整理出版更加完善的版本。要做好該項工作，對於我箇人來說一是要不斷地增加對於禪宗乃至關於佛教的知識，提高箇人的綜合素質；二是儘量地多找幾箇不同的版本進行比勘校對，以提高可信度；三是把《五燈會元》和其他五部燈錄進行比對。這也是本書出版之後需要繼續完成的工作之一。

　　語言研究方面，主要對《五燈會元》中的新詞、新義、方俗詞、禪林行業語、同素異序詞語和俗語進行了考釋或描寫研究。對新詞、新義、方俗口語詞按照名物、行為、性狀分為三大類，其下又分為若干小類，一一進行考釋。對於禪籍文獻而言，禪林行業語最能體現其用語特色，該部份我們討論了禪林行業語的定義、來源以及詞語類舉考釋。對同素異序詞語和俗語我們主要進行了描寫統計研究。以上詞語的研究存在遺憾的地方，那就是沒有進行窮盡式的研究，一是由於《五燈會元》，全書有 78 萬余字，整箇文本過於龐大；二是文獻校勘部份耗用了大量時間精力，導致整部書的寫作時間十分緊迫，進行窮盡式研究在時間上難以進行。這也是後續工作之一，初步設想能在此基礎上編寫一部關於《五燈會元》的專書辭典。

　　再就是有一箇學界一直以來存在疑問的地方，禪籍詞語中的禪義到底對編撰詞典辭書有沒有價值，所謂例不十，法不立，有的禪籍意義不止十箇用例，有的可能僅有一兩箇用例，這樣的如何處理？是看作語境義還是可以單列一箇義項？本人以為禪宗文獻作為一類十分特殊的語料，對於漢語史的研究具有舉足輕重的作用，而且對於禪籍語料來說，只有知道了禪義才能讀懂禪宗文獻，出現上述疑問，也正體現了當今學界對該問題認識不夠深刻，禪宗文獻的重要性沒有得到凸顯。

另外，由於本人對禪籍語料接觸的時間比較短，對佛教知識、禪宗知識了解有限，再加上禪籍語料本身的特點，導致在進行校勘比對的時候有些有價值的問題可能沒有發現，一些錯誤的用例沒有找出來。同樣由於以上原因，使得語言研究部份眼界不夠開闊，研究力度不夠深入，對於一些詞語的釋義不夠準確。期望在今後的研究中能逐漸克服以上困難，把該項工作做得更加細緻深入。

主要參考文獻

一、專著類

（漢）班固：《漢書》，中華書局 2003 年版。

（漢）司馬遷：《史記》，中華書局 2013 年版。

（漢）許慎：《說文解字》，中華書局 1985 年版。

（晉）陳壽：《三國志》，中華書局 2009 年版。

（南朝宋）劉義慶：《世說新語》，上海古籍出版社 2012 年版。

（南朝梁）顧野王：《玉篇》，中華書局 1982 年版。

（北魏）酈道元：《水經注》，中華書局 2009 年版。

（唐）陸德明：《經典釋文》，張一弓點校，上海古典文學出版社 2012 年版。

（唐）魏徵：《隋書》，標點本，中華書局 2003 年版。

（唐）玄度：《新加九經字樣》，粵東書局 1874 年版。

（唐）顏元孫：《干祿字書》，《叢書集成初編》本，商務印書館 1936 年版。

（唐）張參：《五經文字》，中華再造善本，國家圖書館出版社 2009 年版。

（遼）釋行均：《龍龕手鏡》，中華書局 1991 年版。

（宋）陳彭年：《宋本廣韻》，中國書店 1983 年版。

（宋）處觀：《精嚴新集大藏音》，中華大藏經第一輯磧砂藏，1974 年。

（宋）丁度等編：《集韻》，中國書店 1982 年版。

（宋）黎靖德編：《朱子語類》，《四庫全書》本。

（宋）李昉等撰：《太平御覽》，中華書局 2010 年版。

（宋）婁機：《漢隸字源》，鼎文書局 1978 年版。

（宋）歐陽脩、宋祁撰：《新唐書》，標點本，中華書局 2003 年版。

（宋）普濟：《五燈會元》，蘇淵雷點校，中華書局 2011 年版。

（宋）釋曉瑩：《羅湖野錄》，文明書局 1922 年版。

（宋）司馬光等編：《類篇》，中華書局 1984 年版。

（金）邢準：《四聲篇海》，續修四庫全書本，上海古籍出版社 2002 年版。

（元）喬吉：《金錢記》，上海錦文堂書局。

（元）脫脫：《金史》，中華書局 2003 年版。

（元）脫脫：《宋史》，中華書局 2003 年版。

（元）佚名：《三國志平話》，上海古典文學出版社 1955 年版。

（明）郭一經：《字學三正》，北京出版社 2000 年版。

（明）焦竑：《俗書刊誤》，藝文印書館 1959 年版。

（明）乐韶鳳、宋濂等：《洪武正韻》，中華再造善本，國家圖書館出版社 2012 年版。

（明）梅膺祚撰、（清）吳任臣編：《字彙》，上海辭書出版社 1991 年版。

（明）章黼撰、吳道長重訂：《重訂直音篇》，續修四庫全書本，上海古籍出版社 2002 年版。

（明）張子烈、（清）廖文英：《正字通》，中國工人出版社 1996 年影印本。

（清）曹雪芹：《紅樓夢》，人民文學出版社 1982 年版。

（清）段玉裁：《說文解字注》，上海古籍出版社 1988 年版。

（清）顧藹吉：《隸辨》，中華書局 2003 年版。

（清）黃生撰、黃承吉合按：《字詁》，中華書局 1984 年版。

（清）蒲松齡：《聊齋誌異》，中華書局 2006 年版。

（清）阮元校刻：《十三經注疏》，上海古籍出版社 1997 年版。

（清）王筠：《說文句讀》，上海古籍出版社 1983 年版。

（清）王念孫：《廣雅疏證》，中華書局 2004 年版。

（清）項安世：《項氏家說》，中華書局 1985 年版。

（清）邢澍著：《金石文字辨異》，時建國校釋，甘肅人民出版社 2000 年版。

（清）翟灝：《通俗篇》，陳志明編校，東方出版社 2013 年版。

（清）朱駿聲：《說文通訓定聲》，中華書局 1984 年版。

陳垣:《校勘學釋例》,中華書局 1959 年版。

程湘清:《宋元明漢語研究》,山東教育出版社 1992 年版。

遲鐸:《小爾雅集釋》,中華書局 2008 年版。

董志翹:《〈入唐求法巡禮行記〉詞彙研究》,中國社會科學出版社 2000 年版。

杜繼文、魏道儒:《中國禪宗通史》,江蘇古籍出版社 1995 年版。

方一新:《中古近代漢語詞彙學》,商務印書館 2010 年版。

符淮青:《現代漢語詞彙》(增訂本),北京大學出版社 2004 年版。

葛兆光:《中國禪思想史——從六世紀到十世紀》(增訂本),上海古籍出版社 2008 年版。

顧之川:《明代漢語詞彙研究》,河南大學出版社 2000 年版。

郭朋:《壇經校釋》,中華書局 2011 年版。

郭錫良:《漢字古音手冊》,商務印書館 2011 年版。

郭在貽:《郭在貽語言文學論稿》,浙江古籍出版社 1992 年版。

郭在貽:《訓詁學》(修訂本),中華書局 2005 年版。

洪修平:《禪宗思想的形成與發展》,江蘇古籍出版社 1992 年版。

胡適著,姜義華主編,章清、吳根梁編:《胡適學術文集·中國佛學史》,中華書局 1994 年版。

黃伯榮、廖序東主編:《現代漢語》(增訂第四版),高等教育出版社 2007 年版。

江藍生:《近代漢語探源》,商務印書館 2002 年版。

蔣冀騁、吳福祥:《近代漢語綱要》,湖南教育出版社 1997 年版。

蔣冀騁:《近代漢語詞彙研究》,湖南教育出版社 1991 年版。

蔣禮鴻:《敦煌變文字義通釋》(第四次增訂本),上海古籍出版社 1988 年版。

蔣紹愚:《古漢語詞彙綱要》,北京大學出版社 1989 年版。

蔣紹愚:《近代漢語研究概況》,北京大學出版社 2001 年版。

蔣紹愚:《唐詩語言研究》,中州古籍出版社 1990 年版。

雷漢卿:《禪籍方俗詞研究》,巴蜀書社 2010 年版。

劉復、李家瑞:《宋元以來俗字譜》,文字改革出版社 1957 年版。

劉堅:《近代漢語讀本》,上海教育出版社 1995 年版。

劉潔修:《成語》,商務印書館 2000 年版。

劉興均:《〈周禮〉名物詞研究》,巴蜀書社 2001 年版。

馬國凡:《成語》,內蒙古人民出版社 1973 年版。

秦公輯:《碑別字新編》,文物出版社 1985 年版。

任半塘:《敦煌歌辭總編》,上海古籍出版社 1987 年版。

史式:《漢語成語研究》,四川人民出版社 1979 年版。

孫維張:《佛源語詞詞典》,語文出版社 2007 年版。

譚偉:《〈祖堂集〉文獻語言研究》,巴蜀書社 2005 年版。

唐蘭:《殷墟文字記》,中華書局 1981 年版。

萬國鼎編,萬斯年、陳夢家補訂:《中國歷史紀年表》,中華書局 2012 年版。

萬繩楠:《魏晉南北朝史論稿》,安徽教育出版社 1983 年版,第 15 頁。

汪維輝:《東漢—隋常用詞演變研究》,南京大學出版社 2002 年版。

汪維輝:《〈齊民要術〉詞彙語法研究》,上海教育出版社 2007 年版。

王勤:《諺語歇後語概論》,湖南人民出版社 1980 年版。

王瑛:《唐宋筆記語辭匯釋》,中華書局 1990 年版。

王雲路:《中古漢語詞彙史》,商務印書館 2010 年版。

王重民:《敦煌曲子詞集》,商務印書館 1950 年版。

溫端政:《漢語語彙學》,商務印書館 2005 年版。

溫端政:《歇後語》,商務印書館 2010 年版。

溫端政:《諺語》,商務印書館 1985 年版。

溫端政:《中國俗語大辭典》,上海辭書出版社 1989 年版。

吳占坤、馬國凡:《諺語》,內蒙古人民出版社 1980 年版。

向熹:《簡明漢語史》(修訂本,上下),商務印書館 2010 年版。

項楚:《王梵志詩校注》,上海古籍出版社 2010 年重版。

項楚:《柱馬屋存稿》,商務印書館 2003 年版。

徐時儀:《古白話詞彙研究論稿》,上海教育出版社 2000 年版。

徐時儀:《漢語白話發展史》,北京大學出版社 2007 年版。

嚴耀中、范瑩:《宗教文獻學研究入門》,復旦大學出版社 2011 年版。

楊曾文：《唐五代禪宗史》，中國社會科學出版社 1999 年版。

印順：《中國禪宗史》，江西人民出版社 1999 年版。

于穀：《禪宗語言與文獻》，江西人民出版社 1995 年版。

俞理明：《佛經文獻語言》，巴蜀書社 1993 年版。

袁賓：《禪宗著作詞彙匯釋》，江蘇古籍出版社 1990 年版。

袁賓：《禪宗著作詞語匯釋》，江蘇古籍出版社 1990 年版。

袁賓：《近代漢語概況》，上海教育出版社 1992 年版。

張美蘭：《禪宗語言概論》，台灣五南圖書出版公司 1998 年版。

張相：《詩詞曲語詞匯釋》，中華書局 1979 年版。

張永言：《詞彙學簡論》，華中工學院出版社 1982 年版。

張涌泉：《漢語俗字研究》，商務印書館 2010 年版。

張涌泉：《漢語俗字研究》（增訂本），商務印書館 2010 年版。

趙振鐸：《訓詁學綱要》，巴蜀書社 2003 年版。

趙振鐸：《訓詁學史略》，中州古籍出版社 1988 年版。

周裕鍇： 《百僧一案：禪宗入門的玄機》，上海古籍出版社 2007 年版。

周裕鍇：《禪宗語言》，浙江人民出版社 1999 年版。

朱慶之：《佛典與中古漢語詞彙研究》，文津出版社 1992 年版。

朱慶之：《佛教漢語研究》，商務印書館 2009 年版。

竹林居士（李琳華）：《佛教難字字典》，常春樹書坊，1990 年。

二、辭書類

丁福保：《佛學大辭典》，中國書店 2011 年版。

漢語大詞典編輯委員會，羅竹風主編：《漢語大詞典》，漢語大詞典出版社 1986—1993 年版。

江藍生、曹广順：《唐五代語言詞典》，上海教育出版社 1997 年版。

李榮主編，錢曾怡編撰：《現代漢語方言詞典·濟南方言詞典》，江蘇教育出版社 1997 年版。

龍潛庵：《宋元語言詞典》，上海辭書出版社 1985 年版。

向熹：《古代漢語知識辭典》，四川人民出版社 1988 年版。

徐中舒：《漢語大字典》，武漢/湖北辭書出版社/四川辭書出版社

1990 年版。

許寶華、〔日〕宮田一郎：《漢語方言大詞典》，中華書局 1999 年版。

許少峰：《近代漢語大詞典》，中華書局 2008 年版。

袁賓：《禪宗詞典》，湖北人民出版社 1994 年版。

袁賓、康健：《禪宗大詞典》，湖北長江出版集團 – 崇文書局 2010 年版。

袁賓：《宋語言詞典》，上海教育出版社 1997 年版。

張相：《詩詞曲語辭匯釋》，中華書局 1953 年版。

中國社會科學院語言研究所詞典編輯室：《現代漢語詞典》（第 6 版），商務印書館 2012 年版。

〔日〕芳澤勝弘等編：《禪語辭書類聚·碧巖錄不二鈔》，日本花園大學禪文化研究所 1991 年版。

〔日〕芳澤勝弘等編：《禪語辭書類聚二·葛藤語箋》，日本花園大學禪文化研究所 1991 年版。

〔日〕芳澤勝弘等編：《禪語辭書類聚》，日本花園大學禪文化研究所 1991 年版。

〔日〕無著道忠：《五家正宗贊助桀》，日本花園大學禪文化研究所 1991 年版。

三、論文類

曹廷玉：《近代漢語同素逆序同義詞探析》，《暨南學報》2000 年第 3 期。

曹先擢：《並列式同素異序同義詞》，《中國語文》1979 年第 6 期。

曹汛：《〈五燈會元〉中的寒山佚詩》，《古籍整理與研究》1991 年第 6 期。

丁勉哉：《同素詞的結構形式和意義的關係》，《學術月刊》1957 年 2 月。

董志翹：《〈五燈會元〉詞語考釋》，《中國語文》1990 年第 1 期。

董志翹：《中華本古籍標點獻疑》，《古籍研究整理學刊》1991 年第 1 期。

段觀宋：《禪宗語錄疑難詞考釋》，《東莞理工學院學報》2001 年第

1 期。

范春媛：《禪籍俗語語義研究》，《蘭州學刊》2007 年第 2 期。

范春媛：《禪籍諺語研究》，學士學位論文，南京師範大學，2007 年。

范春媛：《禪籍諺語之妙用》，《江西社會科學》2009 年第 4 期。

范春媛：《智慧禪語——禪宗典籍諺語語義探析》，《佛教文化》2006 年第 6 期。

方吉屏：《〈五燈會元〉中的“相似”比擬句》，《齊齊哈爾大學學報》2012 年第 2 期。

馮國棟：《〈五燈會元〉版本與流傳》，《宗教學研究》2004 年第 4 期。

高列過：《“韓盧逐塊”辯證》，《宗教學研究》2013 年第 2 期。

高列過：《“截斷眾流”辯證》，《浙江學刊》2013 年第 1 期。

龔峰：《〈五燈會元〉祈使句研究》，碩士學位論文，蘇州大學，2010 年。

郭驥：《〈天聖廣燈錄〉與〈五燈會元〉語言比較研究》，碩士學位論文，四川大學，2010 年。

何君：《禪宗語言的修辭研究》，碩士學位論文，福建師範大學，2008 年。

何小宛：《禪宗語錄詞語研究》，博士學位論文，上海師範大學，2009 年。

黃冬麗：《〈五燈會元〉中的歇後語》，《天水師範學院學報》2012 年第 3 期。

黃俊銓：《禪宗典籍與〈五燈會元〉研究》，博士學位論文，復旦大學，2007 年。

黃靈庚：《〈五燈會元〉標點正誤二則》，《古漢語研究》1998 年第 1 期。

黃靈庚：《〈五燈會元〉詞語札記》，《浙江師大學報》1999 年第 3 期。

黃玉淑：《〈夷堅志〉同素異序詞研究》，碩士學位論文，廣西師範大學，2010 年。

黃徵：《漢語俗語詞研究中的幾箇理論問題》，《杭州大學學報》1992

年第 2 期。

惠紅軍：《〈五燈會元〉中的處置式》，《貴州民族學院學報》2009 年第 4 期。

紀贇、黃俊銓：《五燈會元之版本與校勘之諸問題研究》，吳言生主編《中國禪學》第 5 卷，2007 年。

江藍生：《疑問語氣詞“呢”的來源》，《語文研究》1986 年第 2 期

江靈玲：《〈景德傳燈錄〉〈五燈會元〉語言比較研究》，碩士學位論文，四川大學，2010 年。

蔣冀騁：《近代漢語詞義雜考》，《古漢語研究》1989 年第 4 期。

鞠彩萍：《禪籍點校匡補》，《語言科學》2005 年第 3 期。

鞠彩萍：《禪宗語錄“（××）漢”稱呼語的語用語義分析——兼論“漢”的歷史來源及情感傾向》，《常州工學院學報》2012 年第 2 期。

鞠彩萍：《禪宗語錄中的同義成語》，《常州工學院學報》2010 年第 4 期。

鞠彩萍：《淺談禪宗稱謂中的借稱》，《法音》2012 年第 2 期。

闞緒良：《〈五燈會元〉里的“是”字選擇問句》，《語言研究》1995 年第 2 期。

闞緒良：《〈五燈會元〉虛詞研究》，博士學位論文，浙江大學，2003 年。

康健：《關於禪宗文獻語言詞典的幾點認識》，《編輯之友》2011 年第 10 期。

孔慶有：《禪宗語境探析》，碩士學位論文，曲阜師範大學，2011 年。

雷冬平、胡麗珍：《說禪宗語錄中的“格外”》，《湘潭大學學報》2003 年第 2 期。

雷漢卿：《禪籍詞語選釋》，《語言科學》2006 年第 4 期。

雷漢卿：《禪籍俗成語淺論》，《語文研究》2012 年第 1 期。

雷漢卿：《禪籍俗語詞札記》，《江西社會科學》2004 年第 2 期。

雷漢卿：《試論禪籍方俗詞的甄別——兼論漢語方俗詞的甄別》，《古漢語研究》2011 年第 3 期。

雷漢卿：《試論禪宗語言比較研究的價值——以詞彙研究為例》，《語言科學》2011 年第 5 期。

雷漢卿、孫艷：《禪籍詞語考釋》，《宗教學研究》2006 年第 1 期。

雷漢卿：《語文辭書收詞釋義漏略禪籍新義例釋》，《合肥師範學院學報》2009 年第 2 期。

李開：《〈五燈會元〉詞語考釋》，載入《藝文述林》4《語言學卷》，齊裕焜，郝銘鑒主編，上海文藝出版社 1999 年版。

李茂華：《〈嘉泰普燈錄〉與〈五燈會元〉語言比較研究》，碩士學位論文，四川大學，2010 年。

李明龍：《〈續高僧傳〉詞彙研究》，學士學位論文，南京師範大學，2011 年。

李濤賢：《禪宗俗諺初探》，碩士學位論文，四川大學，2003 年。

李小平：《論漢語方言成語的性質》，《語文研究》2009 年第 1 期。

李旭：《〈建中靖國續燈錄〉〈五燈會元〉語言比較研究》，碩士學位論文，四川大學，2010 年。

李豔琴：《從〈祖堂集〉看"叉手"一詞的確義及其他》，《寧夏大學學報》2011 年第 5 期。

林莎：《〈五燈會元〉〈聯燈會要〉語言比較研究》，碩士學位論文，四川大學，2010 年。

林新年：《唐宋時期的"V + 得 + 時量短語"》，《福建師範大學學報》2005 年第 2 期。

林新年：《〈祖堂集〉、〈景德傳燈錄〉、〈五燈會元〉中"動 + 卻 + (賓)"格式中"卻"的語法性質》，載入《福建師範大學文學院百年學術大系》，海峽文藝出版社 2007 年版。

劉愛玲：《禪籍諺語活用現象探析》，《佳木斯大學社會科學學報》2005 年第 5 期。

劉凱鳴：《〈五燈會元〉補校》，《文獻》1992 年第 1 期。

盧烈紅：《禪宗典籍中帶語氣副詞的測度問句》，《長江學術》2011 年第 3 期。

盧烈紅：《禪宗語錄詞義札記》，《典籍與文化》2005 年第 1 期。

盧烈紅：《談談禪宗語錄研究的幾箇問題》，《武漢大學學報》2012 年第 4 期。

盧烈紅：《談談禪宗語錄中語法研究的幾箇問題》，《武漢大學學報》

2012 年第 4 期。

呂叔湘：《釋〈景德傳燈錄〉在、著二助詞》，原載《華西協和大學中國文化研究所集刊》一卷 3 期，1941 年，後收入《呂叔湘全集》卷二《漢語語法論文集》，遼寧教育出版社 2002 年版。

馬利軍、張積家：《歇後語的內部關係研究》，《語言文字應用》2011 年 11 月。

喬立智：《〈五燈會元〉點校疑誤舉例》，《宗教學研究》2012 年第 1 期。

邱振強：《〈五燈會元〉"把"字研究》，載入《漢語語義研究》，中南大學出版社 2006 年版。

邱震強：《〈五燈會元〉釋詞二則》，《中國語文》2007 年第 1 期。

任連明：《中華本〈五燈會元〉點校拾遺》，《漢語史學報》2013 年第 13 輯。

任連明：《中華本〈五燈會元〉校讀札記》，《暨南學報》2013 年第 8 期。

沈丹蕾：《〈五燈會元〉的句尾語氣詞"也"》，《安徽師大學報》2001 年第 4 期。

疏志強：《淺談禪宗修辭的非語言形式》，《湛江師範學院學報》2007 年第 2 期。

滕志賢：《〈五燈會元〉詞語考釋》，《古漢語研究》1995 年第 4 期。

王景丹：《禪宗文本的語言學闡釋》，《雲南社會科學》2008 年第 4 期。

王閏吉：《〈祖堂集〉語言問題研究》，博士學位論文，上海師範大學，2010 年。

王樹瑛：《再談疑問語氣詞"呢"的來源》，《福建教育學院學報》2007 年第 7 期。

王瑛：《關於"睡覺"成詞的年代》，《中國語文》1997 年第 4 期。

王遠明：《〈五燈會元〉量詞的語義特徵》，《現代語文》2010 年第 6 期。

王遠明：《〈五燈會元〉量詞研究》，碩士學位論文，貴州大學，2006 年。

王遠明：《〈五燈會元〉名量詞句法功能考察》，《語文學刊》2010 年第 8 期。

肖蘭萍：《唐宋禪籍語錄特指問句研究》，碩士學位論文，四川大學，2003 年。

徐琳：《唐宋禪籍俗語研究》，博士學位論文，四川大學，2012 年。

徐琳：《唐宋禪籍俗語中的民俗文化蘊含》，《文化學刊》2011 年第 6 期。

徐默凡：《禪宗語言觀的現代語言學闡釋》，《華夏文化》1999 年第 2 期。

徐時儀：《論詞組結構功能的虛化》，《復旦學報》1998 年第 5 期。

薛春華： 《禪宗語錄熟語研究》，碩士學位論文，上海師範大學，2011 年。

殷偉：《〈五燈會元〉中的"T，是否?"句式研究》，《常州工學院學報》2009 年第 3 期。

尹鐘宏、鄒仁：《〈五燈會元〉帶"得"的結果述補結構》，《華章》2007 年第 10 期。

俞理明：《共時材料中的歷時分析——從〈根本說一切有部毗奈耶破僧事〉看漢語辭彙的發展》，《川大學報》2004 年。

俞理明：《說"郎"》，《中國語文》1999 年第 6 期。

袁賓：《〈五燈會元〉詞語釋義》，《中國語文》1986 年第 5 期。

袁賓：《〈五燈會元〉詞語續釋》，《語言研究》1987 年第 2 期。

袁賓：《〈五燈會元〉口語詞探義》，《天津師大學報》1987 年第 5 期。

袁衛華：《〈五燈會元〉中帶語氣副詞的測度問句》，《合肥師範學院學報》2012 年第 2 期。

曾昭聰：《明清俗語辭書的範圍及其所錄俗語詞的特點與研究意義》，《煙台大學學報》2012 年第 1 期。

詹緒左、崔達送：《禪宗文獻中的同義介詞"擗""驀""攔"》，《古漢語研究》2011 年第 3 期。

張德鑫：《談顛倒詞》，《漢語學習》1995 年第 6 期。

張美蘭：《禪宗語言的非言語表達手法》，《中國典籍與文化》1997

年第 4 期。

張美蘭：《論宋代禪宗的語言特色：從〈祖堂集〉與〈五燈會元〉語言的風格差異入手》，《韓國佛教學結集大會》之發言稿，2004 年。

張美蘭：《論〈五燈會元〉中的同形動量詞》，《南京師大學報》1996 年第 1 期。

張美蘭：《〈五燈會元〉詞語二則》，《古漢語研究》1997 年第 4 期。

張鵬麗：《唐宋禪籍新生疑問詞語考察》，《西華大學學報》2012 年第 2 期。

張鵬麗：《唐宋禪籍語錄特殊選擇疑問句考察》，《南京師範大學文學院學報》2009 年第 3 期。

張鵬麗：《唐宋禪籍語錄疑問詞“么（摩）”考察》，《漢字文化》2012 年第 1 期。

張鵬麗：《唐宋禪籍語錄中“何”“云何”“如何”發展演變考察》，《西華師範大學學報》2011 年第 3 期。

張鵬麗：《唐宋禪宗語錄“VP—Neg—VP”式正反疑問句研究》，《泰山學院學報》2012 年第 1 期。

張勝珍：《禪宗語言研究》，博士學位論文，南開大學，2005 年。

張錫德：《〈五燈會元〉詞語拾零》，《溫州師院學報》1987 年第 4 期。

張秀清：《“碗鳴”釋詁》，《齊齊哈爾大學學報》2012 年第 1 期。

張永綿：《近代漢語中自序對換的雙音詞》，《中國語文》1980 年第 2 期。

張湧泉：《敦煌文獻俗語詞研究的材料和方法》，《中國典籍於文化》2012 年第 1 期。

張子開、張琦：《禪宗語言種類》，《宗教學研究》2008 年第 4 期。

趙曉濤：《“謝三郎”小釋》，《古籍研究》2001 年第 3 期。

鄭奠：《古漢語中自序對換的雙音詞》，《中國語文》1964 年第 6 期。

周啟付：《〈五燈會元〉中的諺語》，《讀書雜誌》1988 年第 3 期。

周清艷：《〈五燈會元〉中副詞“都”的用法》，《周口師範學院學報》2008 年第 4 期。

周裕鍇：《禪籍俗諺管窺》，《江西社會科學》2004 年第 2 期。

祖生利:《疑問語氣詞"呢"的來源補說》,《西北師範大學學報》1996 年第 5 期。

四、電子文獻類

《文淵閣四庫全書》(電子版),上海人民出版社、迪志文化出版有限公司,1999 年。

朱冠明:《朱氏語料庫》;《漢籍全文檢索語料庫》(第四版);《漢語大詞典》(2.0 版);《漢語大字典》(光碟版);《大藏經全文檢索(大正新修大藏經、卍續藏、乾隆大藏經)》:http://read. goodweb. cn/esutra/so. asp;《CBETA 佛經檢索系統》(2005 年版)。

後記

　　禪宗文獻是近代漢語研究的重要語料寶庫，但是由於語料的特殊性，理解起來難度很大，一直到現在我都認為自己在禪宗文獻的識讀方面是個門外漢。

　　《五燈會元》是一部十分重要的禪宗文獻，想當初為了完成博士學位論文，對《五燈會元》各個版本進行仔細核對，每天八點準時到圖書館古籍室，中午休息兩個小時，下午六點準時離開，如此堅持整整一年的時間，才基本核對完畢，也正是這種笨功夫，使我對禪宗文獻有了粗淺的認識，而且一直以此作為自己的研究方向。

　　書中有些部分已經陸續發表在國內的學術刊物上，只不過有些由於字數的限制略有刪減，而書稿則保留得更加全面。有些觀點也在不斷的修訂當中，比如：關於"茶毗""荼毗"的寫法問題，一開始我們認為"茶毗"詞形為準（《中華本〈五燈會元〉點校拾遺》，《漢語史學報》第13輯），後來又訂正為兩個詞形只要符合底本信息，都可以使用（《禪籍詞語"茶毗""荼毗"考》，《漢語史學報》第20輯）。類似的文獻校勘、詞語考釋方面的問題應該還有不少，姑且留待日後新的校勘本中逐步展開，詳加探討，日臻完善。

　　吾師雷漢卿先生無論是我在川大讀書期間還是畢業後，對於我個人的科研工作極為關注，一直鼓勵我在做好教書育人的基礎上要做好科研工作，做到教學相長。每當想起老師的諄諄教誨，我都因為個人的努力不夠而慚愧不已，同時也會激勵自己不斷前進。

　　2017年年底，我調入廣西民族大學文學院工作，正值學院領導班子大力扶植學科建設、鼓勵有學術價值、創新精神的著作出版的舉措出台，本書得到廣西民族大學一流學科建設經費資助，借此表示深深的謝意！

　　限於水平有限，書中觀點肯定有不少疏漏，祈請方家指正。

作　者
己亥年仲夏於廣西民族大學